现代人力资源管理系列教材

人力资源的招聘与甄选

（修订本）

徐世勇　陈伟娜　编著

清华大学出版社
北京交通大学出版社
·北京·

内 容 简 介

本书包括了三个方面的内容：人力资源招聘与甄选的规划与实施的一般过程；组织中常用的人力资源甄选技术；甄选工具的信度与效度，以及具体的计算方法。本书主要有两个特点：首先，内容涵盖了相关领域的主要知识，体系较完整；其次，本书非常注重实用性和操作性，在每一章后面都附有相关案例，引导读者对所学的知识进行深入思考和操练。

本书主要适用于人力资源管理相关专业学生作为教材，也可以作为企业人力资源管理从业者手边随时查阅的工具书。

本书封面贴有清华大学出版社防伪标签，无标签者不得销售。
版权所有，侵权必究。侵权举报电话：010-62782989　13501256678　13801310933

图书在版编目（CIP）数据

人力资源的招聘与甄选/徐世勇，陈伟娜编著. —北京：清华大学出版社；北京交通大学出版社，2008.7（2019.4重印）
（现代人力资源管理系列教材）
ISBN 978-7-81123-312-4

Ⅰ. 人… Ⅱ. ①徐… ②陈… Ⅲ. 劳动力资源-资源管理-教材 Ⅳ. F241

中国版本图书馆CIP数据核字（2008）第065355号

责任编辑：赵彩云
出版发行：清 华 大 学 出 版 社　　邮编：100084　电话：010-62776969
　　　　　北京交通大学出版社　　邮编：100044　电话：010-51686414
印 刷 者：北京时代华都印刷有限公司
经　　销：全国新华书店
开　　本：185×260　印张：18.25　字数：456千字
版　　次：2008年7月第1版　2019年4月第1次修订　2019年4月第8次印刷
书　　号：ISBN 978-7-81123-312-4/F·339
印　　数：16 001～18 000册　　定价：49.00元

本书如有质量问题，请向北京交通大学出版社质监组反映。对您的意见和批评，我们表示欢迎和感谢。
投诉电话：010-51686043，51686008；传真：010-62225406；E-mail：press@bjtu.edu.cn。

前　言

招聘与甄选的思想与技术在我国古已有之。传说在禅让制时代，"尧使舜入山林川泽，暴雨雷雨，舜行不迷。尧以为圣……"战国时代的燕昭王"千金市马"，招来了大批贤才，使燕国从一个弱国逐渐成为一个强国。然而，这些具有启发性的实践活动在我国并没有发展成为一门独立而系统的学科。近代大工业革命率先在西方国家展开，社会分工日益细化使得为不同的岗位找到合适的人选成为当时迫切需要解决的问题。这种社会需求客观上刺激了招聘与甄选技术的迅猛发展，并使之逐渐成为一门独立的学科。

20世纪初，西风东渐，在我国已见人员甄选的理论与实践。但是，人员招聘与甄选在国内迅速发展主要集中在近30年内。这期间主要体现为两类人员的工作。一是学术导向的，主要是相关领域（特别是应用心理学界）的学者；另一个是实践导向的，包括咨询人员和组织实践者（主要是企业和政府部门中的人事管理者）。这些人将西方的测评思想和技术引入到国内，并在试图使其适合中国文化和管理实践方面做了很多理论和实践的探讨。

作为一名有心理学背景的教师，笔者在教学过程中发现，目前的教材存在两种倾向。一种倾向是过于偏重应用性，忽视了对理论知识的讲解。课程讲完了，留在学生记忆中的只剩下了画钩后的随意解释，或者是辩论赛式的无领导小组讨论。另外一种倾向则以反对前者为借口，从最深层的理论讲起，让测量学和管理学知识还很肤浅的学生听得如堕五里雾中。本书试图将甄选理论和操作实践结合起来，让学生对该领域的现状有一个比较全面的了解。然而，从写作效果来看，本书的完成不过是迈向这个目标的开始。

本书是团队合作的结晶。具体分工如下：陈伟娜撰写了本书的第1、2、3、4章，徐晓撰写了第5章，徐世勇和史倩倩合作撰写了第6、7章，吴昊撰写了第8、9章，岳思佳撰写了第10章，徐世勇负责全书的修改和定稿。

本书的完成与许多师长和朋友的帮助密不可分。拜读孙健敏教授、付亚和教授、许玉林教授、萧鸣政教授和王丽娟教授的相关著作让笔者受益匪浅。与李超平教授、王青博士和刘颖博士的讨论让笔者收获颇多。感谢他们多年来对笔者工作的帮助和支持。本书参考和引用了许多文献和宝贵资料，其中有很多来自于笔者熟识和尊敬的师长的工作。在此对他们表示诚挚的谢意。同时，也要感谢北京交通大学出版社的赵彩云编辑，没有她的辛勤工作，本书也不能如此顺利地与读者见面。

由于个人水平所限，书中尚有许多不足与疏漏之处，恳请广大读者批评指正！

笔　者
2019 年 4 月

附作者简介：

徐世勇　中国人民大学劳动人事学院副教授，2002 年于北京师范大学心理学院获得博士学位。现从事人力资源管理专业的教学与科研工作，主要领域为人员素质测评、管理心理学、管理研究方法等。主编和参编著作 6 部，发表学术论文 20 余篇。

陈伟娜　石家庄经济学院商学院讲师，主要从事人力资源管理专业的教学与科研工作。参编著作 4 部，公开发表学术论文十余篇，参加和主持研究课题 12 项。现为广州暨南大学企业管理专业在读博士，主要研究方向为人力资源管理和组织行为学。

目　录

第1章　招聘规划 ... 1
1.1 招聘概述 ... 1
1.1.1 招聘的含义 ... 1
1.1.2 招聘的目的 ... 2
1.1.3 招聘的原则 ... 3
1.1.4 人员招聘的组织责任 ... 5
1.1.5 招聘的意义 ... 6
1.1.6 目前招聘中存在的问题 ... 7
1.2 招聘需求分析 ... 8
1.2.1 人力资源规划 ... 8
1.2.2 人力资源的配置状况分析 ... 13
1.2.3 招聘需求的确定 ... 15
1.3 招聘流程设计 ... 16
1.3.1 招聘流程制定的步骤 ... 17
1.3.2 招聘的一般流程 ... 17
1.4 招聘效果的评估与反馈 ... 23
1.4.1 招聘结果的效果评估 ... 23
1.4.2 招聘方法的效果评估 ... 26
1.4.3 招聘过程的效果评估 ... 27
1.4.4 招聘效果的反馈 ... 28
- ◇ 思考题 ... 30
- ◇ 本章案例 ... 30
- ◇ 本章参考文献 ... 31

第2章　招聘的实施 ... 32
2.1 招聘渠道的选择 ... 32
2.1.1 招聘渠道 ... 32
2.1.2 招聘的途径 ... 36
2.1.3 招聘的方法 ... 38
2.1.4 招聘渠道的选择 ... 45
2.2 招聘中的文案资料及规范格式 ... 48
2.2.1 人员招聘管理文案及格式 ... 48

  2.2.2 人员甄选管理文案及格式 ·· 53
  2.2.3 人员录用管理文案及格式 ·· 58
 2.3 网络招聘 ··· 64
  2.3.1 网络招聘的优缺点 ·· 64
  2.3.2 网络招聘的实现渠道 ·· 65
  2.3.3 对招聘网站的选择 ·· 65
 ◇ 思考题 ··· 66
 ◇ 本章案例 ··· 66
 ◇ 本章参考文献 ··· 67

第3章 甄选规划 ··· 69
 3.1 甄选概述 ··· 69
  3.1.1 甄选的含义 ·· 69
  3.1.2 甄选的内容 ·· 69
  3.1.3 甄选的意义 ·· 71
  3.1.4 甄选的原则 ·· 72
  3.1.5 人员甄选的发展 ·· 74
 3.2 甄选测评标准体系的设计 ··· 75
  3.2.1 甄选测评标准体系的含义 ·· 75
  3.2.2 甄选测评标准体系的设计原则 ·· 77
  3.2.3 甄选标准体系的设计步骤 ·· 78
  3.2.4 设计甄选测评标准体系的意义 ·· 81
 3.3 甄选流程的设计 ··· 82
  3.3.1 有效的人员甄选录用流程的特征 ···································· 82
  3.3.2 甄选流程的设计 ·· 82
  3.3.3 人员甄选的派生模式 ·· 85
 3.4 甄选技术的选择 ··· 86
  3.4.1 甄选技术概述 ·· 86
  3.4.2 甄选技术的评价维度 ·· 89
  3.4.3 甄选技术的组合 ·· 91
  3.4.4 组合程序示例 ·· 94
 ◇ 思考题 ··· 94
 ◇ 本章案例 ··· 95
 ◇ 本章参考文献 ··· 97

第4章 甄选维度的确定 ··· 98
 4.1 基于战略的人力资源甄选维度 ··· 98
  4.1.1 企业战略的含义 ·· 98
  4.1.2 企业战略的层次 ·· 99
  4.1.3 人力资源战略与组织战略 ·· 100
  4.1.4 基于战略的人力资源甄选维度的确定 ·························· 102

4.2 基于企业文化的人力资源甄选维度 103
4.2.1 企业文化的含义 103
4.2.2 企业文化的维度 104
4.2.3 企业文化与员工甄选 105
4.3 工作分析与甄选维度的确定 107
4.3.1 工作分析的含义 107
4.3.2 工作分析的内容 107
4.3.3 工作分析与人员甄选 108
4.4 基于胜任特征模型的甄选维度的确定 110
4.4.1 胜任特征的含义 110
4.4.2 胜任特征模型的建构 112
4.4.3 胜任特征模型与人员甄选 113
◇ 思考题 114
◇ 本章案例 114
◇ 本章参考文献 115

第5章 心理测验技术 116
5.1 心理测验概述 116
5.1.1 心理测验的早期探索 116
5.1.2 心理测验的含义和构成要素 118
5.1.3 测验的分类 119
5.1.4 心理测验的功能 120
5.2 智力测验 121
5.2.1 智力的含义 121
5.2.2 关于智力的理论 121
5.2.3 智力的单位及智商的解释 123
5.2.4 常见的智力测验量表 125
5.2.5 智力测验使用时需注意的问题 127
5.3 能力倾向测验 128
5.3.1 什么是能力倾向测验 128
5.3.2 特殊能力倾向测验 128
5.3.3 多重能力倾向测验 131
5.4 人格测验 136
5.4.1 什么是人格 136
5.4.2 人格测验的类型 136
5.4.3 常见的人格测验量表 138
5.5 职业兴趣测验 141
5.5.1 职业兴趣概述 141
5.5.2 斯特朗-坎贝尔兴趣问卷 142
5.5.3 库德职业兴趣量表 143

  5.5.4 霍兰德职业兴趣量表 ·· 144
 ◇ 思考题 ·· 146
 ◇ 本章参考文献 ·· 146

第6章 面试技术 ·· 147
 6.1 面试的概述 ·· 147
  6.1.1 什么是面试 ·· 147
  6.1.2 面试的类型 ·· 148
 6.2 面试的评价要素与权重确定 ··· 149
  6.2.1 面试的评价要素 ··· 149
  6.2.2 面试评价要素的权重确定 ··· 151
 6.3 面试的试题设计 ··· 152
  6.3.1 面试试题设计的原则 ·· 152
  6.3.2 面试试题的类型 ··· 152
  6.3.3 面试试题的设计步骤 ·· 153
 6.4 面试的实施与操作技巧 ··· 154
  6.4.1 面试的实施 ·· 154
  6.4.2 考官的面试技巧 ··· 160
  6.4.3 应聘者在面试中的技巧 ··· 168
  6.4.4 应聘者容易犯的错误 ·· 169
 ◇ 思考题 ·· 171
 ◇ 本章案例 ··· 171
 ◇ 本章参考文献 ·· 178

第7章 公文筐技术 ·· 180
 7.1 公文筐测验概述 ··· 180
  7.1.1 公文筐测验的概念 ··· 180
  7.1.2 公文筐测验的适用范围 ··· 180
  7.1.3 公文筐测验的特点 ··· 181
  7.1.4 公文筐测验评价的能力 ··· 182
 7.2 公文筐测验的形式 ··· 182
 7.3 公文筐的测验材料 ··· 183
 7.4 公文筐测验的考察因素及权重 ·· 184
 7.5 公文筐测验所考察的维度定义 ·· 185
 7.6 公文筐测验的设计 ··· 186
 7.7 公文筐的操作与实施 ·· 188
 7.8 公文筐测验的优缺点 ·· 190
 ◇ 思考题 ·· 191
 ◇ 本章案例 ··· 191
 ◇ 本章参考文献 ·· 195

第8章 无领导小组讨论技术 ·· 196
8.1 无领导小组讨论的概述 ·· 196
8.1.1 无领导小组讨论的内涵 ·· 196
8.1.2 无领导小组讨论的特点 ·· 197
8.2 无领导小组讨论的评价要素 ·· 198
8.2.1 评价要素设计原则 ·· 199
8.2.2 常用评价要素 ·· 199
8.2.3 无领导小组讨论评价要素举例 ··· 201
8.3 无领导小组讨论的试题设计 ·· 202
8.3.1 无领导小组讨论试题的类型 ·· 202
8.3.2 无领导小组讨论题目的设计原则 ··· 207
8.3.3 无领导小组讨论题目的设计步骤 ··· 210
8.4 无领导小组讨论的实施与操作 ·· 212
8.4.1 准备阶段 ·· 212
8.4.2 正式实施阶段 ·· 220
8.4.3 总结分析 ·· 222
◇ 思考题 ·· 224
◇ 本章案例 ··· 224
◇ 本章参考文献 ··· 228

第9章 评价中心技术 ·· 230
9.1 评价中心技术概述 ·· 230
9.1.1 评价中心技术的含义 ·· 230
9.1.2 评价中心技术的由来和发展 ·· 231
9.1.3 评价中心技术的特点 ·· 232
9.2 评价中心的主要工具 ·· 234
9.2.1 公文筐测验 ··· 234
9.2.2 无领导小组讨论 ·· 236
9.2.3 角色扮演 ·· 237
9.2.4 案例分析 ·· 238
9.2.5 管理游戏 ·· 238
9.2.6 演讲 ··· 239
9.2.7 搜寻事实 ·· 240
9.2.8 模拟面谈 ·· 240
9.2.9 其他形式 ·· 241
9.3 评价中心的操作与实施 ··· 241
9.3.1 评价中心操作与实施的程序 ·· 241
9.3.2 评价中心技术的最新发展和改革趋势 ··· 251
◇ 思考题 ·· 254
◇ 本章案例 ··· 255

◇ 本章参考文献 ………………………………………………………… 256
第 10 章 测评的信度和效度 …………………………………………… 258
  10.1 信度概述 ……………………………………………………… 258
    10.1.1 测量误差 ……………………………………………… 258
    10.1.2 信度的概念和内涵 …………………………………… 258
    10.1.3 测量信度的方法 ……………………………………… 259
    10.1.4 影响信度的因素 ……………………………………… 267
  10.2 效度 …………………………………………………………… 269
    10.2.1 效度概述 ……………………………………………… 269
    10.2.2 影响效度的因素 ……………………………………… 270
    10.2.3 效度的分类及测量方法 ……………………………… 271
  10.3 信度和效度应用举例 …………………………………………… 278
  ◇ 思考题 …………………………………………………………… 281
  ◇ 本章参考文献 …………………………………………………… 281

第 1 章 招聘规划

1.1 招聘概述

招聘是公司引入人才的主要途径，德才兼备的人才是企业成功的保证。在不断变化的、高科技驱使下的商业环境中，企业的成功不再仅凭产品特色，也不是靠成本领先，而是凭借善于吸引、发展和保留人才的能力。发现和留住人才成为竞争的重点。因此，人才的招聘与甄选也就成为人力资源管理的一个重要课题。随着竞争的日趋激烈，如何招募到合适的人才，越来越为企业管理者所关心。

1.1.1 招聘的含义

在激烈的市场竞争中，人才的重要性毋庸置疑，能否招聘到适合本企业的优秀人才，是企业生存发展的关键。良好的招聘机制是企业获得优秀员工的保证和企业进一步发展的基础。所以，重视招聘和组织成功的招聘，有助于企业抢占先机。在组织中，人力资源的数量和质量处于经常的变动中，如人员的退休、离职、调动等，所以需要不断地进行招聘活动，以满足企业的长足发展。因此，人员招聘是也人力资源管理的一项经常性的活动。

所谓招聘，是指企业采取一些科学的方法，寻找、吸引具备资格的个体，并从中选出适宜人员予以录用的管理过程。招聘是一个企业人力资源的获取和准备阶段，包括吸引、选拔和录用三个相对独立又密切相关的阶段。

在吸引阶段，通过在合适的时间、媒介和渠道发布合适的招聘信息，以达到吸引合格应聘者的目的。在选拔阶段，通过一定的程序、使用科学的选拔方法，从应聘者中挑选出符合组织发展战略、组织文化、岗位要求的具有一定素质和特征的人才。录用是依据选择的结果作出录用决策并进行安置的活动，主要包括录用决策、发录用通知、办理录用手续、员工的初始安置、试用、正式录用等内容。

一般而言，在以下情况，组织会产生人员招聘的需求：

① 企业业务发展、规模扩大、部门增加或组建新企业，需要补充更多的员工来填充新岗位；

② 企业转产、结构调整需要新的专业人员；

③ 现有岗位人员不称职；

④ 职工队伍结构不合理，在调整人员的同时，往往需要补充短缺的专业人才；

⑤ 企业内部由于原有员工调任、离职、退休或升迁等原因而产生职位空缺；

⑥ 引进特殊人才，以期赢得市场竞争优势。

总之，组织需要不断吸收新生力量，为组织提供可靠的人力资源保障，以应对组织内外部环境的急剧变化。可见，企业招聘工作是企业人力资源管理中最基本的日常管理活动，它在人力资源管理中具有重要意义。

1.1.2 招聘的目的

企业为什么招聘？简单地说，就是为了企业的生存和发展。满足企业对人力资源的需求，保持企业各项工作的连续性和稳定性，这是招聘的直接目的。另外，为了企业的可持续发展，还应该创造和培育适合企业发展的环境，这就是招聘的间接目的。

1. 招聘的直接目的

每个企业都面临外部环境、内部环境和人力资源自身因素的变化，因此也就持续不断地产生对人力资源的需求。在企业发展的不同时期，也会需要不同类型、不同数目的人才，这是企业持续发展的保证。在企业生命的成熟期或衰退期，也需要调整人力资源的结构，以保证人力、物力和财力的最佳组合。因此，组织必须建立完善的招聘制度，组织良好有效的招聘活动，来满足组织对人力资源的需求。

一般而言，企业的招聘活动符合"6R"的基本条件，能更好地实现招聘的直接目的。

1) Right time

指的是在适当的时间进行招聘，使人才在合适的时间补充到企业中来。

2) Right source

指选择合适的渠道寻求人才。不同的职位对人员的要求不同，而不同渠道来源的人才具有不同的特点，因此要针对那些与空缺职位匹配程度较高的目标群体进行招聘。

3) Right people

就是要把最合适的人员吸引过来参加企业的应聘。人才合适与否，要从数量和质量两个方面来评价。值得注意的是，企业选择的人才是最适合本招聘职位的，而不一定是最优秀的。

4) Right position

即适当的职位。组织的招聘是为特定的岗位搜寻人员的，因此招聘的一切活动应该以此岗位为依据。一般来说，在招聘之前，通过工作分析制定本招聘职位工作描述和岗位规范，有利于应聘者正确认识应聘职位，也有利于组织招聘的有效实施。

5) Right cost

即适当的成本，是指以最经济有效的成本来达到招聘的效果。

6) Right rate

即合理的比率。在招聘的过程中，要想获得理想的招聘效果，需要有合理的应聘比、面试比、录用比等。确定合理的比率，能够为组织招聘到高质量的人才、降低招聘成本提供保证。

2. 招聘的间接目的

除了为组织及时输送合适人才以外，员工招聘还有助于企业塑造良好的企业形象、培育组织文化、实现组织变革。

1）树立良好的企业形象

招聘，尤其是外部招聘，是社会认识组织的一个重要途径。在招聘准备阶段，需要准备招聘材料，其内容包括企业的基本情况、发展方向、政策方针等。然后，通过各种广告形式将这些内容散播出去，使应聘者及许多其他人员初步了解企业的情况，形成对组织的第一印象。随着招聘活动的进一步开展，如现场招聘、面试、录用等活动的进行，应聘者和外部人员会对企业形成更为直观深刻的印象。值得注意的是，员工对企业形成的这些印象在以后很难改变，因此组织必须重视、善用人员招聘。

2）培育优秀的组织文化

当今企业之间的竞争发展到了白炽化的程度，而企业的生存和发展需要优秀的企业文化作为支撑。企业文化是组织成员共同拥有的价值观念，它在很大程度上决定了组织成员的行为方式。当组织现有的企业文化能够适应未来发展需要时，招聘工作可以内部招聘为主，努力保持组织内部员工的稳定性。当从外部招聘时，应该非常强调应聘人员价值观与企业文化的一致性，以此强化现有的企业文化。但如果现有组织文化有碍于组织的发展，招聘工作就会侧重于外部招聘，寻找符合组织未来发展所需价值观的人员。这样可以淡化原有组织文化，进而塑造新的价值观体系。

3）适应和推动组织变革

组织内外部的环境在急速变化，这就要求组织必须进行相应的变革来适应新环境。组织结构、组织技术及组织文化的变革都离不开人员的变革。这些变革的顺利开展和成功实现，在很大程度上需要企业领导者为企业引进与之相适应的人才。有效的招聘活动可以适应和推动组织的变革，使组织更加适应环境的要求，进而获得长足的发展。

1.1.3 招聘的原则

1. 公平公正的原则

招聘的首要原则是公平公正的原则，这是因为坚持公平公正的原则是企业招聘到合适优秀人才的前提，也是树立良好企业形象的关键。管理者应该使招聘过程和招聘结果都满足公平和公正的要求，这可通过以下几方面得以实现。

1）公开招聘信息

把招聘岗位、数量、录用的资格、条件、选拔的方法、时间向社会发布公告，公开进行。这可给予社会上的人才以公平竞争的机会，达到广招人才的目的；也能使招聘工作置于社会的公开监督之下，防止不正之风。

2）公平竞争

指在对所有应聘者一视同仁的基础上，通过客观的、严格的选拔确定人员的优劣和人选的取舍。在选拔初期要动员、吸引较多的应聘者，不人为地制造各种不平等的限制或条件（如性别歧视）及各种不平等的优先优惠政策，努力为社会上的有志之士提供平等竞争的机会。然后，严格考核程序和手段，科学地录取人选，防止"拉关系"、"走后门"等现象的发生，通过激烈而公平的竞争，选择优秀人才。

3) 结果公平

招聘结果的公平与招聘过程的公平对应聘者而言都很重要，管理者应在保证过程公平的基础上实现结果的公平。否则，会让应聘者认为企业是在作秀，是借助"公平的外衣"实现不公平的目的，因而产生受骗的感觉。这对企业良好形象的树立及员工积极性的激发极为不利。

2. 因事择人的原则

企业的招聘活动是为特定时期、特定组织、特定的岗位搜寻最合适的人选，因此所有的招聘活动都必须以特定的"事"为依据，不能随心所欲。

1) 因"事"确定招聘的程序和方法

招聘的渠道、程序、考核的指标与标准及选拔的方法，都应该与组织的具体情况、岗位的特定要求相协调。企业在不同的发展时期，对同一岗位人员的要求不相同，在同一时期对不同岗位人员的要求也不相同。因此，在招聘过程中要仔细分析组织的战略、文化、经济实力、岗位特点等因素，选择合适的招聘策略和方法，以招聘合适的人员。

2) 能级对应

人的能力有类型的差异，水平有高低，而工作有难易，要求有差异。招聘工作的目的，不是要选择素质最好的人才，而是量才录用，做到人尽其才、才尽其用、人事相宜，实现持久、高效地发挥人力资源的作用。如果违背这个原则，企业和个人双方都会遭受巨大损失。例如，如果企业录用的人才远高于岗位的要求，则企业的人力资源成本会增加，人员的稳定性和工作积极性会降低，这会给企业带来很大损失。对于员工而言，其个人自身的发展也会因此受到限制和影响，工作生活质量也会降低。

3. 双向选择原则

招聘的过程实际是应聘者和企业双向选择的一个过程，只有双方在充分了解对方的基础上进行平等选择，才能够保证招聘的有效性。但是由于信息不对称，在招聘过程中应聘者明显处于劣势地位，没有真正的选择权利。在招聘过程中，企业提供的信息极其有限，而且大多数是片面的信息，使得应聘者形成对企业不切实际的预期。在此基础上作出的选择决策具有很大的隐患，新员工的高离职率便是其一，致使员工和组织都遭受重大损失。使用"真实工作预览"技术可以极大地改善这一问题，实现真正的双向选择。

4. 注重效率的原则

注重效率是市场经济条件下一切经济活动的内在准则。谁的效率高，谁就能在激烈的竞争中赢得主动权，人员甄选与聘用也不例外。这一原则要求组织力争用尽可能少的招聘费用，录取到高素质、适应组织需要的人员。或者说，以尽可能低的招聘成本录用到同样素质的人员。为了实现效率最高，就要求人力资源部门根据不同的招聘要求，设计合适的招聘程序，选择合适的招聘渠道，使用有效的选拔方法，在保证聘用员工质量的情况下，尽可能地降低招聘成本。

值得注意的是，企业不能为了降低招聘的单位成本而盲目扩大招聘的员工数量。在招聘过程中要坚持可少招就少招、可不招就不招、宁缺毋滥的招聘思想，以提高招聘效率。

5. 依法招聘的原则

我国以《劳动法》为依据，已经颁布了一系列与招聘和录用有关的法律、法规、条例和规定,包括《劳动合同法》、《国营企业招用工人暂行规定》、《女职工禁忌劳动范围的规定》、《集体合同规定》、《未成年工特选保护规定》、《企业劳动争议处理条例》等。因此,组织在制订招聘计划和实施招聘录用工作中,必须充分考虑现行法律、法规和政策的有关规定,防止出现违背相关政策法规的行为,也避免产生法律纠纷,以免组织人力、物力、财力的不必要的损失。

在人员甄选和聘用中,工作的各个环节必须符合国家有关法律、政策和本国利益的要求。一切与国家相关法规相抵触的聘用活动都是无效的,都是要受法律制裁的。

需要说明的是,五个招聘原则对组织招聘而言都非常重要,招聘人员应该从整体角度全面考虑,找到招聘的最佳平衡点,不能偏废任何一个。

1.1.4 人员招聘的组织责任

企业人力资源管理不仅仅是人力资源部门的事情,而且是全体管理者及全体员工的责任。每一个人力资源管理职能的实现都需要人力资源部门和其他职能部门通力合作。人员招聘工作也不例外,人力资源部门应该与用人部门共同从事员工的招聘工作,只是工作分工有所不同。人力资源部门一般侧重一些原则性和事务性的工作,如确定工作分析的内容与招聘人员的任职资格,刊登广告、寻找中介、组织面试与测试、组织录用和评估工作等。用人部门在招聘工作中,则侧重于一些专业性和技术性的工作,如出任测试考官、设计各类问卷和试题、修改完善岗位要求,以及筛选入围人员和最终确定录用者。

1. 用人部门的角色与责任

企业各中心、部门主管是人力资源管理和企业文化最直接的体现者,应承担起相应的职责。他们承担着人力资源政策和制度的执行者、人力资源具体措施的制订者、人力资源管理氛围的营造者的角色。在人员招聘工作中,需要提供工作分析的有关信息,进行人力资源计划与组织战略的协调与均衡,直接参与面试,决定人员的录用与分配。具体职责如下:

① 提出增补雇员的需求、填写申请表、与应聘者面谈;
② 负责确定人力需求,参与制订招聘计划和报批;
③ 草拟招聘职位的工作说明书及任职资格;
④ 对职位候选人的专业技术水平进行评价;
⑤ 负责确定面试和复试的人员;
⑥ 参与测试内容(包括笔试考卷)的设计和测试工作;
⑦ 参与正式录用决策;
⑧ 参与员工培训决策并负责新员工基本技能的训练辅导;
⑨ 负责录用人员的绩效评估并参与招聘评估;
⑩ 参与人力资源规划的修订。

2. 人力资源部门的角色与责任

人力资源部门从传统人事管理的权力机构转变为企业的专业化秘书、咨询机构,对企业人力资源管理起决策支持作用。它们承担着人力资源开发与管理方案的制订者、人力资源政策和制度执行的监督者的组织角色。在人员招聘工作中,需要分析组织整体及各个部门的人员需求,负责公司的人员招募,组织人员的甄选与录用,以及招聘服务和咨询工作。具体职责如下：

① 负责对外部环境影响因素的分析，如经济状况、劳动力市场、熟悉有关劳动关系的法律法规，帮助用人部门分析招聘的必要性和可能性；

② 选择合适的招聘渠道和方式，设计人员招聘中选拔、测试评价的方法、工具及测试内容；

③ 策划制作招聘广告和招聘网页，并办理相关审批手续，联系信息发布；

④ 负责简历等求职者资料的登记、筛选和背景调查；

⑤ 通知参加面试人员，主持面试和具体实施人事评价程序；

⑥ 为用人部门的录用决策提供咨询服务；

⑦ 寄发通知并帮助被录用的人员办理体检、档案转移、签订试用或正式劳动合同等各项手续，并为员工岗前培训服务；

⑧ 向未被录用的落选者表达诚意并委婉地拒绝，进行招聘评估并负责人力资源规划的制定。

1.1.5 招聘的意义

先进的招聘机制和有效的招聘活动对企业具有重要意义。

1. 成功招聘可以给企业提供所需要的人才以实现企业的战略目标

招聘是企业人力资源获取的关键，是人力资源管理的基础，是关系组织发展的一项重要工作。对于组织来说，如果没有所需要的员工，组织就无法按照预期的计划正常运营。如果不能获得人力资源的持续提供，组织将停滞不前，不能发展。通过招聘工作，企业不仅能够获得人力资源，而且能够获得所需要的高素质人才。这是因为招聘过程有很多步骤，在每一步都对应聘者进行选择，经过层层的选拔，最后被录用的是符合企业要求的高素质人员。随着人才竞争的日益激烈，成功的招聘工作是使组织处于不败之地的前提条件。

当人力资源补充到企业以后，后续的人力资源管理活动就要以此为基础来开展。例如，员工培训、绩效管理、薪酬管理、员工的职业生涯规划等工作，必须在详细了解企业人力资源特点的基础上进行，而且组织人力资源的特点在很大程度上决定了后续工作的重点。可见，招聘是人力资源管理的基础，这项工作完成的质量直接影响着其他后续工作的效率和效果。

2. 成功招聘能够增强企业员工的稳定性

每一个企业都不希望自己所招聘的人员经常出现"跳槽"行为，所以在招聘过程中，招聘人员一般都会注意审查申请人的背景和经历，以断定他们不会很快离职，给企业造成损失。因此，招聘工作从一开始就有可能部分地消除不稳定因素。但是，众所周知，现在有很多招聘者为了招到稀缺人才，在招聘时会掩饰本企业不利的一面，而过分夸大其积极因素。而人才招进企业后，就会产生失调感，当预期与现实差距太远时，员工的流失就在所难免了。所以，合适的招聘政策必须能够稳定员工。

3. 招聘能为企业注入新的活力，增强企业创新能力

企业根据人力资源规划和工作分析的结果，通过招聘，给岗位配置新的人员。新的人员在工作中注入新的思想和工作模式，可给企业带来制度创新、管理创新和技术创新。特别是从外部吸收人力资源，为企业输入新生活力，可以弥补企业内人力资源的不足，带来更多新

思维、新观念和新技术。

另外，有效的招聘系统还能促进组织内部员工的合理流动，调动员工的积极性、主动性和创造性。通过内部的合理流动，员工可以找到适合自己的岗位，实现人岗匹配，使自己的潜能得以充分发挥，组织人员得以优化配置。有研究表明，员工在同一岗位上工作达8年以上，容易出现疲顿现象，而合理流动，会使员工感到新岗位的压力与挑战，刺激员工内在潜能的发挥，增强企业活力。

1.1.6 目前招聘中存在的问题

在当今的经济和社会环境中，对人才的竞争越来越激烈，这对招聘工作提出了新的挑战。在招聘过程中以下问题一直困扰着招聘部门。

1. 关键岗位人才难求

人才的供应和需求之间的矛盾始终存在着。对有的职位而言，应聘者供大于求，这种情况下，组织对人员的需求很容易得到满足。而对于另外一些职位来说，则很难找到可供选择的合格人才，尤其是专业技术要求较强的职位或管理职位。因此，人力资源部门经理经常感叹："伯乐常有，而千里马不常有。"

2. 忽视应聘者与组织的适应性

在选拔面试中，招聘人员往往只注重应聘者与空缺职位任职资格的符合程度，而很少考虑应聘人员与组织文化、部门现有员工的适应性。因而导致在录用后才发现新员工并不符合该职位的要求，或者与企业的文化很难融合。职位的要求主要规定了从事某一个职位工作的任职者应该具备的知识、技能和能力，但是仅仅具备这些素质还远远不够。因为工作的完成离不开与他人的合作，因此合格的员工还应该具备所在团队所要求的人格特点、企业文化所要求的价值观念，以及对企业使命的认同。这就要求招聘人员要以特定组织、特定岗位对人员的要求为依据，来选拔出合适的员工。

3. 新聘员工短期流动率较高

随着经济发展的多样化和择业观念的不断变化，近年来企业中人才的跳槽现象越来越普遍，周期也在缩短，新聘员工的流动率不断增高。人员流失过快给企业招聘工作带来很大的挑战。耗费很大精力招聘进来新员工，并且投入很大的财力对他们进行岗前培训，但是他们却很快就流失了，确实令企业非常痛心。在招聘选拔过程中，有些招聘者倾向于选择那些十分优秀的人才，却往往忽视这些人才的稳定性，辛辛苦苦招来了员工却很快就发现是在为竞争对手做嫁衣，不但给企业造成财力人力上的损失，而且从另一方面也削弱了企业自身的竞争力。由于企业人员流失速度快，企业就需要不断地招聘人员来满足工作的需要，同样又加大了人才招聘工作的难度，产生恶性循环。

4. 招聘成本高

由于合适的候选人不易获得及人员流失速度的加快，企业不得不在招聘方面投入巨大的成本。不同企业在争夺同类人才的时候，为了表现出自己企业的吸引力，很多企业不惜斥巨资进行宣传。为了获得足够符合要求的候选人，企业要动用各种各样的手段去吸引应聘人员。为了能够有效选拔人才，不少企业也投资使用一些先进的、昂贵的人才选拔手段，招聘选拔费用构成了一笔巨大的开支。

1.2 招聘需求分析

招聘工作一般是从招聘需求的提出和确定开始的。所谓的招聘需求分析,就是通过对人力资源配置状况和人力资源需求进行分析,将招聘与培训、工作轮换、调动等其他为空缺岗位提供人员的方法相比较,进而分析招聘的必要性的过程。

由于实际工作的需要和业务的变化会导致人员需求的变化,对于需求的不断变化,往往需要用人部门和人力资源部门对实际情况进行分析,然后作出招聘决定。一般来讲,招聘需求分析可以分为人力资源规划和人力资源的配置状况分析两个阶段。一般而言,对某一特定岗位进行招聘之前,组织已经在企业整体层次上进行了人力资源规划,这对现实的招聘活动具有指导意义。然后还要对待招聘岗位的人力资源配置状况进行分析,以确定本次招聘的需求。

1.2.1 人力资源规划

人力资源规划是根据企业内外部环境的变化,对未来某一时间人力资源需求进行预测,并制定相应的措施来满足需要。在人力资源规划中已经计划的招聘工作内容是从企业发展战略分析角度来制定的,因此,它属于人员招聘的战略需求分析。

1. 招聘的环境分析

企业的人员招聘需求除受宏观经济条件、劳动力市场、法律法规等外部环境因素的影响外,还受组织的目标、政策、组织文化、管理方式等内在因素的影响。因此,在招聘活动之初,必须深入分析这些环境因素及其影响。

企业的招聘环境可以分为内部、外部两类,具体因素及其影响如表1-1所示。

表1-1 影响招聘的内、外部因素

组织外部因素	组织内部因素
1. 经济:市场环境的变化导致顾客对产品和服务需求的变化,从而导致对相应人员需求的变化 2. 劳动力市场:劳动力市场上劳动力的数量和质量决定着企业能否招聘到合适的人员 3. 技术:技术的变化影响着企业对劳动力素质的结构和水平的需求 4. 竞争者:竞争者对人员的需求及其竞争实力影响着企业是否能够招聘到足够的合适人才 5. 法律法规:企业的招聘是在国家法律法规的限定下进行的,企业必须遵守相关的法律法规,以避免产生法律纠纷,造成不必要的损失	1. 组织战略:组织采取不同的发展战略,会采用不同的招聘战略,也会需要不同的员工 2. 发展周期:企业处于不同的发展周期需要不同数量和素质结构的人员,也会采取不同的招聘策略 3. 财务预算:财务状况影响着薪酬总额、不同职位员工的薪酬,从而影响企业的吸引力、计划招聘的人数及可支付的工资水平 4. 企业文化及管理风格:企业文化及管理风格要求员工的认可及价值观的趋同,这影响着企业对员工个性特点的要求

1) 组织外部环境因素

第一,在外部影响因素中,经济条件对招聘有着不容忽视的影响。组织作为宏观经济中的微观主体,其经济活动会受到外部经济条件的影响,招聘活动也不例外。经济环境的变化会影响组织对人员的需求。随着社会经济的发展，人们对产品和服务的需求会不断发生变化，这影响到组织对所需求人员的素质结构及数量的要求。由于经济条件对招聘活动的影响是巨大的，因而在人员招聘前要对其进行综合分析，找到主要影响因素，并预测其产生的影响。

第二，劳动力市场状况是影响人员招聘的另一个主要因素。如果需要招聘的劳动力在市场上有充足的供应，那么招聘信息很容易就能吸引到足够多的申请者；如果劳动力供不应求则会使招聘活动变得相当困难，不易招聘到适当数量的求职者。因此，劳动力市场的状况影响着组织的招聘策略，在一定程度上决定了企业能否招到足够的合适的人才。

第三，国家相关的法律法规规范了组织招聘活动。我国以《劳动法》为依据，已经颁发了一系列与招聘和录用有关的法律、法规、条例和规定，包括《劳动合同法》、《女职工禁忌劳动范围的规定》、《集体合同规定》、《未成年工特殊保护规定》、《企业劳动争议处理条例》等。组织的招聘工作，必须遵守现行法律、法规和政策的有关规定，不得违背相关政策法规，以免产生法律纠纷。

除了上述几个方面外，还有许多外部因素，如社会的技术变革、外部竞争者、政府管理、社会文化、教育状况等因素，也对组织的招聘活动产生影响。在制订招聘计划和实施招聘工作过程中，应该对相关的外部环境因素予以充分的、综合的考虑，以期顺利实现招聘工作的目标。

2) 招聘的内部环境因素

组织战略、管理机制、发展阶段、财务预算等都会影响招聘的对象、规模、手段等，是影响招聘的内部环境因素。

首先，组织战略会对其招聘活动产生深远的影响，采取不同的发展战略需要招聘不同特点的员工。与企业战略相适应的企业文化、组织机构设置等影响着招聘渠道、方法和过程。

其次，在企业生命周期的不同发展阶段，对所要招聘的人员的数量、层次、知识结构要求不同。一般在企业的初创阶段，因生存需要，对人员的需求量会较大；企业进入发展期，对人员数量的需求还是比较大，但是所需人员的层次和结构会有所变化；企业进入平稳发展的成熟期，对人力资源需求的规模将趋于稳定；当企业因其自身的惯性进入衰退期时，对人员的需求量会减少，因而限制招聘。

企业的吸引力决定了企业能否招聘到所需要的人才。企业财务预算决定了企业的薪酬总额，限制了计划招聘的人数及可支付的工资水平，从而影响企业的吸引力。企业的薪酬水平和薪酬结构，对不同类型的人产生迥然相异的影响，因此吸引的应聘者类型也不相同。企业文化、企业形象和管理风格等也是吸引应聘者的重要因素，它们与其他因素共同影响着企业员工的招聘。有时宽松和谐的工作氛围、良好的培训体系、公平合理的内部升迁制度比单纯的高薪酬对应聘者的吸引力更大。

2. 人力资源需求的预测方法

企业人员需求预测是人力资源管理的一项重要工作，它可以帮助企业明确未来人力需求趋势，做好人才储备工作；同时也可以帮助企业合理预测未来各部门、各类职位人员的需求情况，做好企业的定岗定编工作。人员需求预测的方法很多，下面是常用的几种方法。

1) 经验预测法

经验预测法是人力资源预测中最简单的方法，它适合于较稳定的小型企业。经验预测法，顾名思义就是用以往的经验来推测未来的人员需求。经验预测法可以采用"自下而上"和"自上而下"两种方式。"自下而上"就是由直线部门的经理向自己的上级主管提出用人要求和建议，征得上级主管的同意；"自上而下"就是由公司经理先拟定出公司总体的用人目标和建议，然后由各级部门自行确定用人计划。最好是将"自下而上"与"自上而下"两种方式结合起来运用：先由公司提出职工需求的指导性建议，再由各部门按公司指导性建议的要求，会同人事部门、用人部门确定具体用人需求；同时，由人力资源部门汇总确定全公司的用人需求，最后将形成的职工需求预测交由公司经理审批。

不同管理者的预测可能有所偏差，可以通过多人综合预测或查阅历史纪录等方法提高预测的准确度。要注意的是，经验预测法只适合于一定时期内企业的发展状况没有发生方向性变化的情况，对于新的职务，或者工作方式发生了较大变化的职务，不适合使用经验预测法。

2）模型法

模型法也被称为统计预测法，是通过数学模型对真实情况进行预测的一种方法。模型法首先要依据公司目前和预测期的经济指标及若干相关因素，通过数据分析建立起数学模型，然后进行数理统计计算，来预测人员数量需求。

这类方法中采用最普遍的是比例趋势法、经济计量模型法和回归分析法。

（1）比例趋势法

这种方法通过研究历史统计资料中的各种比例关系，如管理人员同工人之间的比例关系，考虑未来情况的变动，估计预测期内的比例关系，从而预测未来各类职工的需要量。这种方法简单易行，关键在于历史资料的准确性和对未来情况变动的估计。

（2）经济计量模型法

这种方法是先将公司的职工需求量与影响需求量的主要因素之间的关系用数学模型的形式表示出来，依此模型及主要因素变量来预测公司的职工需求。这种方法比较复杂，一般只在管理基础比较好的大公司里才采用。

（3）回归分析法

回归分析包括一元回归法和多元回归法，一元回归法是当人力资源的历年数据呈较有规律的近似直线趋势分布时，可用最小二乘法求出直线回归方程 $Y=\alpha+\beta X$，来预测未来的人力需要。这是一种根据过去的数据和现状推测未来的方法。在具有比较完整的连续性数据的情况下，可根据这些数据找出该事物的变化规律和发展趋势，一般可用一条拟合曲线来表示，进而列出其数学表达式，然后即可应用该数学表达式进行预测。运用这种方法进行人才预测，精确度是比较高的，因为人力资源的增长变化是连续和逐渐的，有明显的趋势性，所以这种方法很适于用作人才预测。

3）德尔菲法

德尔菲法是由美国兰德公司于20世纪50年代发明的一种用于预测的方法。它是指邀请某一领域专家或有经验的管理人员来对某一问题进行预测的方法，有时也称为专家预测法。

实施德尔菲法首先要确定预测问题，并根据预测的问题，选择这一领域的专家。然后把包含预测问题的预测表及有关背景资料寄送给各位专家，让各专家以匿名的方式独立对问题作出预测。紧接着要对专家的预测结果进行汇总统计，形成新的预测表，并把它分别寄送给各位专家，由专家们对新预测表作出第二轮判断或预测。如此反复，一般经过 3~4 轮，专家的意见即可趋于一致，完成对预定问题的预测。

在实施德尔菲法时，为了防止群体思维的出现，必须避免专家们面对面的集体讨论，采用匿名或背靠背的方式，使每一位专家独立作出判断。另外，所选择专家的数量及质量、提供给专家的信息的充分程度、所提问题的质量等都影响着预测的准确性。

3. 人力资源供给预测方法

人力资源供给包括组织内部和组织外部两个方面的供给。内部供给预测要考虑内部人力资源自身的变化，如人员晋升、降职、离职、退休等，核查员工填充预计的岗位空缺的能力，进而确定每个空缺职位上的接替人选。外部预测是根据企业生产发展变化和人员自然减员情况，预测劳动力市场上组织所需要的劳动力供给情况。它要求对劳动力市场的供求状况有一定的了解和预测，制订周密的招聘方案，以便在人才市场竞争中取得主动，确保企业发展过程中能在劳动力市场上获取可靠的人力资源。进行人力资源供给预测的常用方法有以下几种。

1）马尔可夫分析法

马尔可夫模型预测是将时间序列看作一个随机过程，通过对事物不同状态的初始概率与状态之间转移概率的研究，确定状态变化趋势，预测事物的未来。

这种方法用于具有相等时间间隔的时刻点上各类人员的分布状况。在具体运用中，假设给定时期内从低一级向其上一级或从某一职位转移到另一职位的人数是起始时刻总人数的一个固定比例，即转移率一定。在给定各类人员起始人数、转移率和未来补充人数的条件下，就可以确定出各类人员的未来分布状况，作出人员供给的预测。这种分析方法通常通过流动可能性比例矩阵，来预测在某一岗位上工作的人员流向组织内部另一岗位或离开的可能性。例如，假设当前有 A、B、C、D 四个职位，现有员工数：A=40，B=80，C=120，D=160，预测一年后的各职位员工数量。表 1-2 表示岗位现有员工的人数及其离职率。

表 1-2 各岗位当前人数及离职率

初试人数		A	B	C	D	离职率
40	A	0.8				0.2
80	B	0.1	0.7			0.2
120	C		0.05	0.8	0.05	0.1
160	D			0.15	0.65	0.2

注：方格中 0.8 表示一年后有 80% 的员工留下，空格表示没有流动，其他亦同。

根据表 1-2 的数据作出流动可能性分析表，如表 1-3 所示。

表 1-3 人员流动可能性分析表

初始人数	A	B	C	D	离职人数
40	32	0	0	0	8
80	8	56	0	0	16
120	0	6	96	6	12
160	0	0	24	104	32
合计	40	62	120	110	68

从表1-3中可以看出，下一年A、C职位人数不变，都还分别为40人、120人，而B职位则减少18人，一年后只有62人，D职位则减少50人，一年后只有110人。

人员转移概率的准确性直接影响到供给预测结果的准确性，一般企业都是通过统计历年的人员变动情况，得出每年各类人员间的转移概率，然后对其平均数做一定修正后将之作为最终的各类人员间的转移概率。

2）人员核查法

人员核查法是组织通过对现有人力资源质量、数量、结构和在各职位上的分布状况进行核查，来掌握组织拥有的人力资源状况。一般来说，核查内容可以用技能清单反映。技能清单（见表1-4）内容应该包括员工培训背景、工作经历、工作经验、技能、绩效、发展潜力等方面的情况，从而帮助人力资源规划人员估计现有员工调换工作岗位的可能性的大小，判断哪些人可以补充企业当前的职位空缺。

表1-4 某企业管理人员技能清单

姓　　名	部门	到职日期	来源	出生年月	最高职称
教育背景	类别	学位种类	毕业日期	学校	主修科目
	高中				
	大学				
	硕士				
	博士				
训练背景	训练主题		训练机构		训练时间
技能	技能种类			证　书	
评价					
需要何种培训	改善目前的技能和绩效				
	提高或晋升需要的经验和能力				
目前可晋升的或流动至何岗位					

资料来源：董福荣，赵云昌. 招聘与录用. 大连：东北财经大学出版社，2007：48.

3）人员替换法

人员替换法是使用人员替换图记录各个管理人员的工作绩效、晋升的可能性和所需要的训练等内容，并由此来判断人员补充组织重要职位空缺的可能性。人员核查法中人事登记表描述的是个人的技能，而人员替换图描述的是可以胜任组织中关键岗位的个人。图1-1是一个管理人员替换图的示例。

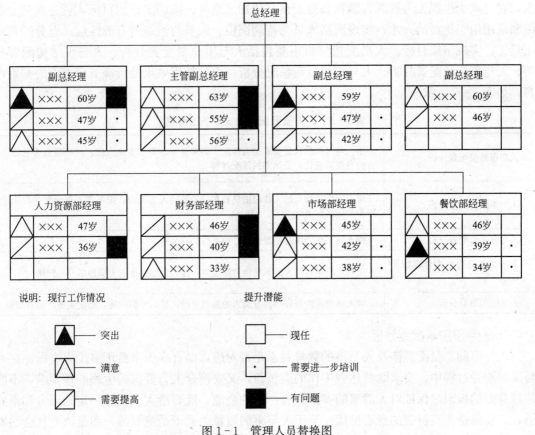

图1-1 管理人员替换图

资料来源：王国颖，陈天祥. 现代人力资源管理. 广州：羊城晚报出版社，2002.

1.2.2 人力资源的配置状况分析

人员招聘工作开展之前，应在人力资源规划的基础上，对组织现有人力资源的配置状况进行分析，以确定岗位对人员的现实需求。

人员需求的变化除了受环境因素的影响，也可能是由于人力资源自身的因素造成的。一方面是员工的自然流失带来的人员需求，如老员工的退休、员工辞职、解聘、意外死亡或疾病、各种原因的休假（病假、产假、探亲假等）都会产生工作岗位的空缺，需要招聘正式或临时的员工来补充；另一方面，还可能是内部人力资源配置不合理而引发的招聘需求。

对于员工自然流失带来的人员需求，可以通过搜集企业人员流动的历史数据和相关资料，使用前面介绍的相关方法加以预测和判断；另外，也需要富有经验的主管经常盘点部门的人力资源，密切关注每个下属的日常表现，以准确预测人员需求。例如，当前岗位的任职者如果对企业或工作缺乏满意度，或任职者不胜任该岗位的工作等原因，会经常请病假、事假，缺勤率升高，这会造成当前岗位的空缺。对于员工离职，一般情况下都会有离职前兆，富有经验的主管会根据以往的经验来判断其离职的可能性，并采取进一步的措施。

内部人力资源配置情况，是招聘现实需求的分析重点。人员配置指的是人与事的配置关系，它已成为组织人力资源管理状态是否良好的标志之一。招聘工作的目标，就是成功地选拔和录用组织所需的人才，实现所招人员与待聘岗位、人员与组织的有效匹配，充分开发利用员工，实现组织目标。人员配置分析主要包括人与事总量配置分析、人与事结构配置分析、人与事质量配置分析、人与工作负荷状况分析、人员使用效果分析等五个方面的配置内容，如表1-5所示。

表1-5　人力资源配置状况分析五维度

人与事总量配置分析	指人与工作的数量关系是否匹配。即多少工作需要多少人做。这种数量关系随社会的发展而变化，是动态的匹配过程
人与事结构配置分析	指不同性质特点的工作应由具有相应专长的人去完成，把各类人员分配在最能发挥专长的岗位上
人与事质量配置分析	指人与工作之间的质量关系，即工作的难易程度与人的能力水平的关系
人与工作负荷是否合理状况分析	工作负荷是否与人的承受能力相适应，是否能够保证人力资源的身心健康
人员使用效果分析	对人员绩效的好坏与自身能力的强弱进行比较，分析问题，制定措施，提高绩效

1. 人与事总量配置分析

人与事的总量配置涉及人与事的数量关系是否对应，即有多少事要用多少人去做。在人与事的配置过程中，要求既要达到工作的满负荷，又要符合人力资源的生理心理要求，不能超越身心的极限，保证对人对事的安排留有一定的余地，既要给人力资源一定的压力和不安感，又要保持所有员工的身心健康。至于人与事的数量关系不是绝对的，而是随着社会的发展、科技的进步、工作性质的变化、人员素质的变化而变化的。如果企业出现有人没事做或有事没人做都表明人与事的总量配置不合理。目前我国大多数企业出现了双重矛盾，一方面普通员工严重过剩，面临的是人浮于事的现象；另一方面高级经营管理人才和高级技术人才严重缺乏，有事没人做或缺少称职人员。

2. 人与事的结构配置分析

人力资源管理的根本任务是合理配置使用人力资源，即把各类人员分配在最能发挥他们专长的岗位上，做到人尽其才、才尽其用。人员结构配置分析一般是按照组织现有人员能力特点进行分类，考察现有人员的使用情况，并列出矩阵表，从中可以分析组织现有人力资源的实际使用情况和使用效果。如表1-6所示。

表1-6　人员配置分析表

使用情况 人员特点	人数	非熟练工 85	熟练工 490	技工 125	职员 33	管理人员 7
非熟练工	50	50	—	—	—	—
熟练工	500	35	465	—	—	—
技工	150	—	25	125	—	—
职员	30	—	—	—	30	—
管理人员	10	—	—	—	3	7

从表1-6中可以看出，该单位人力资源配置很不合理，存在严重的人力资源浪费现象。有35名熟练工在做非熟练工工作，25名技工在做熟练工工作；还有3管理人员在做职员的工作。该单位需要立即对目前的人力资源使用情况进行调整，避免再出现此类人力资源浪费的情况。

3. 人与事的质量配置分析

人与事的质量配置是指人与事之间的质量关系，即事的难易程度与人的能力水平的关系。事有繁简难易之分，人有能力高低之分，应根据每种事的繁简难易程度，及其对人员资格条件的要求，选拔具有相应能力水平的人去承担，以提高人力资源投入产出比率。人与事的质量配置不符主要有两种情况：一种是现有人员素质低于现任岗位的要求；二是现有人员素质高于现任岗位的要求。近几年，在单位人员招聘上普遍存在着"人才高消费"的倾向。过分追求人才的"高消费"，其负面效应显而易见，一是高才低用，这对组织和个人而言都是资源浪费，单位必须为人才"高消费"支付高成本，个人的特长也无法正常发挥；二是文凭低、实才高的人才被扼杀也造成人力资源的巨大浪费。能够做到"量才适用"才是人力资源管理和开发的根本所在。

4. 人与工作负荷是否合理状况分析

人与事的关系还体现在事的数量是否与人的承受能力相适应，使人力资源能够保持身心健康。组织有义务给员工提供舒适安全的工作环境、设计合理的工作来保持员工的身心健康，其中工作负荷量的合理设计对保持员工身心健康尤为重要。员工的体力和脑力劳动强度、工作时间要适度，不能超过一定的范围。适当的工作强度对员工而言既是压力又是动力，能够保持员工身体和心理的健康。

如果工作负荷长期过重，则应增添人员以减轻其工作负担，或者增设工作岗位来分担原岗位的工作；如果工作负荷长期不饱和，则应考虑合并相应岗位、减少人员配置或者增加该岗位工作内容。无论是工作负荷过重还是过轻，都不利于人力资源的合理配置。

5. 人员使用效果分析

人与事的配置分析最终还要看岗位上的员工的使用效果，这是动态衡量人与事关系的重要内容。一般来说，人员使用效果经常用绩效的好坏与自身能力的强弱做比较。根据绩效的好坏和能力的高低，可以将人员使用效果分为四个种类：A能力高，绩效高；B能力低，绩效高；C能力低，绩效低；D能力高，绩效低。对于D类员工，组织应该特别关注，找出影响其绩效的因素。一般而言，通过激励、调整岗位使人与事匹配能帮助他们在今后的工作中提高绩效；对于C类员工，组织应考虑他们是否还有提高能力和绩效的可能，如果没有改进的可能，则可以考虑招聘新员工来替代他们。

招聘工作的核心是实现所招人员与待聘岗位的有效匹配。这种匹配要求将个人特征与工作岗位的特征有机地结合起来，从而获得理想的人力资源管理结果。

1.2.3 招聘需求的确定

对组织招聘的内外部环境及组织当前的人员配置状况进行深入分析后，就可以确定招聘的需求了。组织人员的需求与供给之间存在三种关系，即供大于求、供求平衡、供小于求。应当注意的是，当组织人力资源出现供求不平衡时，一般不可能所有的岗位和部门都是供大于求或者供小于求的情况，而是不同部门、不同岗位的情况会有所不同。例如，某些岗位人员冗余的同时，其他岗位人员不足。所以，应具体情况具体分析，制定出相应的人力资源平衡策略，使各部门人力资源在数量、质量、层次、结构等各方面达到协调与平衡。

当组织中人力资源总量不能满足需求时，应该分析其原因，而不是盲目进行招聘活动。因为当组织感觉缺人的时候，也许是由于工作的工艺设计不合理，员工技能水平低、积极性不高导致的生产率过低，而使其处于人员"缺乏"状态。因此，最有效的方法是通过激励、培训等方法提高员工技能、改进工作方法，提高劳动生产率，减少对人力资源的需求。

当组织中人力资源在总量上平衡，但因人员结构不合理造成某些职位空缺或人员不足时，组织应根据具体情况制订有针对性的业务计划，如晋升计划、培训计划等，改变结构不平衡的状况。

特定岗位工作量临时加大，企业的业务量季节性增加，突发事件的需要等因素都会导致临时性岗位的出现。在这种情况下，一般不主张从外部招聘人员，而是在员工自愿的情况下，通过延长工作时间的方法来缓解人员短缺的问题。

解决人力资源短缺的方法有多种，不能遇到人员短缺的时候就简单采用招聘一种方法。人力资源短缺的应对策略主要有以下几种。①内部调剂。可将某些符合条件、相对富余的人员调往空缺职位，也可通过培训与晋升的方法补充空缺职位。②如果短缺现象不严重，且本组织职工又愿意延长工作时间，则可根据《中华人民共和国劳动法》有关规定，制订延长工时并适当增加报酬的计划。③制订聘用非全日制临时工计划。如返聘已退休者或聘用小时工等。④工作再设计。主要是通过工作扩大化，使员工做更多的工作，这样做的结果，不仅能降低员工的单调感和厌烦情绪，而且也提高了人力资源的利用率。⑤实行任务转包措施，也是解决人员短缺的很好的方法。当以上方法都不能满足组织对人力资源的需求的时候，就需要有计划地从外部招聘。

在人员多余时，要注意利用多种渠道妥善安置，如可组织转业训练、缩短工作时间、遣散临时用工、对外承包劳务、实行提前退休或下岗、辞退、不再续签合同等措施。

1.3 招聘流程设计

人员招聘工作是一个复杂的、系统的而又连续的程序化操作过程，同时涉及组织内部各个用人部门及相关环节，需要各个部门、各个管理者的协调配合。为了使人员招聘工作科学化、规范化，高效有序地进行，在招聘之初制定科学合理的招聘流程非常必要，对招聘人数较多或招聘任务较重的企业尤其重要。另外，招聘活动又是一个双向选择的过程，组织的招聘活动代表着组织的形象，对应聘者来说，招聘本身就是应聘者了解组织的过程，严密、科学的招聘程序能给应聘者留下较好的第一印象。

招聘流程是指从组织内出现空缺到候选人正式进入组织工作的整个过程。从广义上看，招聘流程包括招聘准备、招聘实施、招聘评估三个阶段；而从狭义上理解，招聘流程仅指招聘的实施阶段，包括招募、选择、录用三个步骤。

1.3.1 招聘流程制定的步骤

招聘流程科学合理与否关系到招聘效果的好坏,一般按照以下步骤制定的流程较为合理:
① 分析企业现行组织结构、职务设置和职务权限;
② 分析企业现行各项行政、人事管理制度,以及规定和工作流程;
③ 总结分析现有的招聘程序,并明确初试、复试决策人和录用决策人;
④ 分析各岗位不同的任职资格;
⑤ 将上述内容归纳、整理,起草招聘流程初稿;
⑥ 将初稿与相关人员进行讨论,征求他们的建议和意见;
⑦ 将这些建议和意见进行整理,确定招聘流程试行稿;
⑧ 公布招聘流程试行稿;
⑨ 在招聘活动中,实际使用招聘流程试行稿,并根据实际情况进行修改;
⑩ 试行期结束后,正式确定企业招聘流程。

1.3.2 招聘的一般流程

为了保证招聘活动的科学规范,提高招聘的效果,招聘活动一般按照图1-2所示的几个阶段来进行。

1. 招聘准备阶段

充分的准备为工作的成功开展提供了保证,在招聘准备阶段主要完成以下任务:确定招聘需求;明确招聘工作的特点和要求;制订招聘计划和招聘策略。

1) 确定招聘需求

确定招聘需求就是要准确地把握有关组织对各类人员的需求信息,确定人员招聘的种类和数量。具体步骤为:首先,由公司统一进行人力资源规划或由各部门根据实际工作需要提出人员需求。然后,由人力资源部门填写"人员需求表"。人员需求必须依据工作描述或工作说明书制定,一般说来,可包括以下内容:
① 所需人员的部门、职位;
② 工作内容、责任、权限;
③ 所需人数及何种录用方式;
④ 人员基本情况(年龄、性别等);
⑤ 要求的学历、经验;
⑥ 希望的技能、专长;
⑦ 其他需要说明的内容。

最后,由人力资源部审核,对人力需求及资料进行审定和综合平衡,对有关费用进行评估,提出是否受理的具体建议,报送主管部门审批。

在确定招聘需求的过程中需要进行深入的招聘需求分析,其相关的分析技术参看前文,这里不再赘述。

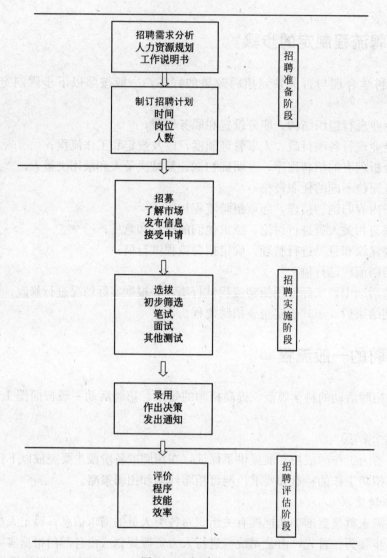

图1-2 招聘流程图

2) 明确待招聘工作岗位的特点和要求

在招聘准备阶段,需要明确待招聘岗位的工作特点,以及需要任职者具备什么资格条件。只有明确了待招聘工作的特点和要求,才能制订有针对性的招聘计划,采取有效的招聘策略。招聘岗位的工作特点和招聘标准,可以通过工作说明书等信息资料及用人部门主管的报告等途径来获得。

招聘的标准决定了录用什么样的人才,主要包括对人才的年龄、性别、学历、工作经验、工作能力、个性品质等方面的要求。需要注意的是设置的招聘标准应该包括必备条件和择优条件两部分内容。所谓必备条件,就是对候选人的最低限度的资格要求,而择优条件则是候选人最好具有的资格条件,在候选人其他方面都相当的情况下,择优条件可以帮助比较候选人特征的相对优劣。

3) 制订招聘计划

人员需求批准确定以后,就需要人力资源部制订详细的招聘工作计划,来指导具体的招聘工作。科学合理的人员招聘录用计划为人员招聘录用工作提供了客观依据，并且能够规范招聘行为，避免人员招聘录用过程的盲目性和随意性，进而提高招聘质量，展示良好的企业形象。

有效招聘计划的制订，离不开对招聘环境的分析，即对经济、劳动力市场及法律法规等企业外部环境因素的分析，以及对企业战略规划、发展计划、财务预算、组织文化、管理风格等内部环境的分析。

一份完整的招聘计划一般包括（参见本章附录中的招聘计划书样例）：招聘的规模、招聘小组成员、招聘的范围、招聘的方案、招聘的时间安排、招聘的费用预算。企业也可以根据自己的具体情况增加其他内容。

在招聘中，必须结合本组织的实际情况和招聘对象的特点，采用有效的招聘策略。招聘策略是招聘计划的具体体现，是为实现招聘计划而采取的具体策略，主要包括招聘地点策略、招聘时间策略、招聘渠道策略及招聘中的组织宣传策略等。

（1）招聘规模

招聘的规模是指企业准备通过招聘活动吸引多少数量的应聘者。有效的招聘活动需要将招聘控制在一个合适的规模，即吸引的应聘者既不能太多也不能太少。吸引的应聘者太多，会给招聘工作带来很大的工作量，造成资源的浪费。规模太小又会使组织对人才的选择范围很小，不利于招聘到合适人才。企业一般使用"人员招募筛选金字塔（recruiting yield pyramid）"来确定招聘规模。

如图1-3所示，该公司需要雇佣50名新员工。根据经验，该公司发给录用通知的人中只有大约一半的人会就职。所以需要给100名求职者发出录用通知，参加面试的人与最终录用的人的比例大约为3∶2，发给面试通知的人与实际接受面试的比例大约为4∶3，因此需要给200人发出面试通知。此外，求职者总人数与企业实际会对其发出面试通知的人的比例大约为6∶1，所以企业需要吸引1 200名求职者，即招聘规模为1 200人。

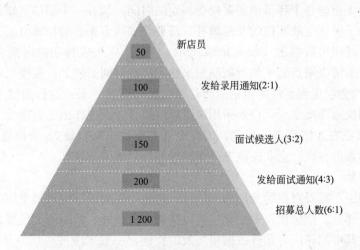

图1-3 人员招募筛选金字塔

资料来源：德斯勒. 人力资源管理学. 吴雯芳，刘昕，译. 北京：中国人民大学出版社，2005.

（2）确定招聘小组

在制订招聘计划的过程中需要组建招聘小组，由于招聘人员代表着企业的形象，其素质的高低直接关系着组织能否吸引到优秀人才,因此要慎重选择小组成员。合格的招聘小组成员应该具备以下特点。第一,热情。这是一个合格的招聘人员首先应该具备的素质。热情的招聘人员能够对应聘者提出的问题耐心回答,百问不厌,对工作充满热情。另外招聘者的热情也体现出对应聘者的尊重和关心,这无疑会拉近彼此的距离,吸引应聘者。第二,公平公正。作为一位招聘者,在招聘和选拔的各个环节都必须公平公正地对待任何一位应聘者。否则容易出现任人唯亲的情况,影响招聘的质量,也影响企业的形象。第三,具有丰富的专业知识、心理学知识及社会经验。员工招聘的各个环节都需要相关的专业知识和心理学知识,尤其是选拔环节。具备丰富的专业知识和心理学知识是对招聘者的基本要求。另外,人员招聘,尤其是外部招聘,会时常面对许多不同的环境和突发事件,这就需要招聘者具备丰富的社会经验,以灵活应对这些变化。第四,良好的沟通能力。作为招聘人员,只有善于与人沟通,才能保证工作正常运转。否则会使工作出现差错,造成企业人才流失。这是因为招聘是一个双向选择的过程,需要招聘方和应聘方进行持续的沟通,以达到彼此的深刻了解,可见,良好的沟通能力是成功招聘的关键。第五,招聘者还需要具备高尚的品德、儒雅的举止、良好的外部形象。

(3) 招聘的范围

招聘的范围是指企业在多大的地域范围内进行招聘。一般而言,招聘的范围越大,招聘到的人员素质越高,但是招聘的成本也会增加。因此,应该根据招聘岗位的特点、对任职者的要求及企业自身的情况确定适度的招聘范围。

一般来说,招聘的人才层次越高,岗位越特殊,招聘的范围就应该越大;层次越低,岗位越普通,招聘的范围应该越小;劳动力市场提供的相关劳动力越多,企业的招聘范围越窄;企业资源如财务预算、时间等越丰富,招聘的范围越宽。

(4) 招聘的时间

招聘的时间主要指确定信息发布的时间、招聘的截止日期、员工选拔的时间、新员工的上岗时间等。由于招聘各个环节都需要耗费一定的时间,填补一个职位空缺往往需要相当长的时间,所以为了保证空缺职位的及时填补,需要合理确定企业的招聘时间。

企业常用时间流失数据法(time lapse date,TLD)[①]来安排招聘时间。该方法是通过计算招聘过程中关键决策点的平均时间间隔来确定招聘时间。例如,根据以往的经验,招聘信息发布 10 天内会收集到足够的申请简历;面试通知需要 5 天;进行面试及其他选拔测试需要 4 天;录用决策需要 5 天;得到录用决策后应聘者 5 天内作出是否接受工作的决定;接受职位的人 7 天左右才能到企业报到,因此企业在职位出现空缺 36 天前就应该开始招聘。由于不确定性因素的存在,企业应该充分保证时间计划的灵活性。

(5) 招聘预算

在招聘计划中,需要对招聘费用作出估计。每年的招聘预算应该是全年人力资源开发与管理总预算的一部分。招聘预算中主要包括:招聘广告预算、招聘测试预算、体格检查等预算及其他预算。其中招聘广告预算占据相当大的比例,一般来说按 4∶3∶2∶1 的比例分配预算较为合理。例如,如果一家企业的招聘预算是 5 万元,那么,招聘广告的预算应是 2 万元,招聘测试的预算应是 1.5 万元,体检检查等的预算应是 1 万元,其他预算应是 5 000

---

① 朱周. 人力资源管理教程. 上海:上海财经大学出版社,2001:184.

元。当然，每个企业都应该根据自己的实际情况来决定招聘预算。在进行费用预算的时候，要注意避免遗漏或重复计算。

2. 招聘实施阶段

招聘工作的实施是整个招聘活动的核心，也是最为关键的一环，其中包括招募、选择、录用三个步骤。

1) 招募阶段

招募工作是指根据招聘计划确定的招聘策略及单位需求所确定的用人条件和标准，采用适宜的招聘渠道和相应的招聘方法，吸引合格的应聘者，以达到良好的招聘效果。招募阶段的主要目标是吸引足够的合格应聘者，为下一步人才选拔做好准备。一般来说，不同类别的人喜欢不同的获取信息途径，单位想要吸引符合要求的人员，就必须选择该类人员喜欢的招聘途径。

(1) 招聘广告

招聘广告是企业发布招聘信息的主要方法，其设计的好坏，直接影响到招募工作的成败。招聘广告的设计是一门学问，它既有现成的模式，又需要招聘者别出心裁地予以创造，从内容、形式、措辞、方法等都必须仔细研究。

招聘广告的设计一般要符合 AIDA 的原则，即 Attention（引起注意）、Interest（产生兴趣）、Desire（激发欲望）、Action（促成行动）四个英文单词的第一字母的缩写。要吸引应聘者就需要找到自己招聘广告中的"卖点"，也就是区别于其他同行业招聘广告的地方。这需要深入了解本公司人力资源政策方面的优势，如薪金是否有竞争力，员工培训是否做得比较好，或者企业文化是否优秀等。总之，要找到本企业能够吸引应聘者的一些特点来。在文字上要求清晰准确地传播有关信息，不能模棱两可。招聘广告的内容要完整，一般包括企业名称、招聘职位、招聘人数、招聘要求、联系方式等。招聘岗位工作职责和任职条件表述要清楚明确，避免不符合条件的应聘者来电或来访，以提高招聘的质量和效率。

(2) 信息发布渠道

不同的公司及同一公司在不同的时候会使用不同的方式来发布招聘信息。有的公司喜欢做报纸广告；有的公司喜欢在招聘会上直接招聘；有的公司会首先在公司内部公布招聘信息，根据内部员工举荐，招聘合适的人员。同一公司在不同时期招聘信息的发布方式也不尽相同，常使用的发布信息的渠道有报纸、杂志、广播电视、网络等。这几种渠道的优点、缺点及适用范围如表1-7所示。

表1-7 信息发布渠道比较表

渠道	优点	缺点	适用范围
报纸	成本低；发行广泛；分类广告便于查找	制作质量比较差；对象没有针对性；容易被忽视	潜在的应聘者集中在某一地区并且常通过阅读报纸找工作的情况
杂志	印刷质量好；保存时间长；针对性比较强	发行时间较长；发行地域太广，见效期较长	招聘的职位比较专业、招聘时间较宽裕、招聘范围比较广的情况

续表

渠道	优点	缺点	适用范围
广播电视	容易引起注意；灵活性强；传递信息更为直接和生动	费用高；传递的信息简单；持续时间短；不能选择特定的应聘者	需要迅速引起人们的注意；无法使用印刷广告；某一地区有多种类型的潜在应聘者
网络	费用低；速度快；传播范围广；信息容量大	信息过多，容易被忽略；有些人不具备上网条件	范围较广泛的招聘

(3) 信息发布的原则

为了吸引足够的合格应聘者，信息的发布需要遵循广泛原则、适时原则、真实原则、全面原则。

招聘信息发布的范围越广泛，接受到该信息的人越多，应聘者就会越多，招聘到适合岗位要求的人也就会越多。因此企业应该根据自己的情况在合适的区域尽可能广泛地发布招聘信息。当然信息发布的时机也很重要，要考虑企业需求和人才的供应期，做到信息适时发布，招募工作才会获得好的效果。企业发布的招聘信息要真实全面，尽可能使潜在应聘者能够作出是否应聘的决策。向应聘者进行不真实的宣传或提出企业无法实现的承诺，会让员工进入企业后产生巨大的心理落差，这直接影响着所聘用员工的组织忠诚度及新员工离职率。使用真实工作预览技术，即在招聘时把企业真实的、准确的、完整的有关职位信息告知应聘者，是企业扭转这种不利情况、增加招聘真实性的有效手段。

2) 选择阶段

选择是指组织从人、事两个方面出发，使用恰当的方法，从众多的候选人中挑选出最适合职位的人员的过程。在人员比较选择的过程中，要以工作岗位职责为依据，以科学、具体、定量的客观指标为准绳。常用的人员选拔方法有：初步筛选、笔试、面试、心理测验、评价中心等。需要强调的是，企业在选拔人才的时候经常把这些方法结合在一起使用。

这些选拔方法的使用一般有三种结合方式，即多级障碍式、补偿式和结合式。多级障碍式是指对应聘者依次实施多种考核项目和测试，每次淘汰若干低分者，应聘者只有通过所有的考核环节才有可能被录用。补偿式是指任何一个独立的选拔环节都不能决定淘汰哪位应聘者，应聘者在所有环节的综合表现才是决定其是否被录用的依据。结合式是指选拔的程序结合了多级障碍式和补偿式两种方法，有些选拔环节是多级障碍式，有些环节是补偿式。企业应该根据自己的具体情况慎重选择选拔方法和其结合方式。

3) 录用阶段

录用是依据选择的结果作出录用决策并进行安置的活动，主要包括录用决策、发录用通知、办理录用手续、员工的初始安置、试用、正式录用等内容。在这个阶段，招聘者和求职者都要作出自己的决策，以便达成个人和工作的最终匹配。一旦求职者接受了组织的聘用条件，劳动关系就算正式建立起来了。

在这个阶段需要注意的是，录取名单确定后，要张榜公布、公开录用，提高透明度。这样做一方面可以接受社会监督，切实落实招聘政策；另一方面可防止招聘中的不正之风，也可纠正招聘过程中的弄虚作假。另外，通知录用人员也是录用工作的一个重要部分，其最重要的原则是及时。因此录用决策一旦作出，就应该马上通知被录用者。录用通知晚发一天都有可能损失企业重要的人力资源。在录用通知书中，应该讲清楚什么时候开始报到，在什么地点报到；应该附录如何抵达报到地点的详细说明和其他应该说明的信息。每一个参加面试的应聘者都应该及时接到答复，对于未被录用的人员也不例外，虽然告诉应聘者未被录用是件很困难的事。但是，对应聘者而言接到未录用通知比接不到任何消息要好得多，并且这也表明了企业对任何一位应聘者的尊重，有助于树立企业的良好形象。一般来说，由企业人力资源部经理签名的辞谢信，比单纯加盖一个公章的辞谢信要合适一些。

在录用过程中，任何一家企业都有可能遇到员工拒聘的情况。这时，企业人力资源部甚至最高层主管应该主动打电话询问，并表示积极的争取态度。在打电话之前，应该充分考虑员工拒聘的可能原因、可能提出的要求，以及企业在这方面还能够作出的努力程度。如果企业经常被许多应聘者拒聘，就要好好反思自己的招聘工作及管理状况。弄清楚应聘者拒聘的原因，对企业而言非常重要。

3. 评估阶段

招聘工作结束后，工作人员往往忙于整理应聘人员简历，办理录用手续，常常忽略了对招聘工作的及时总结，甚至有些人认为找到合适的员工并安置在合适的岗位，招聘工作就结束了。一个完整的招聘过程，应该包括招聘的评估与反馈阶段。

现在许多企业的招聘经验还不够丰富，招聘又是企业的一项经常性工作，所以应该及时总结招聘工作的经验和教训，为以后的招聘工作积累经验。通过不断改进招聘方法，进而提高招聘工作的质量、降低招聘工作的成本。另外，对招聘工作的评估有助于从战略角度发现企业内部的深层次原因，如企业提供的薪酬、企业的人力资源战略、激励机制、企业竞争能力、企业文化与企业形象等方面存在的不足。企业应通过招聘工作的评估，深究其原因并适时地调整企业人力资源战略和其他有关的管理政策。但是目前，招聘评估并未得到足够重视，企业很少进行招聘评估，即使核算，方法也过于简单，使得计算结果很难说明问题。

招聘工作能否达到预期的目标，受到企业内部诸多因素及企业外部环境的影响，因此对招聘工作的评估应该从内外两方面进行总结分析。内部因素主要包括企业招聘策略是否失当、招聘流程是否合适、选拔方法使用是否有效、招聘效果如何、招聘计划完成与否及其原因分析，以及相关管理环节对招聘的影响等；外部因素主要包括劳动力市场目前的基本状况及其发展趋势、竞争对手的相关政策与策略等。

招聘部门主管应将上述信息及时汇总，并提出相应建议，提供给企业高层管理者使用。具体的评估方法将在1.4节详细阐述。

1.4　招聘效果的评估与反馈

招聘效果的评估与反馈是招聘过程必不可少的一个环节，主要包括以下内容：招聘结果的效果评估；招聘方法的效果评估；招聘过程的效果评估。

1.4.1　招聘结果的效果评估

对招聘结果的效果评估主要包括对录用员工数量与质量的评估，以及招聘的成本效益评估。

1. 录用员工数量与质量的评估

对录用人员进行评估是根据招聘计划对录用人员的质量和数量进行评价的过程。对录用人员进行评估是一项十分重要的工作，这是因为如果录用人员不合格，或者招聘的人员数量不够，则在一定程度上说明招聘过程中所花的时间、精力、金钱都产生了很大的浪费，这也会给企业发展带来很大的阻碍。只有在招聘成本较低，同时录用人员数量充足且质量较好时，才说明招聘工作的效率高。

对录用人员数量和质量的评估，是根据组织的招聘计划和招聘岗位的招聘标准，对所录用人员的质量、数量和结构进行评价的过程。值得注意的是，招聘质量的评估在企业长、短期发展目标中所用的指标不同。在短期计划中，企业根据求职人员的数量和实际聘用人数的比例来认定招聘的质量；在长期计划中，企业可根据接受聘用的求职人员的转换率来判断招聘的质量。但是企业中存在很多影响转换率和工作绩效的因素，所以对招聘工作质量的评估十分不易。

1）录用比

$$录用比 = 录用人数/应聘人数 \times 100\%$$

录用比即录用率，一般而言，录用比越小，录用者的素质越高；反之，则录用者的素质较低。

2）应聘比

$$应聘比 = 应聘人数/计划招聘人数 \times 100\%$$

应聘比从招募的数量角度出发，反映了招募的效应发挥情况。该比值越大，说明招募信息发布的效果越好、企业的选择范围越大、被录用人员的素质可能越高。

除了运用录用比和应聘比两个数据来反映录用人员的质量外，也可以根据招聘的要求或工作分析中的要求对录用人员进行等级排列来确定其质量。

3）招聘完成比

$$招聘完成比 = 成功录用人数/计划招聘人数 \times 100\%$$

招聘的完成比是在数量上对招聘工作进行的评估。如果招聘完成比等于或大于100%，则说明在数量上完成或超额完成了招聘计划；如果小于100%，则说明招聘任务没有完成。

4）录用成功比

$$录用成功比 = 录用成功人数/录用人数 \times 100\%$$

该值越大，说明录用人员的质量越高，组织用于招聘的时间、精力与金钱获得了理想的回报；反之，则说明录用人员的质量越低，组织在招聘过程所耗费的人力、物力、财力及时间很多被浪费掉了。

2. 招聘的成本效益评估

1）招聘成本评估

招聘成本评估是指对招聘中的费用进行调查、核实，并对照预算进行评价的过程。招聘成本分为招聘总成本与招聘单位成本。招聘总成本即是人力资源的获取成本，由两部分组成：一部分是直接成本，包括招募费用、选拔费用、录用员工的家庭安置费用和工作安置费用、其他费用（如招聘人员差旅费、应聘人员招待费等）；另一部分是间接费用，包括内部提升费用和工作流动费用。招聘单位成本是招聘总成本与录用人数的比。很显然，招聘总成本与单位成本越低越好。

招聘成本评估是鉴定招聘效率的一个重要指标，如果成本低，录用人员质量高，就意味着招聘效率高；反之，则意味着招聘效率低。另外，成本低，录用人数多，就意味着招聘成本低；反之，则意味着招聘成本高。

(1) 每位申请者的单位成本分析

$$每位申请者的单位成本 = 总成本/申请者总数$$

申请工作的人数多，招聘总成本低，则说明申请者的单位成本低；反之，则意味着成本高。

(2) 每位合格申请者的单位成本分析

$$每位合格申请者的单位成本 = 总成本/录用者总数$$

录用的人数多，招聘总成本低，则说明合格申请者的单位成本低；反之，则意味着成本较高。

总成本＝招聘工作人员的工资、福利及加班费＋招聘的业务费用（广告费、录用前体检费、信息服务费、电话费、差旅费、专业费、服务费等）

(3) 招募成本分析

$$人均招募成本 = 招募成本/应聘人数$$

在应聘人员质量一定的前提下，人均招募成本越低，说明招募工作越有效。其中招募成本是指为吸引和确定企业所需内外人力资源而发生的费用，也可以划分为直接成本和间接成本两部分。直接成本主要包括招募人员的直接劳务费用和直接业务费用（如招聘洽谈会议费、差旅费、代理费、广告费、宣传材料费、办公费、水电费等）。间接成本主要有行政管理费、临时场地费及设备使用费等。需要注意，招募成本既包括当前招募人员的费用，又包括吸引未来可能成为企业成员的人选的费用，如为吸引高校毕业生所预先支付的委托代培费。

(4) 选拔成本分析

选拔成本是指对应聘人员进行鉴别选择，以及作出决定录用与否时所支付的费用。一般而言，选拔成本也可以分为选拔的直接成本和间接成本，主要包括笔试费用、面试费用、体检费用、调查费用等。

$$人均选拔成本 = 选拔总成本/参加选拔的应聘者人数$$

在保证选拔效果的同时，人均选拔成本越低，说明选拔工作越有成效。

选拔成本随着应聘人员所需从事工作的不同而不同。一般来说，选择外部人员比选择内部人员的成本要高，选择技术人员比选择操作人员的成本要高，选择管理人员比选择一般人员的成本要高。

(5) 录用成本分析

录用成本是指经过招募选择后，把合适的人员录用到某一企事业单位所发生费用。录用成本包括录取手续费、调动补偿费、搬迁费和旅途补助费等由录用引起的有关费用。这些费用一般都是直接费用。

$$录用单位成本 = 录用总成本/录用人数$$

录用的单位成本越低，说明录用工作的开展越有效。当然，被录取者职务越高，录用成本也就越高。由于从企业内部录用职工只是工作调动，一般不会再发生录用成本，所以比从外部录用员工的成本低。

（6）安置成本分析

安置成本是为安置已录取职工到具体的工作岗位上时所发生的费用。安置成本由为安排新职工的工作所必须发生的各种行政管理费用、为新职工提供工作所需要的装备条件，以及录用部门因安置人员所损失的时间成本而发生的费用构成。被录用者职务的高低对安置成本的高低有一定的影响。

（7）重置成本与离职成本

对招聘工作的效率进行评价不能仅限于招聘这一独立阶段，还应该包括因招聘不慎使得员工离职给企业带来的损失，即离职成本；以及重新再招聘时所花费的费用，即重置成本。员工离职成本主要有由于处理离职带来的管理时间的额外支出；解聘费（公证、法律手续）；离职面谈的成本支出；临时性的加班补位等。值得注意的是，80％的员工离职成本都是间接的，它比直接成本高得多。

除了招聘过程的成本和离职成本外，重置成本还包括人力资源开发的成本及医疗保健费用。当企业繁盛时员工流失，所产生的离职成本和重置成本往往会出人意料的高，所以对这两项成本的考核，也是衡量招聘工作效率高低的一个方面。当然，导致员工离职的因素非常复杂，招聘工作的低效率可能只是其中的因素之一。因此，在离职面谈时，应该弄清楚员工离职的真正原因。

2）招聘成本效用评估

成本效用评估是对招聘成本所产生的效果进行的分析，主要包括：招聘总成本效用分析，招募成本效用分析，人员选拔成本效用分析，人员录用成本效用分析等。

$$总成本效用 = 录用人数 / 招聘总成本$$

$$招募成本效用 = 应聘人数 / 招募期间的费用$$

$$选拔成本效用 = 被选中人数 / 选拔期间的费用$$

$$人员录用效用 = 正式录用的人数 / 录用期间的费用$$

成本效用越高，说明相应环节的成本产生的效果越好；反之，则表明产生的效果不理想，这就需要分析其原因以提高成本效用。

3）招聘收益-成本比

它既是一项经济评价指标，同时也是对招聘工作有效性进行考核的一项指标。其计算公式为

$$招聘收益 - 成本比 = 所有新员工为组织创造的总价值 / 招聘总成本$$

招聘收益-成本比越高，说明招聘工作越有效。

在对招聘的成本效益进行评估时，不能忽视对招聘成本的核算。招聘成本核算是指对招聘的经费使用情况进行度量、审计、计算、记录等的总称。通过核算可以了解招聘中经费的精确使用情况，是否符合预算及主要差异出现在哪个环节上，进而可以帮助我们制定有针对性的改进措施。

1.4.2 招聘方法的效果评估

企业从招聘到甄选阶段，会使用多种方法来对应聘者进行考查。由于对申请者合格与否及成功与否的考验在时间上是滞后的，因此，总的来看，不宜过早地进行招聘方法的评价，

否则容易导致错误的结论或忽略了本质现象。

员工的选聘必须坚持慎重的原则，必须将错误发生的可能性减至最低，增加正确决策的概率，这是开展组织工作的基本前提。对所使用的选聘方法应该从下面几个方面进行评价。

(1) 有效性

测试应围绕岗位要求拟定测验项目，其内容必须正确、合理，必须与工作性质相符合。例如，如果要挑选市场调查研究员，则所要测试的内容必须与营销、调查、统计和经济分析的知识有关，否则测试便无意义了。

(2) 可靠性

它是指评判结果能反映应聘者的实际情况。测试成绩能表示应聘者在受试科目方面的才能、学识高低，如应聘者营销学方面的测试成绩为90分，就表示他在这方面的造诣也确有90分的水准。

(3) 客观性

它是指招聘者不受主观因素的影响，如成见、偏好、价值观、个性、思想、感情等；另一方面，应聘者不会因身份、种族、宗教、党派、性别、籍贯和容貌等因素不同而有高低的差别。招聘要达到客观性，就必须在评分时摒除以上两种主观障碍，这样才能达到绝对的公平。

(4) 广博性

是指测试的内容必须足够广泛，能测出招聘岗位所要求的每一种能力。

当招聘工作符合有效性、可靠性、客观性和广博性四个标准时，企业才能够选拔到真正合格的人员。

1.4.3 招聘过程的效果评估

除了对招聘的结果和使用方法的效果进行评估以外，对招聘过程也要进行深入考查，以便及时发现问题，分析原因，寻找解决的对策，及时调整有关计划，并为下次招聘总结经验教训。

1. 招聘渠道效益分析

为了对以后的员工招聘提供指导，在一次招聘结束后，组织应就此招聘的渠道和方法作出评价。如2000年3—4月份，用友公司以登报纸广告和参加人才交流会为主来寻找人才，但结果均不理想：前者几乎没收到求职资料；而参加招聘的人大部分都不是用友公司所需要的人才。于是用友公司转向网络招聘，从5月份登招聘广告到6月份一个月收到的应聘资料是1—6月份所收集全部资料的一半，而且申请者的水平非常理想。

就招聘渠道效益的评估而言，企业可以从五个指标进行分析：每种渠道所吸引的申请者数目；每位申请者的招聘成本，用每种渠道的花费与其申请者数目的比值来表示；每种渠道吸引合格申请者的数目；每个合格申请者的成本，用每种渠道的花费与此渠道吸引的合格申请者数目的比值来表示；每种渠道来源的申请者中成功者的数目。

哪种招聘渠道吸引的申请者及其合格应聘者的数目多、人均招聘成本少、成功录用的人数多，则哪种招聘渠道的效益就好；反之则不太理想。经常对招聘渠道的效益进行评估，有利于减少招聘费用的浪费，并增强招聘的效果。

2. 招聘的时间效益分析

招聘的时间效益也是招聘评估的一个重要方面，尤其是在人才竞争日益激烈的今天，招聘时间效益的高低直接关系着招聘工作的成败。招聘部门的反应时间、职位平均空缺时间是招聘时间效益的主要反应指标。

在人才市场竞争异常激烈的今天，招聘部门的反应速度显得尤为重要。许多求职者常常同时应聘数家企业，如果企业的招聘反应速度慢，优秀人才就会被竞争对手抢先录用。另外，招聘部门反应慢，总是推迟面试时间，也会让申请者觉得自己不受重视，即使本组织的招聘人员也会觉得自己的工作不重要，结果必然是误人误己。

在保证招聘的人员数目和质量的前提下，各个招聘阶段所用的时间越短，反应速度越快，其时间效益越高。反应真正高效的招聘部门应该在日常的工作过程中主动了解搜集各类潜在员工的信息，同时也需要组织内部其他职能部门在平时就为招聘人员提供消息和便利，以提高招聘的反应速度。如在平时参加商务会议或其他活动时，有意识地寻找将来可能会对组织有用的申请者，并随时把他们推荐给人事部门的招聘人员；而负责招聘的人员应为这些潜在的申请者建立档案甚至可以给他们打电话以了解其兴趣所在。如果组织内每个部门的人员都主动关注对潜在应聘者信息的搜集，则企业就可以拥有一个宝贵的人才库供随时调用。

1.4.4 招聘效果的反馈

招聘活动结束后，应及时进行总结，并把相关信息反馈给有关人员。招聘信息的反馈主要通过对招聘工作的全过程进行记录和经验总结，并对招聘活动的结果、经费支出等进行评定，撰写总结报告，然后送达有关部门来得以实现。在招聘总结报告完成后，招聘的负责人应将报告交参与招聘活动的人员阅读和学习，使之能够全面了解已经进行的招聘活动。同时应该交给专人妥善保存，以供随时查阅，为以后的招聘工作提供信息，为管理者的决策提供依据。

1. 招聘总结报告的撰写原则

招聘总结报告的撰写首先要求真实地反映招聘的全过程。招聘总结报告是非常重要的企业文件，是下一次招聘决策的重要依据。因此，要求招聘的总结报告能够真实地反映招聘的全过程，清晰陈述后文所用的评价信息依据，要有利于鉴别招聘评价的真实、客观、准确程度。对招聘活动中的一般过程和重要细节的记录，不能带有主观色彩，以便于更为客观、正确地分析问题。

另外，招聘总结报告要由招聘的主要负责人撰写。这是因为在招聘过程中，主要负责人对招聘全过程有清楚的了解，能够全面地记录理解整个招聘过程，能够站在全局的高度审视整个招聘工作，有利于作出客观全面的招聘评价。

在招聘总结报告中还要明确指出工作的成功和失败之处。这是整个评估工作价值的最好体现。在客观描述的基础上，对招聘的经验和教训进行总结。

2. 招聘总结报告的主要内容

在招聘总结报告中首要要简要阐述招聘计划。招聘计划是在制定人力资源规划之后、实施招聘活动之前产生的，在这里只需说明招聘岗位名称、数量、招聘计划何时完毕、人员何时能够上岗工作、招聘工作由哪个部门负责实施等，为后续的评价提供必要信息。另外还要以时间表的形式描述招聘与选用的时间安排与落实，即招聘的进程。对于每次通过测试的人员的数量和最终的录用决策等招聘结果信息，以及招聘费用的使用和支付情况都要进行客观、真实的描述。最后根据以上信息对整个招聘工作进行总结评价，这是招聘总结报告最有意义的一部分内容。在撰写招聘评定时，既要总结出合理的、有借鉴意义的成功经验，又要客观地指出招聘工作存在的不足，两者不可偏废。

3. 招聘总结范例

××公司春季招聘小结

(1) 招聘计划

根据1998年1月3日第二次董事会决议，向社会公开招聘负责国际贸易的副总经理1名，生产部经理1名，销售部经理1名。

由人力资源开发管理部张一觉经理在分管副总经理周伟的直接领导下具体负责。

招聘测试工作全权委托复旦管理咨询公司人力资源服务部实施。

(2) 招聘进程

2月1日，《解放日报》和《新民晚报》刊登招聘广告。

2月15日—2月20日，报名登记。

2月20日—2月28日，初步筛选，去掉一些明显不符合要求的应聘者。

3月1日—3月31日，招聘测试。

4月1日—4月10日，最终人事决策。

4月15日，新主管人员上岗。

(3) 招聘结果

① 副总经理应聘者38人，参加招聘测试25人，送企业候选人3名，录用0人。

② 生产部经理应聘者19人，参加招聘测试14人，送企业候选人3名，录用1人。

③ 销售部经理应聘者35人，参加招聘测试4人，送企业候选人3名，录用1人。

(4) 招聘经费

① 招聘预算共50 000元。

② 招聘广告费20 000元。

③ 招聘测试费15 000元。

④ 体格检查费2 000元。

⑤ 应聘者纪念品费1 000元。

⑥ 招待费3 000元。

⑦ 杂费3 500元。

⑧ 合计支出44 500元。

(5) 招聘评定

① 主要成绩。这次由于委托专业机构进行科学测试，录用的两位经理素质令人十分满意。同时测试结果指出了副总经理应聘者中无合适人选，最后没有录用。

另外由于公平竞争，许多落选者都声称受到了一次锻炼，对树立良好的企业形象起到了促进作用。

② 主要不足之处。由于招聘广告的设计还有些问题，所以没有吸引足够多的高层次应聘者来竞争副总经理岗位，致使副总经理最终没有合适人选录用。

人力资源开发管理部经理签名

资料来源：甘华鸣. 人力资源：组织与人事 上册. 北京：中国国际广播出版社，2002：523-524.

思考题

1. 简述招聘的几项重要原则。
2. 描述招聘的一般过程。
3. 如何进行招聘需求分析？
4. 从哪几个方面可以对招聘的效果进行评估？

本章案例

招聘计划书样例

招聘计划书

一、人员需求（招聘的规模）

职务名称	人员数量	其他要求
软件工程师	5	本科以上学历，35岁以下
销售代表	3	本科以上学历，3年以上相关工作经验
行政文员	1	专科以上学历，女性，30岁以下

二、信息发布时间

1. ××日报　　　　　1月18日
2. ××招聘网站　　　1月18日

三、招聘小组成员名单

组长：王岗成（人力资源部经理）
　　　全面负责招聘活动
成员：赵　刚（人力资源部薪酬专员）
　　　负责接待应聘人员、整理应聘资料
　　　刘玉英（人力资源部招聘专员）
　　　负责招聘信息发布、面试、笔试安排

四、选拔方案及时间安排

1. 软件工程师

资料筛选	外发部经理	截止日：1月25日
初试（面试）	开发部经理	1月27日
复试（笔试）	开发部命题小组	1月19日

2. 销售代表

资料筛选	销售部经理	截止日：1月25日
初试（面试）	销售部经理	1月27日
复试（面试）	销售副总	1月29日

3. 行政文员

资料筛选　　　行政部经理　　　　截止日：1月25日

| 面试 | 行政部经理 | 1月27日 |

五、新员工的上岗时间

预计在2月1日左右

六、招聘费用预算

1. ××日报广告刊登费用　　　　4 000元
2. ××招聘网站信息刊登费　　　800元

　　　　　　　　　　　　合计：4 800元

七、招聘工作时间安排

1月11日：起草招聘广告

1月12日—1月13日：进行招聘广告版面设计

1月14日：与报社、网站联系

1月18日：在报纸、网站上刊登广告

1月19日—1月25日：接待应聘者、整理应聘资料、对资料进行筛选

1月26日：通知应聘者面试

1月27日：进行面试

1月29日：进行软件工程师笔试（复试）、销售代表面试（复试）

1月30日：发放录用通知

2月1日：新员工上班

　　　　　　　　　　　　　　　人力资源部　总经理签章
　　　　　　　　　　　　　　　2007年1月5日

资料来源：李剑. 员工招聘与人事测评操作实务. 郑州：河南人民出版社，2002：11-12.

本章参考文献

[1] 董克用，叶向峰. 人力资源管理概论. 北京：人民大学出版社，2003.

[2] 李剑. 人力资源管理实务必备手册. 北京：中国言实出版社，2003.

[3] 李德伟. 人力资源招聘与甄选技术. 北京：科学技术文献出版社，2006.

[4] 卿涛. 人力资源管理概论. 北京：清华大学出版社，2006.

[5] 武建学. 七步打造完备的招聘管理体系. 哈尔滨：哈尔滨出版社，2006.

[6] 宋涛. 人员招聘与选拔管理. 北京：中国物价出版社，2001.

[7] 刘善仕. 人力资源管理. 广州：华南理工大学出版社，2006.

[8] 谌新民. 新人力资源管理. 北京：中央编译出版社，2002.

[9] 董福荣，赵云昌. 招聘与录用. 大连：东北财经大学出版社，2007.

[10] 赵永乐，沈宗军，刘宇瑛. 招聘与面试. 上海：上海交通大学出版社，2006.

[11] 德斯勒. 人力资源管理. 吴雯芳，刘昕，译. 9版. 北京：中国人民大学出版社，2005.

[12] 戴良铁，赵琼，谢军. 人力资源管理教程. 广州：暨南大学出版社，2005.

[13] 苏钧. 现代企业人力资源管理：员工招聘、甄选、岗位引导和绩效考核. 北京：中国致公出版社，2007.

[14] 杨旭华，王新超. 卓越人力保证技术：企业人才选聘经典实务. 广州：广东经济出版社，2003.

[15] 欧阳洁，霍燕滨，陈竞晓. 有效招聘. 北京：清华大学出版社，2004.

第 2 章

招聘的实施

2.1 招聘渠道的选择

获取足够的、合格的人力资源是任何企业人力资源管理的职责。招聘渠道就是企业获取所需员工的来源。人员获取的渠道有很多,不同渠道需要不同的招聘成本,适宜招聘不同性质的员工。而且,在公司不同的发展阶段,不同的企业战略,不同的外部环境条件下,公司会选择不同的招聘渠道来获取所需人员。招聘渠道合适与否关系到招聘的效果好坏,所以管理者应该重视招聘渠道的选择。

2.1.1 招聘渠道

员工招聘的来源可以是多方面的,如学校、人才市场、退伍转业军人、其他企业的员工、企业内部的现有员工等。总体而言,企业招聘员工的渠道主要有"内部招聘"和"外部招聘"两大类。"内部招聘"就是从组织内部选拔合适的人才来补充空缺或新增的职位,"外部招聘"是指根据组织制定的标准和程序从组织外部选拔符合空缺职位要求的员工。这两种招聘渠道具有各自的优势和劣势,在招聘工作开展之前,人力资源部门应该根据企业的具体情况及招聘岗位的性质慎重选择。

1. 内部招聘

当企业某些岗位出现空缺的时候,企业外部和企业内部的员工都是这些空缺岗位的潜在候选人。内部职员既可自行申请适当位置,又可推荐其他候选人。当组织从内部选拔合适的人才来补充空缺或新增职位时,就是采用了"内部招聘"的渠道。内部选拔是员工招聘的一种特殊形式,严格来说,内部选拔不属于人力资源招聘的范畴,而应该属于人力资源开发的范畴,但它又确实是企业与员工招聘关系最密切的一部分工作。内部招聘是一把双刃剑,从内部招聘员工,既能给企业带来优势,也不可避免地会产生负面影响。

1) 内部招聘的优势

(1) 招募的风险比较低,成功概率高

组织内部的候选人已经在组织中工作过一段时间,组织对其了解程度必然要高于外聘者。候选人在组织中工作的时间越长,组织对其工作能力、业绩、人格特点、与组织文化的相容性等的了解越深。因此,成功确定岗位合适人选的概率比较高,降低了招聘的风险。

（2）可鼓舞士气，激励员工

内部招聘制度，尤其是内部提拔给组织员工带来了希望和机会，他们会感觉到，只要在工作实践中不断学习，努力提高业务能力，就有可能被分配到更重要的工作。即使是工作轮换、返聘等内部招聘方法，也能起到鼓舞士气、提高员工工作热情的作用。因为这能反映出组织对内部员工的认可和重视，能够让当事人体会到组织的关心，同时也能够对其他员工起到示范作用，增强成员对组织的忠诚度。当然，内部招聘的前提是有空缺职位和合适的人选，空缺管理岗位的产生主要取决于组织的发展，合适的人选取决于个人的进步，所以，内部招聘可以鼓励那些有发展潜力的员工更加自觉、积极地工作，以促进组织的发展，同时也为自己创造更多的职务提升机会。

（3）员工可更快适应工作

员工能力的有效发挥主要取决于他们与组织文化的融合程度和对组织本身及其运行特点的了解程度。从内部获得的员工，对组织中错综复杂的机构、组织政策、组织的运行特点、企业文化等非常熟悉，并且对即将上任的职位也有比较客观的认识和预期。所以，从内部招聘的人员对企业和岗位的适应期比从外部招聘的员工要短很多，他们能够迅速地适应新工作，工作起来得心应手。

（4）招聘选择成本低

首先，内部招聘不需要在报纸、杂志等媒体上发布招聘信息，这为企业节省了许多费用。一般而言，企业招聘广告费、招聘测试费、体格检查等费用及其他费用所占的比例为4∶3∶2∶1，其中招聘广告预算占据相当大的比例，因此单是免去发布招聘广告一项就给企业节约了大量资金。另外测试费和其他费用也比外部招聘少很多，而体检费则一般不发生。可见内部招聘的突出优势是降低了招聘成本。

（5）使组织培训投资得到回报

企业会经常给员工安排内部和外部培训，以提高其素质。企业投入的培训成本，需要在员工的工作中得到回报。随着员工职位的提升，或者职位匹配度的提升，他们对组织的贡献也会不断增加，在这种意义上来说，内部招聘能够使组织的培训投资得到更多的回报。

其实，内部招聘不仅具有这些显性优势，而且还能给企业带来隐性收益。例如，经常使用内部招聘的企业，员工会更珍惜工作机会，他们的工作积极性一般会很高。另外，内部招聘也给员工带来了工作的安全感，提供了美好的发展前景，这也会成为吸引外部人才的有效因素。

2）内部招聘的劣势

内部招聘也具有不可忽视的劣势，只有高度重视这些劣势，才能在招聘选拔人才的时候做到有的放矢，把其对企业的负面影响降到最低。

（1）使组织丧失活力，缺乏创新性

从内部提拔的人员往往喜欢模仿上级的管理方法。这虽然可使过去的经验和优良作风得到继承，但也有可能使不良作风得以发展，这不利于组织的管理创新和管理水平的提高。另外，组织内部选拔的员工之间具有很多共同的思维方式，容易形成定势，即思考和行为的固定模式，使组织丧失活力，这也是企业变革创新的大敌。在当今急剧变化的市场环境中，企业需要具有较强的创新能力,才能增强其灵活性和适应性。所以主要采用内部招聘的企业应该重视企业外部培训,激励员工接受新思想、新知识,以打破思维和行为定势,提高企业的活力和创新力。

(2) 未被提升的人可能士气低落

当组织有空缺职位的时候,会吸引许多员工,但是能够被成功提升的人毕竟是少数。在竞聘中失败,会给员工带来挫折感。尤其是好胜心、虚荣心较强的员工,会觉得在同事面前丢了面子,抬不起头来。另外,员工之间的关系由以前的同事变为上下级,会让落选者很难接受和适应。一般而言,内部竞聘失败者的员工会情绪非常低落,而且持续时间较长,这给企业生产带来很大影响。因此,怎样帮助竞争失败者摆脱失落感、走出心理阴影是管理者需要重视的问题。

(3) 容易引起内部矛盾

大家深知,只要有人的地方,就会有组织政治行为。尤其在有利益冲突的时候,政治行为更为突出,这在内部竞聘的时候也不例外。过多的组织政治行为会降低员工之间的信任度,引发和增强内部矛盾。另外,竞聘落选者也会对被录用者产生嫉妒情绪,或对招聘过程与结果产生不公平感,这都不利于组织中人员的团结与合作。企业虽然不能彻底消除政治行为及员工的不公平感,但是应该积极采取有效方法来降低其负面影响。例如,公开招聘选拔的过程、考核的指标及标准、招聘的结果等,以提高招聘的透明度,降低员工的不公平感。

(4) 招聘到的员工水平有限

当企业某一职位有空缺时,采用内部招聘比外部招聘获得的应聘者的数量要少得多,录用比要大得多,所以招聘质量相对较低。

(5) 容易导致"近亲繁殖"

如果企业有职位空缺的时候,经常采用内部招聘,难免任人唯亲,容易导致"近亲繁殖"。当然,即使不是任人唯亲,也会因为提拔任用而使他们"联姻",形成"近亲",产下工作绩效不良的"低能儿"。"近亲繁殖"会使员工之间的帮派越来越多,关系也越来越复杂,不利于企业的发展。

2. 外部招聘

"外部招聘"是指当企业有职位空缺的时候,根据组织制定的标准和程序从组织外部选拔符合空缺职位要求的员工。企业外部的潜在员工包括失业者、老年群体、学校的毕业生、竞争者和其他公司中的在职员工、退伍转业军人等。外部招聘是企业使用频率非常高的获得人才的渠道,它具有独特的优势和不容忽视的缺陷。需要强调的是,内部招聘和外部招聘的优势和劣势都是相对而言的。

1) 外部招聘的优势

(1) 有助于带来新思想、新方法,提高组织的创新性

外部招聘给企业输入了新鲜的血液,激发了企业的活力。外部候选人为组织带来新的管理方法与经验,增强了企业员工知识能力的异质性,进而提高了企业的创新能力。另外,由于他们新近加入组织,与上级或下属没有个人恩怨关系,在工作中很少会顾忌复杂的人情网络。由于外部应聘者面对的来自企业的隐性束缚比较少,故而他们能够放开手脚工作,从而给组织带来更多的创新机会。

(2) 来源广，选择余地大，利于招到一流人才

相对内部招聘而言，某个职位的空缺会吸引更多外部应聘者。他们来自不同的地域，具有不同的背景和经验，给企业带来了广阔的选择空间，有利于企业招聘到优秀的人才。

(3) 人才现成，节省培训投资

劳动力市场上的人力资源，具有不同结构、层次、质量的素质，能够满足不同岗位的需求。企业从外部招聘人才，会对应聘者进行慎重的选拔，坚持宁缺毋滥的原则。因此，从外部招聘的员工只需接受入职培训就能够立即胜任当前岗位，而企业内部招聘的员工，一般还要接受更为专业的知识技能的培训，可见外部招聘能够为企业节省大量的培训投资。

(4) 可平息和缓解内部竞争者之间的矛盾

组织中某些管理职位的空缺可能会引发若干内部竞争者的较量，事实上，组织中的每个人都希望获取晋升的机会。如果员工发现处在同一层级上、能力相差无几的同事得到提升而自己晋升未果时，就可能产生不满情绪，这种情绪可能会带到工作上，从而影响组织任务的完成，这反而会给组织造成负面的影响。而从外部选聘就可以转化矛盾，可能会使这些内部竞争者得到某种心理上的平衡，有利于缓和他们之间的紧张关系。

2) 外部招聘的劣势

(1) 对招聘到的人员了解少，风险高

在从外部选聘企业所需要的人员时，虽然进行了一定的测试和评估，但一个人的能力是很难通过几次短暂的会晤或测试就可得到确认的。另外，现有的选拔方法也由于信度和效度问题，不能完全保证选拔员工的正确性。被聘者的实际工作能力与选聘时的评估能力可能存在很大差距，因此组织可能会聘用到一些不符合要求的员工。可见，组织对外部应聘者的选择是建立在对其素质及未来绩效预测的基础上的，对外聘者的实际能力缺乏深入了解，这增加了错误录用的风险，而这种错误的选聘会给组织带来严重的危害。

(2) 进入角色慢

员工工作的成功开展，除了需要具备合格的素质条件外，更需要员工和组织的相互适应。外聘者对组织缺乏深入了解，他们一般不熟悉组织内部复杂的情况，尤其是企业的潜规则，同时也缺乏一定的人事基础，很难一下进入工作角色。组织内部现有的员工也对"空降兵"的能力及人格缺乏了解，常常持排外态度，这不利于外聘者权威性的建立和指挥力的发挥。

通常，外聘者需要一段相当长的磨合期，才能树立起自己的威信，同时与组织现有企业文化和员工团队相适应，才能真正有效地开展工作。

(3) 可能未选到适合该职务或企业需要的人

招聘到的员工是否适合职位和企业，不仅需要考查其知识技能的结构、层次等，还要考查其人格特点与职位和企业的适合程度。尽管在外部劳动力市场上存在大量的人力资源，他们的能力素质也许能够胜任工作岗位的技术要求，但是其人格特点也许与企业文化并不适合。而企业现有的员工，在企业中工作的时间越长，越能够适应企业和组织的特点。所以，相对而言，从外部招聘合适人员的难度比较大。另外，对于特殊的技术和管理人才，在外在劳动力市场上比较稀缺，因此企业可能无法选到适合该职位或企业需要的人才。

(4) 影响内部员工的工作积极性

大多数员工都希望在组织中能有不断升迁和发展的机会，都希望能够担任越来越重要的

工作。如果组织过于注重从外部招聘管理人员，就会打击内部员工的积极性，影响他们的士气。同时，有才华、有发展潜力的外部人才也不敢轻易应聘，因为他们知道虽然现在组织中的岗位比较理想，但今后升迁和发展的路径却很狭小。毕竟现今升迁仍然是一种重要的激励手段，如果企业内部缺乏升迁机会，不仅挫伤员工的积极性，也不利于保留企业的优秀员工。

(5) 可能引来窥探者

企业之间的竞争越来越激烈，竞争的手段也日新月异。在外部招聘来的员工也不能排除"企业间谍"的可能，因此，在外部招聘的时候，要重视人员的背景核查环节，以避免不必要的损失。

以上这两种渠道各有优缺点（见表2-1），因此企业在进行渠道选择的时候，要综合考虑这些利弊，才能作出正确的决策。

表2-1 内、外部招聘渠道的比较

渠道	优势	劣势
内部招聘	1. 招募的风险比较低，成功的概率高 2. 可鼓舞士气，激励员工 3. 员工可更快适应工作 4. 使组织培训投资得到回报 5. 选择费用低	1. 使组织丧失活力，缺乏创新性 2. 未被提升的人可能士气低落 3. 容易引起内部矛盾 4. 招聘到的员工水平有限 5. 容易导致"近亲繁殖"
外部招聘	1. 有助于带来新思想、新方法 2. 人才现成，节省培训投资 3. 可平息和缓解内部竞争者之间的矛盾 4. 来源广，选择余地大，利于招到一流人才	1. 对招聘到的人员了解少，风险高 2. 进入角色慢 3. 可能未能选到适合该职务或企业需要的人 4. 可能引来窥探者 5. 影响内部员工的工作积极性

2.1.2 招聘的途径

1. 内部招聘的途径

企业中绝大多数工作岗位的空缺是由公司的现有员工填充的，因此公司内部是最大的招聘来源。在20世纪50年代，美国有50%的管理职位由公司内部人员填补，目前这一比率已经上升到90%以上。内部招聘的途径主要有内部提拔、内部调用、工作轮换、返聘和公开招聘五种。

1) 内部提拔

内部提拔是指组织内部成员的能力和素质得到充分确认之后，被委以比原来责任更大、职位更高的职务，以填补组织中空缺的高一级职务。组织如果强调内部提拔，员工就会有为提升而拼搏的积极性，所以这种政策能提高员工士气。另外，内部提拔的人员对本单位的业务工作比较熟悉，能够较快地适应新工作。内部提拔可以通过主管推荐或员工联名推荐来实现，后者更能提高员工的公平感。

2) 内部调用

当企业中需要招聘的岗位与员工原来的岗位层次相同或略有下降时，把员工调到此岗位上去工作的过程为内部调用。内部调用应尽可能事前征得被调用者的同意，保证调用后更有利于员工工作,更有利于员工能力的发挥。否则,会影响员工的情绪和工作的积极性。

3) 工作轮换

工作轮换是企业解决内部人员短缺的一种常用方法,同时也是一种人员培训方法。工作轮换和工作调动有些相似,但又有所不同。一般而言,工作调动是长时间的、单独的、临时决定员工所应从事的职位,而工作轮换通常是短期的、有时间限制的,是两个以上职位的人员的调换,是企业有计划进行的。工作轮换可以使员工有机会更好地了解企业的其他工作,有利于促进以后的工作配合。同时,工作轮换也可以减少长期从事某项工作而带来的枯燥感,有利于提高工作的积极性和工作效率。尽管工作轮换也是填补职位空缺的一个重要方法,但是常用于员工不适合现任职位,或者员工要求调换工作时。

4) 返聘

组织在发展过程中,不可避免地会解雇一些员工,或者鼓励其提前退休。当组织出现岗位空缺的时候,优先召回以前解雇、退休或下岗待业的员工来填补职位空缺,就是返聘。这些人大多熟悉组织工作,无须过多的培训,而且往往十分珍惜这次就业的机会。随着人们寿命的延长和体质的不断强壮,以前退休的所谓的老员工其实还完全能够胜任岗位工作,并且由于其具有丰富的工作经验和对组织较高的忠诚度,他们的工作绩效一般令人非常满意。

5) 公开招聘

许多企业采用在内部公开空缺职位,吸引员工来应聘的方法选拔所需要的员工。这种内部招聘的方法使员工有一种公平合理、公开竞争的平等感觉,起到激励员工的作用。当然,采用公开招聘会为有限的职位吸引大量的应聘者,因此落选者的数量也会很多,当选聘结束后受到打击的员工数量也就比较多。

2. 外部招聘的途径

一个企业会不断地从其外部寻求员工,特别是当需要大量扩充人力资源时。外部招聘的途径主要有广告招聘、校园招聘、借助中介机构招聘、员工推荐及网络招聘。

1) 广告招聘

广告招聘是指企业通过广播、报纸、电视等传媒渠道发布用人信息,吸引并获取所需的人员,这是外部招聘中最常用的招聘途径。应聘者可以根据自己的情况选择适合的职业,减少盲目应聘,组织也可以通过此办法提高知名度,集中挑选需要的人员。在使用广告招聘的时候,要精心设计广告内容,慎重选择广告媒体、信息发布的时间、信息发布范围等。

2) 校园招聘

校园招聘通常是指企业直接从高校应届毕业生中获取所需人才的方法,是企业潜在管理人员和专业技术人员的一种重要来源,也是现代企业非常重视的外部招聘途径。对于想在短期内招聘大量新员工的企业来说,这也是一种行之有效的获取足够合格人才的渠道。尽管直到1999年12月国家教育部才开始允许企业进入高校招聘,但在此之前,已经有许多企业充分认识到了这个人力资源获得渠道的重要性,每年定期到大学去做招聘宣传,展开对优秀毕业生的争夺。他们采用各种方法来吸引毕业生,如与高校建立长期关系,向学校提供奖学金,组织学生到企业参观等,为大学生提供接触公司的机会。现在公司在高校的人才争夺战日益激烈,许多公司在大学生还没有进入毕业年级时就开始向他们传递公司信息。

3) 借助中介机构招聘

职业中介机构是专门从事人员招聘工作的机构,掌握着大量求职者的信息。借助这些机构进行招聘，不仅可以获得大量的求职信息，使招聘活动更具有针对性，而且还可以代替企业完成很多工作，为企业节省大量的时间。但是这种获取人才的渠道也存在问题，由于中介机构对企业和求职者的情况并不十分熟悉，招聘的人员可能会不符合企业的要求。另外，现在国内许多中介机构操作不规范，给企业招聘带来潜在风险。

4）员工推荐

企业内部有大量的员工，而每个员工又有自己的人际网络，这构成了企业潜在的人才库，企业应该重视和善于利用这个人才库。当工作岗位出现空缺时，可以通过内部员工推荐来获得企业所需要的人才。许多规模较大、员工众多的公司经常动员企业内部员工介绍自己的亲属、朋友、同学加入公司。研究表明，利用这种途径获取员工有许多优点，他们的岗位胜任度高、满意度高、离职率低。

5）网络招聘

随着计算机网络的普及，网络招聘已经迅速成为最流行的招聘方法之一。尽管它还没有取代传统的招聘方法，但是，计算机领域及其他技术和非技术领域的求职者开始习惯于上网找工作，甚至在网上建立自己的网页，而企业也逐渐把企业及岗位空缺信息放在互联网上。因为互联网上集聚着大量的求职信息，企业应该充分重视从网络渠道获取所需的人才。但是网络信息也存在不容忽视的缺陷，如信息量太大，使选聘员工的工作量大大增加等。另外，在网络上充斥着许多虚假信息，企业要注意辨别。由于网络招聘变得越来越重要，因此在本章将使用一节的篇幅着重阐述。

2.1.3 招聘的方法

1. 内部招聘的方法及示例

内部招聘的方法主要有工作公告法、档案记录法和主管推荐法。

1）工作公告法

企业运用人员内部补充机制时，通常要在公司内张贴工作告示，工作公告是通过向全体员工通报现有工作空缺，来吸引相关人员申请这些空缺职位的方法。

使用工作公告，应该注意以下问题。第一，至少要在内部招聘前一周，在显眼的位置发布所有的职位空缺信息。公告的发布要确保企业内部所有人员都能看到，而且还得保留一段时间。这可以让员工体验到招聘的公开公平，而且让有资格的员工都有机会来申请这个职位。第二，应该清楚地列出工作描述和职务规范。工作公告的内容与招聘公告的内容有些相似，主要包括工作的性质、任职资格、主管的情况、工作时间和薪酬待遇等相关信息。通过公布相关信息，让企业现有员工对自己的资格条件初步审查，作出是否申请此职位的决定。第三，使所有申请人收到有关申请书的反馈信息。通过及时给申请者反馈信息，让他们明确自己的差距，确定今后的努力方向，最终坦然接受招聘结果。

工作公告法是最常使用的吸引内部申请人的方法，特别适用于非主管级别的职位。而且工作公告法比其他内部招聘方法更有利于发挥组织中现有人员的工作积极性，激励士气，是员工职业发展的一种好方法。此方法的另外一个优点就是比较经济省时。表2-2是某公司的工作公告。

表2-2 工作公告示例

人力资源管理工作人员招聘公告

现因人力资源部工作的需要,经领导同意,特面向全公司公开招聘人力资源部主办科员2名,主要从事工资、社保、培训管理等工作。

人力资源部具有优良的工作传统,在人力资源管理及信息化管理方面有独到的优势,工作要求严谨,工作环境融洽。此工作能使你在较短的时间内掌握较先进的人力资源管理知识。

一、报名要求

1. 学历:中专以上文化程度。

2. 愿意从事人力资源管理工作,工作细心、责任心强、吃苦耐劳、具有较强的上进心和团队精神,能熟练地使用 office 办公软件。

3. 所在部门同意。

二、招聘及录用程序

1. 报名

报名时间:2007年2月7日—2007年2月14日。报名时提交报名登记表(在岗职工报名需主管领导或项目部领导同意)及个人详细简历。

2. 初选

人力资源部对报名人员进行初选,并于2007年2月15日在公司网站公布入选人员名单。

3. 考试

凡经初选后入选的人员都要参加考试,考试形式采取闭卷考试,笔试内容包括行政事务类、社会常识类、简单法律问题,注重于考查员工平时对行政事务及人力资源常识的积累。试题分为:①笔试测试试题(试题范围:行政事务试题(50%)、人力资源知识试题(40%)、计算机试题(10%));②计算机上机试题(两题,主要测试 office 软件的应用)。

考试时间:2007年2月20日上午9:00—11:30。

考试地点:公司二楼会议室。

4. 面试

按考试总成绩的高低取前四名,参加面试。面试时间:2007年2月21日下午2:00开始。

(说明:笔试测试成绩与计算机上机试题的成绩之和作为考试总成绩)

5. 录用

以考试总成绩(60%)和面试成绩(40%)加权后的成绩作为录用标准,录用加权成绩高的前两名。

三、其他事项

1. 在岗职工考试期间的工资按上班工资标准发放。

2. 请假事由由项目部负责办理。除特别情况外,项目部必须准假。

3. 有意者请将其报名登记表、个人详细简历、联系方式等相关材料以传真或电子邮件的方式发回人力资源部。联系电话:××××,传真号:××××,E-mail:abcde@126.com.

×××公司人力资源部
二〇〇七年二月一日

2)档案记录法

内部招聘的另一种方法是利用现有人员的技术档案,从中了解员工在教育、培训、经验、技能及绩效等方面的信息,然后根据这些信息,确定符合空缺职位的人员,即档案记录法。成功使用这种方法的前提是档案资料的信息必须真实可靠、全面详细,而且是及时更新的,只有这样才能保证根据档案信息筛选出的人员符合岗位的要求。

这种方法可以和工作公告法结合使用。在招聘信息发布后,负责招聘的管理人员可以根据档案资料搜索合格人选,并与其接触以了解他们是否想提出申请,以确保岗位空缺引起所有有资格申请人的注意。

利用档案记录法的突出优点是可以在整个组织内发掘合适的候选人,同时技术档案可以作为人力资源信息系统的一部分。如果企业具有规范健全的管理资料,并且技术档案包含的信息比较全面，采用这种方法招聘会比较经济便捷。

3）主管推荐法

主管推荐在内部招聘中是一种很常用的手段。一般的操作程序如下：当企业发生职务空缺时，由本单位的主管人员根据员工的工作表现及能力素质，推荐填充新职位的人选；然后，上级部门和人力资源管理部门对被推荐员工进行深入考查，选择可以胜任这项工作的优秀人员。这种方式一般用于员工晋升，给员工以升职的机会，有利于对员工的激励。另外，被推荐的人员对本单位的业务工作比较熟悉，能够较快适应新的工作。但是，主管推荐法也有非常突出的弊端，如主管与员工的关系对员工是否能够得到推荐有一定的影响，有时候影响非常大，这就使人员的选拔丧失客观性，缺乏公正性，进而挫伤其他员工的积极性。

2. 外部招聘的方法及示例

外部招聘的方法主要有广告招聘、校园招聘、借助中介机构招聘、利用招聘会招聘、员工推荐和网络招聘。

1）广告招聘

企业广泛使用的一个外部招聘渠道，是在大众媒体上发布广告，公布企业的职位空缺信息。广告是指通过广播、报纸、电视和行业出版物等媒介向公众传递公司的就业需求信息。在使用广告招聘的时候，要注意广告的设计及广告媒体的选择。有关广告设计的原则、内容及广告媒体选择的相关信息请参看第1章的有关内容。

值得注意的是，阅读这些广告的不仅有工作申请人，还有潜在的工作申请人及客户和一般大众。所以广告除了帮助企业招聘合适的人员外，还宣传了企业形象，因此需要认真对待。表2-3为一则招聘广告的示例。

表2-3 招聘广告示例

你是与你最满意的组织一起度过了人生的最好年华吗？
如果没有，请与我们联系！
我们是一家中等规模的电子公司，正在寻找一位至少具有两年人力资源管理工作经验或已获得该专业学士学位的专业人员，你必须对使用招聘专业人才的招聘渠道和方法十分熟悉，对人力资源和绩效管理有总体的了解。 考虑公司提供的以下条件： • 3周的带薪度假； • 每年10天的带薪假日； • 每年5天的事假； • 专业教育的机会； • 基于业绩的薪水和优厚的福利； • 每天便装的政策。 如果感兴趣的话，请把简历发送到我们的电子邮箱 abc@hotmail.com 或打电话 12345678。 普瑞梦电子公司 如果想对我们公司有进一步的了解，请登录 www.prehall.com/mondy 我们对招聘者一律平等对待。

资料来源：蒙迪，诺埃，普雷梅克斯. 人力资源管理. 北京：经济科学出版社，2001.

2）校园招聘

校园招聘是寻找企业潜在管理人员和专业技术人员的一种重要方法，已经得到现代企业的高度重视。对于应届毕业生的招聘一般会在校园直接进行，有些企业为了充分展示企业的实力，招收到优秀的毕业生，会在学校举办专场招聘会。一般来说，专场招聘会主要集中招聘技术含量高或有专门技能的人才。一般专场招聘会的时间非常短，所以时间安排尤其重要。因此，企业应规划好招聘程序，充分考虑有可能出现的情况。专场招聘会不仅能够为公司树立良好的公众形象，也能充分宣传公司的用人制度及各项福利政策。

校园招聘的方式通常有三种。第一种是企业直接到校园招聘，如在校园张贴招聘启事、进行招聘宣讲等。第二种是吸引学生提前来企业实习，这是企业现在比较重视的一种招聘方法。学生通过在企业的实习，对企业的了解会比较全面，一般进入企业后的适应期比较短，离职率也会比较低。企业通过考查学生的实习情况，对学生的实际工作能力及其他特点的了解更为准确深入，因此选拔的准确性会很高。第三种是企业和学校联手培养，主要是企业给学校支付学生的培养费用，大学承担学生在校期间所学课程的设置及授课工作，学生毕业后进入这家企业工作。

为了保证校园招聘成功，要慎重选择开展招聘的学校。在选择学校时，企业要根据企业自身的情况、岗位对员工的需求、备选学校的特点及企业来自此学校的员工的工作状态等信息进行决策。一般而言，在选择学校时，要着重考虑学校在关键技术领域的学术水平；符合本公司技术要求的专业的毕业生人数；过去此校毕业生在本公司的业绩、留职率、录用数量与实际报到数量的比率等。还应注意，最著名的学校并不一定是最理想的招聘来源，因为这些学校的毕业生往往自视过高，一般不愿意承担具体而烦琐的工作，这会妨碍他们对经营的理解和管理能力的进步。例如，几年前曾出现企业拒绝招聘某名牌大学毕业生的情况。在校园招聘工作中，企业要和学校毕业生就业指导中心建立良好的合作关系，使用学生申请与老师推荐相结合的方法，来补充企业所需要的专业人才。

校园招聘与社会招聘有很大的区别，校园招聘的周期比较长，从供需洽谈会的见面到人事关系的接转一般要半年左右时间，所以应该提前规划校园招聘工作。一般来讲，应届生招聘可分为以下四个步骤。

（1）举办或参加招聘会

应届生的招聘计划一般在1月上旬就应确定，特别是要招聘热门专业的毕业生，就需要企业在1月底之前与各校的毕业生就业指导中心取得联系，让其协助发布招聘信息，并了解当年的毕业分配政策。各校的毕业生招聘洽谈会一般会在2月或3月举行，人力资源部门可以有选择地组织参加。

（2）面试

面试是招聘的一个重要环节，应届生的面试与社会招聘有所不同，应届生由于没有工作经历，用人单位主要依靠学校专业课的学习成绩和社会实践活动来对他们进行评价。需注意的是，不同学校的学习成绩缺乏可比性，我们可以通过学生的成绩在班级的排名来衡量毕业生的真实水平。表2-4为某企业校园招聘面试报告示例。

（3）毕业设计和实习

应届毕业生一般从3月份开始实习并完成毕业设计，6月份结束，6月中旬进行答辩。有条件的单位，可以争取让毕业生到公司来实习，这既有利于企业和学生双方的深入了解，提高招聘的准确性，也能缩短学生来企业工作后的适应期。需要注意的是，学生在实习期间，企业要尽力提供方便帮助其完成毕业设计。

表2-4　校园招聘求职者面试报告

某企业校园招聘面试报告

姓名：_____
预计毕业日期：_____
当前住址：_____
拟申请职位：_____
如果可以申请（如果有必要，请使用面试评价部分）
驾驶执照：有（　）无（　）
有没有什么特殊考虑影响你重新安排工作地？_____
你愿意接受出差吗？如果愿意，可接受的出差时间为_____%

面试评价	优	良	中	差
教育： 与工作相关的课程有哪些？在班上的成绩是否表明其具有良好的潜力？				
外表： 求职者的穿着是否整齐得体？				
沟通技能： 求职者是否机敏？表达意思是否清晰？				
积极性： 求职者是否有充沛的精力？他或她的兴趣是否与工作相符合？				
态度： 求职者是否乐观？易于与人相处？				
总体评价：				

申请书：收到（　）未收到（　）
获得副本的处理权：
建议：录用（　）不录用（　）
面试人：_____
学　校：_____
面试日期：_____

资料来源：欧阳洁，霍燕滨，陈竞晓. 有效招聘. 北京：清华大学出版社，2004.

（4）派遣

学校一般在7月初为学生办理离校手续。由于接收录用手续非常繁杂，人力资源部门应协助学生办理手续。这会让准员工体验到组织的关怀，有利于提高他们对企业的忠诚度。

3）借助中介机构招聘

在全国各个城市，有许多职业介绍所和人才交流中心，这些职业介绍机构常年为企事业用人单位服务。它们一般都有人才资料库，聚集着各种技能和档次的人力资源资料，用人单位可以很方便地在资料库中查询条件基本相符的人员资料。通过一般的人才交流中心选择人员，有针对性强、费用低廉等优点，委托它们协助推荐人才是一种经济有效的招聘办法，但对于热门人才或高级人才的招聘效果不太理想，需要求助特殊的职业中介机构——猎头公司。

职业中介机构主要有国营的职业中介机构、私营职业中介机构和管理顾问公司三种类型。第一种职业中介机构适宜企业招聘低层次岗位的员工，因此收费也相对较低。第二种私营职业中介机构介绍的职位较高，提供的服务较为完善，收费也相对较高。第三种管理顾问公司，即"猎头公司"，是主要为企业推荐中高层管理人员的专业职业介绍机构，它比前两类机构服务更周全、信息更完整，招聘的成功率比较高，但是收费也极为昂贵。

猎头公司是一种类似于职业介绍机构的就业中介组织，是一种专门为雇主"搜捕"及推荐高级主管人员和高级技术人员的公司。它具有特殊的招聘渠道，主要是从其他企业在职的员工中为企业挑选人才。由于它的运作方式和服务对象的特殊性，也经常被看作是一种独立的招聘方式。由于高层次的人员比较抢手，很少处于失业状态，所以猎头公司非常关注企业中的高级人才，并与他们保持联系，进而建立自己的人才库。当有用人需求的时候，它们便会鼓励这些高级人才另谋高就，自己也从中受益。利用猎头公司招聘的费用非常高，目前，国内猎头公司的收费一般为所招聘高级人才年薪的20%~30%，外资猎头公司的收费标准是年薪的25%~35%。因此，借助猎头公司招募人才时，应该对猎头公司慎重选择。首先通过猎头公司以前的顾客来了解该公司服务的实际效果，然后选择一家值得信任的猎头公司，确保此公司能够为本企业保守秘密。另外要注意，资质较强的猎头公司，其内部员工并不一定都出色，所以要确保直接负责本企业业务的人有能力完成招募任务，这也是成功实施猎头招聘所必须注意的问题。在项目开始之前还要事先协商确定服务费用和支付方式，以保证项目的顺利开展。想要获得理想的招聘效果，除了选择有资质的猎头公司进行人才搜猎外，企业必须向猎头公司清楚地说明自己所需要的人才特点及理由，否则招聘活动很难获得成功。

4）利用招聘会招聘

随着人才交流市场的日趋完善，每年都有很多场次的人才招聘会，并且举办得越来越规范，招聘会也呈现出向专业方向发展的趋势。企业可以通过参加人才交流会直接获得大量应聘者的相关资料，择优录用。

通过参加招聘会，用人单位和应聘者可以直接进行接洽和交流，并作出初步筛选，能够节省企业和应聘者的时间；另外，招聘人员可以对当地人力资源的素质水平及就业意向有清晰的了解，也可以借此了解同行业企业的人事政策和人力资源需求情况，并且还可以借助招聘会展示企业形象，提高企业知名度。

但是成功利用招聘会进行招聘，需要做好细致的前期准备。如要慎重选择所要参加的招聘会，准备企业宣传资料及相关招聘表格，做好会场的布置等。充分的准备是成功招聘的前提。

5）员工推荐

许多公司的实践证明员工推荐是非常有效的人员招聘方法，尤其对招聘专业人才比较有效。这种招聘方法具有招聘成本小、应聘人员素质高、可靠性高的突出特点。这是因为推荐人对企业和被推荐人都很了解，他们倾向于推荐更适合该项职务的候选人，而且在推荐亲友的时候已经为企业做了初步筛选，增加了招聘成功的概率。其次，现职员工通常会觉得他们在组织中的声望与推荐的人将来的工作效率有很大关系，因此，只有当他们确信被推荐人能够很好地胜任将来的工作，不会影响自己的名声时才会推荐他。另外，被推荐人碍于推荐人的面子，在企业里也会尽心尽力工作，工作积极性比较高。

所以，现在许多企业都很重视利用这个招聘渠道获取员工，如微软有50%左右的员工都是通过员工推荐的方式获得的，但是目前在我国这种方式还不够普及。这种招聘方式的缺点是，企业也许会碍于推荐人的情面，降低录用标准，给今后的管理工作造成困难。另外，如果推荐遭拒绝，也会挫伤推荐人的积极性。下面这些方法可以减少其负面影响：首先要考察推荐人的资质，看其是否具有推荐他人的条件，例如，推荐人的职业能力不足以评价所推荐人的职业领域，或者推荐人对于空缺岗位及被推荐人不太了解的时候，推荐就是不可信的；其次，要对所有的被推荐人进行严格的选拔测试，并且录用后尽可能不与推荐人安排在同一部门工作。

6）网上招聘

由于网络已经成为信息交流的主要方式之一，在网上集聚着丰富的人才资源，企业也就把网上招聘作为企业招聘人员的新方法。而且，企业对网络招聘的方法进行了深入开发，逐渐开始只用网上选拔技术，极大地节省了招聘成本。

现把各种招聘渠道的优缺点进行总结比较，如表2-5所示。

表2-5 各种招聘渠道的比较

来源		优点	缺点
内部招聘	工作公告法	成本低； 有利于提高员工士气； 申请者了解企业情况； 员工体验到招聘的公开公平	人才的供给有限
	档案记录法	成本低； 可以在整个组织内发掘合适的候选人； 经济便捷	人才供给有限； 需要企业有完善的员工技能库
	主管推荐法	成本低； 有利于对员工的激励； 被推荐人能较快适应新工作	受主管与员工关系的影响
外部招聘	广告	信息的覆盖面广； 有利于提高企业的知名度	会吸引许多不合格的申请者； 对应聘者了解少； 招聘压力大
	员工推荐	招聘成功率高； 应聘者就职后比较稳定； 工作的积极性高	容易受人情关系影响； 录用后难以辞退
	公共就业机构	成本低； 对应聘者了解少； 成功率低	难以招到高级的优秀人才
	猎头公司	招聘高级人才有效； 成功率高	费用高
	校园招聘	针对性比较强； 人才供给充裕	缺乏实际操作能力； 周期长； 员工流失率高
	网络招聘	人才供给充裕； 经济便捷	获得的垃圾信息太多，增加了招聘的工作量； 招聘风险大

2.1.4 招聘渠道的选择

公司对人才的获取,不外乎内部选拔和外部招聘两个途径,在每一种招聘渠道中,都有多种方式可供选择。在一次招聘活动中,使用的招聘渠道不同,会产生不同的招聘效果,因此企业在招聘前应该分析有关因素,选择合适的招聘渠道。

1. 招聘渠道有效性的实证分析

招聘员工的渠道和来源很多,人们认为有些渠道的招聘效果比其他渠道更为理想。20世纪80年代末,美国曾经进行过一个不同的招聘来源有效性评价的调查,调查样本为245个,调查结果如表2-6所示,显示了这些组织对不同的招聘来源有效性的评价。

表2-6 不同的招聘来源有效性评价表

有效性	行政办公	生产作业	专业技术	佣金销售	经理
第一	报纸(84)	报纸(77)	报纸(94)	报纸(84)	内部晋升(95)
第二	内部(94)	自荐(87)	内部(89)	员工推荐(76)	报纸(85)
第三	自荐(86)	内部(86)	校园(81)	内部(75)	私人中介机构(60)
第四	员工推荐(87)	员工推荐(83)	员工推荐(78)	私人中介机构(44)	猎头公司(63)
第五	政府就业机构(66)	政府就业机构(68)	自荐(64)	自荐(52)	员工推荐(64)

注:括号内数字是调查样本中的组织采取该招聘渠道的百分比。
资料来源:MILKOVICH G T, BOUDREAU J W. Human resource management. Richard D. Irwin,1994:292.

从这些调查的结果可以看出,不同的工作岗位最有效的招聘来源不同。对于行政办公人员,最有效的招聘渠道依次是报纸招聘、内部晋升、申请人自荐、员工推荐和政府就业机构。对于生产作业人员,最有效的招聘渠道依次是报纸招聘、申请人的毛遂自荐、内部晋升、员工推荐和政府就业机构。对于专业技术人员,最有效的招聘渠道依次是报纸招聘、内部晋升、校园招聘、员工推荐和申请人的毛遂自荐。对于销售人员,最有效的招聘渠道依次是报纸招聘、员工推荐、内部晋升、私人中介机构和申请人的毛遂自荐。对于经理人员,最有效的招聘渠道依次是内部晋升、报纸招聘、私人中介机构、猎头公司和员工推荐。值得一提的是,各个组织对招聘来源的选择与其对招聘渠道有效性的评价不一致。例如,对于行政办公人员和生产作业人员,被认为最有效的招聘渠道都是报纸,但是分别只有84%和77%的组织采用这种方法;对于获取佣金的销售人员,被认为最无效的招聘渠道是工作申请人自荐,却有52%的组织采用这种方式;对于经理人员,被认为最无效的招聘来源是员工推荐,但是仍然有64%的组织采用这种方法。只有专业技术人员的招聘渠道的使用频率与有效性的评价次序是一致的。美国人力资源管理学界的一个主流看法是,招聘专业人员的最有效的三个途径依次是员工推荐、广告和就业机构。招聘管理人员的几个最有效的途径依次是员工推荐、猎头公司和广告。

值得注意的是，这些数据是20世纪80年代在美国进行调查的结果，它不能反映现阶段我国的招聘渠道选择现状。不过，以上的研究也给了我们许多启发，即对招聘渠道的选择受到多种因素的影响，而不仅是招聘渠道的有效性。

2. 影响招聘渠道选择的因素

从上文的调查数据可以看出，企业究竟采取何种招聘渠道，受到多种因素的影响。企业应根据自身和外部环境的实际情况，选择一个或几个招聘渠道，组织所选择的招聘渠道应该能够保证以合理的成本吸引到足够数量的高质量的员工。

招聘渠道选择的影响因素主要来自企业自身和外部环境，具体的影响因素有以下几种。

1) 企业的实际情况

企业的实际情况限制了企业对招聘渠道的选择，这些因素包括企业的发展周期、企业的形象、企业的竞争力、企业的财力状况、企业的发展战略、企业文化、企业的管理政策及水平、企业的领导风格等。

当企业在公众心目中的声誉和其社会形象很好的时候，能很容易地吸引大量求职者，有利于公司的进一步甄选录用工作，因此可以更多地采用外部招聘方式来招募人员。而不太知名的小企业在招聘活动中可能即使开出了非常优厚的条件，也很难吸引到高素质的管理人员加盟，这样的企业在出现职位空缺时就只能侧重于用内部招聘的方式来满足需求。

对企业未来发展前景的预测是很多应聘者择业考虑的重要因素之一。如果企业所在的行业属于朝阳行业，整体发展趋势良好，外部招聘对应聘者吸引力较大。如果处于快速发展阶段，企业美誉度高，所展示的企业的发展前景对外部应聘者将具有很大的吸引力。否则，如果企业所处的行业属于成熟或夕阳产业，或企业自身发展潜力有限，则对外部人才的吸引力将减弱，企业侧重从内部培养人才或通过熟人介绍的方式招聘人才可能更可行。

在企业的不同发展周期，一般会选择不同的招聘渠道。处于快速成长期的企业，受时间和企业人员规模的限制，应当采取更为灵活的措施，广开渠道，吸引和接纳需要的各类人才。

企业的管理风格对招聘渠道的选择影响也很大，尤其是企业高层管理人员的用人风格对企业招聘渠道的选择起决定性作用。例如，有些企业领导人认为内部人好用、可靠，企业就会采用内部提升的方式；有些领导人则认为通过外部招聘能更好地获取优秀人才，企业就会更多地采取外部招募的方式。企业的管理水平，尤其是招聘选拔的技术水平、招聘者擅长的招聘方法、企业以往招聘渠道选择成败的经验都对招聘渠道的选择有影响。

企业的发展策略对招聘渠道的选择也不容忽视。例如，当企业希望通过招聘改善或重塑现有的企业文化，激发员工转变经营观念和工作方式、改变工作态度和行为，促进内部竞争时，可采用外部招聘方式。如果想要维持企业现有的强势企业文化，则可以从内部招聘。

企业的经济实力及招聘预算的多少对企业招聘渠道选择的作用不容置疑。

2) 企业空缺职位的特点

空缺职位的性质由两方面决定：一是人力资源规划决定的空缺职位的数量和种类；二是工作分析决定的空缺职位的职责和素质要求。而不同招聘渠道提供的应聘者数量和特点不相同，所以，空缺职位的性质决定了招聘什么样的人及通过何种渠道招聘，它是决定招聘渠道的基本要求。

来自职位的影响因素主要包括职位的性质、职位的高低、招聘人员的数量与质量、招聘人员的地区分布、职业分布等特点。

一般而言，企业可以通过外部招聘的方式满足以下职位需求：补充初级岗位；获取现有员工具备的技术；获得能够提供新思想并具有不同背景的员工。

高级管理岗位的招聘应遵循内部优先原则，这是因为高级管理人才很好地为企业服务不仅依靠自身的专业技能、素质和经验，更重要的是对企业文化和价值观的认同，而后者是外部应聘者无法在短期内完成和实现的。企业内部培养造就的人才能深刻理解和领会企业的核心价值观，并且通常与企业其他高层管理团队和技术骨干具有相同的核心价值观，有利于更好地进行团队合作。

另外，如果企业的空缺职位比较多，需要大规模招聘的时候，往往要综合采用不同的招聘渠道和方法，才能保证企业在预定的时间内招到足够的合格人员。

3）劳动力市场等外部影响因素

企业在选择招聘渠道时需要考虑企业所处的外部环境，尤其是人才市场的建立与完善状况、行业薪资水平、就业政策与保障法规、区域人才供给状况、人才信用状况等。这些环境因素决定了企业外部招聘的可行性。如果企业所处区域的人才市场发达、政策与法规健全、有充足的人才供给、人才信用良好等，则企业适于开展外部招聘获得理想人选，而且方便快捷。若外部环境不理想，则应尽量避免外部招聘，采用内部选拔，这样既可节约招聘成本，又可避免招聘风险。

另外，企业外部环境的稳定程度也是影响招聘渠道选择的因素。当外部环境变化剧烈时，企业必须要采取内部培养与外部招聘结合的方式。这是因为当外部环境发生剧烈变化时，行业的技术经济基础、竞争态势和运行规则会发生根本的变化，知识老化速度加快，员工原有的特长、经验会不适应企业的发展。这时企业内部会经常缺乏所需的专业人才，同时又没有足够时间把企业内部人才培养成熟，因此必须采取内部招聘与外部招聘相结合、内部培养与外部专业技术服务相结合的措施。

3. 招聘渠道的选择原则

从上文可以看出，处于不同环境的不同企业在招聘不同层次的人才时会选择不同的招聘渠道。企业对各种招聘渠道的选择，应综合考虑各种方法的优劣，考虑其成本与收益，再作慎重选择。无论最后的选择结果是什么，都必须要符合以下原则。

1）目的性

招聘活动具有双重目的，即最大限度地吸引到符合条件的求职者，并成功地从中选拔出企业所需的人才，以及通过招聘活动达到宣传企业、提升企业形象的目的。选择的招聘渠道必须要保证实现招聘的双重目的，否则就不是合适的选择。

2）经济性

经济性是指花费最小的成本招聘到最合适的人。招聘的各个环节，如招聘前的准备、招聘中的选拔测试，以及对招募人员的安置等，都需要消耗企业相当多的人力、物力与财力，而选择适当的招聘渠道能使企业节省各个环节的支出，使人才获取的费用降到最低。

3）可行性

任何计划和决策都是为了更好地实现既定目标，而目标实现基于决策的可行性，招聘渠道的选择也不例外。企业选择的招聘渠道应当符合现实情况，具有可操作性，否则无法完成招聘任务。

2.2 招聘中的文案资料及规范格式

业绩卓越的企业,依赖于卓越的人力资源管理,而卓越的人力资源管理的基础是科学、系统、规范的人力资源管理系统。建立科学、标准、规范的人力资源管理系统离不开一系列的文案表单,这些文案表单是企业人力资源资源信息的重要载体,是企业高效率、高水平、高质量的人力资源系统不可缺少的组成部分。

员工招聘工作的顺利开展离不开文案资料。在人员招聘活动中常用的文案资料主要有三大类:人员招聘管理文案、人员甄选管理文案、人员录用管理文案。

2.2.1 人员招聘管理文案及格式

1. 人员招聘管理制度及范例

1)人员招聘管理制度

人员招聘活动必须以人员招聘管理制度为依据,人员招聘管理制度即人力资源部门在进行人员招聘的过程中所依据的方法、程序、原则及注意事项等内容所构成的规章。

人员招聘管理制度大多以条目的形式编写。在编写过程中,需根据人员招聘的特点、目的、注意事项等来具体编写条目的内容。在编写中要注意以下几个方面:明确制定制度的目的;划分制度实施的范围;确定招聘计划与考试计划;明确招聘的程序。

2)人员招聘管理制度范例(见表2-7)

表2-7 人员招聘制度范例

人员招聘制度
第一条 目的 本规定旨在为企业聘用员工确定合理的依据,以为企业补充合格的员工为目的。 第二条 录用范围 原则上以录用各类学校毕业生为主。在特殊情况下,也包括临时招聘员工。 第三条 定期招聘计划的制订 定期招聘计划的编制程序是,由人事部根据定员计划,提出对学历、性别、专业的要求和招聘程序,并上报有关部门和厂长(或经理)批准。 第四条 临时招聘计划的制订 人事部根据各部门的缺员情况和增人申请,经检查、核实和平衡后,直接报主管领导批准招聘计划。 第五条 制订考试计划 考试计划的编制依据是正式批准的招聘计划。其内容包括:录用原则、招聘原则和测评依据。定期招聘情况下,考试计划要经主管领导批准,并报厂长(或经理)后组织实施。临时录用情况下,考试计划只需经主管领导批准后就可组织有关部门实施。 第六条 招聘 招聘的主要渠道有学校招聘、职业介绍所招聘、广告招聘和关系介绍。 第七条 学校招聘 要将招工条件等以文书的形式(详见第八条)提交给有关学校的系主任或学工处,由人事部领导直接去学校做招聘说明。 第八条 招聘表 到学校招聘,要分发招聘表。其内容包括:应聘表、企业介绍、招聘注意事项和其他相关文件。

续表

第九条　职业介绍所招聘 临时招聘主要以短期职业中介和职业介绍所为对象。这时也应提供上述文件，或以口头形式向职业介绍所作说明。 第十条　广告招聘 广告招聘属临时性招聘。多在企业的经营战略和经营计划发生重大变化时采用。广告的形式和数量应视企业的需求量和需求程度而定。 第十一条　关系介绍 利用关系介绍招聘，也需向介绍者分发有关资料，特别要向他们强调招聘条件和录用标准。 第十二条　应聘表 原则上，人事部要在考试前一个月要求应聘者提交下述资料：①应聘表；②履历表；③专长；④照片（近期免冠正面照）；⑤最终学历证明；⑥成绩单；⑦体检表。 第十三条　选拔程序 基本上按以下程序进行选拔：①依个人资料初选；②笔试；③面试；④体检。 第十四条　初选 人事部根据应聘者提供的资料，对每个人的特长和不足进行充分的评价分析，作出初步选择意向后，通知应聘者参加笔试。 第十五条　对应聘者特长的把握 依据初选结论，主要考察以下几项：①学历是否与招聘要求一致；②年龄；③健康状况是否适应工作需要；④智商应在中上水平；⑤通勤距离，其居住地与企业间的距离应尽量近一些；⑥个人经历；⑦对工作的理解是否与企业经营方针一致。 第十六条　笔试 大学应届和历届毕业生的考试内容一般为外语、专业课和综合考试。中专及以下应聘者的考试内容一般为外语、数学、写作和专业课。临时招聘的考试内容可灵活决定。 第十七条　面试 对笔试合格者才进行面试。企业面试者应由厂长（或经理）、有关人员和主管部门领导参加，其人数不应少于5名。面试结果要集体决定。如厂长（或经理）不能出席，结果要报其批准方生效。 第十八条　体检 对面试合格者体检，主要是看其身体状况是否能胜任工作需要。体检一般由企业内部的医疗机构或合同医院进行。 第十九条　内定 对考试全部合格者发放招聘通知书。通知书一般随应聘保证书一同发出。应聘者应将应聘保证书在两周内寄回企业。两周内未寄回者取消应聘资格，但因邮递不及时或者有正当理由者不属此列。 第二十条　就职 应聘者应按人事部指定时间报到上班。报到时间由人事部与用人部门共同商定。 第二十一条　试用期 新职工报到后一般应递交保证书和担保书。并经3个月左右的试用期后，方可决定是否正式录用。 第二十二条　担保书 担保书要由其亲属填写。其条件是居住在同一城市，满25岁，且有稳定的工作及收入。担保书中要写明担保人的地址、姓名并签名。 第二十三条　保证书 保证书一般用企业通用格式，一式两份，一份由人事部留存，一份个人保存。 第二十四条　正式录用 试用期过后，由所属部门提出报告，经人事部评审后，决定是否正式录用。 第二十五条　附则 本规定从××××年×月×日开始执行。解释权归人事部。

资料来源：刘林．现代成功企业人力资源管理文案范本．北京：中国时代经济出版社，2002：34-37．

2. 人员招聘管理表单及范例

1) 人员招聘管理表单

人力资源部门要按照人员招聘管理制度进行招聘，并针对具体的程序、方法等编制一系列应用性较强的表单文本。人力资源部门在填写运用表单时，务必做到认真准确。

人员招聘管理表单包括计划表、登记表等多种表单，在编写时应该说明部门名称、招聘缘由、明确计划目标及招聘条件。

2) 人员招聘管理表单范例

表2-8为企业人员招聘计划表，表2-9为企业人员招聘申请表，表2-10为应聘申请书，表2-11为企业应聘人员基本情况登记表。

表2-8 企业人员招聘计划表

单位名称：　　　　　　　　　　　　　　　　　　　　　　　　　填表日期：　年　月　日

招聘目标	岗位名称	人员数量	人员要求

发布时间		
发布渠道	发布方式	□报纸□网站□专业/行业杂志□人才中介机构□人才市场□猎头□其他
	发布安排	

招聘工作预算	项目						共计
	金额						

招聘小组成员分工	姓　名	工　作　职　责
	组长	
	副组长	
	成　员	
	成　员	

填表人：　　　　　　　　　　　　　审核人：　　　　　　　　　　　总经理：

资料来源：金小川. 企业人力资源管理常用表单. 北京：中国国际广播出版社，2003.

表2-9 企业人员招聘申请表

申请部门	部		申请时间					申请理由			
	部　长	经办人	申请人								
申请内容	具体部门	工作内容	人数	分类	年龄	应聘资格	工作年限	能力	技术水平	学历
结果								申请受理时间		
								人事部经办人		

资料来源：李燕萍. 人力资源管理. 武汉：武汉大学出版社，2005.

表 2-10 应聘申请书

应聘人姓名		年 龄	岁	性 别		已婚未婚		血 型		型
籍 贯		通信地址								
	自评				目前服务机构			对本公司的希望		
个 性	嗜 好	担任职务	负担工作项目		欲离职原因					
			1					年 月 日		
			2							
		职 薪	3							
		本薪　元	4							
专 长		津贴　元	5							
			6							
			7							
		合计　元	8					到职日期		
我的抱负摘　要		公司供给宿舍	需要不需要	希望待遇	本薪　元		其他希望			
					津贴　元					
					合计　元					
备 注										

资料来源：刘林. 现代成功企业人力资源管理文案范本. 北京：中国时代经济出版社，2002：48.

表 2-11　企业应聘人员基本情况登记表

单位名称：　　　　　　　　　　　　　　　　　　　　　　　填表日期：　年　月　日

姓　名		性　别		民　族		出生年月	
学　历		毕业学校、时间及专业					
政治面貌		应聘职位		健康状况		期望月薪	
籍　贯		身份证号码				婚　否	
现住址					联系方式		
现工作单位					现职务/职位		
是否需提供食宿							
教育经历							
工作经历							
个人特长							
面试意见						主试人： 　　年　月　日	
备　注							

填表人：　　　　　　　　　　　　　　　　　　　　　　　　　　　　　　　　审核人：

资料来源：金小川. 企业人力资源管理常用表单. 北京：中国国际广播出版社，2003：7.

2.2.2 人员甄选管理文案及格式

1. 人员甄选管理制度及范例

1）人员甄选管理制度

甄选是从大量的申请人中挑选出最有可能有效胜任工作或组织认为最合适的人员的过程。人员甄选管理制度是在甄选的过程中应该遵循的工作规程，面试是人员甄选工作中的重要内容。

招聘面试管理制度一般包括对面试主考人的条件规定、明确面试目的、面试地点安排、面试内容设置等内容。

2）人员甄选管理制度范例（见表2-12）

表2-12 招聘面试管理制度

招聘面试管理制度
第一条　总则 1. 本公司为招聘人才为公司的发展服务，特制定应聘面试管理制度； 2. 有关应聘员工面试事项，均依本制度处理。 第二条　面试考官应具备的条件 1. 以本公司人力资源部门工作人员为面试考官，面试人员本身需要给人一种好感，能够很快地与应聘者交流意见，因此面试人员在态度上、表情上必须表现得十分开朗，让应聘者愿意将自己想说的话充分表达出来； 2. 面谈人员自己本身必须培养极为客观的个性，理智地去判断一些事务，绝不能因某些非评价因素而影响了对应聘者应有的客观； 3. 不论应聘者的出身、背景之高低，面试人员都得设法去尊重应聘者所表现出来的人格、才能和品质； 4. 面试人员必须对整个公司组织概况、各部门功能部门间的协调情况、人事政策、薪资制度、员工福利政策有全面的了解，才能应对应聘者随时提出的问题； 5. 面试人员必须彻底了解该应聘职位的工作职责和必须具备的学历、经历、人格条件与才能。 第三条　从面试中应获得的资料 1. 观察应聘者的稳定性：应聘者是否无端常换工作，尤其注意应聘者换工作的理由，假如应聘者刚从学校毕业，则要了解应聘者在学校中参加哪些社团，稳定性与出勤率如何。另外从应聘者的兴趣爱好中也可以看出应聘者的稳定性。 2. 研究应聘者以往的成就：研究应聘者过去有哪些特殊工作经验与特别成就。 3. 应对困难的能力：应聘者过去面对困难或障碍是否经常逃避，是否能够当机立断、挺身而出解决问题。 4. 应聘者自主能力：应聘者的依赖性是否很强？如应聘者刚从学校毕业，则可观察他在读书时是否一直喜欢依赖父母。 5. 对事业的忠心：从应聘者谈及的关于过去主管、过去部门、过去同事及从事的事业上，就可判断出应聘者对事业的忠诚度。 6. 与同事相处的能力：应聘者是否一直在抱怨过去的同事、朋友、公司及其他各种社团的情形。 7. 应聘者的领导能力：当公司需要招聘管理者时，特别要注意应聘者的领导能力。 第四条　面试的种类 根据本公司状况，面试可分为下列两种。 1. 初试：初试通常在人力资源部门实施，初试的作用是过滤学历、经历和资格条件不合格的应聘人员，通常初试的时间约15至30分钟。 2. 评定式面试：经过初试，如果发现有多人适合这项工作，这时就要由部门主管或高级主管做最后一次评定式面试，这种面试通常为自由发挥式的面谈，没有一定的题目，由一个问题一直延伸到另一个问题，让应聘者有充分发挥的机会，这类面试通常约30至60分钟。

第五条　面试的地点及记录

1. 面试的地点最好在单独的房间，房间里只有面试人与应聘者，最好不要装电话，以免面试受到电话的干扰；

2. 从事面试的时候，必须准备面试表格。通常初试表格最好是对勾方式的。在评定式面试中，最好用开放式的表格，把该应聘者所说出来的一切当时就记下来。

第六条　面试的技巧

1. 发问的技巧。好的面试人员必须善于恰当发问。

2. 学会听。面试人员要想办法从应聘者的谈话里，找出所需要的资料，因此面试人员一定要学会听的艺术。

3. 学会沉默。应聘人员问完一个问题时，应学会沉默，看应聘者的反应，最好不要在应聘者没有开始答时，或者感觉到不了解你的问题时，即刻又一遍解释你的问题。这时你若保持沉默，就可以观察到应聘者对这个问题的反应能力，因为应聘者通常会补充几句，而那几句话通常是最重要的也是最想说的几句。

第七条　面试的内容

（面试内容的重点事项）

1. 个人的特性。应聘者的资格包括应聘者的体格外貌、健康情形、穿着、语调、坐和走路的姿势等。应聘者是否积极主动、是否为人随和、是否有行动，以及个性内向或外向，这些情况要依靠面试人员对应聘者的观察得到。

2. 家庭背景。家庭背景资料包括应聘者小时候的家庭教育情形、父母的职业、兄弟姐妹的兴趣爱好、父母对他的期望及家庭的重大事件等。

3. 学校教育。应聘者就读的学校、科系、成绩、参加的活动，与老师的关系，在校获得的奖励，参加的运动等。

4. 工作经验。除了应聘者的工作经验外，更应该从问题中观察应聘者的责任心、薪酬增加的状况、职位的升迁状况和变化情形，以及变换工作的原因。从应聘者的工作经验里，可以判断出应聘者的责任心、自动自发的精神、思考力、理智状况等。

5. 与人相处的特性。从应聘者的社交来了解与人相处的情形，包括应聘者的兴趣爱好、喜欢的运动、参加的社团及所结交的朋友。

6. 个人的抱负。包含应聘者的抱负、人生的目标及发展的潜力、可塑性等。

资料来源：刘林. 现代成功企业人力资源管理文案范本. 北京：中国时代经济出版社，2002：54-57.

2. 人员甄选管理表单及范例

1) 人员甄选管理表单

人员甄选管理表单是人力资源部门在选拔人才时所使用的具体工具，它帮助人力资源部门将个人资料整理归类，使之易于掌握、了解，从而有效地对应聘人员进行筛选。人员甄选管理表单有许多，包括面试表、资料表、调查表、评定表等，单位要根据自己的需求和特点选择使用。

所编制的人员甄选管理表单一般包括下列内容：个人资料栏；发展能力、潜力；待遇要求或条件；主考人评价比较结果。

2) 人员甄选管理表单范例

表2-13为面试通知书，表2-14为应聘人员复试表，表2-15为应聘人员甄选比较表，表2-16为面试记录表，表2-17为录用考试成绩汇总表，表2-18为企业应聘人员面试评价表，表2-19为面试结果推荐书。

表2-13 面试通知书

面试通知书

_____先生/小姐：

感谢您应聘本公司_____职位。

您的学识、经历给我们留下了良好的印象，为了彼此进一步的了解，请您于_____年_____月_____日_____时至_____来参加：

☐ 面试
☐ 笔试
☐ 专业考试

请您携带如下证件：

1：_____
2：_____
3：_____

如您时间不方便，请您事先以电话与_____先生（小姐）联系，联系电话：_____

祝您成功！

××××公司人力资源部
××年××月××日

资料来源：世界500强企业管理标准研究中心．员工甄选与聘用．北京：中国社会科学出版社，2004：93.

表2-14 应聘人员复试表

应聘职位		口试人员姓名		日 期	
初试合格	人	复试人数	人	需要人数	人
姓　　名					
专业知识					
工作看法					
工作积极性及领导能力					
发展能力					
要求待遇					
其　　他					
口试人员意见					

资料来源：刘林．现代成功企业人力资源管理文案范本．北京：中国时代经济出版社，2002：60.

表 2-15 应聘人员甄选比较表

甄试职位		应聘人数		人	初选合格	人	面试日期	月 日至 月 日	
甄试结果	姓名	学历	年龄	工作经验 相关 / 合计	专业知识	态度仪表	反应能力	其他	口试人员意见
	口试人员签章								

资料来源：刘林. 现代成功企业人力资源管理文案范本. 北京：中国时代经济出版社，2002：61.

表 2-16 面试记录表

姓 名			应聘职位				
用表提示			请面试考官在适当方格内划√				
评分项目		评 分					
		5	4	3	2	1	
仪表 礼貌 精神 态度 整洁 衣着		极佳	佳	平平	略差	极差	
体格 健康		极佳	佳	普通	稍差	极差	
领悟 反应		特强	优秀	平平	稍慢	极差	
对其应聘工作各方面及有关事项的了解		充分了解	很了解	尚了解	部分了解	了解极少	
工作阅历与本公司的配合程度		极配合	配 合	尚配合	未尽配合	未能配合	
前来本公司服务的意向		极坚定	坚定	普通	犹豫	极低	
外文能力	区分	极佳	佳	平平	略通	不懂	
	英文						
	日文						
总评	□拟予试用 □列入考虑 □不予考虑			面试考官： 日期：			

资料来源：刘林. 现代成功企业人力资源管理文案范本. 北京：中国时代经济出版社，2002：65.

表 2-17 录用考试成绩汇总表

编号	姓名	年龄	毕业学校	专业	应聘资料库				笔试		第一次面试		第二次面试		综合评价	录用结束	成绩排序	备注
					履历表	就职申请	成绩单	综合	备注	各科成绩	平均成绩	各科成绩	平均成绩	各科成绩	平均成绩				

资料来源：刘林．现代成功企业人力资源管理文案范本．北京：中国时代经济出版社，2002：66．

表 2-18 企业应聘人员面试评价表

单位名称：　　　　　　　　　　　　　　　　　　　填表日期：　年　月　日

应聘人		应聘职位		招聘方式	
预约时间		实到时间		面试日期	

评价项目		评分标准					备注
		优	良	中	可	差	
智力	答问深度						
	所提问题中肯、有见地						
	警觉性						
	学习成绩与名次						
	有效解决问题的证据						
气质	对秘书和接待员的态度表现						
	喜爱哪类休闲活动						
	被要求多做明确答复时的反应						
	面试期间情绪						
创意和应变力	以前职位上的创意表现						
	过去解决难题的事实证据						
	使复杂问题简单化的能力						
自信	身体语言						
	讲话时声音的稳定度						
	谈及自己的才干和能力时，能不能少用"我"字						
工作动机/期望	个人的升迁资历						
	个人事业发展的定位						
	对本公司的了解						
专业知识							
特长							
工作经验/经历							
综合评价等级							
综合评语以及录用建议							
建议入职日期							

主考人：　　　　　　　　　　　审核人：　　　　　　　　　　　总经理：

资料来源：金小川．企业人力资源管理常用表单．北京：中国国际广播出版社，2003：10．

表 2-19 面试结果推荐书

姓名			日期		
外语水平	会话				
	阅读				
智力水平					
专业知识					
创造性思维					
性格特征					
文字能力					
面试小组评语					
推 荐 栏					
□录用		职位			
		级别		薪金	
□待用					
□辞谢					
赞成此意见者（面试小组成员）签名：					
送达部门及主管：					

资料来源：刘林.现代成功企业人力资源管理文案范本.北京：中国时代经济出版社，2002：69.

2.2.3 人员录用管理文案及格式

1. 人员录用制度及范例

1) 人员录用制度

人力资源部门经过招募、选拔过程后，将最适合该项职务的应聘者吸纳为本企业成员的过程即为人员录用。人员录用的过程需要遵循人员录用管理制度来实施，人员录用管理制度对录用的原则、方法、程序及注意事项等一系列规章作了明确规定。一般人员录用管理制度包括制定制度的目的；岗位编制原则；录用人员条件规定；人员录用程序；违约处理规定事项等内容。

2) 人员录用制度范例（见表 2-20）

表 2-20 管理人员录用制度

管理人员录用制度
第一条　目的 本规定适用于本公司招聘录用管理人员，目的是选聘更好的管理人才。 第二条　考试方法 考试分笔试和面试两种。笔试合格者才有资格参加面试。面试前，需要应试者提交求职申请和应聘管理人员申请。 第三条　任职调查和体检 是否正式聘用，还要经对应聘者以往任职情况调查和体检后决定。任职调查根据另项规定进行。体检由企业指定医院代为负责。

续表

> 第四条 考试时间
> 笔试两小时,面试两小时。
> 各考试方式的考试总时间原则上应为4小时以上,以附带考查应聘者的毅力。
> 第五条 笔试内容
> 因各部门具体管理对象不同,笔试内容应有所侧重。一般包括以下五个方面:
> (一)应聘部门所需的专业知识;
> (二)应聘部门所需的具体业务能力;
> (三)领导能力和协调能力;
> (四)对企业经营方针和战略的理解;
> (五)职业素质和职业意识。
> 第六条 面试内容
> 面试考核的内容主要是管理风险、表达能力、应变能力和个人形象等。
> 第七条 录用决策
> 在参考笔试和面试成绩的基础上,最终的录用提议应由用人部门主管提出,报总经理核准后决定录用。

资料来源:刘林. 现代成功企业人力资源管理文案范本. 北京:中国时代经济出版社,2002:95-96.

2. 人员录用管理表单及范例

1) 人员录用管理表单

人员录用管理表单是人力资源部门在录用新员工时使用的工具,一般有试用表、调查表、通知单等。人员录用管理主要包括新员工的报到、职前介绍、试用期内的考核等项内容。人力资源部门运用一系列人员录用表单对这一环节的工作进行规范化管理。在编制相关表单时要注意注明试用期限;注明工资标准;设置考勤记录栏;设置考核评定栏。

2) 人员录用管理表单范例

表2-21为录用通知书,表2-22为人员试用申请及核定表,表2-23为人员任用核定表,表2-24为试用查看通知单,表2-25为报到通知单,表2-26新员工报到手续表,表2-27为试用期满通知单。

表2-21 录用通知书

> 录用通知书
>
> _____先生/小姐:
>
> 您应聘本公司_____职,经考试及面试合格,恭喜您成为本公司的一员,请您于_____年_____月_____日_____时携带以下证件及物品准时到本公司报到。
>
> 1. 身份证　　　　　□
> 2. 毕业证书　　　　□
> 3. 学位证书　　　　□
> 4. 职称资格证书　　□
> 5. 暂住证　　　　　□
> 6. 审检证　　　　　□
> 7. 务工证　　　　　□
> 8. 体检表　　　　　□
> 9. 二寸半身照片___张 □
>
> 依国家及本公司相关规定,新进员工试用期为___个月,试用合格后转为正式员工。
> 祝您在本公司工作愉快!
>
> ××××公司人力资源部

资料来源:杨杰. 有效的招聘. 北京:中国纺织出版社,2003:474.

表 2-22 人员试用申请及核定表

试用申请	姓名		性别	□男 □女	试用部门	部　厂处 依　字第　号奉准增补 拟派任工作： 拟训练计划： 　　主管：　　经办：
	籍贯				
	年龄				
	地址				
	服役			甄选主办部门	甄选方式：□公开招考　□推荐挑选 甄选日期：　年　月　日 办理经过： 评语：
	学历				
	专长				
	资历				
	直接主管意见			人事部门	试用日期：自　年　月　日至　年　月　日 拟暂工资：自试用日起暂支　元 其他意见：
	董事长意见			经理意见：	
事业关系室					
人事部门	考勤记录： 意见：职位： 　　　薪资： 　　　其他：			试用部门	试用期间：自　年　月　日至　年　月　日 工作项目： 工作情形： 评语： □拟正式任用　□拟予辞退 拟给职位：自　月　日起以　任用 拟给工资：自　月　日起支　元 其他： 　　主管：　　经办：
直接主管意见					
董事长：		总经理：		经理：	

资料来源：刘林. 现代成功企业人力资源管理文案范本. 北京：中国时代经济出版社，2002：102.

表 2-23 人员任用核定表

年　月　日填

姓名	性别	出生年月日	学历	专长	拟分派工作部门	担任工作	工作期间	职任职位	拟支薪工资	批示

总经理：　　　　　经理：　　　　　人事主管：　　　　　填表：

资料来源：刘林. 现代成功企业人力资源管理文案范本. 北京：中国时代经济出版社，2002：103.

表 2-24　试用查看通知单

姓名		员工号码		职位		部门代号		服务部门	
察看期间：自　　　至			延长察看期：自　　　至				察看期解除日期		
事实经过									
主管		日期		部门经理		日期		人事经理	日期
本人已经收到这份通知			被通知人签名				日期		

资料来源：刘林. 现代成功企业人力资源管理文案范本. 北京：中国时代经济出版社，2002：107.

表 2-25　报到通知单

报　到　通　知

先生/女士：
　　一、您应聘本公司　　职，经复审，决定录用，请于　年　月　日（星期　）　时，携带下列资料，到本公司人事部报到。
　　（1）居民身份证；　　（2）个人资料卡；
　　（3）体检表；　　　　（4）户口本；
　　（5）保证书；　　　　（6）扶养亲属申报表；
　　（7）二寸免冠照片　张。
　　二、按本公司规定新进员工必须先行试用×个月，试用期间暂付月薪＿＿＿＿＿＿。
　　三、报到后，本公司将在很愉快的气氛中，为您做职前介绍，包括让您知道本公司一切人事制度、福利、服务守则及其他注意事项，如果您有疑虑或困难，请与本部联系。

　　此致

人事部　启
年　月　日

资料来源：刘林. 现代成功企业人力资源管理文案范本. 北京：中国时代经济出版社，2002：109.

表2-26 新员工报到手续表

姓名_____　　　　　　　　　　　　　报到日期_____年_____月_____日

部门			职称		职等	
应聘资料	□	身份证复印件	□	审检证		
	□	毕业证书复印件	□	务工证		
	□	体检报告书	□	扶养亲属申报表		
	□	职工资料卡	□	职工保证书		
	□	相片	经办人签章			
应领事项	1	员工手册或简介单	4			
	2	识别证	5			
	3	考勤卡及打卡说明	报到人签章			
人事登记	1	人员变动记录	4	人员状况表	7	劳健保
	2	简易名册	5	到职通报	8	核薪
	3	办理识别证	6	核对担保人	8	建档
总务协办	1	住宿申请	经办人		领物人	
	2	领制服	经办人		领物人	
	3	领衣柜钥匙	经办人		领物人	

资料来源：刘林. 现代成功企业人力资源管理文案范本. 北京：中国时代经济出版社，2002：110.

表2-27 试用期满通知单

　　　　　　　　　　　　　　　　　　　　　　　　　　　　　　　年　月　日

　　您自　年　月　日进入本公司　　部　科（组）担任　　职务，依自愿书上载明试用期间，自到职日起　个月，

　　在此期间，您的工作成绩，经各级考评如下：
　　□正式任用，留任原职，调整职薪为　　等　　级。

　　备注：

　　□工作表现不适合本公司需要，请　月　日前办妥移交手续离职。

　　希知照

　　　　此致

　　　　　　　　　　　　　　　　　　　　　　　先生
　　　　　　　　　　　　　　　　　　　　　　　小姐

　　　　　　　　　　　　　　　　　　　　　　　　　　　　　　人事部　启

资料来源：刘林. 现代成功企业人力资源管理文案范本. 北京：中国时代经济出版社，2002：113.

2.3 网络招聘

随着互联网的迅猛发展，网络招聘也越来越普遍。在有些企业，网络招聘甚至已经取代了传统的招聘形式，一跃成为企业的主要招聘方式。越来越多的公司开始利用网上资源，而上网求职的人数也成倍增长。企业可以在网上公布招聘信息，并在线浏览大量求职者的申请资料，甚至开展网上面试和测验。

2.3.1 网络招聘的优缺点

网络招聘和其他招聘方式一样，也有优点和缺点。企业在选择网络招聘的时候，必须十分清楚这个招聘方法的优势和劣势，尤其是对可能的问题做好充分准备。

1. 网络招聘的优点

1) 成本低

网络招聘比其他招募方法更经济，一般而言，在网络上刊登招聘启事比在其他媒体上的费用要少很多，而找工作的人则不花钱，他们在任何时候都可以对网站进行访问。在一次调查中，有2/3被调查的公司都认为，网上招聘比起其他招聘方法来，成本效益更好；并且使用互联网时间较长或招聘职位较多的公司对互联网的评价也比其他公司高。

2) 反应速度快

通过网络招聘，企业编辑的招聘启事一发布到网上，马上就会收到求职者的简历。而求职者提供了简历，几个小时后就可以得到答复，可见网络招聘反应速度之快。

3) 相对减少了工作量

使用传统的招聘方法，一般会收到大量的纸质简历，这需要申请者费心编写，更需要招聘者劳神研读。而网络招聘基本上是无纸操作的，对于收到的电子简历，则可以通过关键词系统更快、更便捷地锁定企业需要的信息。现在有些大型网站如无忧工作网、中华英才网推出的网络化招聘管理系统，使招聘工作更为高效。

4) 收集招聘数据更方便

使用网络招聘，企业可以在任何时间向系统要求统计报告，了解招聘任务的完成状况。例如，了解当前正在发布的职位数量，每个职位的应聘简历数量，每个招聘渠道收到的简历数量，甚至还包括招聘成功率统计和招聘渠道分析等数据，这对成功招聘很重要。

2. 网络招聘的局限

虽然网络招聘有许多优点，但是它的局限性也不容忽视。

1) 获取信息有限

通过网络招聘，甚至网上面试，也不能取代背景核查、面对面的测试和评估。这是因为只是通过网络招聘很难获取应聘者真实的态度和行为信息，也难以发现所谓的"消极求职者"，就是指那些不积极在网上寻职，但对特定公司的空缺或某些类型的空缺感兴趣的人。所以，网络招聘应该和其他招聘方法结合使用。

2) 简历数量过多

通过网络招聘，发布的信息范围比较广，再加上应聘人员发送简历较为便捷，企业会收到大量的求职简历，而必须审查的简历数量也惊人地增加。现在一些大企业都安排至少两名内部招聘人员处理网络招聘信息。

3) 加剧了人才竞争

由于网络的便捷，信息传播的范围广泛，使全球公司的接触更加频繁，这也加剧了他们对优秀员工的争夺。

2.3.2 网络招聘的实现渠道

企业实施网络招聘一般可以通过以下几种渠道。

1. 注册成为人才网站的会员

人才网站上资料库的容量大、日访问量高，所以企业往往能较快招聘到合适的人才。企业在人才网站上注册，然后就可以发布招聘信息，收集求职者的资料，查询合适的人才信息，这是目前大多数企业在网上进行招聘的方式。在众多的人才网站中，最为著名的有无忧工作网、中华英才网和招聘网等。

2. 建立企业自己的网站来招聘

企业网站是企业进行形象宣传、产品展示推广、与客户沟通、信息互动的阵地。企业建立自己的网站有利于树立自己的网上品牌，对企业的长远发展、企业品牌的建设有着非常重要的意义。企业可以在自己公司的主页或网站上发布招聘信息，详细地描述空缺职位的工作职责和要求，以提高应聘者应聘的准确性。

这种招聘方式使求职者能够深入了解企业的实际情况，有针对性地选择应聘岗位，对企业产生切合实际的期望，这有利于降低新员工的离职率。世界500强公司有很多经常在自己的官方网站上发布招聘信息，以吸引对本公司的空缺或某些类型的空缺感兴趣的求职者，这类求职者入职后对组织的忠诚度会比较高。但是不知名的小企业由于企业地位和吸引力较低，其网站的访问量很少，所以，采用在自己的网站上发布招聘信息的效果不太理想。

3. 在其他网站上发布招聘信息

由于专业网站往往能聚集某一行业的精英，在这样的网站发布招聘信息对吸收某一特定专业的人才往往效果更好。这些针对特定目标市场的网站有IT人才网、大学生人才网等。

另外，在一些浏览量很大的网站如新浪网、搜狐网上，发布招聘广告会有很好的效果，既能得到大量的信息反馈，也会对公司产生一定的广告效应。

4. 自己在网上搜寻人才

利用专业网站或知名网站的搜索引擎搜索，可以发现可用人才。另外，随着个人网站——博客的兴起和火暴，更多人喜欢用博客来宣传自己，企业也可以借助这个机会从中搜猎人才。这种招聘方式相对比较经济，但是需要耗费很多时间。

2.3.3 对招聘网站的选择

对于很多企业来说，通过网络进行招聘显得越来越重要。目前在国内从事网络招聘的专业站点有千余家之多，如何在林林总总的网站中选择最合适本企业的招聘网站，是个比较重要的问题，因为网站选择的合适与否直接影响着招聘的效果。具体而言，可以从三个方面对招聘网站进行考察。

1. 信誉度

信誉是招聘网站的生存之本，选择信誉良好的企业，为招聘工作的成功增加了保证。通过考查网站对招聘单位信息和应聘人员信息更新得是否及时准确、是否有效，就可以得知其信誉的高低。信誉良好的招聘网站会对应聘者及招聘信息进行审批和筛选，并及时删除那些过时的信息。信息的真实性和有效性直接影响着网站用户的招聘效率和效果。

2. 网站的功能

网站的功能直接影响着招聘的效率，有些网站的功能仅限于网络招聘广告的发布及网络人才数据库的查询，而一些著名的网站已经推出了面向客户的网络化招聘管理系统。

有些网站还能够提供与企业组织结构完全吻合的企业职位库管理系统，为企业人力资源部门提供最为方便的职位管理解决方案和招聘广告自动投放管理系统等，可以随时随地利用最多的资源及时发布职位信息，同时能在第一时间掌握广告发布效果。某些网站一些比较小的个性化设置，也能很大地提高招聘的效率，例如，某些人才网站的自动搜索功能，可以为企业刚刊登的职位自动搜索出符合职位要求的人才的资料。

可见，选择功能强大的招聘网站可以有效地节省企业招聘人员的时间，提高招聘效率。

3. 网站的服务水平

每个企业在招聘方面都有各自不同的需求，而招聘网站也不可能仅凭标准化的服务就能满足客户。当客户提出独特的招聘需求时，招聘网站要能够根据客户的具体情况提供适用的招聘组合，帮助客户用最小的成本产生最好的招聘效果。

另外，有些招聘网站面向客户提供免费的人力资源管理研讨或培训，使客户在完成招聘任务的同时也提高了自己的专业水平，拓展了服务领域，以便更好地服务于客户。

总体而言，优秀的招聘网站一定具备服务好和功能强两个主要特点，选择优秀的招聘网站，能够给招聘的成功提供一定的保证。

思考题

1. 分析和比较内部招聘与外部招聘的优势和劣势。
2. 试分析网络招聘的优点和缺点。
3. 简述人员招聘制度所包含的内容。

本章案例

招聘实施中的案例

丰田公司的"全面招聘体系"

丰田公司全面招聘体系的目的就是招聘最优秀的有责任感的员工，整个招聘体系大体上可以分成三个阶段。前五个步骤的招聘大约需要持续5～6天。

第一阶段 招聘前期（主要由招聘机构完成）

第1步骤，丰田公司通常会委托专业的职业招聘机构进行初步的甄选，应聘人员一般会观看丰田公司的工作环境和工作内容的录像资料，同时了解丰田公司的全面招聘体系，随后填写工作申请表。1个小时的录像可以使应聘人员对丰田公司的具体工作情况有了概括了解，初步感受工作岗位的要求，同时也是应聘人员自我评估和选择的过程。许多应聘人员知难而退，专业招聘机构也会根据应聘人员的工作申请表和具体的能力和经验做初步筛选。

第2步骤，评估员工的技术知识和工作潜能。通常会要求员工进行基本能力和职业态度心理测试，评估员工解决问题的能力、学习的能力和潜能以及职业兴趣爱好。如果是技术岗位工作的应聘人员，更需要进行6个小时的现场实际机器和工具操作测试。通过前两个步骤的应聘者的有关资料转入丰田公司。

第二阶段，招聘中期（主要由丰田公司完成）

第3步骤，丰田公司接手有关的招聘工作。本阶段主要是评价员工的人际关系能力和决策能力。应聘人员在公司的评估中心参加一个4小时的小组讨论。讨论过程由丰田公司的招聘专家即时观察评估，比较典型的小组讨论可能是应聘人员组成一个小组，讨论未来几年汽车的主要特征是什么。实际问题的解决可以考察应聘者的洞察力、灵活性和创造力，同样在第二阶段应聘者需要参加5个小时的实际汽车生产线的模拟操作。在模拟过程中，应聘人员需要组成项目小组，负担起计划和管理的职能。如如何生产一种零配件、人员分工、材料采购、资金运用、计划管理、生产过程等一系列生产考虑因素的有效运用。

第4步骤，应聘人员需要参加1个小时的集体面试。分别向丰田的招聘专家谈论自己取得过的成就，这样可以使丰田的招聘专家更加全面地了解应聘人员的兴趣和爱好，如他们以什么为荣，什么样的事业才能使他们兴奋，在此基础上更好地作出工作岗位安排和职业生涯计划。在此阶段也可以进一步了解应聘者的小组互动能力。

第三阶段，招聘后期（主要由医院和丰田公司完成）

通过以上四个步骤，员工基本上被丰田公司录用，但是员工需要参加第5步骤——2.5小时的全面身体检查，以了解员工的身体一般状况和特别的情况，如酗酒、药物滥用等方面的问题。

第6步骤，工作表现和发展潜能评估。在这一阶段，新员工需要接受6个月的工作表现和发展潜能评估。新员工要接受公司监控、观察、督导等方面严格的关注和培训。

从丰田公司的全面招聘体系中，我们可以看出，首先，丰田公司非常注重团队精神，注重招聘具有良好人际关系的员工；其次，丰田公司生产体系的中心点是品质，品质是丰田公司的核心价值观之一，由此，公司要找的就是对工作质量有责任感的员工。

本章参考文献

[1] 欧阳洁，霍燕滨，陈竞晓. 有效招聘. 北京：清华大学出版社，2004.
[2] 阿瑟. 员工招募、面试、甄选和岗前引导. 3版. 北京：中国人民大学出版社，2004.
[3] 杨杰. 有效的招聘. 北京：中国纺织出版社，2003.
[4] 龙毕文，邱立强，江守信. 招聘：如何在第一时间选对人. 广州：广东经济出版社，2005.
[5] 苏钧. 现代企业人力资源管理：员工招聘、甄选、岗位引导和绩效考核. 北京：中国致公出版

社，2007.

[6] 蒙迪，诺埃，普雷梅克斯. 人力资源管理. 葛新权，郑兆红，王斌，译. 北京：经济科学出版社，1998.

[7] 李剑. 员工招聘与人事测评操作实务. 郑州：河南人民出版社，2002.

[8] 鲍志伦. 我国网络招聘的现状及其提升途径初探. 经济论坛，2005（12）：139.

[9] 于东阳. 如何有效实施网络招聘. 中国人力资源开发，2004（3）：46.

[10] 周三多. 管理学. 北京：高等教育出版社，2000.

[11] 廖全文. 招聘与录用. 北京：中国人民大学出版社，2004.

[12] 宋涛. 人员招聘与选拔管理. 北京：中国物价出版社，2005.

[13] 秦志华. 人力资源总监教学参考. 北京：中国人民大学出版社，2004.

[14] 郭朝先. 获得核心竞争力. 北京：民主与建设出版社，2003.

[15] 沈士仓，姜澎. 我国网络招聘的现状与问题. 中国人才，2002（6）.

[16] 德斯勒. 人力资源管理. 6版. 北京：中国人民大学出版社，2002.

[17] 刘林. 现代成功企业人力资源管理文案范本. 北京：中国时代经济出版社，2002.

第3章 甄选规划

3.1 甄选概述

3.1.1 甄选的含义

从广义而言，人员招聘包括招募、甄选、录用和评估等几个紧密相连的环节。当企业通过各种渠道发布招聘信息以后，会吸引众多的应聘者。接下来就需要招聘人员对应聘者进行评价、筛选，这是人员招聘过程中技术性最强的一个环节，也是招聘过程中重要阶段，企业能否最终选择到合适的人选，很大程度上取决于这一环节的工作。

人员甄选和招募是两个相对独立的过程，招募是甄选的基础和前提，甄选是招募的目的。招募主要是以宣传来扩大影响，吸引足够合格的应聘者，为甄选提供选择的对象。招募工作成功与否直接影响着甄选的效率和效果。

人员甄选是指通过运用各种科学的方法和手段，系统客观地测量、评价和判断应聘者与工作相关的知识和技能、能力水平及倾向、个性特点和行为特征、职业发展取向及工作经验等，根据既定的标准对申请人进行选择，从而作出录用决策的过程。人员甄选活动涉及社会学、管理学、心理学及统计学等多门学科的知识，必须综合利用各学科的理论、方法和技术对众多应聘者进行系统、客观的测评，判断应聘者的任职资格和对工作的胜任程度，才能够作出最终的录用决策。

进行人员甄选时需要注意，甄选是通过考察应聘者的知识技能水平，并预测他们未来在企业中的绩效来作出录用决策的。但是很多企业在甄选时只注重考察应聘者的知识技能水平，而忽视了预测应聘者的这些特点能否为组织带来绩效，导致录用决策的失误。在众多应聘者中，知识技能水平最出色的人员未必是未来绩效最好的员工，只有在准确预测的基础上，选拔合适的员工才能保证选拔的有效性。这就要求甄选要以空缺职位所需要的任职资格条件为依据来进行，只有那些符合职位要求的应聘者才是企业所需要的。

3.1.2 甄选的内容

候选者的任职资格和对工作的胜任程度主要取决于他所掌握的与工作相关的知识、技能、个性特点、行为特征和个人价值取向等因素。因此，人员甄选也自然是对候选者这几方面的因素进行测量和评价。

1. 知识

知识是系统化的信息，可分为百科知识和专业知识。百科知识又称广度知识或者综合知识，内容包括天文地理、自然知识、数理化、外语、体育、文艺等。百科知识考试的目的主要是考查求职者对基本知识全面了解的程度。百科知识的掌握程度影响着一个人的基本素质的高低及学习新知识的能力。

专业知识即特定领域所需要的特定知识。人员甄选是为特定职位挑选人才，因而要对应聘者所具有的空缺职位所需要的专业知识进行考核，以确定是否能够符合工作的要求，具体的测评内容也因空缺岗位的不同而有所差别。

2. 能力

能力是引起个体绩效差异的持久性个人心理特征。例如，教师具有良好的语言表达能力，司机具有敏锐辨别方向的能力，它是个体绩效差异的重要因素。能力分为一般能力与特殊能力。一般能力是指在不同活动中表现出来的一些共同能力，它是一种基本能力，如记忆力、想像力、观察力、注意力、思维能力、操作能力等。它是完成任何一种工作都不可缺少的能力。特殊能力是指在某些特殊活动中所表现出来的能力，例如，音乐家需要具有对声音的辨别力，管理者需要具有较强的人际沟通能力等。

3. 工作技能

技能指的是在通过练习而获得的自动化的动作方式和心智活动方式。技能可分为动作技能和智力活动技能两种。技能测试是指对特定职位所要求的特定技能进行的测试，其内容也因招聘岗位的不同而不同。对工作技能的测试可以通过让应聘者在实际工作岗位上操作，根据完成任务的情况来确定其工作技能的高低。丰富的工作经验有利于增强其工作技能，尤其是对心智活动水平的提升更为关键，所以许多岗位对应聘者的工作经验都有要求。

4. 性格和气质特点

气质是心理活动的动力特征，性格是对现实环境和完成活动的态度上的特征，这些特征决定了个人在各种不同情况下的行为表现。性格和气质特点与工作绩效密切相关。特定的工作需要特定性格和气质特点的人来做，只有人与工作很好地匹配，才能够作出很好的绩效。例如，性格外向、急躁的人不适合做需要耐心的精细的工作，如会计等；而性格内向、不善表达的人不适合做公关工作。个性特征常采用自陈式量表或投射测量方式来衡量。

5. 个性倾向性

个性倾向性是指人对环境的态度和行为的积极特征，包括需要、动机、兴趣、理想、信念、世界观等。个性倾向性是人的个性结构中最活跃的因素，它是一个人进行活动的基本动力，决定着人对现实的态度，决定着人对认识活动对象的趋向和选择。个性倾向性中的各个成分是互相联系、互相影响和互相制约的。其中，需要是个性倾向性的源泉，动机、兴趣和信念等都是需要的表现形式，而世界观指引和制约着人的思想倾向和整个心理面貌。由此可见，个性倾向性是以人的需要为基础、以世界观为指导的动力系统。

一个人的个性倾向性与工作具有十分紧密的关系，它影响了任职者能力的发挥、工作绩效的高低，以及离职的可能性。

从一个候选人的兴趣、偏好可以推测他喜欢做什么，适合做什么。喜欢和适合是做好一件工作的前提。这些动力因素为行为提供能量，具有目标指向性。因此，员工要取得良好的工作绩效，不仅取决于他的知识、能力水平，还取决于他做好这项工作的强烈欲望和动机。而工作能否满足员工的需要，也会影响到任职者的动机和离职倾向。只有在工作与人互相适合、能够互相满足的情况下，工作才会获得良好的绩效，员工也才会有满意感。

例如，餐厅在招聘女服务员时，大多注重年轻美貌，但是往往年轻美貌的姑娘的工作绩效很不理想，流动率也比较高。而经过下岗待业的女工，由于其工作欲望更强烈，更加珍惜工作机会，在工作中会更有成绩和效率。

由于价值观是一个人是非判断的标准和行为的准则，也反映了其品德素质，因而对应聘者价值观的测试更为重要。企业文化是一个企业的价值观，只有挑选具有与企业文化相一致的价值观的员工，才有利于工作目标的实现。

6. 身体素质

每个工作的完成都需要员工具备一定的身体素质，不同的岗位对身体素质的要求也不同。对于特殊的工作岗位而言，对任职者的身体素质也有特殊要求。例如，飞行员的工作岗位对身体素质的要求非常严格。企业在员工选拔测试的最后阶段，一般都会对候选人进行体格检查，进而确定候选人对工作岗位的匹配度。

3.1.3 甄选的意义

1. 降低人员招聘的风险

通过各种人员测评方法对候选人进行甄选，可以了解一个人的能力、个性特点、工作风格等与工作相关的各方面素质，得出一些诊断性的信息，从而分析该候选人能否胜任工作。

在招聘的过程中，录用决策经常出现如图3-1所示的几种情况：正确接受；错误接受；正确拒绝；错误拒绝。

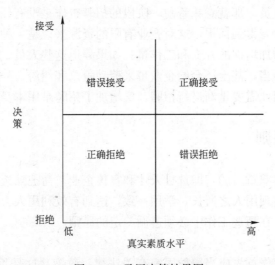

图3-1 录用决策结果图

对于企业而言，错误选择和错误拒绝都会给企业带来损失，而正确选择和正确拒绝才能给企业带来收益。所谓错误选择，是指候选人的实际素质很低，而企业却录用了，这会使工作面临不能完成的危险；错误拒绝即员工实际的素质很高，却被组织拒绝了，这给公司带来的风险更大，这是因为如果这位应聘者被竞争对手录用，会给企业带来很大的威胁。选择的基础是正确的评价与判断，只有对候选人进行准确的甄选，找到适合职位要求的人，有效地避免录用不符合任职资格的人，才能够降低人员招聘面临的风险，企业才能提高工作效率与劳动生产率，增加收益，降低成本，为企业和客户创造更高的价值。

2. 增强企业核心竞争力

企业之间的竞争，说到底是人才的竞争，只有拥有具有核心竞争力的人才，企业才能真正具有长期的竞争优势，也才能维护并增强其竞争优势。人才选拔是企业健康发展的必然保证。所谓选拔，是指选择具有资格的人来填补职位空缺的过程，企业只有通过选拔才能决定什么样的人可以进入企业或填补职位空缺。

3. 有助于人员的安置和管理

通过人员甄选可以了解一个人在素质的各方面指标上的高低，可以知道一个人的优势和劣势，这样在人员安置的时候就有据可依，按照每个人的特点，将其安置在适当的工作岗位上。这有助于将个人的特点与特定的职业要求结合起来，从而做到人岗匹配、人尽其才。另外，主管人员在录用员工之前就了解员工的特点，有助于在今后的管理过程中针对员工的特点实施管理。

4. 为员工的职业生涯规划提供依据

现在企业的发展建立在员工与企业双赢的基础上，让员工和企业一起发展。企业在招聘员工的时候，不仅要看到他目前的特点，以及与职位相适应的情况，还需要预测他未来发展的可能性。了解员工未来发展的潜能，一方面可以为其制定职业发展规划；另一方面可以为其提供适当的培训与提升的机会，满足企业进一步的发展要求。

5. 影响人力资源管理的其他职能活动

人员甄选的效果影响着人力资源管理的后续工作。如果选拔录用的效果比较差，企业没有录用到符合要求的人员，那就意味着前一阶段的招聘工作是没有任何实际效果的，所付出的人力、物力和财力没有得到回报，这对企业有限的资源来说是一种极大的浪费。如果对这些人进行培训，就会增加培训的开支和工作量；如果辞退这些人员，则也要企业支付额外的遣散费用，如果处理不当，甚至还会给企业带来劳动争议和纠纷。辞退这些人员后，企业的空缺职位仍然存在，因此需要重新进行招聘，又增加了招聘录用本身的工作量。

3.1.4 甄选的原则

人员甄选工作具有双重目的，即选拔人才和宣传企业。为把甄选工作做好，真正选用到企业所需人员，并且实现用人之所长，学用一致，达到有效利用人力资源的目的，并有效地树立企业的良好形象，在甄选工作中必须遵循一定的原则。

1. 合法原则

企业的招聘甄选工作首先应当遵循国家有关法律、政策，这是每一个组织必须做到的。如《中华人民共和国劳动法》中规定：劳动者享有平等就业和选择职业的权利，妇女享有与男子平等就业的权利，以及禁止招用未成年人等。实际工作中，除非岗位有特殊要求，企业不得因为性别、种族等方面的问题而拒绝录用符合条件的人选。国外的企业非常重视这类歧视问题，我国最近几年也开始出现由于歧视问题而引起的法律纠纷。这就要求企业在甄选中，要避免设置具有歧视性的招聘标准。随着全球经济一体化和企业间竞争的加剧，企业必须增强法律意识，以适应社会的发展。

2. 宁缺毋滥的原则

由于甄选的"过滤"，才使得企业录用的人员有可能胜任工作。甄选工作的重要性就在于此。企业是盈利性的经济机构，如果员工滥竽充数，不仅不能为企业做出应有的贡献，还会加重企业的负担，如招聘成本、重置费用、员工离职带来的机会成本等。因此，宁可让一些岗位暂时空缺，也不能随意将就。要做到这一点，就必须在甄选中对候选人作出全面的考核，包括品德、知识、经验、能力、心理素质等方面，尤其是看重能力和工作动机。

3. 因事择人原则

所谓因事择人，是指以企业的需要和空缺岗位的特点为基础，根据岗位对人员的资格要求来选用人员。坚持因事择人的原则，从实际的事（岗位）的需要出发去选用合适的人员，才能实现事得其人、人事相宜。如果因人设事，为了安排人而增设不必要的岗位，就会造成岗位虚设、机构臃肿、人浮于事、工作效率下降、用人成本增加的后果。可见，遵循因事择人原则是避免因人设事和防止机构膨胀的前提。

4. 德才兼备原则

一直以来，德才兼备都是我国选用人才的基本标准。西方国家用人，也要在能力考核之后进行背景调查，调查应征者品行和声誉，即"德"的情况，只有品行端正、声誉良好的人才会被录用。遵循德才兼备的选人原则，能够降低企业的用人风险。这是因为德和才共同决定着一个人对企业做出贡献的大小。"德"反映的是员工为谁服务的问题，决定着才能的发挥方向和目的，而"才"是能力问题，决定了一个人做事情的效果。如果应聘者具有"德"的缺陷，其才能越大，对企业所造成的危害也越大。所以在甄选工作中，只看应聘者的才而不看其德，这往往是非常危险的。当然，如果只看候选人的"德"而不看其才，就有可能录用不能胜任工作的人，给企业造成损失。例如，日本企业在选拔经理时，对有关品德的十个要素都要进行考查，如表3-1所示。所以，在甄选工作中，必须坚决反对重德轻才或重才轻德等错误倾向，坚持德才兼备的选用标准。

表3-1 日本企业选拔经理有关品德的十项考评要素

使命感：上级给予的任务，无论有多大困难，都一定要完成。
信赖感：既信赖他人也受他人信赖，与上下级、同事关系融洽。
诚实：待人真心诚意，讲真话。
忍耐：当遇到困难或下级顶撞等，无论怎样痛苦，也要忍耐。
热情：工作抓得紧，毫不放松，不达目的决不罢休。
责任感：能时刻记住自己的职责，充分发挥自己的作用。
积极性：对任何工作都有积极的态度，能主动以主人翁的态度去完成工作。
进取心：学习努力，时刻上进，不断提高自己。
公平：对事对人都力求公平合理。
勇敢：对有危险的工作亲自动手，不怕出问题。

5. 用人所长原则

俗话说："金无足赤，人无完人。"而美国总统林肯也曾经说过："我的生活经验使我深信，没有缺点的人往往优点也很少。"在人员选用中要注意克服求全责备的思想，应该关注求职者的优点长处，而不能紧盯人家的不足。当然，在用人之长时也要正确对待其短，如果候选人的短处直接影响长处的发挥，要采取积极的态度和措施，使其在发挥所长的过程中，把短处的干扰降到最低限度。如果某人的短处已直接危害到其工作绩效，则另当别论。

6. 公平竞争原则

公平也是人员甄选的一个极其重要的原则。在选拔工作中，对所有应聘者一视同仁，公开考核办法，严格考核程序。这样既可以使真正的人才脱颖而出，确保录用人员的质量，为企业广招贤能，同时还可以为企业树立良好的形象，增强员工的内部凝聚力，提高企业对人才的吸引力。

7. 双向原则

所谓双向原则，是指企业有选择员工的权力，员工也有选择组织的自由。企业在招聘的时候一方面要努力发现应聘者的真实能力，也要给他们提供有关企业的必要信息，让应聘者能够对企业充分了解，作出选择。遵循双向选择的原则，有助于降低新员工的流失率、提高员工的忠诚感和满意度，有利于企业的长远发展。

8. 市场原则

随着人力资源市场的逐步完善，人才的选拔也必须坚持市场化原则，也就是说要充分认识人才的市场价值、市场行情和竞争趋势等。在挑选人才的过程中，要把应聘者放在人才的大市场中去衡量和比较，要通过竞争性、自主性、有序性、开放性等特点来确定人才的真正价值，并提供符合市场实际的待遇，这样才有利于选聘和保留人才。

9. 注重树立与维护企业形象的原则

企业在招聘甄选时，尤其对外招聘时，会面对来自四面八方的人，因此招聘甄选工作本身也是外界认识企业的一个窗口，稍微的疏忽就可能带来极为不利的影响。所以，在甄选的任何环节招聘人员都不能忘记这个使命，展现良好的素质和优秀的企业文化，同时把握甄选过程中与应聘者的交流机会，为企业的各方面优势做好宣传。

3.1.5 人员甄选的发展

1. 更加注重应聘者的综合素质及学习能力

一份研究资料显示：在知识更新日益加快的今天，一个本科生走出校门两年内，一个硕士研究生毕业三年内，一个博士生毕业四年内，如果不及时补充新知识，其所学的专业知识将全部老化。按照知识折旧定律：如果一年不学习，你所拥有的知识就会折旧80%。其实，就一个人一生所学的知识来说，在校求学阶段所获得的知识充其量不过是他一生所需的10%，而另外90%以上的知识都必须在以后的自学中不断获取。

在这个变化如此之快的环境中，企业要想获得持续发展，就必须具有不断更新自己以适应新环境的能力，而这种能力来自能够不断更新自我的员工。企业已经认识到，当今科技发展一日千里，知识更新速度极快，再优秀的人才如果不懂得充实自己就必然会折旧，以致最终被淘汰。所以，很多用人单位在选拔人才的时候，更加注重应聘者的学习能力。

现在组织进行人才招聘，已经不仅仅是为填补目前的空缺岗位，如果只从空缺岗位所要求的知识和技能方面对应征者进行考察，是远远不够的，不能满足组织长期发展对员工所提出的要求。企业招聘时会根据未来的发展方向，招聘具有长远发展潜质的员工。在招聘过程中，更关注应征者的综合素质，更关注应征者的个人品格、兴趣爱好等是否与组织文化相适应，更关注具有某些特殊技能和知识的人才，这类人员往往具有非凡的创造力和积极的工作热情。如今组织灵活多变的特征，也要求其准备好多种才能的人员和不同的人员配置，来应付这些变化。

2. 更加重视人与组织匹配度的考核

员工的工作绩效，不仅仅取决于员工的能力，也受其与组织匹配度的影响。因此，在人员招聘的选拔环节，招聘人员开始重视对求职者与组织的匹配度的考察，如求职者的价值观与企业文化的一致性程度，而不再仅仅关注求职者的能力与工作要求的一致性。

3. 选拔方法的有效性开始受到重视

目前的选拔方法中，只有心理能力测验和人格测验具有比较严格的信度和效度指标，而其他的选拔方法，如评价中心、结构化面试只关注测量的程序，并没有对其信度和效度进行测定，致使其有效性值得商榷。在现在的人员素质测评中，人们已经认识到了这一问题，也开始引起人们对选拔方法有效性的重视。

4. 重视测评方法的本土化

科学准确的测评需要使用科学的、经过检验的测评工具，还要求使用这些工具的人在使用程序及方法上不能出现偏差。而我们所使用的大多数测评工具都来自西方，例如，许多测量量表是在西方文化的基础上开发出来的，对于中国环境的适应性还需要进一步检验。虽然对某些测量工具也进行了改编，但是其信度和效度尚未达到科学的要求，而且也并非适用于所有企业。

因此，许多企业开始注重根据本企业的特点、人员类型来自行开发设计与本企业实际情况相吻合的测评方法，可见人员甄选方法本土化问题已引起有关人员的注意。

以上人员选拔领域的发展特点，一方面反映了该领域自身的内部驱动，另一方面也反映了实践的需要。作为人力资源领域的重要组成部分，人员选拔要以自己的科学性去指导、服务于组织实践。

3.2 甄选测评标准体系的设计

3.2.1 甄选测评标准体系的含义

测量和评价任何事物都要依据测评的对象、目的和任务设计出相应的考核标准。例如，对生产部门要确定生产的数量，对销售部门要给出销售的数量，对企业经济效益的考核就要对质量、产量、利润、成本等进行综合考核。在物理测量中，我们常常用长度、硬度、比重、传热性能、导电性能、摩擦系数等指标来衡量物体的物理特性，这些指标是衡量物体物理特性的维度。在员工招聘的过程中，对应聘者相关素质的测评也应建立相应的测评标准体系。测评标准体系的建构，是人员选拔测评中极为关键的部分。测评标准体系是人员选拔测评的框架基础，是保证测评准确、合理的重要条件，其建构的好坏，将直接影响到人员选拔的成败。

甄选测评标准体系由一群组合特定、彼此间相互联系的测评指标组成，其中每项测评指标都有自己的独立性，一项测评指标只代表人员素质的某一侧面，整个测评标准体系要能够反映出岗位要求员工具备的所有素质。它在测评对象的测评中起着"标尺"作用，应聘者的素质只有通过测评标准体系或者把它投影到测评标准体系中，才能表现其素质的相对水平与内在价值。

测评标准体系的构成分为两个方面，即内容结构和指标构成。内容结构是指将需要测评的素质要素进行分解，并列出相应的项目；指标构成是指将素质测评要素用规范化的行为特征或表征进行描述与规定。测评的内容结构是素质测评标准体系的基础，指标构成是对内容结构各项素质的分解和操作化，二者构成了完整的甄选测评标准体系。图3-2是测评标准体系的基本模型。

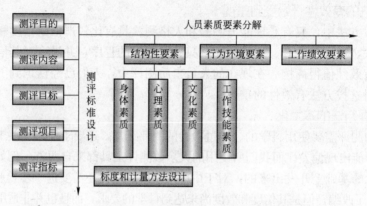

图3-2 测评标准体系基本模型

1. 选拔测评的内容结构

甄选标准体系内容的确定是至关重要的。在进行职位分析、企业内外部环境分析和企业发展前景分析的基础上，从企业招聘的具体目的出发为企业确立甄选测试的内容，以实现员工和岗位、团队、企业发展的匹配，确保录用的员工尽可能满足企业的需求。

测评内容主要通过工作分析、素质结构分析、个案分析、文献分析等方法来确定。在企业甄选员工的时候，尽管不同组织、不同岗位、不同的情况下对应聘者素质的要求不同，但是测评的内容一般包括身体素质、文化素质、品德素质、智能素质、心理素质等方面。对于特定招聘活动的测评内容要进行层层分解，得到测评目标和测评指标。测评内容是测评所指向的具体对象与范围，测评目标是对测评内容的明确规定，测评指标则是对测评目标的具体分解，它们是测评与选拔标准体系的不同层次。

测评内容的选择要符合以下原则：相关原则，即测评的内容应该与组织、空缺岗位等对任职者的要求有关，能够实现选拔测评的目的；明确性原则，即对测试内容应该清楚地界定，准确表达，使评价者能够从同一个维度对应聘者做判断；科学原则，即内容的取舍应该有科学依据，而不能随意添减；独立原则，即各内容项目之间要具有足够的独立性，不能互相包含；实用原则，即选择的内容应该数量适宜，便于操作，经济实用。

2. 选拔测评的指标构成

选拔测评指标包括测评要素、测评标志和测评标度三个部分。

1）测评要素

测评要素是测评内容层层分解细化的结果，它确定了测评内容的具体信息，是素质测评目标操作化的表现形式。

2) 测评标志

测评标志是对测评要素关键性特征的描述，要求具备可辨别、易操作的特征，通常一个测评要素要由多个测评标志来说明。

3) 测评标度

测评标度是指对测评要素或要素标志的程度差异与状态水平的描述和度量。对于这种程度差异或状态水平的刻度表示，可以是数量的也可以是语言的，可以是精确的也可以是模糊的。

以感召力测评指标为例，每一个测评要素都要制定相应的测评标志和测评标度。如表3-2所示。

表3-2 感召力测评指标设计范例

测评要素	测评标志	测评标度
感召力	1. 擅长说服，善于赢得支持 2. 能调整表情以吸引听众 3. 能运用间接影响等复杂手段以造声势兴舆论，努力赢得他人的支持 4. 能策划引人注目的事件，以说明问题的要点	精通 一般 很差 精通 一般 很差 精通 一般 很差 精通 一般 很差

资料来源：唐宁玉．人事测评理论与方法．大连：东北财经大学出版社，2002：52．

3.2.2 甄选测评标准体系的设计原则

1. 科学性

对应聘者素质进行测评的标准体系应以心理学、管理学、领导科学、人才学等科学原理为依据，运用科学的方法，结合我国人力资源测评的经验来确定。首先，测评标准体系的内容设计要符合有关法律政策，符合被测人员的特点，能够鉴别出符合企业需要的人才；其次，要结合使用多种科学先进的方法，提高测评的水平；再次，素质测评标准体系的编制要及时吸收各学科的研究成果，使测评标准更科学。

2. 针对性

测评标准体系应根据具体的本次招聘的岗位、情景等，设计不同类型的指标体系和不同复杂程度的计量方法。岗位不同、情景不同，测评标准体系的设计也不同，各类人员的工作性质、特点、职务、专业技术不同，选择的测评指标也不同。因此，在编制素质测评标准体系时，要针对招聘的岗位和测评对象选择相应的指标，充分体现出所测对象的特点。

3. 完备性

完备性是指处于同一个标准体系中的各种标准相互配合，在总体上能够全面反映工作岗位所需具备的素质的主要特征，把整个测评对象包含在评价标准体系之中。每一种岗位都对人员素质有多方面的要求，在获得被测评者素质结构完备信息的基础上，应该以尽可能少的指标个数来充分体现测评的目的。例如，反映被测评人员综合分析能力的具体指标可以多种多样，其中严密性、精确性、理解力和逻辑性四个指标构成的指标体系就能满足指标设计中的完整性原则，既做到使指标的个数尽可能少，又能很好地反映被测评人员的综合分析能力。

4. 可操作性

可操作性是指设计的测评标准体系有利于对应聘者进行客观的评价。这就要求测评标准不论是从内容、等级标准，还是评语的措辞，都应力求含义明确、准确、恰当，不能模棱两可，如在进行"表达能力"测评时，应该区分语言表达能力和文字表达能力，否则会出现模糊不清的现象。设计的测评标志应该可以辨别、比较和测评，也就是说，评价标准所展示的标志是可以直接观察、计算或能通过一定的方法辨别、把握和计算的。因此，在进行测评标志设计时，要充分考虑可操作性。测评标志的措辞应当通俗易懂，便于一般的测评人员更好地使用此标准，测评标志的内容和形式也应当尽量简化，突出重点。

5. 精练性

精练性原则是指在保证测评质量的前提下，测评要素的数量要精练。少而精的测评要素可以避免重复测评，使测评工作简单易行，节省时间和精力，减少收集、处理和分析数据的费用，提高工作效益。但是，这不是说测评的要素越少越好，还是要保证必要的测评要素的数量。

3.2.3 甄选标准体系的设计步骤

甄选测评标准体系的设计主要包括以下几个步骤。

1. 明确测评的客体和目的

测评标准体系的建立，首先必须要求以一定的客体为对象、以一定的目的为根据。客体的特点不同，测评标准体系就不同。即使是同一客体，若目的不同，则所制定的标准体系也不尽相同。测评客体的特点一般由行业性质和职位特点决定。例如，对教师的测评标准显然不同于对厂长经理的测评标准，以招聘选拔为目的的测评标准体系也不同于以人员配置为目的的测评指标体系。

2. 确定测评项目

当根据素质测评的客体特征与测评目的确定了测评内容之后，需要将测评内容标准化，把它们变成可操作的测评项目。在测评内容标准化过程中，工作分析起着重要作用。对于测评项目的确定一般通过以工作分级为基础的工作目标因素分解法、工作内容因素分析法或者工作行为特征分析法来实现。

1) 工作目标因素分析法

工作目标因素分析法是以工作目标为确定测评项目的切入点，从全局出发运用工作分析方法对职位的工作目标进行层层分解，先将工作目标分解为几个相互联系的子系统，然后每个子系统又继续分解为下一层次的若干子系统，直至每个具体测评项目都能满足可测性的要求为止。子系统中的元素即为项目。由于素质结构的复杂性，对工作目标的一次分解可能难以满足可测性要求，一般要进行多层分解，具体分解的层次数目要根据实际需要来决定。

2) 工作内容因素分析法

工作内容因素分析法是以工作的内容为切入点，运用工作分析法对工作内容进行分析，以确定测评项目。运用此方法需要把每个职位工作的活动按内容归类，确定出几个主要方面，并以此决定素质测评的项目。

3) 工作行为特征分析法

工作行为特征分析法是以有效的工作行为为切入点，来确定测评的主要项目。员工为了完成工作需要有效的工作行为，这些行为是保证实现工作目标的关键。基于此观点，我们就可以运用工作分析法直接分析每个职位工作行为的特征，从行为特征中找出素质测评的主要项目。

在测评内容标准化的过程中，工作分析是按一定的层次进行的，作为工作分析结果的素质测评标准体系也具有一定的层次结构。第一分析层次的各个项目称为一级指标（测评目标），表示测评对象的总体特征；第二分析层次的各个项目称为二级指标（测评项目），反映一级指标的具体特征；第三分析层次的各个项目称为三级指标（测评指标），说明二级指标的具体内容。无论哪一级指标都是反映或说明测评对象的特征，只不过具体反映与说明的程度有所不同而已。

3. 筛选与表述测评指标

在对测评内容分解完成后，要认真分析研究每一个测评指标，对其内涵与外延要清楚、准确地界定，不能使人产生歧义，否则会使测评者产生不同的理解，进而对标准掌握不一而产生测评误差。然后，要从全局出发分析整个测评指标体系，并把内容上有重复的指标删除掉，同时用简便可测的指标去代替看似精确但可测性较差的指标。

对于指标的筛选主要依据指标的实际价值及对此指标测量的可行性分析决定。要全部符合这两个方面的指标，就需要分析这个测评指标是否比其他指标更为合理。经过慎重仔细地分析筛选，测评的指标就初步确定了。

4. 确定测评指标权重

在确定了测评指标以后，接下来就要认真权衡每个指标在整个测评标准体系中所处的地位和作用，并确定它们在整个测评标准体系中的权重。

所谓权重，是指测评指标在测评体系中的重要性或测评指标在总分中应占的比重。由于各个测评指标相对不同的测评对象来说有不同的地位与作用，所以，在测评中不能把每个测评指标都等量齐观，对各测评指标的分值简单加总，而是要根据各测评指标对测评对象反映的不同程度而恰当地分配与确定不同的权重。例如，用相同的指标对同一组应聘者进行测评选拔，当赋予这些指标不同的权重时，获得的测评结果会有很大差异。可见，对测评指标的选择和权重的分配对测评结果的有效性而言都非常重要。

指标权重的大小用权数来表示，权数有绝对权数和相对权数两种形式。绝对权数也称为自重权数，它常表现为绝对数量。相对权数是指某个测评指标作为一个单位，在总体中的比重值。它常表现为相对数量，即百分比、小数等，所有测评指标的绝对权数之和为1。

对指标的加权主要有纵向加权、横向加权和综合加权三种类型。所谓纵向加权，是指对不同的测评指标给予不同的权数值，使不同测评指标的得分可以进行纵向比较，或者说使各测评指标的分数计量相等。横向加权，是指给每个指标分配不同的等级分数，目的是使不同的客体在同一测评指标上的得分可以比较。综合加权则是指纵向加权与横向加权同时进行，其目的是使不同的测评客体在不同的测评指标上的得分可以相互比较。

对于指标权重的确定，常用方法有以下几种：特尔斐法，它是请专家"背靠背"反复填写对权重设立的意见，不断反馈信息以期专家意见趋于一致，得出一个较为合理的权重分配方案；层次分析法，即首先把素质测评目标分解为一个多级指标，在同一层次上根据T. L. Saaty教授提出的相对重要性等级表（见表3-3），列出两两比较矩阵，然后确定每项指标的相对优先权重。

表 3-3　斯塔相对重要性等级表

相对重要程度	定　义	说　明
1	同等重要	两者对所属测评目标贡献相等
3	略为重要	据经验一个比另一个测评的结果稍为重要
5	基本重要	据经验一个比另一个测评的结果更为重要
7	确实重要	一个比另一个测评的结果更为重要，其优势已为实践证明
9	绝对重要	明显重要程度可以断言为最高
2、4、6、8	以上两相邻程度中间值	需要时采用

在指标加权的时候需要注意，加权是根据不同的测评主体、不同的测评目的、不同的测评对象、不同的测评时期和不同测评角度而指派不同的数值。加权是相对特定的情况而进行的，适用于某一场合的权数并不一定适用于另一场合。

5. 规定测评指标的计量方法

确定了各个测评指标的权数分配后，还需要规定各测评指标的计量方法。对测评指标的计量需要规定计量等级及其对应的分数和计量的规则或标准两个方面。为了使测评的结果规范化、统一化和记分简单化，便于计算机处理，对于测评指标体系中的每一个指标，可采取统一的分等计分法。例如，每个测评指标均分为 1～5 等，分别对应分数 5、4、3、2、1。对于两个不同的测评指标，其实际得分应为被判断的等级得分与其相应的权数的乘积。这种分等计分法的好处是简单规范，便于最后统一计算。另外，两个不同的测评指标，也可以用不同的分数反映不同的测评指标及不同等级间的区别，此时只要把各个等级的实际得分直接标出，而不再通过权数或其他方式来辗转计算。例如，指标 A 比较重要，且各个等级的差别并不相等，则指标 A 的 5 个等级的分数由高到低分别为 9、7、5、3、1，而指标 B 的 5 个分数分别为 5、3、2、1、0。这样最后测评总分就不用加权转换了，只要直接相加即可。

测评指标计量的规则或标准，要因具体的情况不同而不同。如出勤率、犯错误的次数等具有客观性的数据与结果的客观性测评指标，可采取客观性的计量方法来计量。如果测评指标暂时没有统一的"法定"标准，则可根据有关政策的规定或国内外提供的经验数据列出与测评指标有关的"参考标准"。然后在计量中以"参考标准"为"效标"，根据测评对象偏离"效标"的实际程度来确定相应的等级。另外，也可以把测评对象在某一测评指标上实际达到的水平按从低至高的顺序排队，以获最高分者得 5 分为标准，除此之外的按比例量表折算，确定等级得分。

对于既没有客观性的数据与结果，也没有可参考的量化标准的主观性的测评指标的计量，则要求测评者在调查研究的基础上进行定性分析，然后根据自己以往的经验和当前的实际来确定测评对象在该指标上的等级水平，并给以相应的分数。在这种情况下，我们一般借助于模糊数学的方法进行模糊计量。为了保证测评的结果相对客观与准确，测评者不能是一个人而必须是一个群体。具体的计量方法是，先要求每个测评者对同一测评指标按统一的等级量表测评对象，然后统计出各个评判等级上的总人数，并据此算出分数。对于主观性测评指标的计量，还可以采用以下四种方法：分点赋分法，即先将测评指标划分为若干等级，然后将指派给该测评指标的权数，根据指标等级的程度及个数划分几个数值点，每个分数值与相应的等级对应；分段赋分法，即先把测评指标分为若干等级，然后将指派给该测评指标的权数,根据等级个数划分为相互连接的数段;连续赋分法,即先把测评指标水平等级看作是一个连续的系统,用 0~1 之间的任何一个数值来表示被测者在相应指标上所达到的水平,然后再把这个小数值与该指标被赋予的权重分数相乘即得测评分数;积分赋分法,即用文字描述测评指标的不同等级或不同的要素(指标),把测评指标权重分数分派到各个要素上去,各判定要素分数相加即为该测评指标的测评分数。积分赋分法具体又分为分等积分法和累计积分法两种。所谓分等积分,是指测评指标各要素上分派的分数均相等;所谓累计积分,是指测评指标各要素上分派的分数不相等。

6. 试测并完善测评标准体系

经过以上几个步骤所制定的测评选拔标准体系,其客观性、准确性及可行性还需要经过实践的检验。一般而言,测评选拔标准体系在大规模使用之前,必须在一定范围内试测,同时还要对整个测评选拔标准体系进行分析、论证、检验并不断修改、完善,以保证大规模测评的可靠性与有效性。

上述制定测评选拔标准体系的六个步骤循序渐进,环环相扣,并功能各异,联系紧密,缺一不可。

3.2.4 设计甄选测评标准体系的意义

甄选测评标准体系设计是人员招聘选拔活动的重要工作,在整个人员选拔过程中具有重要的作用和意义。

1. 有利于将人员和岗位连接起来

物理测量以物量物,容易操作,对于甄选测评而言则是以主观度无形,以观念评抽象,不易操作。这是因为选拔测评的客体及主体都是客观存在的有形物,但作为选拔测评对象的素质和工作因素及测评主体所依据的考评价值标准和选择的考评内容却是抽象无形的。通过建立测评的标准体系把对象物化为测评内容、目标和指标,再把测评指标具体化为标准、标度与标记,就可以把对象和测评标准体系连接起来,便于比较与评定。

2. 有利于提高选拔测评的科学性和客观性

人员的选拔测评工作非常复杂,测评因素众多,内容非常广泛。如果不建立标准体系,就会受到测评者主观印象的极大影响。由于每个测评者的价值观不同,主观印象也不同,测评主体就难免智者见智,仁者见仁,对同一对象的评定结果差异很大。建立甄选测评的标准体系,按照指标进行测评,就能够保证测评主体全面、客观地进行,有效克服主观随意性。

3. 有利于统一观点、深化认识

制定测评指标的过程是复杂的,通过这一过程,使测评主体对指标有统一的认识。这是因为,在测评标准体系的制定过程中,每提出或理解一条指标,都要对它的标准、标度与权重进行充分的讨论,取得一致意见后,才能付诸实施,这个过程实际上就是把测评主体的各自价值观及分析统一化和客观化的过程,使测评主体的观点统一到测评标准体系中。

4. 有利于测评主体对任职资格和岗位深入了解

在制定和熟悉测评标准体系的过程中,测评主体必须根据工作分析,按照岗位的要求把需要任职者具备的各种素质和行为进行深入的认识和理解,并赋予相应的权重,这一过程使得测评主体进一步深化了对工作岗位及其需要的人员的认识程度。

3.3 甄选流程的设计

3.3.1 有效的人员甄选录用流程的特征

甄选流程的设计，对应于甄选标准的不断深化，表现为一个由基准能力测评向胜任能力测评的过渡过程。通过层层筛选，一步一步从大范围应聘人选中识别出接近企业标准的人才。建立科学规范的甄选流程，是保证甄选工作成功的基础。切实有效的甄选录用程序应具备以下特征。

1. 标准化

甄选的标准化是指甄选过程中，在同一个决策点上通过的或被淘汰的候选人都必须经历相同数量和类型的选拔程序，对候选者所使用的测评工具和评价标准也要相同。对于求职者通过这些决策点所必备的资格及他们能否在系统中继续参加选拔，管理者们应该有共同的标准。甄选的标准化是对候选人进行公平选拔、横向评价的保证。

2. 高效性

甄选录用的各个程序要有序排列，并且要充分考虑到每一道程序的必要程度，以及每一道程序可能面临的应聘者的数量。遵循"先淘汰，后选拔"，将费时、测评难度大的程序放在后面。例如，体格检查或由高级经理进行的面谈等作为系统的最后程序，这些程序就只用于最可能被录用的少数求职者了，这样可以提高招聘效率。

3. 经济性

在甄选录用程序中设置明确的决策点，在位于甄选录用系统前部的决策点上淘汰明显不合格的候选者，将需要更多时间和费用的选拔环节应用在最有可能获得该职位的求职者身上。

另外，在一个有效的甄选录用系统中，应该明确每个甄选环节上的测评者应该收集的信息，避免在各个录用环节上收集求职者相同信息的重复工作。

4. 完备性

甄选程序的设计是为了经济、高效地选拔出合格的任职者，因此，有效的甄选程序要能够保证整个甄选录用系统能够收集求职者是否胜任工作所必需的全部信息。

3.3.2 甄选流程的设计

企业中的人员甄选与录用工作是一个复杂、完整而又连续的程序化操作过程。整个过程的运行都是为了保证人员甄选与录用工作的质量，努力为企业选拔出优秀的人才。程序的环节数量和测试种类取决于所要录用人员的信息特点、职位的重要性、组织的规模及甄选可以使用的资源。

在招募工作完成以后，接下来就要进行人员甄选了。甄选的程序因招聘规模、用人理念、工作种类等的不同而有所差异，但主要的步骤大致相同，一般遵循以下程序。

1. 根据申请初步筛选

招募到大量求职者以后，接下来需要人力资源管理部门审阅求职者的个人资料或求职申请表，然后将符合要求的求职者名单与资料移交用人部门，由用人部门进行初选。这一步骤的目的是迅速排除明显不合格的求职者，筛选出可参加测试者，使甄选系统更有效地运行。

在初步筛选工作中，常用的筛选工具是申请表和个人简历。个人简历是求职者自主设计的，对其内容的安排有很大的自主性，有时候会没有提供企业所需要的全部信息，另外，通过个人简历也不能对应聘者进行横向比较。

在通过简历筛选的时候一般从下面几个方面来入手。①分析简历结构。一般来说，简历的结构在很大程度上能够反映应聘者的组织能力和沟通能力。结构合理的简历一般都比较简练，基本不超过两页。②分析简历内容。个人简历的内容大致可以分为两部分，即主观内容和客观内容。在筛选个人简历时应该把注意力放在客观内容上，如个人信息、受教育经历、工作经历和工作业绩等方面。③判断应聘者的经验和技术。根据个人简历中的客观内容，判断应聘者的专业资格和工作经历是否与空缺岗位相符合。④审查简历的逻辑性。在工作经历和个人成绩方面，要注意简历的条理性和逻辑性。⑤整体感。在阅读完一份简历后要体会对这个简历的整体感觉，然后再作出判断。

申请表是企业针对某一空缺岗位专门设计的初步筛选工具，由于其对应聘者所提供的信息有一定的限制，从而使接收的信息更全面有效，并且能据此对应聘者作比较，所以它在初步甄选中的作用比较重要。申请表的筛选方法与个人建立的筛选方法基本相同，不同的地方在于：从求职者填写申请表的字迹判断其求职的态度；重点考虑其工作经历，分析其离职的原因，推断其素质特点；另外，要标明所填内容的可疑之处，在后面的选拔环节予以考证。

在审查筛选过程中，应根据与工作相关的合理、有效的维度对求职者进行筛选，侧重于考察申请人的背景、工作及学习经历。同时，应保证所有参加初步筛选工作的人员使用同样的标准检查、评价求职申请表和个人简历，以保证这一程序的可靠性。

由于个人资料和求职申请表所反映的信息不够全面，决策人员往往凭个人的经验与主观臆断来决定参加面试的人员，带有一定的盲目性，经常产生漏选现象，因此，在费用和时间允许的情况下初选阶段应尽量让更多的求职者参加面试。

2. 选拔测试

通过初步筛选的应聘者，接下来就要应对诸多测试了。这个程序力图以比较科学、客观的手段了解求职者与工作有关的各方面现状及发展潜力。不同的职位对任职者有不同的要求，因此，所进行的考试和测试也可采用不同的形式，包括各种不尽相同的内容。在选拔测试环节，主要包括智力测试、专业能力测试、工作样本测试、可塑性测试、个性测试、职业倾向测试等，这些测试可采用笔试、面试、工作样本、评价中心等测试形式和技术。

对应聘者进行有效测试，需要借助理想的测量工具。"工欲善其事，必先利其器"，工具越好，测量就越准，由此产生的效益也就越好。衡量一个测评工具好坏的指标是信度和效度。所谓的信度（test reliability），即测试的可靠性，指的是测试结果是否稳定可靠。一个好的测验工具首先必须是稳定而可靠的。稳定性越大，一致的程度越高，意味着测评结果越可靠、越稳定。效度（validity）是指测评的有效性和正确性，即一个测评是否准确测量了其所要测量的东西。

3. 面试

面试是筛选申请人最常用的手段，很少有人不经过面试就被录取。面试不仅应用广泛，而且也很重要。所谓面试，是指招聘者与申请者之间面对面进行的有目的的信息交流过程。面试一般由人力资源部主持，由相关部门人员组成招聘专家组，对求职者的激励程度、个人理想与抱负、与人合作精神等信息进行深入了解。选拔性的面谈主要是为了了解对特定工作十分重要的行为信息。面谈可有一次或多次，次数取决于评价人员的数量、需录用人工作的重要性及准确评价求职者的难度。

面试是以观察和谈话为主要方法的双向沟通活动，面谈的内容比较灵活。在面试过程中，面试官直接接触应聘者，通过观察其面部表情、仪表、情绪，以及随时提出问题来判断应聘者是否有热诚，并且深入考查他的才智。但是面试的成本很高，又费时，不易大规模采用。另外面试的评分主观性大，不易保证信度；由于面试官有可能存在判断偏见，申请者也会刻意掩饰，因而对申请者的品格、诚实度、技能等方面难以完全把握。

面试的实施过程通常分为五个阶段，即初始、引入、正题、变换、结束。初始阶段多以日常话题为主，目的是创造一种和谐的面谈气氛，使面试双方建立信任亲密的关系，解除应聘者的顾虑和紧张戒备心理。引入阶段的主要任务有两项：一是恰到好处地介绍公司情况和工作岗位需求；二是围绕申请者的基本情况提问，为过渡到正题阶段作铺垫。正题阶段是面试的实质性阶段，主考官通过广泛的话题从不同侧面了解"面试评价表"中所列的各项要素。变换阶段是面试的收尾阶段，这时面试的主要问题已谈过了，主考官可以提一些比较尖锐、敏感的问题来深入挖掘申请者的深层心理特点。面试通常会以比较轻松的话题来结束，允许申请者提出他们感兴趣或关心的问题，并予以答复。

4. 背景核查

申请者在个人履历中提供虚假或模糊信息是招聘中经常遇到的问题，背景核查主要是为了验证申请者所提供的信息的真实性，获得求职者更全面的信息。进行背景核查需要考虑进行调查的时间、调查的内容及如何调查。

为了保证背景核查的准确性，招聘者要根据对工作岗位的分析，以及前面的测评环节的疑问，来制作背景调查表。在调查表里也要设置决策点，挑出那些最关键的淘汰因素置于调查表的最前端。制作背景调查表既便于相关内容的记录，也能确保结果的公平，便于及时淘汰不合格者。背景核查主要是证实个人履历中的细节，核实个体有无纪律问题，发现关于申请者的新的信息及预测将来的绩效。

5. 体检

对申请者进行体检也是人员招聘甄选的一个重要部分，通常是最后一个步骤，它不作为选拔工具，而只是为了删除不符合职位身体要求的求职者。良好的身体素质是完成工作的前提，不同的工作岗位对员工身体素质的要求也不相同。通过体检，可以筛选不符合职位要求的求职者，保留合格的员工。另外通过体检，能够清楚了解求职者的身体情况，有利于在工作安排时考虑其体格局限因素，降低缺勤率和事故。通过体检，建立求职者健康记录，服务于保险或雇员赔偿要求，降低企业的费用支出。

大公司对员工的身体条件的要求非常严格，体检时一旦发现申请者有某些传染类的疾病，就不会录用，这也是对其他员工的负责，为他们创造一个良好的工作环境。当然设定的应聘者体格标准,一定要符合国家有关法律法规。

6. 试用期考察

应聘者通过层层考核,在成为企业正式员工之前还要进行试用期的考察。试用期的考察是对上述选拔测试效果的验证,它是对申请者实际工作能力的测试,一般能考察出其真实工作能力。但是也不排除由于申请者迫切地想得到工作机会,在试用期间表现出极高的热情,而掩盖其能力的不足的可能性。因此,用人部门主管应该对试用者进行细致全面的观察,不能被其表面行为所迷惑。

7. 正式录用

职位候选人经过最终面试,试用合格的,招聘单位应给应聘者办理相关的正式录用手续。

3.3.3 人员甄选的派生模式

上述甄选录用员工的流程,是大多数企业流程的共同模式,由于每个组织的具体情况不同,录用人员的职位、层次、种类有差异,在不同的招聘任务中,这一模式应进行适当变通。根据招聘甄选决策点位置的不同,可以把甄选程序分为淘汰式、补偿式及综合式三种模式。这几种模式最大的区别体现在:何时淘汰不符合组织岗位用人需要的应征者。

1. 淘汰式

在这种模式中,应征者不用参加全部甄选测试内容,每一甄选环节都是一个决策点,只有通过这个环节的候选人才能进入下一个测试,没有通过者就会被淘汰。在整个甄选过程中,求职者人数逐渐减少,选择目标逐步集中。只有通过所有测试项目的人,才能被最终录用。在这种模式中,每一种资格水平都作为独立的指标,不可以相互弥补,其中只要有一项不合格,立即被淘汰。图3-3为淘汰式甄选模式。

当工作所需的各项能力、资格指标均要求达到或高于某一水平时,采用逐步筛选淘汰模式进行选拔是比较有效的。运用此模式,某一次测试未能有较好表现的应征者,在后面的步骤中可能会有特殊表现,但是由于此模式的规定,使其失去了继续参加竞争的机会。这些人才在还没有机会展示其特殊才能的时候,就已经被淘汰了,对企业而言也失去了拥有具有特殊才能人才的机会。所以,在采取这种模式时,必须科学地进行甄选程序设计,弥补这一缺陷,明确对组织更重要的考察点,合理地安排甄选测评工作的步骤顺序。

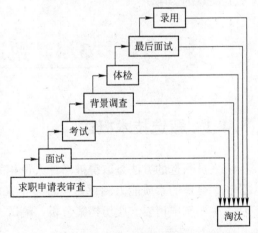

图3-3 淘汰式甄选模式图

资料来源:朱庆芳. 国家公务员录用选拔面试方略. 北京:中国人事出版社,2001:11.

2. 补偿式

这种模式指的是,在人员甄选过程中,每个应征者都必须接受所有的选拔测评,每一步骤都能了解应征者的具体情况,积累相关信息,在全部测试考察过程结束后,根据应征者在各步骤的表现或成绩进行综合评价和比较之后，再作出取舍决定。采用这种模式可以避免在甄选过程中淘汰不应该淘汰的人，但甄选工作量比淘汰模式要大得多。这一模式的具体操作如图3-4所示。

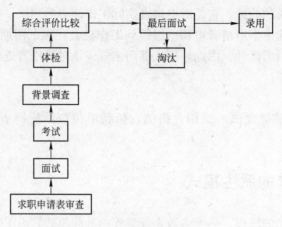

图3-4 补偿式甄选模式图
资料来源：朱庆芳. 国家公务员录用选拔面试方略. 北京：中国人事出版社，2001：12.

3. 综合式

顾名思义，综合式甄选模式综合了淘汰式和补偿式两种甄选模式的特点，在人员甄选过程中，有些环节的通过与否决定应聘者是否能够进入下一竞争，有些环节需要和其他环节一起来决定对应聘者的去留。设计良好的综合式甄选模式能够整合淘汰式和补偿式的优点，避免其缺点的影响。

3.4 甄选技术的选择

3.4.1 甄选技术概述

人员甄选的方法是取得被考评人员相关信息的重要手段。为了对被考评对象进行客观、公正、合理的素质能力测评，经过多年来的大胆实践，已经建立起一套行之有效的考评方法，主要有申请表、履历档案分析、笔试、心理测验法、面试法、评价中心法等。

1. 申请表

申请表是一种比较传统而且运用非常广泛的初步筛选工具。使用申请表对应聘者进行初步筛选能够弥补个人简历不利于筛选和比较的缺陷，获得企业所需要的信息，提高筛选效率。另外，通过应聘申请表所提供的信息，也为使用其他测评方法（如面试）提供一定的信息。

申请表的设计是以拟招聘岗位工作说明书为依据的，每个项目均要确保与某项工作有一定关系。良好的申请表应该达到三个基本目的：第一，确定应聘者是否具备完成某项工作所需的最低要求，以便确定最少的候选人；第二，应聘申请表能帮助招聘者判断应聘者是否具备某些与工作相关的属性；第三，应聘申请表中所包含的资料可被用来"警示"任何与应聘者有关的潜在问题领域。

典型的应聘申请表的基本内容一般包括几个部分：基本信息（姓名、性别、年龄等）；教育背景与培训情况（毕业学校、专业、学历、所接受过的培训等）；工作经历（工作过的单位、担任过的职务、工作时间、工资及离职原因等）；求职岗位情况（求职岗位、求职要求，如收入待遇、时间、住房等）；其他情况（所受奖励、特长、兴趣爱好、家庭成员姓名及关系等）。

申请表的项目随着招聘单位、招聘岗位、招聘环境的不同而不同。具体而言，申请表有以下分类。

1）按适用范围划分

申请表按适用范围划分，可分为通用型申请表和专用型申请表两种。前者普遍适用于全部或大部分职位的工作，后者则是针对某一特定岗位或特种技能人才而专门设计的。

2）按定量的程度划分

申请表按定量的程度划分，可分为普通申请表和加权申请表。前者是了解应聘者的一般背景资料的一种规范化的申请表。加权申请表则考虑到不同的项目、不同的内容对申请者素质测评或录用的影响不相同，而赋予不同项目以不同的权重系数。

2. 笔试

笔试是通过试卷来测试的一种方法，即由求职者在试卷上笔答事先拟好的试题，然后由主考人根据求职者解答的正确程度来评定成绩。笔试主要用于测量应聘者的基本知识、专业知识、管理知识、相关知识及综合分析能力、文字表达能力等素质。它是一种最古老而又最基本的员工甄选方法，至今仍是企业组织经常采用的选拔人才的重要方法。

使用笔试这一甄选方法的关键是试卷命题的质量。如果试卷命题的主观随意性大，试题质量不高，则选拔结果会出现偏差，甚至无效。笔试的题目应围绕招聘职位所需的知识结构，设计出具体的测试内容、范围、题量、题型等。此外，各个考题应有合适的权重和明确的计分标准。

笔试可分为客观性和主观性两大类测试。客观性测试的题目类型主要有填空、选择、排列、判断是非等。客观性测试卷的题量一般较大，能够覆盖较广的知识面，有利于全面考查应聘者的知识水平，并且其评分标准明确、统一，使成绩判定客观、公正，受评分者主观因素影响较小。但是，这种考查方式也有较大的局限性。例如，在测试中不能避免应聘者的猜测，而且这种测试限制了人的创造力和发散性思维。主观性测试的题型一般为简答题、论述题、写作论文等。使用主观性测试有利于考查应聘者的逻辑思维能力、概括能力、推理能力和文字表达能力。但是，主观性测试的评分标准不易统一，对应聘者素质的评价受考评者主观性的影响较大。在进行实际选拔时，要根据实际情况选择合适的笔试方式，可以选用任何一种形式，也可以将两者加以融合，以便更好地为选拔目的服务。

与其他甄选方法相比而言，笔试的测试内容覆盖范围大，操作程序简单，易于掌握，并且成本低，对应聘者知识、技能、能力的考查信度和效度较高。但是通过笔试不能全面考查应聘者的工作态度、品德修养、气质性格、口头表达能力和操作技能及其他一些隐性能力。所以，笔试往往被作为其他甄选方式的补充筛选方法。

3. 面试

面试兴起于20世纪50年代的美国，是指通过测试者与被试者双方面对面的观察、交谈，以收集有关信息，从而了解被试者的素质状况、能力特征及动机的一种测量方法。面试是一种使用最为普遍的选拔测评方法，几乎所有的人员选拔过程中都会使用面试，而且在一个招聘选拔程序中可能不止使用一次。

面试根据其结构化的程度分为结构化面试、非结构化面试和半结构化面试。结构化面试又叫模式化面试，在此面试过程中提出的问题及其顺序固定，评分标准也是固定的。非结构化面试没有固定模式，可以根据组织、职位及应聘者的情况随意发问。半结构化面试介于结构化面试与非结构面试两者之间，事先只是大致规定面试的内容、方式、程序等，允许主试者在具体操作过程中根据实际情况作些调整。根据面试对象的多少，面试可以分为个别面试和小组面试。由于各个面试形式的优势和劣势不同，常常把这些形式结合起来使用，以扬长避短。

面试的测评内容已不仅限于仪表举止、口头表达、知识面等，现已发展到对思维能力、反应能力、心理素质、求职动机、进取心、分析判断与综合概括能力、兴趣爱好与活力、自我控制能力与情绪的稳定性、口头表达能力等全方位的测评。关于面试的具体操作及特点在后面的章节有专门论述，这里就不再赘述。

4. 心理测验

心理测验是通过观察人的少数有代表性的行为，对于贯穿在人的全部行为活动中的心理特点作出推论和数量化分析的一种手段，其实质是对行为样组的客观的标准化的测量。

心理测验技术产生于对个别差异鉴别的需要，广泛应用于教育、企事业人员的挑选与评价中。随着心理学的发展，人们编制了许许多多的比较成熟的心理测验量表，如智力测验、创造力测验、人格测验、职业性向测验等。其中比较有影响力的有比奈-西蒙智力测验、斯坦福-比奈儿童智力测验、罗夏墨迹测验、默里与摩根的主题统觉测验、明尼苏达多相个性测验、艾森克人格测验、卜特尔16因素测验、皮亚杰故事测验、科尔伯格两难故事测验、雷斯持测验等。

5. 评价中心技术

评价中心起源于德国心理学家1929年建立的一套用于挑选军官的多项评价程序，这种程序随后被英国和美国采用和改进后得到更广泛的应用，并于第二次世界大战后迅速发展起来。评价中心技术自20世纪80年代开始介绍到我国，并在我国企事业单位的人员招聘与选拔中有比较广泛的应用。

评价中心技术的核心是多种情景性测评方法，是根据被试者可能担任的职位，编制一套与该职位实际情况相似的测试项目，将被试者安排在模拟的、逼真的工作环境中，要求被试者处理可能出现的各种问题，然后根据应聘者的表现来评判其素质的一系列方法。评价中心是多种测评方法的有机结合，具有较高的信度和效度，得出的结论质量较高，被认为是现代人员招聘选拔评价中的一种有效的方法。但与其他测评方法相比较，评价中心技术的费用较高，对评价者的要求也很高。因此，这种方法一般用于较高级的管理人员或较重要的职位的人员选拔。

评价中心技术主要用于测评应聘者的心理素质、管理能力、潜质素质及实际的工作技能，主要用于评价管理者素质。评价中心的表现形式多种多样，从测评方式来看，有投射测验、面谈、情景模拟、能力测验等。但从评价中心活动的内容来看，主要有公文筐测试、无领导小组讨论、角色扮演、演讲、案例分析、事实判断等方法。

3.4.2 甄选技术的评价维度

在人员选拔中，如何科学合理地选拔评价工具和方法，是确保选拔评价效果的关键。不同的人员选拔方法具有不同的优势和劣势，具有自己的适用范围，无所谓好坏，选拔测试的效果与所选方法的适合与否有关。

1. 甄选技术的适用范围

每种甄选技术适用于对不同素质的测量，人员选拔时，根据要考查的应聘者素质类型选择合适的甄选方法。常见的甄选方法与素质类型的对应关系，如表3-4所示。

表3-4 素质结构与测评方法对照表

素质结构	测评方法	笔试	面试	考核	体检
政治素质	政治立场	·	·	√	
	政治理论水平	√	√	√	√
	政治水平	·	·	·	·
品德素质	世界观、人生观		·	√	
	思想作风		·	√	
	勤奋精神		·		
	工作态度		·	·	
知识素质	通用基础知识	√			
	专业知识		√		
	相关知识	√			
能力素质	一般能力	√			
	特殊能力	·	√	√	·
	专业能力	√	√		√

注："√"表示对应的施测方法，"·"表示不是对应的方法。
资料来源：杨杰. 有效的招聘. 北京：中国纺织出版社，2003：283.

2. 甄选技术的信度和效度比较

甄选技术的信度和效度是衡量这个方法可靠性的重要指标，在选择甄选方法的时候一定要注意此种方法在预测某种效标时的效度和信度。有关对测评方法信度和效度的测量在后面的章节有详细论述。各种甄选方法的信度效度比较如表3-5所示。

表3-5 甄选方法的信度和效度比较

评价方法	信度	效度	普遍适用性
面试	当面试为非结构性时或当所评价的是不可观察的特征时，信度较低。	如果面试为非结构性的、非行为性的，则效度较低。	低

续表

评价方法	信度	效度	普遍适用性
认知能力测试	高	效标关联度中等；不适合于内容效度	较高，可对大多数工作进行预测，最适合复杂的工作
人格测试	高	对于大多数人格特征来说，效标关联效度较低；不适合于内容效度	较低，只有少数特征适于对多种工作进行预测
履历性信息	再测信度高，尤其当信息证据确凿时	效标关联效度较高；但内容效度较低	通常针对特定工作，但已成功地为多种工作设计出搜集方法。

资料来源：侯典牧. 人力资源经理360度全程序工作手册. 北京：中国经济出版社，2006：75.

曼琴斯基1987年曾以生产率、缺勤率、人事变动、事故率、工资、晋升、偷窃、销售、领导评定等为效标，对11种素质测评的方式进行了相关研究。研究结果如表3-6所示。

表3-6 各种素质测评方式效标关联效度比较

效标\方式	生产率	缺勤率	人事变动率	事故率	工资	提升	偷窃	销售	领导评定
智力测验	高	低	中	低	低	中	低	低	高
技能测验	高	中	低	低	低	低	低	低	高
能力测验	高	中	中	中	低	中	低	低	高
兴趣测验	低	低	中	低	低	低	低	低	低
品德测验	中	中	低	中	中	中	中	高	中
面试	低	低	中	低	低	中	低	低	中
评价中心	中	低	低	低	低	低	低	低	高
观察评定	低	低	低	低	高	中	低	中	高
履历	中	高	高	中	中	中	中	中	高
同事评定	低	低	高	低	中	高	低	中	高
推荐信	低	低	中	低	低	低	低	低	高

资料来源：萧鸣政. 现代人员素质测评. 北京：北京语言学院出版社，1995：364.

由表3-6可以发现，不同的测验方法对不同的预测指标而言，效标关联效度有差异。对生产率进行预测，选用心理测验比较好；对缺勤率进行预测，选用履历表方式较好；选用评价中心对发展潜能的预测较好。

墨菲（Murphy）在1997年的研究中也发现，不同的预测源适合预测不同的效标，例如，能力适合预测个体任务绩效和有关技术熟练性方面的绩效，责任心适合预测组织公民行为，人格测验适合用来预测工作动机、团队合作、人际有效性等。

施密特和亨利1998年通过对17种选拔方法的效度高低进行元分析（meta-analysis），发现当选用整体工作绩效（一般是上级评定）作为效标时，17种选拔方法的预测效度从高（如认知能力和正直测验的结合效度为0.65）到低（兴趣测验的效度为0.10）存在不同的分布。另外，艾朗（Eran）2001年曾对测评方法的校正效度进行了研究，他发现高效度的选拔方法包括结构化面试和认知能力测验,它们的平均校正效度超过 0.45;中等效度的选拔方法包括传记材料、无结构化面试、人格测验和正直测验,它们的平均校正效度在 0.25~0.45 之间;低效度的选拔方法包括大五人格测验,它们的平均校正效度在 0~0.25 之间。

3. 甄选技术的公平度、可用性及成本的比较

杜内特（Dunnette）曾于 1986 年比较了各种测验方法的信度、效度、成本与公平性,表 3-7 是其比较分析的结果。

表 3-7 甄选技术比较表

	效 度	公平度	可用性	成 本
智力测验	中	中	高	低
性向和能力测定	中	高	中	低
个性与兴趣测验	中	高	中	低
面试	低	中	高	中
工作样品	高	高	低	高
试用体验	中		低	中
个人履历资料	高	中	高	低
同行评价	高		低	低
自我介绍	低	高	中	低
证明信	低		高	低
评价中心	高	高	低	高

资料来源：杨杰. 有效的招聘. 北京：中国纺织出版社, 2003：282-283.

从表 3-4~表 3-7 中的数据可知,一个有效的人员甄选方法,在信度、效度、公平性、成本与使用范围几个指标上的水平不同,每个方法都有其优势和劣势。无论是知识测验、技能测验,还是能力测验和个性心理品质测验,可供选择的测验工具是相当多的,均各有所长,且有各自相对具体而明确的适应范围与特定功能。没有哪种方法在这几个方面都很理想,也没有哪个方法在这几个方面都很糟糕。因此,在选择人员甄选技术时应该根据企业和空缺职位的具体情况,权衡所有这些指标因素,然后作出慎重、合理的选择。

3.4.3 甄选技术的组合

1. 甄选工具组合的含义

不同组织、不同职位对应聘者的素质要求不同,人员的不同素质需要使用不同的测评工具进行测量,单一的测评工具满足不了招聘甄选的要求,但是也没有必要因此而使用全部的测验方法。因此,在招聘选拔时要根据企业的性质、招聘岗位的特点、招聘预算等因素,选择有效的测评工具加以组合,以实现选拔人才的目的。

人员甄选工具的组合是指根据特定岗位的素质要求,选择各种适合的测评方法,组成一组或一套测验,以满足人员选拔的需要。对于不同的工作岗位来说,适合它们的测评工具组合是不同的。

根据具体的工作要求对甄选工具进行组合运用，应该符合下面两个标准：第一，选择足够多的甄选方法，以保证能够测量岗位所要求的全部素质；第二，使用甄选工具的数量及组合方式要经济、高效。

由于不同类型的任职者，如工人与管理人员、初级与高层管理人员的任职要求相差很大，而员工的素质又很复杂，这就需要使用多种不同的甄选工具来进行测量（见表 3-8）。仅仅依靠少数几种工具不能准确地获得测评所需要的所有信息，无法满足复杂的工作需要。需要注意的是，甄选测评工具是服务于具体岗位的，而不应让岗位要求迁就于测评工具。另外，甄选工具的组合方式不同，获得的甄选效果就会不同，花费的时间和成本也不同。对甄选工具进行合理的组合、设定合理的使用程序，是实现高效选拔目标的关键。

表 3-8 不同测评要素的测评工具

岗位	考察要素	考评核心工具
生产系列	个性特征、组织协调能力、综合分析能力、兴趣取向、行为风格、工作履历	管理个性测验或 DISC 测验 兴趣偏好测验 价值观评定 面试（结构化或非结构化）
营销系列	人际敏感性、沟通能力、个性特征、动机需求模式、言语表达、工作履行	管理个性测验或 DISC 测验 敏感性与沟通能力测验 需求测试 生活特性问卷 无领导小组讨论 面试（结构化或非结构化）
财务系列	个性特征、思维分析能力和综合决策力、工作履历	管理个性测验或 DISC 测验 数量分析能力测验 面试（结构化或非结构化）
行政人事系列	个性特征、人际技巧、事务处理能力、工作履历	管理个性测验或 DISC 测验 无领导小组讨论 领导行为评定 面试
技术系列	创造性、思维推理能力、个性特征、工作履历	管理个性测验或 DISC 测验 逻辑推理测验 抽象推理测验 面试（结构化或非结构化）

注：面向高绩效管理的系列也是各系列主管可以参考使用的工具。
资料来源：王垒. 实用人事测量. 北京：经济科学出版社，2002.

素质测评工具组合设计是一种思想，是一种智力活动，需要对任职要素和测评工具两方面深刻了解和熟练把握，通过对具体作业需求的分析，在两者之间建立相当的联系；然后遵从一定的程序进行组合设计，确保达到可靠有效的结果。

2. 甄选测评工具的组合程序

甄选测评工具的组合设计一般包括三个步骤，即确定考评的素质、选择甄选测评的方法、对方法加以组合。

企业在一次具体的目的非常明确的招聘工作中，根据企业的组织文化和理念、空缺岗位的要求等因素，确定每一职位所要求的素质结构。

确定了岗位所需要应聘者具有的素质结构，就可以根据此结构选择具体的甄选测评工具了。在选择一个具体的工具时，要说明这个测评工具的功能和采用的理由，以确定选此工具的必要性。在选择测评工具时，必须考虑组织文化的特点。选择完所有要求的测评工具后，应重新系统地评价这个设计方案，对可能的结果作出预期。例如，如何由具体的分数建立综合报告。由于有许多要素要考察，同一要素又有可能由多种工具进行考察，需要考虑测量分数的整合问题；当不同分数之间出现矛盾该如何处理；测量方法是否对所有人都公平；应聘者对测量方法会有什么反应等，都需要仔细考虑。

在选择甄选方法时要牢记，每种素质测评方法都有利有弊，既没有一种方法完全可靠有效，也没有一种方法毫无价值。甄选效果的好坏关键在于如何组合运用这些方法，做到扬长避短、取长补短，发挥整体互补优势。选择好测量工具后，就需要考虑工具之间的组合规则了。所选择方法的组合程序不同，甄选测量所需要花费的时间和费用不相同，获得的测评效果也不同。一般而言，甄选方法的组合需要考虑企业的时间和经费的限制、任职要求及应聘者的数量，以保证甄选组合方案的可行性和有效性。例如，由于特殊需要，测量项目会比较多，需要的总的测试时间就会很长。而实际上，许多组织常常因为对系统的测评时间不能接受而放弃测评计划。在完成一个甄选测评组合设计时，还要给出它的预算，并检查有没有超出企业的预算。当甄选技术组合完成后，还要考虑有没有更好的组合方法，以不断改进原有的设计。

3. 甄选测评工具的组合原则

1）先易后难

一般来说，在人员的录用选择中，各种测评方法应该按照先易后难的原则组织，这既有利于被测者紧张的解除与正常发挥，又便于测评的组织与操作，不会一开始就处于复杂而紧张的气氛中。一般而言，像履历表、初步面谈等简单的方法应放在前面实施，而评价中心、深层次的面试应放在后面。

2）先成本低后成本高

对于甄选方法的成本的考虑包括时间成本和经济成本两方面。由于不同测试方法的测试成本不同，一般而言费用少、花费时间短的低成本测试要放在前面实施，这样，当采用淘汰模式时，前面测试不合格的人就不必参加后面的高成本的测试，能够节省测试费用和测试时间。

3）先淘汰后选取

在甄选程序开始时，一般实施淘汰性的测评方法，侧重于发现测评对象的缺点与不足，用于将明显不合格的人员淘汰。因此，一般先测评对工作有致命影响的因素。然后在后续的测评中主要侧重发现应聘者的长处与优点，以用于优中择优。在测评中，不管是淘汰还是选取的环节，一般优先测评对工作有重要作用的因素，这样可以提高测评的效率与效果。不过对于淘汰程序，需要确定一个可接受的最低标准，应聘者只要达到标准即予以通过，以为后续的选拔提供充足的候选人。

4）注意前后测验的干扰

在甄选测试中，有些测试方法会对后续的测试产生干扰，则必须慎重考虑这些测试的顺序安排。例如，某一测试的内容非常敏感，或者容易给被测试者造成较大压力，而对后续的测试产生很大的影响，则此测试就应该放在测试程序的后面。另外，容易让被测试者产生疲劳的测评也要放在后面。

3.4.4 组合程序示例[①]

1. 斯科特程序
1) 接见应聘求职者
2) 初次面谈，并填写申请表格
3) 心理测验
4) 第二次面试并在申请表上予以评分
5) 调查应聘者的履历情况
6) 比较选择
7) 主管部门批准录用
8) 身体检查

2. 弗兰希程序
1) 填写申请表
2) 测验
3) 面试
4) 体检
5) 履历查核
6) 研究批准
7) 提出工作要求

3. 美国管理协会程序
1) 初步面试
2) 填写申请表
3) 审核有关资料
4) 测验
5) 雇用面谈
6) 主管核准
7) 体检
8) 引见、认识新环境及工作要求

思考题

1. 人员甄选主要关注候选者的哪些方面？
2. 试分析人员甄选体系的主要构成模块和内容。
3. 论述人员甄选的一般流程。
4. 分析不同甄选技术的优点和缺点。
5. 在进行不同工具的组合时，应该注意哪些问题？

---

① 资料来源：萧鸣政. 现代人员素质测评. 北京：北京语言学院出版社，1995：381.

上海通用汽车公司的招聘策略

上海通用汽车有限公司（SGM）是上海汽车工业（集团）总公司和美国通用汽车公司合资建立的轿车生产企业，是迄今为止我国最大的中美合资企业之一。

SGM的目标是成为国内领先、国际上具竞争力的汽车公司。因此，如何建设一支高素质的员工队伍，是中美合作双方都十分关心的首要问题。同时SGM的发展远景和目标定位也注定其对员工素质的高要求：不仅具备优良的技能和管理能力，而且还要具备出众的自我激励、自我学习能力、适应能力、沟通能力和团队合作精神。要在一个很短的时间里，客观公正地招聘选拔到高素质的员工来配置到各个岗位，对SGM来说无疑是一个重大的挑战。

（一）"以人为本"的公开招聘策略

"不是控制，而是提供服务"，这是SGM人力资源部职能的特点，也是与传统人事部门职能的显著区别。

第一，根据公司发展的战略和宗旨，确立传递"以人为本"的理念作为招聘的指导思想。SGM在招聘员工的过程中，在坚持双向选择的前提下，还特别注意应聘者和公司双向需求的吻合。应聘者必须认同公司的宗旨及以客户为中心、安全、团队合作、诚实正直、不断改进与创新五项核心价值。同时，公司也充分考虑应聘者自我发展与自我实现的高层次价值实现的需求，尽量为员工的发展提供良好的机会和条件。

第二，根据公司的发展计划和生产建设进度，制订拉动式招聘员工计划，从公司的组织结构、各部门岗位的实际需求出发，分层次、有步骤地实施招聘，1997年7月至1998年6月分两步实施对车间高级管理人员、部门经理、骨干工程师、行政部门管理人员和各专业工程师、工段长的第一层次的招聘计划；1998年底到1999年10月分两步实施对班组长、一班制操作工人和维修工、工程师第二层次的招聘计划；二班制和三班制生产人员的招聘工作与拉动式生产计划同步进行。

第三，根据"一流企业，需要一流员工"的公司发展目标，确立面向全国广泛选拔人才的员工招聘方针。并根据岗位的层次和性质，有针对性地选择不同新闻媒体发布招聘信息，采取利用媒体和人才市场为主的自行招聘与委托招募相结合的方式。

第四，为确保招聘工作的信度和效度，建立人员评估中心，确立规范化、程序化、科学化的人员评估原则。并出资几十万元聘请国外知名的咨询公司对评估人员进行培训，借鉴美国通用汽车公司及其子公司已有"精益生产"样板模式，设计出具有SGM特点的"人员评估方案"；明确各类岗位对人员素质的要求。

第五，建立人才信息库，统一设计岗位描述表、应聘登记表、人员评估表、员工预算计划表及目标跟踪管理表等。

两年来，公司先后收到5万多封应聘者的来信，最多一天曾收到700多封信，收发室只能用箩筐收集。这些信来自全国各地，有的还来自澳洲和欧洲等国家的外籍人士。为了准确及时地处理这些信件，SGM建立了人才信息系统，并开通了应聘者查询热线。成千上万的应聘者，成筐的应聘者来信，这些都是对SGM人员招聘策略成功与否的最好检验。

（二）严格规范的评估录用程序

1998年2月7日，到上海科学会堂参加SGM招聘专场的人士无不感慨："上海通用招聘人才门槛高！"那天，凡是进入会场的应聘者必须在大厅接受12名评估员进行的岗位最低要求的应聘资格初筛，合格者才能进入二楼的面试台。由用人部门同应聘者进行初次双向见面，若有意向，再由人力资源部安排专门的评估时间。在进入科学会堂的2800人中，经初步面试合格后进入评估的仅有100余人，最后正式录用的只有几十人。

1. 录用人员必须经过评估

这是SGM招聘工作流程中最重要的一个环节，也是SGM招聘选择员工方式的一大特点。公司为了确保自己能招聘选拔到适应一流企业、一流产品需要的高素质员工，借鉴通用公司在德国和美国的一些工厂采用人员评估中心来招聘员工的经验，结合中国的文化和人事政策，建立了专门的人员评估中心，作为人力资源部的重要组织机构之一。整个评估中心设有接待室、面试室、情景模拟室、信息处理室，中心人员也都接受过专门培训，评估中心的建立确保了录用工作的客观公正性。

2. 标准化、程序化的评估模式

SGM的整个评估活动完全按标准化、程序化的模式进行。凡被录用者，须经填表、筛选、笔试、目标面试、情景模拟、专业面议、体检、背景调查和审批录用九个程序和环节。每个程序和测试都有标准化的运作规范和科学化的选拔方法，其中，笔试主要测试应聘者的专业知识、相关知识、特殊能力和倾向；目标面试则由受过国际专业咨询机构培训的评估人员与应聘者进行面对面的问答式讨论、验证其登记表中已有的信息，并进一步获取信息，其中专业化面试则由用人部门完成；情景模拟是根据应聘者可能拟任的职务，编制一套与该职务实际情况相仿的测试项目，将被测试者安排在模拟的、逼真的工作环境中，要求被测试者处理可能出现的各种问题，用多种方法来测试其心理素质和潜在能力。如通过无领导的两小组合作完成测试，观察应聘管理岗位的应聘者的领导能力、领导欲望、组织能力、主动性、说服能力、口头表达能力、自信程度、沟通能力、人际交往能力等。SGM还把情景模拟推广到了对技术工人的选拔上，如通过齿轮的装配练习，来评估应聘者的动作灵活性、质量意识、操作的条理性及行为习惯。在实际操作过程中，观察应聘者的各种行为能力孰优孰劣。

3. 两个关系的权衡

SGM的人员甄选模式，特别是其理论依据与一般的面试及包括智商、能力、性格在内的心理测验相比，更注重两个关系的比较与权衡。

（1）个性品质与工作技能的关系

公司认为，高素质的员工必须具备优秀的个性品质和良好的工作技能。前者是经过长期教育、环境熏陶和遗传因素影响的结果，它包含了一个人的学习能力、行为习惯、适应性、工作主动性等。后者是通过职业培训、经验积累而获得，如专项工作技能、管理能力、沟通能力等，两者互为因果。因此，在甄选录用员工时，既要看其工作能力，更要关注其个性品质。

（2）过去经历与将来发展的关系

无数事实证明：一个人在以往经历中，如何对待成功与失败的态度和行为，对其将来的成就具有或正或负的影响。因此，分析其过去经历中所表现出来的行为，能够预测和判断其未来的发展。

SGM正是依据上述两个简明实用的理论、经验和岗位要求，来选择科学的评估方法，确定评估的主要行为指标，对应聘者进行取舍的。如在一次员工招聘中，有一位应聘者已进入第八道程序，经背景调查却发现其隐瞒了过去曾经在学校因打架而受处分的事，当对其进行再次询问时，他仍对此事加以隐瞒。对此公司认为，虽然人的一生难免有过失，但隐瞒过错却属于个人品质问题，个人品质问题会影响其今后的发展，最后经大家讨论一致决定对其不予录用。

4. 坚持"宁缺毋滥"原则

为了招聘一个段长，人力资源部的招聘人员在查阅了上海市人才服务中心的所有人才信息后，发现符合该职位要求的具有初步资格者只有6人，但经评估，遗憾的是，这6个人都不合格。对此，中外双方部门经理肯定地说："对这一岗位绝不放宽录用要求，宁可暂时空缺，也不要让不合适的人占据。"评估中心曾对1997年10月到1998年4月这段时间内录用的200名员工随机抽样调查了其中的75名员工，将其招聘评价结果与半年的绩效评估结果作了一个比较分析，发现当时的评估结果与现实考核结果基本一致的占84%左右，这证明人员评估中心的评估有着较高的信度和效度。

资料来源：牛雄鹰. 员工任用（一）：工作分析与员工招募. 北京：对外经济贸易大学出版社，2004.

本章参考文献

[1] 萧鸣政. 现代人员素质测评. 北京：北京语言学院出版社，1995.

[2] 王垒. 实用人事测量. 北京：经济科学出版社，2002.

[3] 侯典牧. 人力资源经理360度全程序工作手册. 北京：中国经济出版社，2006.

[4] 卿涛，罗键. 人力资源管理概况. 北京：北京交通大学出版社，2006.

[5] 李德伟. 人力资源招聘与甄选技术. 北京：科学技术文献出版社，2006.

[6] 萧鸣政. 人员测评与选拔. 上海：复旦大学出版社，2005.

[7] 顾海根. 人员测评. 合肥：中国科学技术大学出版社，2005.

[8] 刘伟，刘国宁. 人力资源：职业经理人最新实用手册. 北京：中国言实出版社，2005.

[9] 吴春华，张瑾. 人员素质测评理论与方法. 天津：天津教育出版社，2005.

[10] 王荣奎. 成功企业人力资源管理制度范本. 北京：中国经济出版社，2001.

[11] 滕玉成，俞宪忠. 公共部门人力资源管理. 北京：中国人民大学出版社，2004.

[12] 中国企业国际化管理课题组. 企业人力资源国际化管理模式. 北京：中国财政经济出版社，2002.

[13] 林忠. 人力资源招聘与选拔. 沈阳：辽宁教育出版社，2006.

[14] 唐宁玉. 人事测评理论与方法. 大连：东北财经大学出版社，2002.

第4章 甄选维度的确定

4.1 基于战略的人力资源甄选维度

4.1.1 企业战略的含义

"战略"一词源于军事,指的是军事家们对战争全局的规划和指挥,以及指导重大军事活动的方针、政策与方法。随着经济的发展和竞争的加剧,"战略"一词逐渐被人们广泛地运用于管理领域。

虽然对于企业战略的定义还没有达成一致意见,但是从以下几位著名学者的定义中,能够看出此概念的核心含义。艾尔弗雷德·钱德勒(A. Chandler, 1962)认为企业战略是指"一个企业基本的长期目标和目的的确定,以及为实现此目标所必须采取的行动和对资源的分配"。肯尼斯·安德鲁斯教授(Kenneth Andrews, 1971)认为:"战略是关于企业宗旨、目的和目标的一种模式和为达到这些目标所制订的主要政策和计划。"另一位著名教授迈克尔·波特(Michael Porter)在《竞争战略》中指出:"战略是公司为之奋斗的一些终点与公司为达到它们而寻求的途径的结合物。"而加拿大麦吉尔大学的明兹伯格教授更为明确、简洁地将企业战略定义为"一系列或整套事先安排的或临时作出的决策或行动方式"。

综合上述定义,我们对企业战略的含义有了更全面、更深刻的认识:企业战略是企业为了求得生存和长远发展,根据环境变化和自身能力对资源运用所作的长期性、全局性、综合性和策略性的规划与部署,是企业为实现目标以求自身发展而设计的行动纲领或方案。企业战略涉及企业发展中带有全局性、长远性和根本性的问题,为企业的发展指明方向,同时又是企业经营思想、经营方针的综合,是确定规划、计划的前提。其目的是使企业的经营结构、资源和经营目标等因素,在可以接受的风险限度内,与市场环境所提供的各种机会取得动态平衡,保证企业的可持续发展。

从上面的描述中,可以看出企业战略的复杂性、风险性、全面性、未来性及指导性。企业战略不是着眼于解决企业眼前或短期内的问题,而是谋求企业的长远发展。企业战略指导着企业各种资源配置和利用的活动,是指引企业各项活动的行动纲领。因此企业战略一经制定就不能随意更改,并保证企业所有成员都对之有共同的理解,进而采取协调一致的行动,实现企业组织的长期目标。

4.1.2 企业战略的层次

企业战略是一个系统，企业总战略的实现依赖于各支撑战略的实现。在典型的现代企业中，企业战略一般分为三个层次，即公司层战略、事业层战略和职能层战略。

1. 公司层战略

公司层战略又被称为总战略，是企业最高层次的战略，也是企业一切经营管理活动的行动纲领。公司层战略需要根据企业内外部环境的变化，确定企业的总体目标，并明确企业的经营领域和业务范围，合理配置企业经营所必需的各类资源，使各项经营业务互相支持、互相协调。

由于企业面对的内部环境和外部环境的不同，它们会采用不同的公司层战略，以保证企业的长期发展目标。常见的公司层战略有增长战略、稳定战略、收缩战略和组合战略四种类型。这四种战略方案并无孰优孰劣之分，在特定的内外部环境下，它们都有可能是最优的选择。

增长战略是指企业在现有的水平上，不断提高经营层次，向更高一级目标发展的战略。增长战略的具体目标可以是更高的销售额、更大的市场占有率、更大的组织规模、更宽的经营范围及更高的经营质量。企业增长战略的实现可以通过集中战略、一体化战略或多元化经营的方式来实现。不同的企业根据自己的具体情况采用不同的实现手段。

稳定战略是指企业使战略规划期内的资源分配和经营状况，如企业的经营方向、业务领域、市场规模，以及市场地位等都保持基本不变的战略。对大多数企业来说，稳定型战略是最有效的也是风险最小的战略。在适当的时候采取稳定战略可以为企业带来发展机会，也可以为企业保持当前良好的业绩。

收缩战略是企业为了避开环境的威胁或对手的竞争而缩小经营规模或多元化经营范围的战略。例如，通过减少资本、缩小规模、放弃或出售一部分业务来减小损失，甚至出售组织的所有资产以阻止更大的损失等。当企业面临的经营环境、所拥有的资源状况发生了变化使企业竞争力降低，或者企业所处的行业处于衰退期、企业选择了其他发展方向时，企业会选择收缩战略。虽然与增长战略和稳定战略相比，收缩型战略是一种消极的战略，但也是企业在短期内实行的权宜之计，其根本目的是做一种暂时性的缓冲，进而以退为进转向其他的战略。

组合战略是指在企业外部环境比较复杂的情况下，针对不同的业务单位采取不同的战略，或者在不同的时期实施不同的战略方案组合，以实现企业的整体发展目标。企业在适当的时候实施不同的组合战略，能够适应企业实现多种战略目标的需要。不过该战略也会明显增加组织管理的难度，影响战略的实施效果。

2. 事业层战略

事业层战略又称业务层战略，是由各个事业部根据公司层战略制定的目标来确定本部门的竞争方式，从而在所处领域中占据领先地位，它是公司层战略的子战略。企业公司层战略目标的实现基于事业层战略的支持。

企业经常使用波特的五力竞争战略来分析和确定组织存在的优势和劣势，从而选择能够给企业带来优势的策略。通常事业层战略目标的实现方法有成本领先战略、差异化战略和聚焦战略。不过雷蒙德·迈尔斯和查尔斯·斯诺提出的适应战略也是得到广泛认可的事业层战略。经过对事业战略过程的研究，他们辨别出了四种战略类型，即防御者、探索者、分析者和反应者。他们还进一步论证了只要企业所采取的战略与战略事业单位所处的环境相吻合，采取前三种战略的任何一种都能取得成功，但是采取反应者战略却常常导致失败。

3. 职能层战略

职能层战略是为了实施和支持公司层战略和事业层战略而在企业特定的职能管理领域制定的战略。职能战略用于确定、协调企业局部的、短期的活动。它把公司战略和经营战略的内容加以具体化，提供落实公司战略和经营战略的各项措施。它涉及公司如何安排其基本职能活动，重点是提高企业资源的利用效率，使资源利用效率最大化，保证企业战略目标的实现。公司层战略、事业层战略和职能层战略一起构成了企业战略体系，任何一个战略层次的失误都会导致企业战略无法达到预期目的。与公司层战略和事业层战略相比较，企业职能层战略更为详细具体，具有可操作性。公司最基本的职能战略包括营销战略、财务战略、人力资源战略、生产战略，公司可以在对上述四大基本职能进行分析的基础上，分别制定出相应的职能战略。

4.1.3 人力资源战略与组织战略

1. 人力资源战略概述

人力资源战略是非常重要的一项职能层战略，尤其在知识经济时代的当今，人力资源是最富有活力、最具能动性和创造性的关键资源，是现代企业竞争的焦点之一，其重要性更为突出。人力资源战略的作用就是通过对人力资源的获取、开发、保持和利用，促进人力资源职能战略目标和企业总体战略目标的实现。

人力资源战略是指企业为了实现其战略目标或组织规划，在人员管理、人员的选拔任用和调整、绩效考核、工资福利、员工的培训与发展等诸多方面所制定并依次实施的全局性、长期性的思路和谋划。人力资源战略指导着组织的人力资源管理活动，它使人力资源管理的活动之间能够有效地互相配合，因此不同的人力资源战略必然会影响到人力资源的管理活动。企业人力资源职能部门应该从总体发展战略出发，根据企业参与市场竞争的经营战略目标的要求，适时地作出人力资源战略决策，并保证作出的决策与企业其他战略之间的系统性、协调性和配套性。

2. 人力资源战略的分类

根据不同的标准，可以把人力资源战略分为不同的类别。通过对人力资源战略类型的分析，能够帮助我们更好地理解其内涵。

对人力资源战略从内容上进行划分，可以分为甄选战略、培训战略、使用战略、激励战略、考评战略、薪酬战略等。

从性质上划分，人力资源战略可分为吸引战略、参与战略和投资战略三种类型，这是在美国康奈尔大学的一份研究报告中提出的。三种人力资源战略的内涵如表4-1所示。

表4-1 人力资源战略类型

内容	吸引策略	投资策略	参与策略
岗位分析评价	详尽、具体、明确	广泛	详尽、明确
员工招聘来源	外部劳动力市场	内在劳动力市场	两者兼顾
职位晋升阶梯	非常狭窄,不易转换	广泛,灵活多样	较为狭窄,不易转换
绩效考评目标 行为/结果导向 个人/小组导向	注重短线目标 注重实际成果 以个人为主	注重长期目标 重视行为与成果 以小组为主	注重中短期目标 重视实际成果 个人和小组综合评估
培训内容	应用范围有限的知识和技能	应用范围广泛的知识和技能	应用范围适中的知识和技能
薪酬原则 基本薪酬水平	对外公平 水平较低	对内公平 水平很高	对内公平 水平适中
归属感	低	较高	很高
雇用保障	低	较高	很高

资料来源:何永福,杨国安.人力资源策略管理.台北:三民书局,1996.

舒勒在1989年曾将人力资源战略分成累积型、效用型和协助型三种类型。采用累积型战略的企业将人力资源视为一种资本,它们会用长远的观点来看待人力资源,注重对员工的培训,通过甄选来获取合适的人才。在这类企业中员工晋升速度比较慢,以终身雇佣为原则。在薪酬方面以职务及年资为标准,薪酬差距不大。采用效用型战略的企业,将人力资源视为组织的成本,它们会用短期的观点来看待人力资源,对员工提供的培训较少,而是随时从外部招聘来填补职位空缺,企业里的员工晋升较快,但非终身雇佣。在薪酬方面以个人为基础的薪酬为主。协助型战略则介于累积型战略和效用型战略之间,强调员工个人负有学习的责任,公司只是提供一定的培训协助员工发展。

3. 人力资源战略和组织战略之间的关系

企业的战略是一个战略系统,高层次战略的实现离不开低层次战略的支持。人力资源战略是一项非常重要的智能层战略,它以企业战略为依据,并对企业战略提供支持。

美国管理学者莱文和米切尔(Lewin&Mitchell)指出只有人力资源战略与组织战略很好地配合,才能帮助组织更好地利用市场所提供的机遇,提升组织的内在优势,实现企业长足发展的目标。表4-2和表4-3列出了当前关于二者关系的两种代表性观点。需要注意的是由于企业竞争战略和企业文化背景不同,人力资源管理的具体方式方法也就会大不相同。

表4-2 组织战略、组织要求与人力资源战略的关系

组织战略	组织要求	人力资源战略
防御者战略: 产品市场狭窄 效率导向	维持内部稳定性 有限的环境侦察 集中化的控制系统 标准化的动作程序	累积型战略:基于建立最大化员工参与及技能培训获员工的最大潜能,开发员工的能力、技能和知识
分析者战略: 追求新市场 维持目前存在的市场	弹性 严密及全面的规划 提供低成本的独特产品	协助型战略:基于新知识和新知识的创造,获取自我激励的员工,鼓励及支持能力、技能和知识的自我发展,在正确的人员配置及弹性结构化团体之间的协调

续表

组织战略	组织要求	人力资源战略
探索者战略： 持续地寻求新市场 外部导向 产品/市场的创新者	不断地改变使命 广泛的环境侦察 分权控制系统 组织结构的正式化程度低 资源配置快速	效用型战略：基于极少员工承诺及高技能利用，雇用具有岗位所需技能且立即可以使用的员工，使员工的能力、技能和知识与特定的工作相配合

资料来源：杨杰. 有效的招聘. 北京：中国纺织出版社，2003：11.

表4-3 波特的三种企业竞争战略与人力资源战略的配合

组织战略	一般组织特征	人力资源战略
成本领先战略	持续的资本投资 严密监督员工 严密的、经常的、详细的成本控制 低成本的配置系统 结构化的组织和责任 产品设计以制造上的便利为原则	有效率的生产 明确的工作说明书 详细的工作规划 强调具有技术上的资格证明和技能 强调与工作有关的特定训练 强调以工作为基础的工资 用绩效评估作为控制机制
差异化战略	营销能力强 产品的战略和设计 基本研究能力强 组织以品质或科技的领导者著称 组织的环境可吸引高科技员工、科学家或具有创造力的人	强调创新和弹性 工作类别广 松散的工作规划 外部招聘 团队为基础的训练 强调以个人为基础的薪资 用绩效评估作为发展的工具
专一化战略	结合了成本领先战略与差异化战略，具有特定的战略目标	综合了上述的人力资源战略

资料来源：杨杰. 有效的招聘. 北京：中国纺织出版社，2003：12.

4.1.4 基于战略的人力资源甄选维度的确定

企业的人员招聘工作是为了企业的发展需要而提供人力资源支持，因此招聘工作要以企业发展战略为依据，招聘企业所需要的人才。

在企业进行员工甄选的时候，首先要仔细分析企业战略，进而确定人员招聘的工作思路以支持企业的整体战略。表4-4指出了确定招募选用策略的思路。

表4-4 企业整体策略规划与招募选用策略

企业整体策略规划	招募选用策略
企业期望建立何种经营哲学和使命？	企业组织希望任用哪些种类和专长的员工？
企业在其所处的环境中存在哪些经营机会和威胁？	企业对其组织内外不同专长背景的劳动力预测供给情况如何？
企业组织在经营中的强势和弱势为何？ 企业期望达成的目标为何？ 企业如何去达成其企业目标？	企业应执行哪些步骤甄选足以符合其所需的人才？

资料来源：所罗门. 培训战略与实务. 北京：商务印书馆，2001.

招聘到企业所需要的人的关键是要明确对人才的要求，确定招聘甄选标准。当企业采用不同的战略时，对同一岗位任职者进行招聘的选拔维度就会有所不同。

例如，在企业采取成本领先竞争策略时，人力资源常采用吸引策略，其竞争策略是以廉价取胜。采用人力资源吸引策略的企业,其人员的补充主要有赖于外部劳动力市场,工作岗位的要求严格具体,只要求员工掌握简单的操作技术,高效率地进行生产;在薪酬上以对外公平为原则,不但薪酬水平低,员工的归属感、雇用保障也很低。因此在招聘员工的时候,设置的资格条件要求相对较低,以刚刚能够胜任岗位工作为宜。在采用成本领先竞争策略的企业,会尽力减少一切与业务无关的开支,对人工成本实行严格的控制,因此员工的配置要以"人少高效"为目标。

在企业采取差异化竞争策略时,招聘策略常采用投资策略。由于差异化竞争策略通常是以创新性产品取胜的,所以一般其生产技术比较复杂,对人员的要求很高,主要雇用各领域的精英,而不是以仅仅满足现有职位的要求为甄选标准。另外,为了有效地配合企业差异化策略的实施,企业常常聘用多于实际工作需要的员工,注重专门人才的储备和培养,不断提高员工个体素质和企业的整体素质。所以,采用差异化竞争策略的企业会非常重视应聘者的整体素质及学习能力。

可见,员工甄选维度及其要求水平的确定要以企业的发展战略为依据。企业采取不同的竞争战略的时候,应该调整人员招聘甄选标准,为企业提供合适的人才,保障企业战略目标的实现。

4.2 基于企业文化的人力资源甄选维度

4.2.1 企业文化的含义

正如每个国家、每个地区都有其背景区域文化一样,企业在发展进程中,也逐渐形成了自己独特的背景和企业文化。所谓企业文化,是指企业在长期生产经营过程中形成的日趋稳定的企业价值观、企业精神,以及以此为核心的行为规范、道德准则、生活信念、企业风俗、习惯、传统等,它是观念形态文化、物质形态文化和制度形态文化的有机组合。也可以说,企业文化是企业中物质和精神文化的总和。

一般而言,企业文化由三个层次组成,即精神文化层面、制度文化层面、物质文化层面。这三个层面由内向外,形成企业文化系统的框架。如图4-1所示。

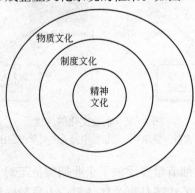

图4-1 企业文化层次图

最内层是精神文化层，它包括企业的价值观念、行为规范、经营哲学等，是企业文化的核心和灵魂，也是形成制度文化、行为文化和物质文化的基础和原则；中间层是制度文化层，如企业的领导体制、组织形式、各种规章制度等，它是企业精神文化和物质文化的中介，体现了精神文化和物质文化对员工行为和组织行为的要求；最外层是物质文化层，如工装、产品、厂容厂貌等，它是企业文化的外在物质表现，是形成精神文化、制度文化的条件，能表现出企业的经营理念、管理哲学、工作作风、审美意识等文化特色。

从其层次可以看出，企业文化既有外显文化又有内隐文化，其中内隐文化是企业文化的核心，对企业管理具有不容忽视的影响。企业文化的重要本质是它的个体性、共同性、内聚性和动态性。首先企业文化是一种具有企业个性的信念和行为方式，同时又是企业内员工共同拥有的信念和共同遵守的准则，企业借助这些共同的信念和准则把企业员工粘合在一起，进而聚合企业内部的力量。企业文化随着企业的发展一直处在逐步形成和不断发展之中。

另外，有人认为企业文化是"一种非正式规则的体系，指示人们在大部分时间内如何行动"，而正是这种非正式的、潜在的规则对企业管理具有决定性的影响。它引导着整个企业及每一位员工的价值取向及行为取向，使之与企业的整体价值体系保持一致，并且用群体行为准则和道德规范约束企业每位员工的思想、心理和行为。

4.2.2 企业文化的维度

企业文化的维度一般被用来测量企业文化的本质，一种企业文化与另一种企业文化的差别主要体现在其各个维度上。罗宾斯认为，企业文化主要有七个维度，即注意细节、结果导向、人员导向、团队导向、进取性、稳定性、创新和冒险，如图4-2所示。

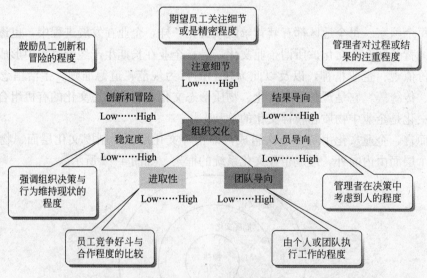

图4-2　企业文化的维度

资料来源：罗宾斯. 管理学. 北京：中国人民大学出版社，2004：63.

如图所示，企业文化注意细节维度反映了企业期望员工对工作细节关注的程度；结果导向维度是指管理者对工作过程关注还是更关注结果；人员导向维度体现了管理者在作决策的过程中考虑到企业员工的程度;团队导向维度反映了企业在完成工作任务的过程中是注重使用团队还是个人;进取性维度主要反映企业内部员工愿意合作的程度;稳定性维度反映了企业组织决策与行为强调维持现状还是主张变革的程度;而创新和冒险维度则反映了企业鼓励员工创新和冒险的程度。一个企业的企业文化在每一个维度上的表现都不是有或无,而是只有程度上的差别。一般而言,一个企业的文化在这七个维度都会有不同的表现,从这些维度对企业进行分析,就能够在一定程度上把握某个企业的主流文化。

4.2.3 企业文化与员工甄选

企业文化是成功实施企业战略的重要支持,企业培育企业文化时,应该以战略对文化的要求为出发点,综合考虑战略类型、行业特点、管理风格、产品或服务特性等各种因素,选择与战略类型相匹配的企业文化类型。优秀的、与企业发展相适宜的企业文化的培育需要挑选合适的员工,进而促进企业战略的实现。

1. 企业文化与企业战略

美国的昆恩教授从企业的内向性和外向性、灵活性和稳定性两个维度,将企业文化分为家族式文化、发展式文化、市场式文化和官僚式文化四种,如图4-3所示。

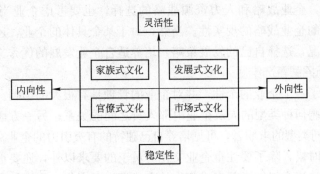

图4-3 企业文化的四种基本类型

资料来源:中国总经理工作手册编委会编;刘伟,刘国宁主笔.中国总经理工作手册:人力管理.2版.北京:中国言实出版社,2006:31.

家族式文化是内向、灵活的文化,相对来说比较注重人际关系,组织中的员工互相关心爱护,忠心敬业。发展式企业文化是外向、灵活的文化,在这种文化下,企业组织比较松散,非正规化,非常强调创新和创业。市场式企业文化的特点是外向且稳定,这种文化以市场为导向,以企业经营目标为中心,要求员工按时保质保量地完成工作任务和经营目标。官僚式文化则是内向且稳定的文化,持这种文化的企业强调组织机构的正规化和组织的规章制度,凡事循规蹈矩,要求员工遵纪守法,追求企业稳定性和持久性的发展。

对于企业文化还有许多划分方式,例如,艾莫瑞(Emory)大学的杰弗里·桑南菲尔德(Jeffery Sonnenfeld)通过对组织的研究,也确认了与上面相似的四种文化类型:学院型、俱乐部型、棒球队型、堡垒型。学院型文化的企业注重对员工的培养,使他们不断成长、进步,能够胜任每一种新工作。俱乐部型文化的企业非常重视员工的适应、忠诚和承诺,也很重视员工的资历、年龄和工作经验。棒球队型企业文化的组织鼓励员工勇于冒险,不断革新,重视员工的实际能力,而不看重资历。至于堡垒型文化的企业,一般是着眼于企业当前的生存。

现实中,很少有企业严格地属于哪一种企业文化,它们一般拥有混合型的文化,只不过某种类型表现得比较明显而已。

企业在培育自己的企业文化的时候,要考虑企业的发展战略,企业战略的制定也要重视企业文化的类型。实际上,企业竞争策略的选择及人力资源策略的确定与企业文化存在着极为密切的联系,如表4-5所示。

表4-5 企业竞争战略、人力资源策略与企业文化的关系

企业竞争策略	企业文化	人力资源策略
廉价竞争策略	官僚式+市场式	吸引策略
优质产品策略	家族式+市场式	参与策略
创新产品策略	发展式+市场式	投资策略

资料来源:安鸿章. 现代企业人力资源管理. 北京:中国劳动社会保障出版社,2003:38.

一般而言,当企业采取廉价策略时,企业人力资源策略需要采用吸引策略。而能够促使战略目标得以实现的企业文化则是具有官僚式和市场式双重特点的文化。使用优质产品策略的企业需要采用吸引型的人力资源管理策略,以及家族式与市场式相融合的企业文化。而以产品创新作为竞争战略的则适合采用投资类人力资源战略、发展式与市场式相结合的企业文化。需要注意的是,企业战略和人力资源战略的选择,也要考虑企业当前文化的特点及强度,以保证所设定的企业战略的现实性。当然,对于某个具体的企业,还要根据企业内部和外部环境的实际情况,选择自己的发展策略,培养适合企业发展的优秀文化。

2. 企业文化与招聘甄选维度

企业文化展示了一个企业的个性,并对企业的管理具有很大的影响。一方面在一定程度上决定了该企业招聘何种类型的人及企业内部人员之间的关系;另一方面,企业不同的文化特点,也会吸引不同类型的求职者,可见培养自己独特的有吸引力的企业文化是非常重要的。

在员工招聘的时候,除了要注重企业文化对员工的要求以外,还要重视空缺职位所在的团队对员工的要求。当今组织内部完成工作的方式发生了变化,组织越来越倾向于将工作分配给某个团队而不是某个员工来完成。以团队方式开展工作对甄选方案有很大的影响,这是因为工作团队的成功常常不仅仅依赖团队成员个人的技术、知识和能力,成员之间融洽相处、很好的分工与合作也是很重要的方面。工作团队属于企业内部的一个组织,肯定会受到企业整体文化的影响,但是每个团队也有自己的文化特点。如果招聘的员工需要在这个组织中工作,并和其他组织成员一起高效地完成任务,就需要与组织特点相匹配。所以在人员招聘的时候要考虑目标团队的文化及特点,招聘适合组织文化并且具有扮演组织角色所必需才能的人员。

在人员招聘时,应该注意的是所招聘的人员应该与适合企业发展的企业及团队文化相一致,而不一定是与企业现有的文化保持一致。当企业现有的文化对企业的发展有促进作用、有利于企业目标的实现时,则企业要招聘与此文化相适应的人员,实现保持和加强现有企业文化的目标。当现有文化阻碍了企业的发展时,就需要招聘具有与此文化有不同价值观,而与目标文化相一致的员工,这样可以减弱当前文化的强度,逐步培养与企业目标相匹配的文化。

通常情况下,与实施增长战略的企业相适应的企业文化应当以"持续创新"为核心,营

造一种有利于创新的尊重个性、鼓励开拓、不怕失败的宽松氛围。因此，招聘的员工需要符合以下标准：具有高度的冒险精神及承担重任的勇气；具有高成就需要；具有较好的协调能力，能在不确定的社会环境中完成工作；能独立思考；具有较强的竞争意识。

实施稳定战略的企业，需要注意管理细节，提倡遵守纪律，循规蹈矩，审慎行事，勤勉敬业，强调严格控制和高度规范化、秩序化、标准化的企业文化。而这类企业文化对员工的要求是接受权威、稳重果断、做事细心、具有较强的时间观念及坚韧性。

实施收缩战略需要既能在企业内部营造人心安定、士气不减的氛围，又能继续保持良好的公共关系和企业形象的企业文化，这需要员工具有很强的压力承受能力及良好的沟通能力等。

因此，企业所倡导的企业文化，应该在招聘中得到充分体现，成为招聘标准的一部分。实践证明，那些不能够与企业文化融合的人，即使是有能力和技能的人，对企业的发展也会有不利之处，只有把自己融于这个团队中、认可企业文化的员工，才能真正地为企业服务。

4.3 工作分析与甄选维度的确定

4.3.1 工作分析的含义

工作分析（job analysis）又称职务分析，是为一系列组织和管理职能提供信息基础的工具，也是最核心的工作之一。企业对人力资源进行科学管理，进行有效的人员招聘、培训及进行科学合理的绩效、薪酬福利、职业生涯等管理工作都离不开工作分析的支持。通过工作分析，能够帮助管理者识别出员工成功工作应该具备的关键能力，以及激励员工的报酬因素，进而使工作具有针对性。因此，工作分析（或称职务分析、职位分析等）是现代人力资源管理所有职能，即人力资源获取、整合、保持与激励、控制与调整、开发等职能工作的基础和前提，只有做好了工作分析，才能实现组织的高绩效。另外，工作分析不仅是人力资源管理工作的核心，也是人本管理的基础。这是因为实现人本管理的前提是职位、工作任务、工作要求要同人的技能、兴趣等特征相结合，要实现这一点，就需要对组织目标、工作任务、工作职责、员工特性等进行分析。

对于工作分析的定义，国内外学者都给出了自己的界定。虽然他们对工作分析的定义不尽相同，具有各自的侧重点，但是其中也有许多共同的看法。一般而言，工作分析是指使用科学的方法，全面了解、获取与工作有关的详细信息，为企业管理提供基础信息的过程。具体来说，工作分析是对组织中某个特定职务的工作内容和职务规范（任职资格）等两方面内容的描述和研究过程。

4.3.2 工作分析的内容

工作分析是对工作有关信息的收集、分析和综合过程，以便对其进行完整的描述或说明，为其他的人力资源管理活动提供有关工作方面的信息和依据。

在工作分析活动中，主要收集和分析有关工作本身及工作所需要的人两方面的信息。工作本身的信息有工作内容、工作关系、工作时间、工作地点、工作职责等。而有关工作所需要的人的信息主要是指工作对任职者的资格要求，如对学历、能力、个性等的要求。工作分析的具体内容可以用6W1H来概括，工作分析的结果也应该能够对6W1H进行明确说明。6W，即What，做什么；Why，为什么做；Who，谁来做；When，何时做；Where，在哪里做；for Whom，为谁做。1H是指How，即如何做。

1. What（做什么）

指的是从事的工作内容，包括任职者要完成的工作活动、所负的责任、工作活动结果或产出及工作活动完成的标准。

2. Why（为什么做）

指的是从事这个工作的目的，以及此工作在整个组织中的作用。这项工作与组织中其他工作之间的联系，以及对其他工作产生的影响。

3. When（何时做）

指的是对工作时间的要求。例如，该工作是否有固定的时间、工作活动开展的频率、持续的时间等。同一工作不同的时间安排对员工的要求不同，也影响着工作的繁重等级及工作报酬。

4. Who（谁来做）

指的是此项工作对任职者必备资格条件的要求，主要包括对人员的学历及文化程度、专业知识与技能、经验、职业化素质、身体素质及个性特征的要求，即工作规范的主要内容。

5. Where（在哪里做）

指的是工作的地点、环境等。主要包括：工作的自然环境和工作的社会环境。工作的自然环境包括工作地点的湿度、温度、照明度、噪声、异味、粉尘等，以及工作人员和这些因素接触的时间，当然还要确定此工作的安全等级。工作的社会环境包括工作地点的社会风俗习惯、工作所在群体的文化、完成工作需要与他人交往和合作的程度等。

6. for whom（为谁做）

为谁做指的是工作关系，即在工作中与其他岗位的关系及相互的影响。主要包括与从事该工作的人有直接关系的人，例如，工作的信息提供对象或工作结果提交对象、工作的请示汇报对象、工作监控与指挥对象，即此工作任职者的直接上级、下级、同事、客户等。

7. How（如何做）

如何从事或者要求如何从事此项工作，即工作活动程序与流程、完成此工作需要的工具机器设备、文本资料等，以及为完成该工作所需的权力。

工作分析的具体内容以及要解决的问题主要包括上述几个方面，但是一次具体的工作分析的内容可以有所增减及侧重，这主要依赖于工作分析的目的。

4.3.3 工作分析与人员甄选

工作分析的一个重要应用就是为企业人员招聘选拔提供有效的依据。通过工作分析，能够在一定程度上确定企业对应聘者知识技能、工作经验、个性特点、身体素质等方面的要求,进一步确定选人用人的标准。同时,通过对工作本身的分析,也能够给应聘者提供岗位的真实信息,让其了解工作岗位,实现双向选择,进而做到人岗匹配。

在企业进行人员招聘前,应该进行详细的工作分析。前面的章节涉及以工作分析为出发点设置企业招聘甄选标准的内容,这里就不再赘述。但是需要注意的是,工作分析的科学性、合理性影响着甄选标准确定得恰当与否,进而也决定了招聘工作能否成功。

1. 工作分析的原则

为了提高工作分析研究的科学性、合理性,在企业中实施工作分析应注意遵循以下几个原则。

① 系统原则。任何一个工作都处在一个组织系统之中,工作任务的完成离不开与组织中其他工作的配合。因此在对某一工作进行分析时,要注意该工作与其他工作的关系,从整体上把握该工作的特征及对任职者的要求。

② 动态原则。当企业的发展战略、组织环境、业务活动发生变化的时候,工作内容及工作对人的要求也会相应发生变化。工作变动一般包括职责变更、工作信息的输入或输出变更、对职位人员任职资格要求变更等。在工作岗位变更时,要及时进行工作分析,以保证其结果信息的有效性和准确性。要注意的是,在职位变化时,往往并不只是一个职位发生改变,与之相关联的其他职位也会发生相应的改变。在进行职务分析时,一定要注意上述问题,否则很可能会使职务分析出现矛盾的结果。因此应该经常对工作分析的结果进行调整,使工作分析能够满足当时组织的需求。

③ 目的原则。进行工作分析时,要根据不同的目的,确定工作分析的侧重点。例如,在以人员招聘为主要目的工作分析中,就需要仔细深入分析岗位对任职者的资格要求。

④ 岗位原则。工作分析应从岗位出发,对特定岗位的内容、性质、关系、环境及人员胜任特征进行深入分析,而不是仅对岗位当前任职者进行分析。尽管对岗位进行分析,离不开对当前和以前工作任职者信息的收集,但是不能以其任职者现有的资格特点作为岗位对人员的要求,因为当前任职者的水平也许高于或低于岗位本身的要求。这是在招聘甄选标准确定的时候需要特别注意的问题,也是经常容易犯的错误。

⑤ 应用原则。工作分析是企业管理,尤其是人力资源管理的基础,因而工作分析的结果有广泛的应用空间。需要注意的是无论是在人员招聘、选拔培训,还是考核、激励都需要严格按照工作说明书的要求来做,不能按主观意愿随意更改。在人员招聘选拔测试中,管理者容易走入误区,让主观感觉影响岗位对应聘者的客观要求。

另外,工作分析的实施还要遵循参与原则和经济原则,以期用最小的投入获得最好的效果,并且使工作分析的结果得到企业员工的广泛认可,为其以后的顺利应用打好基础。

2. 甄选标准的确定

针对人员选拔的工作分析,其主要用途是确定做好工作所需的知识、技能、能力和个性(KSAO)。一旦这些素质分析者确定了,就可以用它们作为人事选拔的标准。由工作分析所形成的人力资源文件,如工作说明书,对某类工作的性质、特征及担任此类工作应具备的资格、条件,都做了详尽的说明和规定,这就使人力资源管理人员明确了选聘对象和标准,在进行人员甄选时,能正确地选择测试指标和标准。如果没有详细的工作说明书,招聘者不知道胜任某项工作所必需的资格条件,那么员工的招聘和选择将是盲目的。图4-4是以招聘选拔为目的的工作分析流程图,通过此图可以看到确定甄选标准的程序。

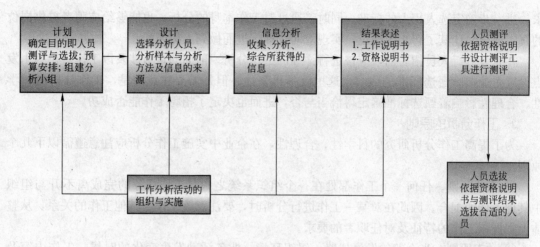

图 4-4 以招聘选拔为目的的工作分析流程图
资料来源：萧鸣政. 人员测评与选拔. 上海：复旦大学出版社，2005：71.

已知此工作分析的目的是进行人员测评与选拔，因此在计划这一步骤里要确定的就是所分析信息的内容与方式、预算安排及组建分析小组。然后在设计的环节确定分析的客体与主体，即选择分析样本、选择分析方法与分析人员，并做好时间安排与分析标准，同时要选择好信息的来源（工作者本人、主管、顾客、文献等）。在信息分析环节，主要是对工作信息的调查收集、记录描述、分解、比较、衡量、综合归纳与分类，这时重点分析的信息应该是资格条件。分析完信息后就该形成工作分析的结果了，这里主要是指工作说明书与资格说明书。根据工作分析的任职资格信息就可以确定人员招聘的甄选标准，以及设计甄选测评的指标体系，选择测评方法进行测评。最后把应聘者的测评结果与工作的要求相比较选择合适的人员加以录用。

4.4 基于胜任特征模型的甄选维度的确定

4.4.1 胜任特征的含义

1. 胜任特征的定义

企业所确定的员工甄选标准决定了企业招聘到的员工的特征，也决定了他们在工作岗位上的表现。企业在招聘选拔中都希望招聘到的员工在未来的工作中会取得良好的绩效。但是人们对到底是什么因素导致了在工作中的成功存在不同的看法。许多人认为一个人的学历、经验等因素决定了他在未来工作中的成功，但是也有人提出质疑。研究者们通过对这个问题的探讨，提出了胜任特征模型（Competency model）的概念。

另外，当今企业招聘甄选的重点已逐渐从以满足职位空缺为目的，转为以保证企业战略目标的实现为目的。传统的依据候选人的知识技能及经验背景进行招聘甄选的理念与方法已经不能完全满足企业获得持续竞争力的要求，而采用新的招聘理念和方法来甄选将有助于企业吸引能实现长期战略目标的高素质人才,已经成为企业所关注的重点,这也促进了对基于素质的招聘甄选工作的研究。

胜任特征的概念最早由美国学者麦克莱兰于1973年提出,他认为胜任特征是区分绩效出众者和绩效平平者的最显著的特征。同时他又将这些潜在的特点用一个冰山模型表示出来(见图4-5)。

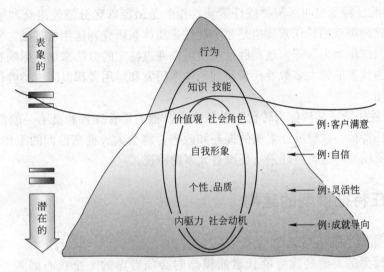

图4-5 胜任特征的冰山模型

资料来源:彭剑锋.人力资源管理概论.上海:复旦大学出版社,2003:205.

从这个冰山模型中可以看出,胜任特征的构成是有层次的,在水面以上的部分是能够看到的外显特质,如知识和技能,这是人们从事一项工作所需要具备的信息和进行一项活动所需要的能力。在水面以下的冰山部分是内隐特质,它由几个层面组成,从高到低分别是:社会角色与价值观、自我形象、个性与品质、内驱力与社会动机。这些内隐特质对工作的成功非常重要,但是比较难以把握。

Spencer & Spencer(1993)也提出了胜任特征的框架,他们认为胜任特征是指一定的工作情景中与出色的或者有效的工作绩效有因果联系的潜在的深层次的个人特征。一般而言,胜任特征可以定义为个体所具备的、能够以之在某个领域或某些具体职位上取得优秀绩效表现的稳定的特征,包括技能、知识、态度、思维方式、动机、自我意识等。

首先,从胜任特征的定义可以看出,胜任特征的确定来自对绩效优秀和绩效平平的员工的比较,因此胜任特征与职位密切相关,不同的工作应该有不同的胜任素质。其次,个体胜任特征水平可以通过其行为表现反映出来,这些行为表现是可观察、可测量的,既包括外在的知识和技能等特征,也包括内在的能力和动机等特征。最后,胜任特征是与绩效相关的,对工作绩效有预测作用。

2. 胜任特征的类型

为了深刻理解胜任特征的含义,还需要对其类型进行分析。比较流行的分类方法是把胜任特征分成三种类型,即基准性胜任特征、区分性胜任特征和变革性胜任特征。

① 基准性胜任特征又叫门槛类胜任特征,指的是取得事业成功所必须具备的最基本的

胜任特征。一般而言，提高此类胜任素质与取得更高的绩效之间并没有太大的相关性。例如，在选拔员工时，如果把甄选指标中属于基准性胜任素质的选拔标准提高来录用员工，不能保证其在未来工作中有更好的绩效表现。另外，对员工培训以提高其基准性胜任素质，也未必会带来其绩效的提升。但是，以英国为代表的派别在招聘与甄选过程中经常以基准性胜任特征为基础。

② 区分性胜任特征也叫区辨类胜任素质，指的是最能够区分绩效出众和绩效平平员工的胜任素质，这种类型的胜任素质也是整个胜任素质体系研究和运用的基础。常见的胜任素质有"主动性"、"影响力"等，这类胜任素质可以通过特定的方法来加以影响和改善。在实践中，以美国为代表的绝大多数胜任素质理论体系研究和运用者都以区辨类胜任素质为基础展开研究和应用。

③ 变革性胜任特征又被称为转化类胜任素质，指的是管理者和员工一般都比较缺乏的有待提高的胜任特征。这种胜任素质的提高和改善，将会大大提高他们的工作绩效，但是，当前多数的素质模型对这类胜任素质还没有太多的重视。

4.4.2 胜任特征模型的建构

1. 胜利素质模型的种类

胜任素质模型的类型是建立胜任素质模型时必须考虑的一个核心因素。对于胜任素质模型的分类问题，目前较普遍的观点是把胜任特征模型归为以下几个类别：组织类、部门或工作团队类、职级类、职簇（种）类、岗位类和通用类。组织类素质模型，是指在同一组织中所有的员工和岗位所共用的一套胜任素质组合。岗位素质模型是为具体的岗位所开发的胜任素质模型，由于此类模型与具体的职位相对应，所以精确度非常高。职级类素质模型对应于企业中的每一个职级，它是在组织类素质模型的基础上，对工作岗位随着职级的提高而提高其对每一项胜任素质的要求，一般还会增加更多的胜任素质条目。职簇胜任素质模型类似于一个袖珍的组织模型，它是在一个职位种群内所开发的一套胜任素质模型，在这个职簇内各个不同层级的职位对胜任素质的要求程度不同。另外通用素质模型也是比较常见的一种模型，是管理岗位和专业岗位都适用的素质模型。这种类型的模型为各种群体间的比较提供了可能，但是它对任何具体岗位的适用性都不太好。

2. 胜任特征模型的建构①

工作胜任力评估法（JCAM）是一种用来确定胜任素质、建立素质模型的、严密的、实证性的分析方法。这种方法最早在麦克莱兰等人负责美国新闻总署项目时就开始采用。利用这种方法来建立胜任素质模型，大体上可以分为三个步骤：

① 对既定职位进行全面分析，确定模范员工的绩效标准；
② 对高绩效员工进行分析和比较，建立起初步的胜任素质模型；
③ 对初步建立起的胜任素质模型进行验证，使之具有足够的效度。

JCAM建模体系的设计流程和实际操作过程，可以分为五个步骤，如图4-6所示。

---

① 何志工，李辉. 基于胜任素质的招聘与甄选. 北京：中国劳动社会保障出版社，2006：14-15.

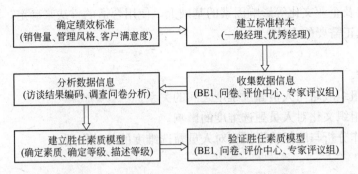

图 4-6 麦克莱兰建立胜任素质模型的流程图
资料来源：国际人力资源管理研究院编委会. 人力资源经理胜任素质模型.
北京：机械工业出版社，2005：24.

由于胜任素质是能够区别绩效出众者和绩效平平者的特质，所以在模型建构之初首先要确定绩效标准，即效标，并指出绩效高低的标准。这是非常重要的一步。对同一工作岗位选择不同的效标，以及设置不同的绩效标准，会得到不同的胜任素质。然后需要确定出一组标准样本，即在既定职位上的一组高绩效员工和一组一般绩效员工，这是胜任素质数据获得的来源。第三步就需要使用合适的方法来收集有关数据。通常使用的收集数据的方法有行为事件访谈法、观察法、调查法等，其中行为事件访谈法（BEI）是 JCAM 的核心工具。第四步是分析数据建立模型，对所获得的数据进行实证分析，从而确定出能够区分两类员工的行为类型和个性特征等，即胜任素质。初步建构的模型还需要对其准确性和预测效度进行评估和验证，才能够加以使用。

4.4.3 胜任特征模型与人员甄选

胜任素质模型的提出基于对传统的人员甄选方法的质疑，因此，此模型的一个广泛应用领域就是企业员工的招聘与甄选。随着胜任素质模型的建立，既定岗位的甄选维度也就初步确定了，然后需要对这些胜任素质进行标准化，并赋予合适的权重，就构建了有效的人员甄选标准。

基于胜任素质的招聘甄选与传统的招聘甄选之间存在很大的差别。传统的招聘甄选是基于短期的职位需求开展招聘甄选工作，仅仅以工作分析与候选人"过去做过什么"作为考察候选人是否具备所需要的知识、经验与技能的基础，缺乏对候选人未来绩效的预测与判断。而基于胜任素质的招聘甄选除了采用既定的工作标准与技能要求对候选人进行评价之外，还要依据候选人具备的素质对其未来绩效的指引作用来实施招聘甄选。这种基于胜任素质的招聘甄选将企业的战略、经营目标、工作与个人联系起来，在遵循有效的招聘甄选决策程序的同时，提高了招聘质量。

在应用胜任素质模型进行招聘甄选时需要注意，尽管某个职位胜任素质模型的建立经过了严格的程序，但并非一成不变。胜任素质模型会随时间、环境、任务的要求和企业的策略等要素而改变。另外胜任素质模型应该因企业而异，不能照搬照抄。盲目照搬国外的或是国内已经成熟的胜任素质模型很难达到预期的效果。

在本章结束之际，还需要强调的是，人员甄选维度及标准的确定要在全面考虑岗位的要求、企业的战略及企业文化等影响因素的基础上，使用合适的方法来确定，不可偏废，否则企业难以招到真正需要的人才。

思考题

1. 试分析组织战略与人员甄选维度之间的关系。
2. 试分析组织文化对人员甄选维度的影响。
3. 简述工作分析与胜任特征模型对人员甄选维度的基础作用。

本章案例

甄选维度确定的案例

微软的用人艺术

微软的员工们最引以为荣的，莫过于能被老板比尔·盖茨骂上一句："你简直是荒谬！"这就意味着他们所提出的创意比较出人意料。微软能成为软件业的龙头老大，很大程度上得益于其所拥有的优秀人才。而究竟是从哪里抓了那么多优秀的人才？

（一）选才艺术独特

微软在选拔人才上确实有自己独特的地方。除了考虑人才的专业背景外，着重考虑其心理能力和情感因素，其中包括应变能力、适应能力、学习能力、竞争能力和承受压力的能力。而创意的能力是其中一项重要的考核指标。

软件行业的日新月异决定了微软企业要在激烈的市场竞争中站稳脚跟，就必须不断地超越自己，超越竞争对手，适应巨大压力下的工作环境。所以微软比其他跨国企业更注重人才综合素质和未来的发展潜能。在微软，一个优秀的员工不仅要有过硬的专业技能，还必须能承受巨大的工作压力，勇于接受新的知识，不断创新。

微软的招聘人员一般都经过专业训练，以保证其选人的客观性。微软有一套专门的面试试题，例如，你认为自己在过去的工作中最令人骄傲的一件事或是你曾经犯过的最大错误是什么等。

假如，有一个工商管理专业的学生想进入微软的生产部门担任管理人员，主考官会请他设计一幅广告，设计的主导思想是要设法使比尔·盖茨一见之下，立刻找主管人力资源的副总裁训话："怎么搞的，竟然让这样的人才留在微软门外！"

微软这么做，当然是"醉翁之意不在酒"，而是要考察应聘人员的创意能力，这也从侧面说明了微软选人的高度艺术性。

（二）寻求双方的认同

微软相当重视给员工创造自己的发展空间，工作评估就是一个行之有效的法子。工作评估不仅是员工晋升的依据，还是企业挖掘人才潜能的一个有效的手段。评估的重点是寻求双方的认同，给员工一个自由发展的空间。一方面，员工应看出自己的不足，加以改进；另一方面，如果评估结果显示，企业现有的管理制度确实阻碍了员工发挥自己的工作潜能，那么，企业就应该立刻改变自己的管理风格并调整计划。

微软采取360度的全方位的工作评估方法，即由员工本人、负责经理、直属下属、同事、客户对员工作全面的评价，以保证评价的客观性。在评估过程中，微软注意反馈和跟踪。有关负责人会和员工面谈，及时认可他们的成绩，并为员工的进一步发展提出建议性意见，帮助他们有效地改进工作方法，合理地利用人力和资源，使员工们更好地完成所制定的工作。这可以使员工和组织配合默契，最大限度地调动员工的工作热情，同时，也将员工所反映的问题及时予以解决。这使得微软在市场竞争中能立于不败之地。

资料来源：李啸尘. 新人力资源管理第二卷：开发培训. 北京：石油工业出版社，2000：301.

本章参考文献

[1] 杨杰. 有效的招聘. 北京：中国纺织出版社，2003.
[2] 中国总经理工作手册编委会编；刘伟，刘国宁主笔. 中国总经理工作手册：人力管理. 2版. 北京：中国言实出版社，2006.
[3] 罗宾斯. 管理学. 北京：中国人民大学出版社，2004.
[4] 刘英骥. 企业战略管理教程. 北京：经济管理出版社，2006.
[5] 安鸿章. 现代企业人力资源管理. 北京：中国劳动社会保障出版社，2003.
[6] 何志工. 基于胜任素质的招聘与甄选. 北京：中国劳动社会保障出版社，2006.
[7] 周文，刘立明，方芳. 员工选拔与招聘. 长沙：湖南科学技术出版社，2005.
[8] 吴志明. 招聘与选拔实务手册. 北京：机械工业出版社，2006.
[9] 赵珍. 工作分析与人员招聘. 北京：中国商业出版社，2004.
[10] 李汉雄. 人力资源策略管理. 广州：南方日报出版社，2002.
[11] 国际人力资源管理研究院编委会. 人力资源经理胜任素质模型. 北京：机械工业出版社，2005.
[12] 董淑萍. 试论素质模型在人力资源管理中的应用. 法制与社会，2007（4）.

第 5 章
心理测验技术

提及心理测验，可能很多人脑海中的第一反应是"神秘"，想到的是影视剧中心理医生与病人对话的场景，或是网站上令人眼花缭乱的心理小测验，接踵而至的可能就是关于测验结果可信与否的争论。那么，究竟什么是心理测验呢？测验结果可信吗？本章将对心理测验技术进行一般性介绍，首先从心理测验的发源和定义出发，概述其构成要素、类别、应用及争议，然后详述智力测验、能力倾向测验、人格测验和职业兴趣测验四类最常见的测验。

5.1 心理测验概述

心理测验作为心理学的一个重要分支，起源于人们对心理特征的个别差异的研究。不同于身高、体重等生理特征，心理特征的内隐性决定了我们无法用精密的科学仪器直接测量它。然而，现实生活中，教师在教学时需要因材施教，管理者招募员工时需要人尽其才，心理医生做咨询时需要"对症下药"……这使得测量和揭示个体心理特征的差异非常必要。

5.1.1 心理测验的早期探索

1. 中国古代的心理测验思想与实践

尽管心理测验作为一门学科产生于近代的西方，但中国古代学者早就注意到了人与人之间存在心理活动方面的差异，并尝试着使用有效的方法将不同心理特征的人加以区分。

综合整理现有资料，可见中国古代先贤们在心理测验方面的思想片断。

教育家、思想家孔子曾提出"上智"和"下愚"的概念，并说"唯上智与下愚不移"，"中人以上，可以语上也；中人以下，不可以语上也"。这两句话实际上是按智力将人分为"上智"、"中人"和"下愚"三等，这种思想同现代测量学将儿童智力分为"超常"、"正常"和"弱智"三类的看法是相似的。

战国时期，孟子曾对齐宣公说："权，然后知轻重；度，然后知长短，物皆然，心为甚。王请度之。"这就包含了心理特征的可测性思想。而两千多年后（1918）美国心理学家桑代克的信条"凡物之存在必有其数量"与孟子的"权度"思想如出一辙。

三国时，刘劭在其著作《人物志》中提出"众人之察不能尽备"，只能"观其感变以审常度"。他认为：我们不可能观察到人的所有行为，只能通过观察具有代表性的行为来预测其整个的人格。这同现代测量学对"行为样本"的测量是一致的。

中国古代不仅有以上关于心理特征差异性和可测量性的理论阐述，也产生了真正意义上的心理测验的实践活动。

初萌于商周、兴盛于隋唐的科举取士制度堪称规模宏大的有组织的测量活动。在商代，教育考试内容为服务于祭祀和作战之需的礼、乐、射、御、书和数六艺；到了汉代，则笔试法律、军事、农业、税收和地理五经内容；隋唐时，由于儒学的至尊地位，考试内容以儒学经典为取材来源和衡量标准。若干年后，欧美文官考试制度对其的仿效也就不足为奇了。

除了官方的科举取士制度，在民间也有一些心理测验的活动。例如，在南北朝时期，中国江南地区广为流行"周岁试儿"活动。它采用近似标准化的实物作材料，观察婴儿对视觉现象的动作反应和适用行为等方面的发展，属于一种对早期婴儿行为的诊断测验。它是近代西方学者盖塞尔（A. Gesell）的婴儿发展量表的前导。此外，早在1860年以前我国已有"七巧板"（益智图），运用大小形状不同的七个小板块，组成生物或实物的复杂图形。它可以被视为一种非文字类型的创造力测验，对操作者的知觉整合能力和空间想像能力要求很高。七巧板早于世界上任何机巧板，堪称现代智力测验中广泛使用的所有拼图类试题的始祖。

2. 心理测验在西方的探索和发展

1879年实验心理学创始人冯特（W. Wundt）在德国莱比锡大学设立了第一所心理学实验室，首次将实验方法引入心理学研究。他在实验中证实了个体差异的存在，并强调观察时必须严格控制实验情境。这种实验控制的思想在测验中就自然演变为测量的标准化问题。可以说，早期的实验心理学为心理测验的发展奠定了基础。

而第一个推动心理测验产生的人当属英国生物学家高尔顿（F. Galton）。他在1883年出版的《人类才能及其发展》一书中，首次提出"测验"和"心理测量"两个术语。1884年他在伦敦国际博览会中专门设立了一个"人体测量学实验室"，测量参观者的身高、体重、视觉和听觉敏锐度等，建立了第一个以简单的心理特点为主探讨个别差异的大规模数据库。高尔顿发明了很多测验仪器，如判断高音上限的音哨、判断个人视觉广度的条棒。同时，他也是采用评定量表、问卷法和自由联想技术的先驱。

卡特尔（J. M. Cattell）是推动心理测验产生的另一个重要人物。1890年他发表的论文《心理测验与测量》中第一次使用了心理测验这一概念。他指出了后来成为现代心理测验编制指导思想的观点："心理学者不立根基于实验与测量上，绝不能有自然科学的准确"，"如果我们规定一个一律的手续使在异时、异地得出的结果可以比较、综合，则测验的科学和使用的价值都可以增加"。

比奈（A. Bient）是心理测验的鼻祖。1903年他的《智力的实验研究》一书中提出了广义的智力定义。1904年，受法国教育部的委托，他和西蒙（T. Simon）合作研究出了世界上第一个智力测验量表——比奈-西蒙量表。此量表日后又被多次修订，从简单粗糙地确定弱智儿童的工具一跃成为测量儿童智力的一般工具。

纵观心理测验的发展，人们常说19世纪80年代是高尔顿的10年，90年代是卡特尔的10年，20世纪头10年是比奈智力测验的10年。

5.1.2 心理测验的含义和构成要素

关于心理测验的定义，不同学者有不同的说法。中国学者陈选善认为："测验是一个或一群标准的刺激，用以引起人们的行为，根据此行为以估计其智力、品格、兴趣、学业等。"美国心理和教育测量学家布朗（F. G. Brown）将测验定义为"测量行为样本的系统程序"，这一程序的内容、实施和评分三方面都有系统性，系统性的目的是为了尽可能减少测量中出现的误差。美国心理学家阿娜斯塔西（A. Anastasi）给心理测量所下的定义是"测验是对行为样本的客观和标准化的测量"。墨菲（K. R. Murphy）和大卫夏弗（C. O. Davidshofer）在他们的著作《心理测验原理与运用》中这样总结：一个心理测验并非简单的是一个心理学家编辑的一系列问题，相反的是，它是——或它应该是——一个仔细开发的程序，这个程序能够获得有意义的行为样本，能够对反映受测个体特征的那些样本进行计分。测量的标准条件、阐述清晰的对反应进行计分的规则，同测验项目本身一样是测验的一部分。

综合上述定义，可以看出心理测验包含五个要素。

（1）行为样本

我们不能对人抽象存在的心理特质直接进行测量，也不可能测量到所有与欲测心理特质相关的行为，只能选取部分外显行为间接地测量这一特质。行为样本就是指能够表明人的某一心理特质水平高低的一组有代表性的行为。心理测验中样本行为的使用有两点内在要求：一是被试在行为表现上的不同能代表其相应特质的不同，即行为样本应与所测量的心理特质相关联；二是作为测量对象的行为样本能够代表与被试相应特质有关的所有行为，测验的质量由样本的代表性决定。

（2）标准化

为了保证测验的客观性和准确性，测验的编制、实施、记分，以及测验分数的解释必须遵循严格统一的科学程序，保证对所有被测者来说测验的内容、条件、记分过程、解释系统都相同。这样才能对所测得的分数进行评价。标准化的范围包括：测验题目的一致性、测验的环境相同、接受的指导语相同、记分方法相同等。此外，心理测验常选用代表性的常模，即一组具有代表性的被试样本的测验成绩的分布结构。它是测验分数相互比较的标准，是解释测验结果的参照。

（3）难度的客观测量

为了保证测验的有效性，测验题目的难度需适当。题目过于容易，会出现"测验的天花板效应"，即被试者得分普遍较高，无法区分。反之，如果题目过难，则会出现"测验的地板效应"，即被试者得分都很低，依然无法区分。因此，测验难度的适当控制至关重要。在实际编题时，常选取小规模样本进行试测，根据被试的答题情况来判断难度。通过率高则说明试题容易，通过率低则说明试题难。太难和太易的试题都应被排除。

（4）信度

信度指的是测验结果的可靠程度与稳定程度。如果测验结果反应了被测者稳定的、一贯的真实特征，那么这个结果才是可信的。信度包括重测信度、复本信度和内在一致性信度三种（有关信度的详细讨论参见第8章）。信度的高低可用相关系数来表示，即用相关系数来估计两个随机变量一致性变化的程度。不同的测验内容对相关系数的要求有所不同。一般来说，学业成就测验对信度的要求最高，应在 0.90 以上，标准智力测验应达到 0.85 以上，个性测验和兴趣测验一般应达 0.70～0.80 的水平。

(5) 效度

效度表示测验结果的准确性和有效性。它是针对测验目的而言的，如果测量结果反映了所要考察的内容，那么这个测验才是有效的。效度包括内容效度、结构效度和效标关联效度三种（有关效度的详细讨论参见第 8 章）。一个好的测验，根据其测验目的和性质，往往需要多个效度指标同时达到相当高的水平。

5.1.3 测验的分类

1. 根据测量的对象分类

依据测验测量的事物的属性和特质的不同，测验可分为认知测验和人格测验两大类。

认知测验测量的是与人的认知活动有关的心理特征。这类测验主要包括智力测验、能力倾向测验（又称性向测验）、教育测验（又称成就测验）。智力测验测量的是被试者的一般认知能力，也就是所谓的智力。能力倾向测验测量的是人的特殊潜在能力，其目的在于发现被试的潜在才能，深入了解其长处和发展倾向。教育测验则是测量一个人（或团体）经教育训练或学习后对知识和技能的掌握程度。

人格测验，也可看作非能力测验，测量的是个性中除了能力之外的部分，包括性格、情绪、需要、动机、兴趣、态度、焦虑、气质及自我概念等方面的个性心理特征。常见的人格测验有 16PF、MBTI、TAT 等。

2. 根据被试的人数分类

根据一次测验时被试人数的多少，测验可分为个别测验和团体测验两类。

个别测验采取一对一的形式，即某一时间主试只对一名被试单独实施测验。在个别测验时，主试能对被试的言语、情绪状态和行为反应进行仔细的观察，并有充分的机会与被试合作，所以其结果正确可靠。同时它对主试的要求较严格，常常需要对主试进行培训，费时费力，不太经济。但是当被试为特殊对象，如文盲、幼儿时，个别测验效果较好。

团体测验是指在每次测验过程中由主试对多名被试者同时实施测验。这类测验的特点是能在较短时间内搜集大量资料，效率高。而且，相比个别测验而言，团体测验的计分和评分更严格，往往都有标准答案，因此结果更客观。此外，由于标准化样本的规模很大，团体测验更易建立常模。

3. 根据测验目的分类

根据测验的目的和用途，测验可分为描述性测验、预测性测验和诊断性测验三类。

描述性测验的目的在于对个人或团体的心理特征进行描述。如优秀医生的个性特征、能力特征如何，成功 CEO 有哪些品质，大学新生心理健康状况如何及农村和城市儿童的创造力有何差别等。

预测性测验的目的在于预测一个人以后的行为和可能达到的水平，以用于选拔和安置的目的。高考、TOEFL 考试、GRE 考试等都属于预测性测验。

诊断性测验的目的在于对个人和团体的心理和行为状态进行诊断，以发现问题的症结所在，并作出相应的对策。

5.1.4 心理测验的功能

1. 心理测验在社会生活中的功能

1) 描述

心理测验可以从个体的智力、能力倾向、创造力、人格、心理健康等各方面对个体进行全面的描述，说明个体的心理特性和行为。

2) 诊断

心理测验可以对同一个人的不同心理特征间的差异进行比较，从而确定其相对优势和不足，发现行为变化的原因，为决策提供信息。

3) 预测

心理测验可以确定个体间的差异，并由此来预测不同的个体在将来的活动中可能出现的差别，或推测个体在某个领域未来成功的可能性。

4) 评价

心理测验可以评价个体在学习或能力上的差异，人格的特点及相对长处和弱点，评价儿童已达到的发展阶段等。

5) 选拔

心理测验的结果可以为客观、全面、科学、定量化地选拔人才提供依据。因为它可以预测个体从事某种活动的适宜性，进而提高人才选拔的效率与准确性。如美国自从1942年制定了飞行员的选拔量表以后，使飞行员的淘汰率由65%下降到36%。

6) 安置

心理测验可以了解个体的能力、人格和心理健康等心理特征，从而为因材施教或人尽其才提供依据。如学校可以依据学生的能力水平分班分组，部队可以依据每个人的特长分配兵种，企业可以将职员安置到与其能力、人格相匹配的部门等。

7) 咨询

心理测验可以为心理咨询或治疗提供参考，帮助人们查明心理问题、障碍或疾病的表现及其原因，进而有针对性地给予心理辅导、咨询或治疗。心理测验也可以为学校的升学就业咨询提供参考，帮助学生了解自己的能力倾向和人格特征，确定最有可能成功的专业或职业，进而作出最佳选择。

2. 心理测验在理论研究中的功能

1) 搜集资料

心理测验是搜集有关心理学资料的一个简便易行而又较为可靠的方法。如对智力的个体差异、影响智力发展的因素等问题的研究资料大多是由心理测验获得的。

2) 建立和检验假设

从心理测验的资料中可以发现问题，建立理论假设，并且可通过测验结果进一步检验这些假设，进而推动心理科学的发展。如智力结构理论的提出和发展，智力测验就起了重要作用。

3) 实验分组

在心理学研究中，常用测验来对被试进行实验分组，以达到等组化的要求。

5.2 智力测验

从比奈编制世界上第一个智力测验起，智力测验已历经百年沧桑。在这百年之中，智力测验从法国传播到了世界上许多国家，从教育行业推广到军事、商业、管理等诸多领域，从只针对儿童扩大到面向生命全程的各个年龄阶段的人群，从主要诊断异常儿童拓展到适应正常人和智力落后者的不同需要。目前，研究者已经开发了多种类型的智力测验，它们极大地影响了教育及其他社会领域。然而，随着传统智力测验的广泛运用，它也逐渐暴露出一些弊端，并因此受到人们的批评。本节将从智力的含义和相关理论谈起，介绍国内外心理学家编制和修订的一些著名测验，在此基础上对智力测验的实践加以适当评述，最后简要介绍智力测验发展的新特点。

5.2.1 智力的含义

1985年斯腾伯格（Sternberg）在其《超越IQ》一书中指出："智力是最难以了解的概念之一。当然，也很少有概念像智力那样曾经被那么多不同的方式来加以定义。"的确，由于各家对智力的看待角度不同，目前关于智力的定义可以说是百家争鸣。最早给智力定义的是德国的斯特恩（L. Stern），他认为智力是个体通过思维活动来适应新情境的一种潜力。后来许多心理学家曾发表过自己的见解，主要可归纳为三种意见：推孟（L. M. Terman）等认为智力主要指抽象的思维能力；迪尔伯恩（W. F. Dearborn）等认为智力是学习的潜能；平特纳（R. Pintner）等认为智力是适应新情境的能力。这三种定义基本上与斯特恩的定义无很大差别。中国学者王垒认为凡是个体为了应付环境、解决问题和适应性地生存所应具有的基本的、关键的东西都应包含在智力的概念中。在此基础上，他提出了一种全新的智力概念——综合智力，它既包含传统智力的认知因素，还包含个性因素、动机因素及情绪性因素。

5.2.2 关于智力的理论

1. 传统的智力理论

传统的智力理论主要是指因素分析理论，它关注于智力的结构及智力行为是如何构成的，是对智力的静态描述，主要研究方法是因素分析法。在20世纪60年代以前，它在智力理论界处于绝对优势地位。

1）斯皮尔曼的双因素论

英国心理学家斯皮尔曼（Spearman）于1904年率先提出了双因素论。他认为智力是由两种因素构成的：一种是一般因素，又称G因素（general factor）；另一种是特殊因素，又称S因素（specific factor）。G因素是智力活动的主体，渗透到各种智力活动中，决定着个体间的智力差异。S因素只在某种或某几种特殊的智力活动中相应地体现出来，代表着某种特殊智力。

2）瑟斯顿的群因素论

20世纪30年代瑟斯顿提出了群因素论。他利用因素分析的方法指出智力的实质不是单一的G因素，而是由6种不同的基本能力构成的，分别是空间表象（spatial or visualization）、计数（number）、言语理解（verbal comprehension）、词语流畅性（word fluency）、推理（reasoning）、知觉速度（perceptual speed）和记忆（memory）。这样每个人的智力结构实际上就是这6种基本能力的组合，不同的组合造成了每个人之间的智力差异。

3）卡特尔的流体和晶体论

美国心理学家卡特尔（Cattell）根据对智力测验结果的分析，于1963年提出了流体智力和晶体智力理论。他将智力分为两类：一类为流体智力（fluid intelligence），指一般的学习和行为能力，它是一种生物潜能，不受语言和社会文化的影响，更多地受到生理结构和遗传的影响；第二类为晶体智力（crystallized intelligence），指通过学校和社会经验而获得的知识和技能的组合，是一种后天习得的能力，它主要是由教育和经验决定的，也受到早期流体智力发展的影响。随着年龄的增长，流体智力和晶体智力会经历不同的发展历程，呈现出不同的发展曲线。流体智力起初随着年龄的增长而增长，在20岁左右时达到顶峰，在成年期保持一段时间以后，开始逐渐下降；而晶体智力的发展在成年期不仅不下降，反而在以后的过程中还会有所增长，一直持续到个体的晚年。

4）吉尔福特的三维智力结构

美国心理学家吉尔福特于1959年提出了三维智力结构模式。他否认斯皮尔曼所提出的G因素的存在，指出智力应该从以下三个维度来考虑：内容、操作、成果。智力的第一个维度是内容，即引起智力活动的各种刺激，包括图形、符号、语义、行为4个因素；第二个维度是操作，即由各种刺激所引起的智力活动的过程和方式，包括评价、发散思维、聚合思维、记忆、认知5个因素；第三个维度是成果，即运用智力处理各种问题的结果，从简单到复杂分别是单元、类别、关系、系统、转换、寓意6个因素。把该模型的3个维度组合起来，会得到120种不同的智力因素。吉尔福特把这些构想设计成立方体模型，共有120个立体方块，每一立方块代表一种独特的智力因素。1971年，吉尔福特将智力内容维度中的图形分为视觉和听觉两部分，智力因素增加到150种，如图5-1所示。

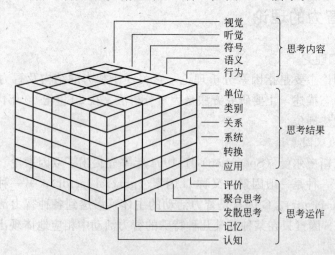

图5-1　吉尔福特的智力结构模型

5）弗农的智力层次结构

英国心理学家弗农（P. E. Vernon）于 1960 年提出了智力的层次结构理论。他指出：各种能力的重要形式是不一样的，有一种更为基本更为重要的能力，也就是斯皮尔曼双因素论中的 G 因素，所以层次结构模型实际上是在双因素模型基础上的新发展。他把人的最基本的一般能力作为最高层次，即斯皮尔曼的 G 因素。第二层次分为两大因素群（major group factors）：言语和教育方面的因素群及操作和机械方面的因素群。第三层次是分别在言语与教育方面的因素中又分出言语的、数量的、教育等小因素群，在操作和机械方面又分为机械信息、空间信息和用手操作等小因素群。第四层指的是各种特殊能力，即斯皮尔曼的特殊因素。该理论认为层次越高，对智力的影响就越大，所以要想对一个人的智力有基本了解，首先还得要考虑他的一般能力，即 G 因素。这是现代智力因素分析理论中最流行的理论。

2. 当代的智力理论

20 世纪 70 年代美国心理学家弗拉维尔（J. H. Flavell）提出了"元认知"的概念以后，认知理论兴起，人们的兴趣开始转向对智力内部活动过程的研究，并以此作为分析智力的新角度。

1）三元智力理论

美国心理学家斯腾伯格（Sternberg）在《超越 IQ：人类智力的三元理论》（1985 年）和《应用的智力》（1986 年）两部专著中提出了三元智力说，他认为人的智力包括成分智力、经验智力和环境智力三个方面。其中，成分智力是指计划和执行任务的心理机制，又包括成元成分、执行成分和知识获得成分；经验智力指个体应用经验处理新问题及形成创造性思维的能力；环境智力是一种帮助个体适应和应对环境的能力。1996 年，斯腾伯格又提出了成功智力（successful intelligence）概念，并指出成功智力由分析性智力、创造性智力和实践性智力组成。

2）PASS 过程理论

PASS 理论是戴斯等人在"必须把智力视作认知过程来重构智力概念"的思想指导下提出来的。该理论运用信息加工方法，对智力活动的内部过程作尽可能的定量描述，把智力的评定奠基于"过程"之上，"过程"成为了智力整体的组成部分。PASS 由"计划—注意—同时性加工—继时性加工"四个部分组成。PASS 理论把智力理解为一个完整的活动系统，其中包含三级认知功能系统、四种认知过程。注意系统是基础，同时性加工—继时性加工系统处于中间层次，计划系统为最高层次。三个系统的协调合作保证了一切智能活动的运行。

5.2.3 智力的单位及智商的解释

智力单位是在智力测验中衡量智力高低的尺度，用来表示智力测验的结果。比奈首先提出了"智龄"的概念，然后又在此基础上产生了"比率智商"的概念。为了克服比率智商的缺点，随后又产生了目前在智力测验中广泛使用的"离差智商"概念。

1. 智龄（Mental Age, MA）

智龄在比奈-西蒙智力量表 1908 年版本中首次作为测验结果使用。智龄，即智力年龄，指的是智力达到某一个年龄水平。它是由儿童答对测题的多少而确定的。假如做对一道题代

表2个月智龄，若一个儿童做对12题则得智龄2岁。将智龄与实龄（Chronological Age, CA）做比较，从而衡量儿童智力水平的高低。一个儿童若智龄大于实龄，则被认为智力偏高；若智龄等于实龄，则被认为智力中等；若智龄小于实龄，则被认为智力偏低。但是，智龄只能表示一名儿童智力的绝对水平，它不能用来比较不同儿童智力的高低。

2. 比率智商（Ratio Intelligence Quotient, RIQ）

比率智商正是为了解决智龄的缺陷而产生的。斯坦福大学教授推孟（L. M. Terman）修订的斯坦福-比奈智力量表的第二版引入了"智商（IQ）"的概念。智商是智龄与实龄的比率，表示一个人在智力发展上同其他人相比时的相对数量，因而能表示一个被试智力发展的速率和聪明程度。比率智商的计算公式是：智商＝智龄/实龄×100。例如，一个5岁的男孩，他的实龄是5岁，若智龄为6岁，则其智商为120。

比率智商也有一定的局限性，因为它是建立在智力水平与年龄成正比的基础上的，实际上智力发展到一定的年龄后便稳定在一定的水平，此后随着年龄的增长而开始下降。因此，比率智商适用的最高实际年龄约在15岁至16岁。

3. 离差智商（Deviation Intelligence Quotient, DIQ）

1949年，韦克斯勒（David Wechsler）首次在他编制的儿童智力量表中采用了离差智商。它表示的是被试的成绩偏离同年龄组平均成绩的距离。它是用统计学中的均值和标准差计算出来的。每个年龄组的IQ均值为100，标准差为15。计算公式为：

$$离差智商 = 100 + 15(X-M)/SD$$

其中 X 为被试的成绩，M 为样本成绩的平均数，SD 为样本成绩的标准差。离差智商克服了比率智商受年龄限制的缺点，已成为通用的智商计算方法。

4. 智商的解释

推孟曾应用智力量表进行大量的测试，结果发现智商为100左右的人约占全部测试者的46%，70分以下的人则少于3%，130分以上的人也少于3%。其他人的研究结果也与之基本相同，人的智商分数的分布呈钟形的正态分布曲线，它与理论的正态分布是吻合的。

很多心理学家按照智商分数的分布对智力的水平加以划分并进行分类，只是划分的标准不尽相同。韦克斯勒参照他人的分类标准提出了自己的分类。具体参见表5-1。

表5-1 韦克斯勒对智力的分类

智 商	类 别	百 分 比	
		理论正态曲线	实际样本
130以上	极优秀	2.2	2.3
120～129	优秀（上智）	6.7	7.4
110～119	中上（聪颖）	16.1	16.5
90～109	中材	50.0	49.4
80～89	中下（迟钝）	16.1	16.2
70～79	低能边缘	6.7	6.0
70以下	智力缺陷	2.2	2.2

资料来源：金瑜. 心理测量. 上海：华东师范大学出版社，2001：54.

5.2.4 常见的智力测验量表

1. 比奈-西蒙量表（Binet-Simon Scale）

比奈-西蒙量表是世界上最早的智力测验量表，由法国心理学家比奈（A. Binet）和其助手西蒙（T. Simon）于1905年编制而成。此量表用语文、算术、常识等题目来测量判断、推理等高级心智活动。它共有30个测验项目，涵盖记忆、注意、理解和推理能力等方面，主要以16岁儿童为对象。1908年，比奈-西蒙智力量表被首次修订，题目由原来的30题增至59题，还删去了一些需要通过专门训练才能完成的特殊项目，并将测验项目自3岁至成年人按年龄编排。1911年，该量表再次被修订，引入了"智龄"的概念。此后，该量表广为流行，各国相继修订。

比奈-西蒙量表的贡献在于：把判断、推理等高级心理活动作为智力测量的内容；以年龄为标准，使智力的比较成为可能；把智力看作是由感知能力、记忆力、想像力等组成的一个整体，从整体上去测量智力。此外，它也存在一些问题：项目太少，尤其是测量高级心理机能的项目不多；测验的实施和记分没有标准化，导致分数的稳定性不够；有些项目的位置不当，没有按难度安排在合适的年龄水平，主要原因是常模样本的代表性不够。

2. 斯坦福-比奈量表（Stanford-Binet Scale）

比奈-西蒙量表传到美国后，美国斯坦福大学教授推孟（L. M. Terman）于1916年对其进行了第一次修订，称为斯坦福-比奈量表。此后1937年、1960年、1972年、1984年由推孟、梅里尔、桑代克等先后对其进行了多次修订。

斯坦福-比奈量表（1986年版）引入了三级认知能力模型。第一层次为一般智力因素，即斯皮尔曼的G因素；第二层次由晶体能力（crystallized abilities）、流体—分析能力（fluid-analytic abilities）和短时记忆（short term memory）组成；第三层次为语言推理（verbal reasoning）、数量推理（quantitative reasoning）、抽象/视觉推理（abstract/visual reasoning）等因素，接近于斯皮尔曼的特殊能力（S因素）。该量表包括15个分测验：词汇分测验、珠子记忆分测验、算术分测验、语句记忆分测验、图形（形态）分析分测验、理解分测验、谬误分测验、数字记忆分测验、伪造与仿画分测验、物品记忆分测验、矩阵分测验、数列分测验、折纸与剪纸分测验、语文关系分测验和等式分测验。测验的题量及内容如表5-2所示。

表5-2 斯坦福-比奈量表（1986）部分分测验简介

分测验名称	题量	测试内容
词汇分测验（此分测验为例行测验）	46	（1）图画词汇（1~14题）适用于3~6岁儿童 主试呈现一些物品的图画（如房子、报纸），要求儿童回忆再认并说出名称 （2）口语词汇（15~46题）适用于7岁以上被试 主试问："什么叫公鸡（汽车，雨伞……）？"由被试解释词的意思
语句记忆分测验	42	主试念2至22个字长的句子，如"吃早餐"、"飞机飞得高"等。被试照着复诵，按回忆的程度评分
图形分析分测验	42	水准A至C有6题，要求被试将一些形状安置在形板的凹槽内。水准D至U有36题，被试需要将一些黑白对称的方块组合成几何图案
仿造与仿画分测验	28	仿造测验：水准A至F，共12题，如主试用绿色方块示范垒成"桥"的样子，让被试仿造；仿画图形：水准G至N，共16题，主试呈现图片，让被试仿画，如仿画梯形
等式分测验	18	主试呈现一组含有数字、运算符号及等号的资料，如"15，+，9，=，6"，要求被试根据这些资料建立一个等式

资料来源：金瑜. 心理测量. 上海：华东师范大学出版社, 2001: 60-62.

3. 韦克斯勒量表

韦克斯勒是美国著名的临床心理学家。自1939年在他所工作的纽约市贝勒维精神病院编制了韦克斯勒-贝勒维智力量表（Wechsler-Bellevue Intelligence Test，W-BI）后，又在此基础上先后修订了韦氏儿童智力量表（Wechsler Intelligence Scale for Children，WISC）、韦氏成人智力量表（Wechsler Adult Intelligence Scale，WAIS）和韦氏学前和幼儿智力量表（Wechsler Preschool and Primary Scale of Intelligence，WPPSI）。

1) 韦氏成人智力量表

韦克斯勒最早编制的韦克斯勒-贝勒维智力量表（W-BI）即是适用于16岁以上成人的测验。1955年韦克斯勒将W-BI修订为韦氏成人智力量表（WAIS），适用于16~74岁的成人。1981年又对WAIS做了进一步修订，发表了韦氏成人智力量表修订本（WAIS-R）。WAIS-R共包括11个分测验，其中6个是言语测验，5个是操作测验，施测时交替进行。在每个分测验中，题目的顺序都是按照由易到难的顺序进行排列。测验的主要内容参见表5-3。

表5-3 WAIS-R测验内容

类别	测验名称	施测顺序	测验内容
言语测验（V）	常识	1	简要回答有关一般常识的问题 例如，谁发现了美洲
	数字广度	3	正背或倒背主试口述过的几个数字，测量瞬间记忆能力
	词汇	5	通过视觉或听觉逐一呈现词汇，要求被试解释每个词汇的意思 例如，王子是什么
	算术	7	心算解决文字算术题，测量最基本的数理知识和数学思维能力
	理解	9	说明某种情景下最佳的活动方式和对常用成语的理解，或详细回答某些有关为什么的问题
	类同	11	概括每一对词义相似的地方在哪里，测量逻辑思维能力、抽象思维能力、分析和概括能力 例如，冰箱和洗衣机在什么地方相似
操作测验（P）	填图	2	指出图中缺失的部分，测量视觉敏锐性、记忆和细节注意能力
	图画排列	4	按适当顺序排列图片以形成完整故事，测量广泛的分析综合能力、观察因果关系的能力、社会计划性、预期力等
	积木	6	以给出的图案为样本排列积木，测量视知觉和分析能力、空间定向能力及视觉—运动综合协调能力
	拼图	8	将几块图形拼板拼成完整的人或物体图形，测量思维能力、工作习惯、注意力、持久力和视觉综合能力
	译码	10	将数字与其所对应的符号进行匹配，测量注意力、简单感觉运动的持久力及建立新联系的能力和速度

资料来源：郭庆科. 心理测验的原理与应用. 北京：人民军医出版社，2002：164-166.

2) 瑞文标准推理测验（Raven Standard Progressive Matrices，SPM）

英国心理学家瑞文（J. C. Raven）于1938年创制了瑞文标准推理测验（Raven Standard Progressive Matrices，SPM）。它全部使用图形作实体，属于非文字智力测验，考察一个人的观察力及清晰思维的能力，适用年龄为5~75岁。

1947年，瑞文对SPM进行了小规模的修订，编制了适应测量幼儿及智力低下者的瑞文彩色推理测验（Raven Color Progressive Matrices，CPM），用于智力超常者的瑞文高级推理测验（Raven Advanced Progressive Matrices，APM），以及将标准型与彩色型在一起联合使用的瑞文测验联合型（Combined Raven's Test）。

瑞文标准推理共有60个题目，每个题目由一幅缺少一小块的大图案和作为选项的6~8张小图片组成，被试的任务是发现这些选项中哪一块填入大图案的缺失部分最合适。例题如图5-2所示。60个题目按逐步增加难度的顺序分成A、B、C、D、E五组，每一组中包含有12个题目，也按逐步增加难度的方式排列。每组都有一定的主题，题目的类型略有不同。A组主要测知觉辨别力、图形比较、图形想像力等；B组主要测类同比较、图形组合等；C组主要测比较推理和图形组合；D组主要测系列关系、图形套合、比拟等；E组主要测互换、交错等抽象推理能力。测验一般没有时间限制。

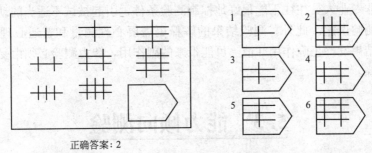

正确答案：2

图5-2 瑞文标准推理测验试题举例

资料来源：郭庆科. 心理测验的原理与应用. 北京：人民军医出版社，2002：175.

瑞文标准推理测验的优点在于使用的年龄范围宽，不受语言、种族和文化的限制，也适用于一些有生理缺陷者。它可以用于智能诊断和人才的选拔与培养，用该测验可以进行各类比较性研究，特别有利于作跨文化研究，以及正常人、聋哑者和智力迟钝者之间的比较研究。测试既可个别进行，也可团体实施，具有较高的信度与效度。

5.2.5 智力测验使用时需注意的问题

尽管智力测验在教育和社会生活中发挥着重要的作用，但它仅仅是一种工具，在使用时也有局限性。关于其局限性的争论自比奈量表诞生以来就从未停止过。人们密切关注的焦点是测验结果的有效性和测验的公平性。研究表明，智力测验分数中存在非智力因素的影响，且现有的智力测验并不能测量人的全部智力。此外，普遍存在的问题是：测验并没有消除文化的影响。

由于智力测验的局限性问题暂时还无法解决，我们在实施测验时应尽可能地进行科学管理，以防止或减少测验的滥用和误用。

1) 只使用信度和效度高的智力测验

信度和效度是衡量一个心理测验量表的重要指标。信度和效度不高的测验其结果的可靠性和准确性不高，误差大，无法提供准确的信息作为决策时的参考。

2) 要认识到一次智力测验的结果并不能完全代表人的智力高低

首先，测验总是有误差的，测验时的情境很可能影响测试结果。IQ分数是一个得分范围，而非一个绝对固定的得分点。例如，一个人的智力测验得分为100，只能说他（她）的智商在 100 左右。若另一个人得分为 105，就说他（她）比得 100 分的人更聪明是不妥的。其次，人类的智力表现是多方面的，智力测验目前只能测量到智力的一个或几个部分，每个人都可能有独特的能力没有在测验中表现出来。

3）要认识到智力是发展变化的

一个人的智力水平并不是固定在一个点上，而是发展变化的。研究表明：智力的绝对水平在儿童成长过程中随着年龄的增长而增长，但它的增长与年龄的增加不是线性关系，从总体上讲，是先快后慢，到一定程度停止增长，并随衰老而呈现下降趋势。此外，后天的学习情况也会对智商高低造成影响。因此，绝不能将智力测验的结果看成是对儿童的"宣判"。

4）智力测验要由受过训练的专业人员实施和解释

目前社会上存在着滥用智力测验的现象，很多智力测验的主试都未经过严格的专业训练。事实上，非专业人员往往不能很好地控制测验条件，引起被试不适当的动机和焦虑水平等，从而增大测验误差。此外，测验结果的解释更需要心理测量和普通心理学的知识。因此，要使测验结果发挥正确作用并消除可能带来的副作用，智力测验必须由受过训练的专业人员实施和解释。

5.3 能力倾向测验

在编制和使用智力测验时，人们发现智力结构存在明显的个别差异。智力测验分数相同的人往往存在智力结构的不同，测验的结果也就具有不同的意义。由此人们的兴趣开始由研究智力的实质转变到研究智力的结构，由此导致了能力倾向测验的产生。一般认为，智力测验侧重测量一般心理能力，而能力倾向测验侧重测量某些特殊能力。

5.3.1 什么是能力倾向测验

能力倾向（aptitude），又称性向，是指一个人经过一定的训练或置于适当的环境下完成某项任务的可能性和水平，也可视为有效的进行某类特定活动所必须具备的、潜在的特殊能力素质。个人的能力倾向有特点，人们之间的能力倾向有差异，能力倾向测验即是测量这些特点和差异的手段之一。它可以预测人在一定职业领域中成功的可能性，也可用来筛除在该职业领域中没有成功可能性的个体。

根据测量范围的大小，能力倾向测验可以进一步分为多重能力倾向测验和特殊能力倾向测验。多重能力倾向测验由测查各种不同能力的分测验组成，可以一般地了解人的能力倾向；而特殊能力测验只能了解能力的某一特殊方面的情况，如机械推理能力、逻辑思维能力等。

5.3.2 特殊能力倾向测验

特殊能力倾向测验是最早产生的能力倾向测验。它测量的是在某些特定的职业和职业群中所需要的能力倾向。例如，飞行能力测验，它测量的并不是一个人目前所具有的飞行能力水平，而是想测量该个体在未来有没有潜在的飞行能力，从而可以用来选拔飞行员。

特殊能力倾向测验涉及的内容有音乐能力倾向测验、心理运动能力倾向测验、机械能力倾向测验、文书能力倾向测验等。

1. 音乐能力倾向测验

早在1883年，施通姆普夫（Carl Stumpf）就开始思考音乐能力倾向的问题。他在观察了音乐家与非音乐家对声音的不同反应之后，编制了一个音乐能力倾向测验，这个测验主要通过音高和音符的谐和性对学生的音乐能力倾向进行测验。

1919年美国的西肖尔（Carl Emil Seashore）出版了第一个标准化音乐能力测验——西肖尔音乐能力测验。该测验主要用来测量被试的感觉辨别力，测定内容包括以下6种要素：音调辨别力（判断两个调子哪个较高）、音量辨别力（判断两个声音哪一个较响）、时间音程辨别力（判断两个音程哪一个较高）、节奏判断力（判断两个节奏是否相同）、音色判断力（判断两种音色哪一种较悦耳）、音调记忆力（判断两首曲调是否相同）。测验的项目都录在唱片里，每种能力都用一组难度由浅到深的题目去测量，以便更准确地分辨被试的音乐潜能。本测验适用于小学生到成人，需1小时左右完成。该测验的信度较好，但效度方面存在一点问题。

2. 心理运动能力倾向测验

心理运动能力倾向测验测量的是受个体意识支配的精细动作能力。这类测验专门测量速度、协调和运动反应等特性，大多与手的灵巧性有关，也有一些涉及腿或脚的运动。一般这种测验都要借助于仪器，但也有纸笔形式的。大多数心理运动能力倾向测验是速度测验，其分数与完成任务的时间有关，且对于青少年和成人都适用。它预测训练计划中的成绩比预测工作成就效果好，同时对预测重复性工作的成功也更有效。但在预测某些需要较高级的认知和知觉能力的复杂工作的成功上相对较差。

心理运动能力倾向测验又分为大幅度动作运动测验、小动作运动测验及两者结合的测验。

1) 大幅度动作运动测验

测量手指、手和手臂大幅度运动速度及准确性的测验。常见的有斯滕伯格（E. L. Stromberg）编制的敏捷测验（Stromberg Dexterity Test），该测验要求被试尽可能迅速地将54个彩色圆盘按指定顺序排列；另一个常见的测验是明尼苏达操作速度测验（Minnesota Mechanical Assembly Test），由5个分测验构成，分别是安装测验、翻转测验、撤换测验、单手翻转和安放测验、双手翻转和安放测验，测验材料是一个有60个孔且有红、黄两色木块的木板。记分时要考虑完成的时间。

2) 小动作运动测验

测量被试小动作的运动速度及准确性。常见的有奥康纳手指灵活测验和镊子灵活测验，测验要求被试用手指或一对镊子将很小的铜钉放入一个纤维板的小孔中。另外还有克劳福德小部件灵活测验（Crawford Small Parts Dexterity Test）。如图5-3所示，在测验的第一部分，被试用小镊子将钉子插入孔中，并给每个钉子套一小环；第二部分，将小螺丝放入螺纹孔内并用螺丝刀拧紧。测验成绩以完成每个部分的时间来计算。

3) 大小动作运动测验

同时测量手和手的大小动作运动及手指敏捷性两个方面的能力。常见的有普渡木钉板测验（Purdue Pegboard）、宾夕法尼亚双重动作工作样本（Pennsylvania Bi-Manual Worksample）和本纳特手—工具敏捷性测验（Bennet Hand-Tool Dexterity Test）。

 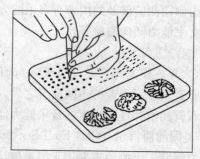

图 5-3 克劳福德小部件灵活测验

资料来源：郑日昌. 心理测量学. 北京：人民教育出版社，1999.

3. 机械能力倾向测验

机械能力倾向测验是最早和最经常用于工业或军事测验中的特殊能力倾向测验。这类测验主要测量被试理解机械关系和使用机械技巧的速度。它常用于对机械工、机械师、修理工和工程师的选拔。常见的机械能力倾向测验包括：空间关系测验，如明尼苏达机械拼合测验（Minnesota Mechanical Assembly Test）、明尼苏达空间关系测验（Minnesota Spatial Relations Test）、明尼苏达书面形状测验（Minnesota Paper Form-board Test）；机械理解测验，如本纳特机械理解测验（Bennet Mechanical Comprehension Test，简称 BMCT）、SRA 机械概念测验（SRA Test of Mechanical Concept）。例题如图 5-4 所示。

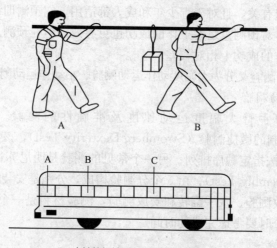

本纳特机械原理测验的题目样本

图 5-4 本纳特机械原理测验的例题

（上图要求被试回答谁负重更大，下图要求被试回答哪个地方坐着更稳。）

资料来源：彭凯平. 心理测验：原理与实践. 北京：华夏出版社，1989：314.

4. 文书能力倾向测验

文书能力倾向测验测量的是被试从事行政和商业业务的能力。一般来说，文书能力倾向测验包括以下几项：阅读理解的速度、文件理解的速度与正确性、物品与人名的速记、文字校对与正确性、计算的速度与正确性、必要的管理知识与社会适应性。

最常见的文书能力倾向测验是明尼苏达文书测验（Minnesota Clerical Test）。它由安得鲁（D. M. Andrew）和帕特森编制。测验主要用于选拔职员、检验员及其他要求知觉和操纵符号能力的职业人员。测验分为两部分：数字比较和姓名比较，要求被试检查200对数字和200对姓名的匹配正误。做这种测验并不难，但必须迅速而准确。

例题5-1 如果两个数字或名字完全相同，在它们中间的横线上打上核对过的标记"T"：
05644120796——05644120796
51847345984——51847354984
New York Word——New York Word
Cargilll Grain Co——Cargilll Grain Co

5.3.3 多重能力倾向测验

多重能力倾向测验发展较晚，大多出现于1945年以后，测量范围广泛的能力倾向，包括若干测量不同能力倾向的分测验。它在理论上以多因论为依据，以因素分析为基础。其测验结果除总分外还有各个分测验的分数，对一个人的能力可提供多方面的说明。其常模通常根据一个标准化的团体建立，因此测验结果的各分测验得分可以直接相互比较，以判定每个人在能力上的所长和所短。此外，多重能力倾向测验主要是纸笔形式的测验，一般不使用仪器，在测验时间及材料上，都比特殊能力倾向测验经济。多重能力倾向测验可以同时施测大量的学生及各种申请者，在职业指导和教育咨询中极为有用。

常见的多重能力倾向测验有差异能力倾向测验、一般能力成套倾向测验、行政职业能力倾向测验等。

1. 差异能力倾向测验

差异能力倾向测验（Differential Aptitude Test，DAT）是应用最为广泛的多元性向成套测验。它由本纳特（G. K. Bennett）等人编制，初版于1947年由美国心理公司发行，1962年、1972年和1981年分别修订再版。它主要用于8~12年级儿童的职业和教育咨询。

整套测验由8个分测验组成，测验内容及例题如表5-4所示。测验约需3小时，8个分测验单独施测，每个测验限制在6~30分钟内完成。测验结果共9项得分，前8项得分即8个分测验的各自得分，第9项分数由言语推理（VR）和数字能力（NA）两项的得分相加得到，可作为学业能力的指标。

表5-4 差异能力倾向测验分测验内容

分测验名称	测验内容
言语推理（VR）	测量被试的一般智力，采用文字形式的类比题目
数字能力（NA）	测量被试的一般智力，采用计算题，不用文字题，以避免受到其他无关能力的干扰
抽象推理（AR）	测量被试的非言语推理能力，也属一般智力
文书速度和准确性（CSA）	测量被试完成一件简单知觉任务的速度
机械推理（MR）	测量被试对表现于熟悉情境中的机械和物理原理的理解力
空间关系（SR）	测量被试的想像力和在心理上操作有形材料的能力
拼写（SP）	让被试指出拼写正误，测量其英文水平
语言运用（LU）	让被试找出语法或惯用法错误，测量其语文水平

资料来源：郭庆科. 心理测验的原理与应用. 北京：人民军医出版社，2002：181.

例题 5-2 言语推理示例。

选择一对适当的词语以使句子完整合理。

……对于夜晚，相当于太阳对于……

A. 月亮——白天
B. 花儿——小草
C. 月亮——星星
D. 乌云——白天

正确答案为：A

该测验在编制时要求各分测验应是相互独立的，在解释时要根据被试所在的年龄和性别组的常模，换算成标准九分数。其信度在 0.87～0.94 之间。DAT 对不同职业的工作水平有一定的预测能力，第 9 项分数可有效地预测高中到大学的成绩。但 DAT 中包含的职业常模有限，且各分测验的差异效度并没有得到充分证实。此外，测验有明显的性别差异，如女孩在文书速度和准确性、言语运用上得分较高，男生在机械推理和空间关系上得分较高。

2. 一般能力成套倾向测验

一般能力成套倾向测验（General Aptitude Test Battery，GATB）最初是由美国联邦劳工部自 1934 年起花费了十多年的时间设计的，专为国家就业服务机构的顾问们使用，可用来为中学生的专业定向和成功谋职提供帮助。

目前使用的 GATB 由 8 个纸笔测验和 4 个仪器测验共 12 个分测验组成，可确定 9 种能力倾向，如表 5-5 所示，即：一般学习能力（G）、言语能力（V）、数理能力（N）、空间能力（S）、形状知觉（P）、书写知觉（Q）、运动协调（K）、手指灵活度（F）和手部敏感性（M）。

表 5-5 一般能力成套倾向测验分测验内容

分测验名称	测 验 内 容
一般学习能力（G）	测量理解、推理和判断能力，由测量言语能力、数理能力、空间能力的三个分测验组成，即 V、N、S 的分数相加得到
言语能力（V）	要求被试指出每一组词中哪两个词意义相同或相反，测量理解文字和有效使用文字的能力
数理能力（N）	由计算和算术推理两个分测验测量数字运算和推理能力
空间能力（S）	在一个平面图上标出虚线，要求被试指出按折叠线可以折成四个三维形状中的哪一个，测量被试对空间图形的判断和推理能力
形状知觉（P）	由两个测验组成，一个是匹配画有同样工具的图画，另一个是匹配同样的几何形状，测量观察细节和物体细微差别的能力
书写知觉（Q）	与形态知觉类似，但要求匹配名称，而不是匹配图画或形状，测量觉察文字、符号、表格间细微差别的能力
运动协调（K）	由一个简单的纸笔测验测量，要求被试在一系列方格中用铅笔作出特定的记号，测量眼手协同性及其反应速度
手指灵活度（F）	由装配和拆卸铆钉与垫圈的两个测验来测量手指拆分、组合物体的能力
手部敏感性（M）	由在一个木板上传递和翻转木桩的两个测验来测量手部移动物体的能力

资料来源：郭庆科. 心理测验的原理与应用. 北京：人民军医出版社，2002：182.

整套测验组的施测大约需两个半小时。测验的原始分可转换成百分等级或平均数为100、标准差为20的标准分数。常模是依据4 000个个案所构成的样本建立的，该样本无论在年龄、性别、教育程度、行业、地理分布上均代表了20世纪40年代全美国的劳工母群。依据对不同职业的工作人员、应征者、受训人员的施测所得的分数形态，可以得到各行各业中关键的性向种类以及最起码的标准分数数值。

该测验的重测和平行信度在0.80～0.90之间。9种能力倾向和36种职业倾向型的关联效度在0.00～0.90之间。它适合于成人职业指导和中学生就业咨询，是职业指导和安置中最成功的一套测验。

在职业指导时，通过分析800种以上职业的个体的GATB分数，确定每一种职业团体的GATB分数的特点，进而绘制的职业能力剖析图，称为职业能力模式（Occupational Aptitude Pattern，OAP），并确定了每一种职业的最低GATB分数。将测试者的标准分与约36种职业类型的OAP作比较，即可找到个体适合的职业。

这套测验在很多国家都有影响。日本劳动省将GATB修订制成了一般职业适应性检查（1969年修订版），中国学者戴忠恒等根据日本1983年的修订本修订出中国的GATB。

3. 行政职业能力倾向测验

一般行政能力倾向是能力倾向的一种，它是指经过一定的学习、训练或置于一定的环境条件下，能完成行政职业领域内一般活动的可能性或潜力。在我国，行政职业能力倾向测验是为了适应我国公务员制度建立的需要，由人事部考试录用司委托有关专家编制的，用于录用政府机关工作人员的多重能力倾向测验。一般来说，在国家公务员公共科目考试成绩中，该测验成绩应占40%～50%的比例，全国各级各类公务员录用考试均将行政职业能力倾向测验列为必考科目。

根据国外公务员录用考试的经验和人事部组织有关专家的多年研究，并充分考虑大规模选拔性考试操作上的方便，行政职业能力倾向测验的内容一般定为五大部分，即言语理解与表达、数量关系、判断推理、常识判断和资料分析，具体结构如表5-6所示。

表5-6 行政职业能力倾向测验结构

分测验内容	题数/道	参考时间/分钟
言语理解与表达	30	30
数量关系	20	20
判断推理	45	40
常识判断	20	10
资料分析	20	20
合　计	135	120

1）言语理解与表达

作为一个公务员，需要具备快速、准确地阅读、理解各种形式的文字材料的能力，需要具备灵活、准确、简练地运用文字材料表达信息的能力。言语理解部分的试题旨在考查应试者对文字材料的理解、分析与运用的能力。它包括字词理解能力、句段意义的理解能力、语法的运用能力、字词拼写能力等。在行政职业能力倾向测验中，对言语理解与表达的能力的考察是重要的组成部分。

例题 5-3　听莫扎特的音乐能够提高智商，这被称为"莫扎特效应"。无论"莫扎特效应"有无这样的神奇效果，音乐在陶冶情操、抚慰心灵上的作用正在逐步显现出来。人类离不开音乐也是显而易见的事实。

通过这段话，可以知道的是：
A. 作者认同"莫扎特效应"
B. 作者认为音乐能够提高智商
C. 看不出作者是否认同"莫扎特效应"
D. 音乐在大脑的开发方面起关键作用

正确答案为：C

资料来源：摘自 2006 年中央、国家机关公务员录用考试《行政职业能力测验（一）试卷》第 4 题

2）数量关系

数量关系部分的试题主要测量应试者解决算术问题的能力。它包括数字序列推理和数学计算等。涉及的知识和所用的材料一般不超过高中范围，甚至多数是小学或初中水平的，以此为媒介，考察应试者对数量关系的理解和计算能力。

例题 5-4　给你一个数列，但其中少一项，请仔细观察数列的排列规律，然后从四个供选择的选项中选择你认为最合理的一项，使之符合原数列的排列规律。

102，96，108，84，132，（　　）

A. 36　　B. 64　　C. 70　　D. 72

正确答案为：A

资料来源：摘自 2006 年中央、国家机关公务员录用考试《行政职业能力测验（一）试卷》第 31 题

3）判断推理

判断推理能力是人的智力的核心成分，它的强弱往往反映一个人对事物本质及事物间联系的认知能力的高低。国家公务员担负的行政管理工作，所面临的事物间的关系和矛盾十分复杂，要处理好这些复杂的关系，必须具备较强的判断推理能力。判断推理部分的试题涉及对图形、词语概念、事件关系和文字材料的认知理解、比较、组合、演绎、综合判断等方面。

例题 5-5　左边的图形由若干元素组成。右边的备选图形中只有一个是由组成左边图形的元素组成的，请选出这一个。（注意，组成新的图形时，只能在同一平面上，方向、位置可能出现变化。）

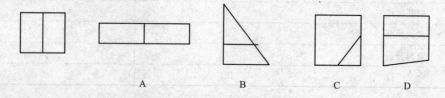

正确答案为：A

资料来源：改编自 2006 年中央、国家机关公务员录用考试《行政职业能力测验（二）试卷》判断推理例题

4）常识判断

常识判断主要用来考察应试者的知识面。此类试题取材广泛，从古至今，从微生物到人类，从自然到社会，因此不存在专业歧视。但考生要在短时间内提高常识判断能力的水平是

很难的，重要的是平时的观察、思考和积累。大致范围涉及政治、经济、法律、管理、科学技术、历史、国情、国力及公文写作处理等多方面内容。

例题 5-6 夏日雷雨过后，人们会感到空气特别清新，其主要原因是（　　）
A. 雷雨过后，空气湿度增加
B. 雷雨过程中气温加速下降
C. 雷雨过程中雷电导致空气中的臭氧分子增加
D. 雷雨过程中空气中的灰尘随雨水降落到地面

正确答案为：C

资料来源：摘自 2006 年中央、国家机关公务员录用考试《行政职业能力测验（一）试卷》第 97 题

5) 资料分析

资料分析部分的试题测量应试者对图形、表格和文字形式的统计资料进行准确理解与综合分析的能力。现代信息社会中，大量的信息往往是以统计资料来反映的，要准确地作出决策，必须能对信息进行综合分析与加工，能从统计信息中找出"关键点"，这就是国家公务员必须具备的资料分析能力。

例题 5-7 根据下列文字回答 1~5 题。

2003 年国家财政科技拨款额达 975.5 亿元，比上年增加 159.3 亿元，增长 19.5%，占国家财政支出的比重为 4.0%。在国家财政科技拨款中，中央财政科技拨款为 639.9 亿元，比上年增长 10%，占地方财政支出的比重为 1.9%。<u>从执行部门看，各类企业科技活动经费支出为 960.2 亿元，比上年增长 21.9%；国有独立核算的科研院所科技活动支出 399.0 亿元，比上年增长 13.6%；高等学校科技活动经费支出 162.3 亿元，比上年增长 24.4%，高等学校科技活动经费支出占全国总科技活动经费支出的比重为 10.5%。</u>各类企业科技活动经费支出占全国总科技活动经费支出的比重比上年提高了 1.2 个百分点。

1. 2003 年国家财政支出总额为（　　）。
   A. 24 387.5 亿元　　B. 5 002.6 亿元　　C. 3 979.6 亿元　　D. 816.3 亿元
2. 2003 年中央财政支出与地方财政支出之比约为（　　）。
   A. 1∶6.87　　B. 6.87∶1　　C. 1∶2.37　　D. 2.37∶1
3. 与 2002 年相比，2003 年科技活动经费支出绝对增长量最大的执行部门是（　　）。
   A. 各类学校　　　　　　　　　B. 国有独立核算的科研院所
   C. 高等学校　　　　　　　　　D. 无法得知
4. 2003 年国家财政科技拨款额约占全国科技活动经费支出的（　　）。
   A. 43.1%　　B. 63.1%　　C. 77.1%　　D. 83.1%
5. 根据文中画线部分内容，可以求出的选项为（　　）。
   [1] 2002 年各类企业科技活动经费支出
   [2] 2003 年全国总科技活动经费支出
   [3] 2002 年全国总科技活动经费支出
   A. [1]　　　　　　　　　　　B. [1] 与 [2]
   C. [2] 与 [3]　　　　　　　　D. [1]、[2] 与 [3]

资料来源：摘自 2006 年中央、国家机关公务员录用考试《行政职业能力测验（一）试卷》第 131~135 题

5.4 人格测验

自古以来，人们对人格及人格测验就表现出浓厚的兴趣。从古老的相面术、笔迹学，到武德沃斯发表的第一个标准化的人格问卷，再到今天已成为人格测量量表经典的 MMPI 和 16PF，人们评估人格的方法经历了科学性由低到高的发展阶段。本节从人格及人格测验的概念谈起，系统介绍目前国内外人格测量方法——问卷法、投射法、作业法，并列举其中几种常用的人格测量量表：卡特尔 16 种人格因素量表（16PF）、艾森克人格问卷（EPQ）、梅彼类型量表（MBTI）、罗夏墨迹测验（RIT）、主题统觉测验（TAT）及内田—克雷佩林心理测验，分析它们的理论基础、适宜范围和对象及优缺点。

5.4.1 什么是人格

人格，英文为 personality，这个词源于拉丁语 Persona，指的是演员在舞台上戴的面具，类似于我们今天戏剧舞台上不同角色的脸谱。关于什么是人格，学者们有不同的定义。人格心理学家奥尔波特（G. W. Allport）认为人格是"个人适应环境的独特的身心体系"；艾森克把人格看作"决定个人适应环境的个人性格、气质、能力和生理特征"；卡特尔把人格定义为"可以用来预测个人在一定情况下所作行为反应的特质"。我国台湾学者杨国枢对人格所下的定义较有综合性：人格是个体与环境交互作用的过程中所形成的一种独特的身心组织，而此一变动缓慢的组织使个体适应环境时，在需要、动机、兴趣、态度、价值观念、气质、性向、外形及生理等诸方面，各有其不同于其他个体之处。

综合以上定义可以看出人格具有四个显著的特点。

① 独特性。组成人格的各个心理特征的强度在不同人身上可能不同，而且各种特征的结合模式也有差异，表现出个人的独特性。

② 复合性。人格结构是多层次的、多侧面的，是由复杂的心理特征所结合构成的独特整体。

③ 相对稳定性。与其他心理现象相比，人格具有在一定时期内相对的稳定性，即使发生变化也是缓慢的，需较长时间才能显出变化的效果。

④ 可变性。人格的相对稳定性并不意味着它是不可变的。随着人的生理、心理、生活环境的变化，人格中的各种特征都有可能发生或大或小的变化，从而在整体上表现出一个人人格的变化。

5.4.2 人格测验的类型

人格测验是用测验方法对人格进行测量，测出人在一定情境下经常表现出来的典型行为和人格品质，诸如动机、兴趣、爱好、情感、性格、气质、价值观等。从高尔顿提出"构成我们行为的品格是一种明确的东西，所以可以进行测量"这一论断至今，科学的人格测验已经历了一百多年的发展。回顾已有的人格测验，大致可以分为传统的客观量表类测验、投射测验、作业测验及精神分析学派、人本主义心理学家编制的非传统测验。

1. 传统人格测验类型

1) 量表式测验

量表式测验是以标准化的量表为工具，要求被试根据自己的实际情况在每个具体问题给出的有限选项内选择作答，并据此答案换算为分数予以评定。根据填写量表的人是为了进行自测还是为了评价他人，可以将量表式测验分为自测量表和评定量表。量表式测验的假设是：被试能很好地对自己或他人的心理进行反省，并且可以选出最恰当的描述方式报告出来。

量表式测验方法在人格研究中应用比较广泛，具有施测简便、易于解释等优点。

而当它在各个领域广泛应用的同时也受到了很多批评，批评主要集中在以下几点。第一，量表题目的内容多属于情绪、动机、态度及行为等方面的问题，被试对于这类问题的反应是经常发生变化的，施测者根本无法控制被试的各种心理变化。被试常常随着时间或空间的改变而对同样的问题选择截然不同的答案。第二，当量表题目的陈述涉及社会价值甚至社会道德意义时，被试出于防御心理，在回答问题时难免会受到社会赞许性的影响，倾向于选择会受到社会赞许的答案，而非按照实际情况回答问题。这样就不能准确地测量出人格量表期望测出的人格特征。第三，有时被试会出现反应定势，如肯定定势、极端定势等。第四，不同的文化背景也会影响被试在回答问题时的倾向。例如，中国人受到中庸文化的影响，在选项中倾向于选择折中的答案。

2) 投射测验

投射测验是一种结构不明确的测验。它是在弗洛伊德的深层心理学的原理下发展起来的。其基本假设是：人们对于外界刺激的反应都是有原因并且可以预测的，个人的反应与个人的心理状况、过去经验等都有很大联系。个性结构的主要部分和真实特征都存在于人的潜能意识中，通过回答明确意识到的问题，很难流露隐藏在内心中的问题。当个人面对一种不明确的刺激情景时，却常常无意识地把隐藏在潜意识中的欲望、动机、观念等"泄漏"出来。投射测验种类很多，20世纪30年代罗夏墨迹测验（Rorschach Inkblot Test，RIT）从欧洲传入美国，在美国又发展起主题统觉测验（Thematic Apperception Test，TAT）、文字联想测验、画人测验和视觉运动完形测验等。

投射测验是一种非文字性的测验，对它的反应基本不受文化的影响。因此，它在测量人格方面是文化公平的和文化独立的，来自不同文化的个体可直接相互比较，在跨文化比较研究中有独特的价值。然而，投射测验的信效度指标很低，不能满足测验理论的要求，而且其测验的非结构性和反映自由性给评分和作出结论带来了一定的难度。

3) 作业测验

作业测验最早由德国精神病医生克雷佩琳·埃米尔（Kraepelin Emil）编制。它不依赖于被试的语言、观念、思想等，而是使用一些"任务导向"的客观作业测验，在伪装测量目的的条件下，从被试完成这些客观作业的态度、风格及完成作业的质和量上来了解分析其作业性格，借此评价被试的人格特征。该测验的理论假设是：心理过程作为一种精神现象，在一定的刺激下，总会表现为一定的外显行为，在活动中得到物化；通过测量分析人的行为活动，可以间接实现测量心理过程的目的；个人的气质、兴趣、意志活动及性格和他的身体与精神力量相辅相成，在这两个因素及动机的促使作用下，个体便开始从事某项行动，特别是其中的性格对作业效率起着举足轻重的作用。因此，可以通过作业等操作途径来推断影响作业效率的性格。常用的作业法心理测验有：敲击实验、划线实验、数字划削实验、克雷佩林式作业、完成作业等。

作业测验的优点在于：第一，测验实施简便，主试不必经过特别的训练；第二，测验内容往往较简单，无论谁都会做，而且测验方式比较客观，被试没有特别的戒备心理与不安的感觉；第三，测验中被试很难有意识地自我控制，可以避免其他人格测验中出现的欺骗行为；第四，该测验为非言语测验，所以不受语言差异的影响。它的缺点是要求评定者有比较丰富的临床经验。此外，在人格评定时，它不像16PF等问卷测验的评分和解释那样简易和客观。

2. 非传统人格测验类型

除了传统的人格测验类型以外，精神分析学家和人本主义心理学家也提出了一些人格测量方法。最常见的是自由联想、过失分析、语意分析。

1）自由联想

自由联想技术是在分析师的指导下患者说出在头脑中刚刚想到的所有一切，在自由联想的过程中，患者被鼓励表达强烈的感觉和想法。弗洛伊德认为这些一闪而过的念头是潜意识力量自然发展的结果。它常用来鉴别病人特征，在临床上得到了大量应用。

2）过失分析

过失分析包括在生活中犯的各种失误，如口误、笔误、遗忘等。弗洛伊德认为过失是两种不同意向相互牵制的结果，其一可以称为被牵制的意向，另一个可称为牵制的意向。这些过失都是深层潜意识愿望的流露。通过对失误行为的分析，发掘深层潜意识的动机，从而揭示出过失行为的目的意义。

3）语意分析

语意分析法是用语意区分量尺来研究事物意义的一种方法，以纸笔形式进行，要求被试在若干个七点等级的语意量尺上对一件事物或概念进行评价，以了解该事物或概念在各评价维度上的意义和强度，量尺等级序列的两个端点通常是意义相反的形容词。

5.4.3 常见的人格测验量表

1. 卡特尔16种人格因素问卷

16种人格因素问卷（16 Personality Factor Questionnaire，16 PF）是美国伊利诺伊州立大学人格及能力测验研究所卡特尔教授采用因素分析的方法，基于人格特质理论编制的一种测验。

卡特尔对奥尔波特等人从字典中搜集的17 953个描述人格的词汇，按意义分类和整理，得到171个与人格有关的基本词，再选择208名被试，让他们参照这些词，以评定量表的形式对他们熟悉的人进行评定。经过相关分析和因素分析，得到12种根源特质。之后，根据实证研究，他又增加了4个特质，编制成16PF问卷。问卷中所测量的16种人格特质分别是：乐群性（A）、聪慧性（B）、稳定性（C）、恃强性（E）、兴奋性（F）、有恒性（G）、敢为性（H）、敏感性（I）、怀疑性（L）、幻想性（M）、世故性（N）、忧虑性（O）、实验性（Q1）、独立性（Q2）、自律性（Q3）和紧张性（Q4）（详见表5-7）。

表5-7 16种因素名称及特征

因素名称	高分者特征	低分者特征
乐群性（A）	外向、乐群、热情	内向、孤独、缄默
聪慧性（B）	聪明、富有才识	迟钝、学识浅薄
稳定性（C）	情绪稳定而成熟	情绪激动而不稳定
恃强性（E）	好强固执、积极、支配攻击	谦逊顺从、通融
兴奋性（F）	轻松、兴奋、逍遥放纵	严肃、审慎、沉默寡言
有恒性（G）	有恒负责、做事尽职	权宜敷衍、原则性差
敢为性（H）	冒险敢为、少有顾忌、主动性强	畏缩退却、害羞
敏感性（I）	敏感、细心、容易感情用事	粗心、理智、注重实际
怀疑性（L）	怀疑、刚愎、固执己见	真诚、宽容、信赖随和
幻想性（M）	富于想像、狂放不羁	现实、合乎成规
世故性（N）	精明、圆滑、世故、善于处事	坦诚、直率、天真
忧虑性（O）	抑郁、悲观、自责、缺乏自信	安详、沉着、有自信心
实验性（Q1）	自由开放、批评激进	保守、循规蹈矩、尊重传统
独立性（Q2）	自主、当机立断	依赖、随群附众
自律性（Q3）	知己知彼、自律谨严	不能自制、不受纪律、随心所欲
紧张性（Q4）	紧张、有挫折感、心神不宁	心平气和、镇定自若

16PF问卷的结构性强，每一题都有三个备选答案，供被试选择其一。为了克服动机效应，问卷尽量采用"中性"测题，避免社会赞许性的影响。而且，有些问题表面上看起来与某种人格因素有关，但实际上却与另一人格因素密切相关，从而使被试不易猜测每道题的用意，有利于据实作答。此外，各因素之间相关较低，同一因素中各题的反应具有高度的一致性。

例题5-8 16PF问卷示例

1. 在群众集会上，我：
    A. 谈吐自如　　　B. 介于A、C之间　　　C. 保持沉默
2. 早晨起来，常常感到疲乏不堪：
    A. 是的　　　　　B. 介于A、C之间　　　C. 不是的
3. 我喜欢的人大多是：
    A. 拘谨缄默的　　B. 介于A、C之间　　　C. 善于交际的
4. 我喜欢看球赛：
    A. 是的　　　　　B. 介于A、C之间　　　C. 不是的

16PF问卷适用于16岁以上的青年或成人。它既可单独施测，也可团体施测。每次测验只需要45分钟左右即可完成。在解释分数时常采用高点分析、次元人格因素分析、综合人格因素分析及特制因素冲突和协调分析。

2. 迈尔斯-布雷格斯类型指标

迈尔斯-布雷格斯类型指标（Myers-Briggs Type Indicator，MBTI）是布雷格斯和迈尔斯母女俩在荣格（C.G.Jung）心理类型理论的基础上编制的、用于鉴别不同类型人格的测评工具。

荣格在《心理类型》一书中阐述了通过临床观察和心理分析得出的个体行为差异的三个维度。①精神能量指向：外向（Extraversion）-内向（Introversion）。②信息获取方式：感觉（Sensing）-直觉（Intuition）。③决策方式：思考（Thinking）-情感（Feeling）。布雷格斯和迈尔斯母女俩在这三个维度的基础上补充了一个新维度——生活态度取向：判断（Judging）-知觉（Perceiving），从而用四个维度描述个体的行为差异。其中，"外向E-内向I"代表着心理能量的不同指向；"感觉S-直觉N"、"思考T-情感F"分别表示人们通过感知活动获取信息和经过判断权衡作出决定时不同的用脑偏好；"判断J-感知P"是就人们的生活方式而言的，它表明个体是以一种有计划（确定）的还是随意（即兴）的方式适应外部环境，是信息获取维度和决策维度的综合效应在个人生活方式中的体现。以上每个人格维度都有两种不同的功能表现形式，经组合可得到16（2^4）种人格类型。

MBTI有不同的版本，最常用的是版本F，该版本含有166个项目，从以上四个维度测量人格类型。它用强迫选择法要求被试对测验项目进行反应，对每一问题或形容词作出是或否的回答。计分时将每个维度上的得分加起来即为得分点。每个维度上都有两个得分点，分别代表在这一维度的两极上的强度，得分点越大说明越极端。在每一维度上两个得分点之差即为这一维度上的倾向分。再将四个维度上的倾向分综合起来，即可判断被试的人格类型。

MBTI的显著特点在于它明确地区分了不同的人格类型，从而使测验在解释上非常明确。近年来，MBTI应用极为广泛，应用范围包括职业咨询、教育、商业等领域。在美国每年约有300多万人参加MBTI的测评和培训，在世界500强企业，如迪斯尼、百事可乐、西南航空公司等，约有80%以上的高层管理者使用过这个工具。

3. 罗夏墨迹测验

早在15世纪就有人注意到墨迹可以刺激人的想像。比纳在20世纪末也曾想到利用墨迹图片作为智力测验的材料。但是将墨迹图片编为一套测验，用以测量人格的工具的，乃是瑞士精神医学家罗夏（H. Rorschach）。罗夏曾以墨迹图片对许多精神病患者做实验，根据他的临床观察，各种不同症状的精神病人，对墨迹图片各有不同的反应。对此，他加以分析，终于建立一套记分系统，后来再加以研究改进使之适合正常人和心智落后的人。

此测验有10张差不多左右对称的墨迹图片，其中五张是黑白色，但深浅不同，另外五张中有两张是黑白而加上其他深浅不同的彩色，余下的三张是不同颜色的。每次出示一张图。测验分两个阶段进行。第一阶段是自由联想阶段，要求被试对图作自由描述，没有时间限制，主试逐字逐句地记录被试的描述及各种形式的反应时间（包括从图片出现到有反应的时间，反应期间较长的停顿时间）、情绪表现、附带动作及其他重要反应。第二阶段是询问阶段，主要询问被试是根据墨迹的哪一部分作出反应的，引起反应的因素是什么，对其回答也要详细记录。

计分时考虑定位、决定因素、反应内容和从众四个方面。定位是指反应是从图的哪一部分看出来的，包括W（整体）、D（部分）、d（小部分）、Dd（细微局部）和S（空白）。决定因素指被试在形成反应时考虑的因素主要是什么，包括外形（F）、运动（M）、色彩（C）和黑白光度（K）。反应内容指被告报告的物体具体是什么。罗夏对反应的具体内容不感兴趣，他将反应内容分类，探讨不同人格特征的人在反应内容的比例上有什么不同。从众指被试的反应是否与众不同，包括从众（P）和独特（O）。

罗夏墨迹测验在克服被试的心理防御方面有积极效果，但是在解释上有很大的主观性，效果不甚可靠，而且计分和实施比较复杂，无法团体施测。

5.5 职业兴趣测验

随着社会的发展，职业分工愈来愈细，专业训练和职业选择也成为每个人都会遇到的现实问题。而职业兴趣会影响人们对于职业的选择，并能开发个体的潜力，使人更快地熟悉并适应职业环境和职业角色。因此，职业兴趣受到了教育家、心理学家及企业界的普遍关注。职业兴趣测验作为职业兴趣的研究手段在20世纪也得到了很大的发展。

5.5.1 职业兴趣概述

兴趣是指一个人力求认识、掌握某种事物并经常参与该种活动的心理倾向，或者说，它是指人积极探索某种事物的认识倾向。它可以引起一个人对某项事物的特别关注，进而导致他（她）对该事物感知敏锐、记忆牢固、思维活跃、情绪积极，因此在进行相关活动时更容易感到满意、获得成功。兴趣可以分为一般兴趣和职业兴趣两类。一般兴趣指的是一个人对日常活动的偏好和倾向，即所谓的业余爱好，如下棋、钓鱼等。而当人们把偏好和追求的对象指向某种职业活动时，就形成了职业兴趣。

职业兴趣就是指人们对某种职业活动具有的比较稳定而持久的心理倾向。一个人对某种职业感兴趣，就会对该种职业活动表现出肯定的态度，并积极思考、探索和追求，以获得更大的发展。1909年，美国波士顿大学教授帕森斯（Parsons）在其著作《选择一个职业》中提出了人与职业相匹配是职业选择的焦点的观点，他指出：个体特征和兴趣如果符合职业要求，则有助于职业效率的提高。由此，心理学家开始关注职业兴趣的研究。

对职业兴趣的最早探索始于第一次世界大战期间。当时，瑟斯顿（Thurstone）根据斯帕林格（Spranger）的六种价值观类型（经济型、宗教型、权力型、社会型、理论型、审美型）的理论，加上自己因素分析的结果，将职业兴趣划分为10个范围，再就每一范围列举20个职业名称，采用项目对比法测量被试的兴趣偏好。该量表称为瑟斯顿职业兴趣调查表（Thurstone Vocational Interest Scale）。真正系统的兴趣研究应该是从米纳开始的。1915年，赫尔和米纳（S. Hall & J. Miner）在卡内基技术所（Carnegie Institute of Technology）工作期间，编制了一个兴趣测量问卷，称为卡内基兴趣量表（Carnegie Interest Inventory），涉及学习、娱乐等方面，用来指导学生选择适合自己兴趣的职业。最早的真正意义的职业兴趣测验诞生于1927年，其标志是斯特朗（E. K. Strong）编制的斯特朗职业兴趣表（Strong Vocational Interest Blank，SVIB）。与此同时，库德（G. F. Kuder）也开始了他对职业兴趣测验的研究。其基本思路是把所有职业分成10个兴趣领域，然后确定与之相应的10个同质性量表，被试的结果按这10个量表计分，通过得分的高低决定主要的兴趣领域。在这样的研究思路指导下，1934年他编制成库德个人偏好记录表（Kuder Personal Preference Record）（在1966年被改为"库德职业兴趣调查表"（Kuder Occupational Interest Survey，KOIS））。之后，霍兰德（Holland）提出了职业兴趣的人格类型理论，并于1953年编制了职业偏好量表（Vocational Preference Inventory，VPI），后来又在此基础上发展成自我导向调查表（Self-Directed Search，SDS）。此后，职业兴趣的测验量表不断完善：各量表之间互相吸收、相互融合，越来越倾向于采用大样本的实证资料库来解释测验分数，越来越多的问卷同时提供较广泛的同质性兴趣量表，以及特定的职业量表，扩大了所包括的职业范围，并开始注重与相关测验的综合。

5.5.2 斯特朗-坎贝尔兴趣问卷

斯特朗-坎贝尔兴趣问卷（Strong Campbell Interest Inventory，SCII）可以追本溯源到美国心理学家斯特朗1927年出版的斯特朗职业兴趣表（Strong Vocational Interest Blank，SVIB）。斯特朗在1920年就注意到人们兴趣的差异，因此开始编制兴趣问卷。1927年，他编制完成了第一个开发的职业兴趣量表——斯特朗职业兴趣调查表。他的方法是先编制涉及各种职业、学校学科、娱乐活动及人的类型的问卷，然后选取两组被试，一组作为特定职业的效标组（效标组的工人必须是那些对自己的工作感到满意，并且从事这一职业三年以上的人），另一组是非特定的一般群体，让两组被试接受测验，然后识别出可以区别这两组被试的独特的项目集，构成职业兴趣量表。SVIB共包括420个项目，提供对10种职业的评价。但它只是一个经验性问卷，不具有理论根源和统计支持，并非一个严格的量表。而且，它仅适用于男性。1933年，斯特朗又开发了第一个女性测验量表。1938年和1946年，斯特朗分别对男性和女性测验量表进行了修订。斯特朗去世后，坎贝尔（D. P. Campbell）主持进行了量表的一系列修订工作，1966年完成男性量表的修订，1969年完成女性量表的修订。随着女权运动的到来，继续使用独立的性别明确的量表已不再合适。因此，坎贝尔将男性版和女性版合并到一个测验上，并以"斯特朗-坎贝尔兴趣问卷"为名于1974年公开。SCII又分别于1981年和1985年修订，目前使用的多是1985年的版本。

SCII（1985年版）共有325个项目。问卷的内容包括七个部分，分别是：职业名称（13道题），学校课程（36道题），活动方式（51道题），娱乐方式（39道题），所交往的人的比较（24道题），两种活动的比较（30道题），自我性格评价（14道题）。在前五个部分的题目中，被试要对每道题作出"喜欢"、"无关"或"不喜欢"的回答；在后两部分，要求被试由配对的项目中挑选自己偏好的一个和在一套描述自我的陈述中选择"是"、"否"或"?"。

SCII 项目实例

请对下列项目作出喜欢（L）、无关（I）或不喜欢（D）的选择：

	喜欢	无关	不喜欢		喜欢	无关	不喜欢
1. 会计师				7. 购买货物储藏起来			
2. 护林员				8. 进行研究工作			
3. 文字处理者				9. 为慈善捐献			
4. 化学				10. 操作机器			
5. 新闻工作者				11. 承担领导职责的人			
6. 社会学				12. 艺术和音乐杂志			

SCII（1985年版）包括五类量表：一般职业主题量表、基本职业兴趣量表、具体职业量表、特殊量表和管理指标量表。一般职业主题量表是根据霍兰德职业理论建立起来的，有六个主题量表，即霍兰德职业兴趣理论的六个职业兴趣（RIASEC），每个量表包括20道题，共120个题目。基本职业兴趣量表是由在内容上具有相似性且在统计上具有高相关的题目组成的，属于同质性量表。具体职业量表是根据Strong的经验性方法建立起来的，用来提供关于被测者的兴趣和所选择的那些职业效标组的兴趣之间相似程度的信息。特殊量表包括学术满意度量表和内-外向量表两个量表，前者反映了在学术环境中的满意程度，后者反映了被试是否愿意与其他人一道工作。管理指标量表是对每一份答案进行常规性统计，以确保在施测及数据录入过程中没有意外情况发生。它包括三个统计量：整体反应指标、异常反应指标和反应类型指标。

斯特朗-坎贝尔兴趣量表的信度和效度都较好。在国外，它被广泛地应用于人才测评中，对个人职业选择和企业的人才选拔提供了非常有用的信息。

5.5.3 库德职业兴趣量表

库德（G. F. Kuder）的兴趣量表可以追溯到1939年的第一个测验版本，它使用了一种配对比较的项目形式来评估七个兴趣领域的偏好。1944年，他出版了库德职业偏好记录表（Kuder Preference Record-Vocational）。该记录表试图从被试的兴趣范围来推断被试感兴趣的职业。它的基本思路是：首先把所有职业分为10个兴趣领域（户外活动、机械、科学、运算、劝说/宣传、艺术、文学、音乐、社会服务和文书），然后确定与之相应的10个同质性量表，被试的结果按照这10个量表进行计分，然后根据得分高低来确定感兴趣或不感兴趣的领域。在这个记录表中，库德引入了现在常见的三选一的项目形式，每题的选项是三个句子，与三种活动有关，要求被试从中选出最喜欢的和最不喜欢的。这一特色在当前库德量表中也被继续保持着。库德职业偏好量表主要适用于高中学生和成人的就业咨询和安置。

库德一般兴趣量表（Kuder General Interest Survey，KGIS）是对库德职业偏好量表的修订和补充，仍是168个三择一式的问题，涉及504种活动。它适用于对初高中学生的课程选择和职业指导。

此后，库德从斯特朗职业兴趣问卷中吸收了职业量表的思想，于1966年出版了库德职业兴趣调查表（Kuder Occupational Interest Survey，KOIS），这一版本的关注点在于测量被试的兴趣和从事各种职业的人的兴趣的相似程度。KOIS共有100个项目，分为五个分量表，分别是：验证量表（Verification Scale）、职业兴趣评估（Vocational Interest Estimates，VIE）、职业量表（Occupational Scale）、大学主修专业量表（College Major Scale）和实验量表（Experimental Scale）。

验证量表专门用来评估被试是否认真地填写了量表。粗心地填写答题纸、没有遵守测验的指导与有意作假或者随机反映都可能是可疑的验证分数的来源。职业兴趣评估包括十种职业兴趣领域，可得到十种职业范围的分数，再将这十种兴趣的百分位数转换成霍兰德的六种职业类型的分数。职业量表是设计来反映被试的兴趣和那些从业者兴趣间相似性的。大学主修专业量表是KOIS的一个创新，它是专门设计来测量被试的兴趣和那些主修不同学科的大学四年级学生的兴趣之间的相似性的。实验量表用来提供补充性的管理信息，用来确定整个量表的效度。

KOIS 项目示例

下面每一组都描述了三种活动,被测者要从每组中选择出一个他最(most)喜欢的活动和一个最不(least)喜欢的活动,用圆圈在适当的位置标出自己的选择。每一组中都要有一个选项是空白的,表示它介于最喜欢和最不喜欢的活动之间。

1. 参观美术画廊　　　　　　　　　M　　L
   浏览图书馆　　　　　　　　　　M　　L
   参观博物馆　　　　　　　　　　M　　L
2. 收集真迹石版复制品　　　　　　M　　L
   收集硬币　　　　　　　　　　　M　　L
   收集石头　　　　　　　　　　　M　　L

相比斯特朗兴趣量表,库德兴趣量表有三个特点。

① 库德兴趣量表的题目是三选一的强迫选择式。它能减少社会赞许性等反应定势的影响,但由于各选项在不同量表中都出现,被试在一个量表上的得分就会受到他在其他量表上得分的影响。

② 项目的组合以兴趣范围而非职业为单位。相同兴趣范围内的项目相关性高,兴趣范围间项目的相关性低。

③ 它将被试的年龄延伸到初中阶段,从而超出了职业指导的主题而涉及了课程选择指导等更广泛的领域。

5.5.4 霍兰德职业兴趣量表

1. 霍兰德职业兴趣理论

美国心理学家、职业指导专家霍兰德(J. L. Holland)在1959年系统提出了以人格类型学说为基础的职业兴趣类型理论,把人的职业兴趣分为现实型(Realistic)、研究型(Investigative)、艺术型(Artistic)、社会型(Social)、企业型(Enterprising)和传统型(Conventional)六种类型。在此基础上,霍兰德又提出了六种相应的环境模式(现实型、研究型、艺术型、社会型、企业型和传统型)。他认为:职业兴趣与职业环境模式的匹配是决定成功的最重要的因素之一。不同的职业兴趣类型与职业环境的匹配关系如表5-8所示。

表5-8 霍兰德职业类型、特征及相匹配的职业

职业类型	特　征	相匹配的职业
现实型(R)	遵守规则、实际、安定,喜欢需要基本技能的具体活动	需要熟练技能方面的职业,动植物管理方面的职业,机械管理方面的职业,手工艺或机械修理、机械操作等职业
研究型(I)	内省、理性、创造,喜欢独立分析与解决抽象问题	数学家、物理家、化学家、生物学家、设计师等

续表

职业类型	特征	相匹配的职业
艺术型（A）	想像、直觉、冲动、无序，喜欢用艺术形式来表现自己的思想与情感	美术雕刻、舞蹈、戏剧、绘画、写作等
社会型（S）	助人、合作、责任感、同情心，喜欢并善于社会交往，乐善好施	学校教育和社会教育方面的工作、社会福利事业、医疗与保健方面的工作等
企业型（E）	支配、自信、精力旺盛，喜欢指挥、劝导别人接受自己的意见	工商与行政管理、市场营销、保险业等
传统型（C）	有条理、稳定、顺从、有序，喜欢程序化的条理性工作	银行职员会计、收银员、统计人员、电脑操作员等

霍兰德将六种职业类型排列成一个六边形（见图5-5），来表示各职业类型间的关系。在图中位置相邻的两类职业兴趣的相似性最大，如 I 和 R；间隔的职业相似性较小，如 I 和 S；相对的职业在兴趣上正好相反，如 I 和 E。

2. 自我导向搜寻量表

自我导向搜寻量表（Self-Directed Search, SDS）并非霍兰德的最早成就，它是霍兰德的职业理论和其最初的职业爱好量表（Vocational Preference Inventory, VPI）交织发展的结果。

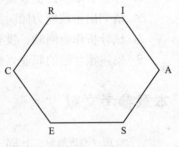

图5-5 霍兰德职业类型六边形

VPI 是霍兰德发表于 1953 年的一个完全由职业名称构成的职业爱好调查问卷。它形式比较简单，共包括 160 个项目（每个项目代表一种职业），由 11 个分量表组成，要求被试以"喜欢"或"不喜欢"作出反应，按其反应从 11 个方面积分，这 11 个分量表分别是：现实型量表、研究型量表、社会型量表、传统型量表、企业型量表、艺术型量表、自我控制量表、男子气概量表、社会地位量表、罕见性量表和顺从性量表。

自我导向搜寻量表是在 VPI 的基础上发展而成的自我施测、自我记分、自我解释的量表。相比 VPI，它的内容更丰富，量表项目总数为 228 个。整个量表由四个部分组成。第一部分要求被试列出自己理想的职业。第二部分是测查部分，分别测活动、潜能、爱好的职业及自我能力评定四个方面：①活动，共 66 个项目，涉及 66 种活动，要求被试回答"喜欢"或"不喜欢"；②能力，也是 66 个项目，包括 66 种有关个人能力的陈述，要求被试根据自身能力情况选择"符合"或"不符合"；③职业名称，共 84 个项目，涵盖 84 种职业名称，要求被试按"喜欢"或"不喜欢"作答；④自我评价，要求被试就 12 种能力或技能进行自我评价。第三部分按六种类型的四个方面测得结果的得分高低，按由大到小取三种类型构成三字母职业码（这些字母为六种类型的英文的头一字母，每种职业根据研究都有职业码）。第四部分为职业搜寻表，包括 1 335 个职业，每种职业都标有职业码和所要求的教育水平。

个体在自我施测时首先根据个人的经历或感觉，确定自己感兴趣的职业，以便与后面测验的结果进行比较；第二步即是进行测量；第三步是确定职业码。具体方法是这样的：把所有肯定的问答按六种类型记总分，取最大的三个维度按由大到小的顺序排列即可。最后根据这个职业的三字母码在职业搜寻表中找职业，并将所选取的职业按自己喜欢的顺序来排列。如果这些职业都不理想，则可以将三字母码重新排列，然后再在职业表中查找，将喜欢的职业按顺序排列。一般来说，这些职业会与前面填的理想的职业基本一致。

值得注意的是，在解释时一定要参考被试的教育水平。如果一名被试的职业兴趣类型为CIS，他适合于传统型兼研究型的工作。如果他是初中毕业，他只能适合统计员之类的工作；如果他是大学毕业，则他适合公共事业会计之类的工作。

SDS以其简洁、方便赢得了大量使用者。虽然其总分的信度令人满意，构想效度也有一定基础，但还缺乏有力的效标效度资料。

思考题

1. 简述心理测验的五个要素。
2. 分析智龄、比例智商和离差智商的区别和联系。
3. 请列出行政能力倾向测验的结构。
4. 试分析作业测验、投射测验和量表式测验的优缺点。
5. 概述霍兰德的职业兴趣理论和量表。

本章参考文献

[1] 金瑜. 心理测量. 上海：华东师范大学出版社，2002.

[2] 郭庆科. 心理测验的原理与应用. 北京：人民军医出版社，2002.

[3] 王小英，张明. 心理测量与心理诊断. 长春：东北师范大学出版社，2002.

[4] 马立骥. 心理评估学. 合肥：安徽大学出版社；北京：北京科学技术出版社，2004.

[5] 张厚粲. 实用心理评估. 北京：中国轻工业出版社，2005.

[6] MERPHY K R, DAVIDSHOFER C O. 心理测验原理与应用. 张娜，杨艳苏，徐爱华，译. 上海：上海社会科学院出版社，2006.

[7] 王垒，李林，梁觉. 综合智力：对智力概念的整合. 心理学报，1999（2）：97-100.

[8] 陈英和，赵笑梅. 智力测验的演变和展望. 北京师范大学学报：社会科学版，2007（3）：33-38.

[9] 胥兴春，程启军. 智力理论发展的新趋势. 宁波大学学报：教育科学版，2004，24（1）：51-54.

[10] 王杭. 关于"音乐能力倾向"与"音乐成就"的界定：从西方音乐能力测验引发的思考. 人民音乐，2005（4）：39-41.

[11] 王进礼，龚耀先. 多项能力倾向测验的初步编制. 中国临床心理学杂志，2004，12（2）：116-120.

[12] 陈中永. 人格测量方法的分类及比较. 心理学探新，1993（2）：40-48.

[13] 敖小兰，石竹屏. 心理学中人格评估法综述. 重庆交通学院学报：社科版，2004，4（2）：32-35.

[14] 王晓林，朱建军. 人格测量方法综述. 山西师大学报：社会科学版 研究生论文专刊，2006（33）：182-184.

[15] 曾维希，张进辅. MBTI人格类型量表的理论研究与实践应用. 心理科学进展，2006，14（2）：255-260.

[16] 龙立荣. 职业兴趣测验SDS的发展现状及趋势. 教育研究与实验，1991（2）：34-37.

[17] 刘视湘，洪炜. 职业兴趣研究的历史与发展趋势. 职业技术教育：教科版，2003（1）：57-59.

第 6 章 面试技术

6.1 面试的概述

6.1.1 什么是面试

面试,古已有之。战国时期,秦孝公招贤于天下,卫鞅入秦,经孝公多次面试后,委以重任,遂施以变法,强秦以威诸侯。孔子对于慕名前来拜师的弟子都要面试一番,根据其言行举止、相貌是否合格来决定取舍。汉代的刘劭对面试则更有相当的研究,他把面试称之为"接论",主张通过"接论"而"取同体"。

面试的历史虽然源远流长,但人们至今对面试仍未能形成一个统一的看法,众说纷纭。一般来说,面试是一种运用范围广泛、方法灵活、收集信息量大、简便且技巧性很强的人才测评技术。

所谓面试,就是通过考官与应聘者直接交谈或者置应聘者于某种情景中进行观察,了解应聘者的能力、个性特征及求职动机等情况,从而完成对应聘者适应职位的可能性和发展潜力的评价。

面试相对笔试和资格审查等甄选方式来说主要有以下几个特点。

1. 面试是一个双向沟通的过程

面试是主考官和应聘者之间的双向沟通过程,包括言语和非言语两种水平的信息交流。在面试过程中,应聘者并不是完全处于被动状态。主考官可以通过观察和谈话来评价应聘者,应聘者也可以通过主考官的行为来判断主考官的价值判断标准、态度偏好、对自己面试表现的满意度等,从而调节自己在面试中的行为表现。同时,应聘者也可以借此机会了解自己应聘的单位、职位情况等,以此决定自己是否可以接受这一工作。

2. 面试的内容灵活,针对性强

面试可以针对不同职位、不同的应聘者灵活地变化测试内容,准确地测试出应聘者在某一方面是否适应这一职位所需要的实际能力水平。例如,在具体的实施过程中,考官可以针对每个应聘者回答方式与内容的不同而进行不同的追问,从而可以获取应聘者在该方面更深层次的信息,作出合理的评判。

3. 强调素质的测评

笔试完全以答案为依据来评判应聘者的成绩,只要应聘者的答案与标准答案一致,不论应聘者是真的解答对了还是猜对的,也不论应聘者的解答方法是否巧妙、熟练,花费的时间是多是少,都得给分。而面试则是依据应聘者在面试过程中的全部表现对其素质状况作出评定。它不仅分析应聘者的回答是否正确,更重要的是看应聘者在回答问题的过程中所反映出的思维的灵活性、逻辑性和应变能力等。因此,对应聘者面试结果的评判,不把观点正确与否作为第一位的指标,而是看应聘者回答问题的过程,强调整体素质的考查。

4. 判断的直觉性,过于依赖考官

其他的测评大多数是理性的逻辑判断与事实判断,面试的判断却带有一种直觉性。它不仅仅依赖考官严谨的逻辑推理与辩证思维,而且往往包括很大的印象性、情感性与第六感觉特点。我们常常一见某人便觉察出了他的某一素质特点,但反躬自问,却又说不出所以然来。面试的结果由考官决定,因此面试对考官的依赖性比较强。考官素质高低、经验丰富与否,直接影响着面试的质量。

随着国外面试技术的引进和介绍及国内研究的不断深入,面试的技术日益科学化,程序日益规范化,形式也日益多样化。

6.1.2 面试的类型

通常来说,面试包括以下几种类型:非结构化面试、结构化面试、半结构化面试、情景面试、基于行为的面试、小组面试和压力面试。

1. 非结构化面试

非结构化面试就是开放式的任意式的谈话,没有固定的模式,也没有事先准备好的问题,相对来说应聘者有较大的自由度决定讨论的方向,所以非结构化面试的灵活性较强,考官可以深入地了解应聘者某些方面的特征,因此对考官的要求比较高。但是,非结构化面试不可避免地会受主考官主观因素的影响,且面试的结果往往无法量化,因而很难同其他应聘者的评价结果进行横向比较。

2. 结构化面试

结构化面试是指依照预先确定的内容、程序、分值结构进行的面试形式。它首先要根据《职位说明书》确定面试的测评维度,在每一个测评维度上预先编制好面试题目并制定出相应的评分标准,且在面试过程中要遵循客观的评价程序。结构化面试往往会事先确定一个提问提纲,里面列出了需要了解的各方面问题,而且这些问题通常还可能有一定的内在逻辑关系。面试时,主考官按照固定的程序向应聘者提出这些问题,所有应聘者都回答同样结构的问题,因此便于将考生的结果进行横向比较。此外,结构化面试往往有标准化的评分表和详细的评分标准,它类似于一种标准化的面试。因此,结构化面试要求考核要素结构化,面试试题结构化(包括试题的内容,种类,编制),试题要基于考核要素而得出,评分标准结构化(包括测评指标,水平刻度,测评规则),面试考官结构化,面试过程结构化。

3. 情景面试

情景面试中,考官主要根据应聘者对某一具体情景的反应对其作出评价,面试的题目是假定的情景,主要来源于工作,或者能够体现出工作所需的素质。此外,情景面试还要求对事例的反应能区分优秀员工和一般员工。

4. 基于行为的面试

基于行为的面试是一种通过让应聘者举出事例或者现场对一些观点进行思考和评价来考察应聘者某些素质的面试。所依照的原理就是用过去的行为预测未来的表现，所以需要定义各项素质的典型行为（包括正面的典型行为和负面的典型行为）。在基于行为的面试中，考官的主要任务就是收集应聘者过去的STARs。所谓STARs，是指situation，target，action和results。也就是应聘者在讲述事例时，考官所关注的信息。

- Situation（情形）

事例发生时的背景情况，应聘者遇到的问题有哪些。这一部分的讲述不需要太详细，但是一定要把问题凸显出来，为后面所采取的行为做铺垫。

- Target（目标）

在做这件事情时预想的目标和结果是什么。这部分的说明可以让考官对应聘者所做的事情有个总体印象和定位。

- Action（行为）

这一部分是核心，主要内容是应聘者在做这件事情时都采取了哪些行为。在讲述时，最好按照一定的逻辑顺序，如按时间顺序来讲解采取的方法、步骤、对突发情况的应对策略等，使考官有一个详细、清晰的了解。

- Results（结果）

这件事情的结果如何，包括是否完成了预想的目标，此外还有哪些收获等。从中考官可以看出应聘者是否是一个善于总结经验的人。

5. 小组面试

小组面试中有多个应聘者，一般是就某个问题进行陈述和讨论。小组面试便于考官全面考察应聘者的领导能力、语言表达能力和合作能力。此外，由于小组面试涉及应聘者相互之间的交流和沟通，因此，便于考官对应聘者进行横向比较，挑选出佼佼者。

6. 压力面试

压力面试是指有意制造紧张气氛，以了解求职者将如何面对工作压力。面试人通过提出生硬的、不礼貌的问题故意使候选人感到不舒服，针对某一事项或问题做一连串的发问，直至其无法回答。此种面试的目的是确定求职者对压力的承受能力及在压力前的应变能力和人际关系能力。值得注意的是，压力面试在于考察求职者的应变能力、人际交往能力，需要求职者具有敏捷的思维、稳定的情绪和良好的控制力。而这类题目的设置大多具有欺骗性，因此事后应向应试者作出解释，以免引起误会。

6.2 面试的评价要素与权重确定

6.2.1 面试的评价要素

面试的评价要素相对笔试来说更加全面，通常包括以下几项。

① 举止仪表：主要指应聘者的体格外貌、穿着举止和精神状态等。在组织中，对一般人员的测评，举止仪表并不是一个重点内容，但对于公关人员、营销人员、秘书、管理人员等从业人员，对举止仪表的要求则相对重要。研究表明，仪表端庄、衣着整洁、举止文明的人，一般做事有规律，注意自我约束，责任心强。

② 专业知识和技能：从专业的角度了解应聘者掌握专业知识的深度和广度、技能的高低与专业上的特长，作为对专业知识笔试的补充，是人才测评的一个重要方面。面试对专业知识和技能的考察更具有灵活性和深度，所提问题也要更接近岗位或工作对专业能力的要求。

③ 工作实践经验：包括过去曾经做过的工作或担任过的职务、取得的成就、工作的满意度、工作的收获、人际关系情况、薪资情况等。主要通过了解应聘者的有关背景和工作经历来查询其过去工作的有关情况，以考察其所具有的工作经历和实践经验是否适合工作的需要。通过考察工作经验，考官还可以考察应聘者的责任感、社会阅历、为人处事的经验及遇事的理智状况，并能从侧面考察应聘者的工作能力等。

④ 工作态度和求职动机：从工作积极性和工作绩效的角度来看，工作态度对于工作的完成情况往往有决定性的影响。此外，一般认为，在过去学习或工作中态度不认真、做好做坏都无所谓的人，在新的工作岗位也很难做到勤勤恳恳、认真负责。所以，考查应聘者的工作态度是十分必要的。通过考察应聘者对过去学习、工作的态度可以知道其是否热爱工作、钻研业务。通过考察应聘者对所应聘职位的态度与期望可以知道应聘者为何希望来本单位工作，对哪类工作最感兴趣，在工作中追求什么，从而判断出应聘者的求职动机。

⑤ 语言表达能力：通过对语言的音调、音量、语速、准确性、清晰度、逻辑性、感染力等具体内容的考察来评价应聘者是否能够将自己的思想、观点、意见和看法顺畅、准确、有逻辑地表达出来。语言表达能力的考察贯穿面试的全过程。

⑥ 反应能力和应变能力：考查应聘者对考官所提问题的理解是否准确贴切，回答是否迅速、到位等；对于突发问题的反应是否机智敏捷、回答恰当；对于意外事情的处理是否得当、妥善等。

⑦ 综合分析能力：考查应聘者能否抓住考官所提出问题的本质、要点，充分、全面、透彻而有条理地加以分析。

⑧ 人际交往倾向和能力：面试中，通过询问应聘者经常参与哪些社交活动、喜欢同哪种类型的人打交道、是喜欢集体活动还是喜欢单独活动、为人处事的方式等情况，可以了解应聘者的人际交往倾向和能力。

⑨ 事业心、进取心、自信心：事业心、进取心、自信心强烈的人，一般都能确立事业上的奋斗目标，并为之积极不懈地努力，表现在工作上即兢兢业业、锐意进取，努力做好工作，百折不挠，工作中常有改革创新。对事业心、进取心、自信心的考察可以从奋斗目标、理想抱负、工作意愿、工作要求、工作成就、薪资变动情况、工作业绩和奖励情况等方面进行。

⑩ 自我控制能力与情绪稳定性：自我控制能力对于一些从事特定工作的人（如企业的管理人员）显得尤为重要。一方面，在遇到上司批评指责、工作有压力或者当个人利益受到冲击时，能够克制、容忍、理智地对待，不至于因情绪波动而影响工作；另一方面，工作时

能有足够的耐心和韧劲。

⑪ 兴趣及爱好：了解应聘者业余时间的安排、经常从事的娱乐活动、业余爱好、生活方式等，可以从一个侧面分析了解一个人的情趣，对录用后的工作安排也会有所帮助。

6.2.2 面试评价要素的权重确定

面试评价要素的权重确定要以人才测评的目的为依据。人才测评的目的大致有两个：一是选聘录用新员工；二是组织内部考评选拔人才，为个人事业发展和晋升打基础。前者由于可能对应聘者情况知之甚少，所以测评的要素相对要更多一些，而后者由于对应聘者的情况已有所了解，所以就可以将重点放在工作态度及各项能力上，做到重点突出。

此外，评价要素及权重还要依据具体工作岗位的《职位说明书》来确定。不同的工作岗位职责不同，任职资格就不同，因而面试中的评价要素及其侧重点也有所不同。例如，如果要招聘的是销售人员，那么，语言表达能力就是评价要素中的重点；如果要招聘的是技术人员，那么专业知识和技能就是重点，而语言表达能力则不是。例如，办公室主任的评价要素及权重分配如表6-1所示。

表6-1 办公室主任面试评价要素及权重

要素和权重＼姓名	基本信息		口头语言表达能力	工作动机及灵活应变能力	专业背景与岗位认知	情绪控制力	责任感与归属意识	管理能力			
	个人仪表	岗位认知						领导与指挥	计划与控制	决策	授权与激励
	5%	5%	10%	15%	10%	5%	10%	10%	10%	10%	10%

由于面试主要是通过考官对应聘者的观察、分析、判断来测评的，很少有标准答案，所示评价往往带有一定的主观性。要使面试评价尽量具有更大的客观性，在设计面试评价要素时，应特别注意各个要素的评价标准及等级的制定。评价等级的划分一般有定性与定量两种方式。定性方式是按"优、良、中、差"、"较强、一般、较差"等进行划分的。定量方式则是采用赋值的形式进行的，如5分制的5分、4分、3分、2分、1分等。为了更加精确地量化，还需要对每个等级标准进行描述，以统一不同考官对该等级的理解。在标准的用词上，要尽量体现等距原则，讲究各个层级的递进性和连续性。

例如，决策能力的评价等级及标准如表6-2所示：

表6-2 决策能力的评价等级及标准

5	对突发情况反应灵敏
4	对突发情况反应较快
3	对突发情况反应一般
2	对突发情况反应较慢
1	对突发情况反应迟钝

6.3 面试的试题设计

6.3.1 面试试题设计的原则

面试的试题设计一般遵循四项原则：

① 思想性原则：所出的题目应该具有一定的思想性，即题目内容应该选取具有一定意义的问题，避免低级、庸俗的不健康内容。

② 针对性原则：所出的题目首先要依据职位说明书，也就是要针对岗位的具体特点，题目应该能反映出拟任岗位所要求的具有代表性、经常发生的和较为稳定的内容；其次要针对所需测评的要素，以确保对应聘者的考察有效且方便考官进行量化地评分；此外，题目还应针对应聘者的来源和背景情况，选择适合应聘者的话题。例如，若应聘者是没有工作经验的应届毕业生，则可以询问其在大学中所参加的实践活动情况，若应聘者是有工作经验的求职者，则可以询问其过去的工作经历方面的问题。

③ 灵活性原则：所出题目的形式和内容都应具有一定的灵活性，以便给应聘者留出回答的空间，也给考官留有追问的余地，调动应聘者的积极性；此外，题目的灵活性还有利于形成面试所需的融洽气氛。

④ 理解性原则：所出题目的语言应通俗、简明，且避免使用有歧义的语言，便于应聘者理解并作出准确回答，同时有利于缓解应聘者的紧张情绪。

6.3.2 面试试题的类型

面试的试题一般可以分为背景性问题、智能性问题、工作知识问题、情境性问题、行为性问题和意愿性问题。

1. 背景性问题

背景性问题是通过询问面试对象的教育、工作、家庭成长等来了解面试对象的求职动机、成熟度、专业技术背景等要素的面试题型。其主要目的是为面试营造良好的沟通气氛，缓和应聘者的紧张情绪。此外，通过背景型题目还可以对考生有一个基本的了解，为进一步交流提供有价值的话题。这种面试题型的设计相对较容易，但题目的可替换性相对也较小，一般只能围绕被试者的个人背景进行。

例如，你过去的工作经历是什么？对参加这次面试有什么帮助？

2. 智能性问题

智能性问题主要考察被试的综合分析能力、逻辑思维能力和语言表达能力。智能性问题并非是单纯的智力问题，而是一些值得思考和值得争论的现实问题。对于这类问题，往往是仁者见仁，智者见智，因此并无标准答案。考官对这类问题的评判，不能以应聘者的回答是否与考官的看法一致为标准，而应该将考察的重点放在应聘者对自己的观点是否能自圆其说，令人信服，其表达是否有逻辑。

例如，你如何看"金钱不是万能的，但是没有钱是万万不能的"这句话？

3. 工作知识问题

工作知识问题主要询问应聘者对特定岗位的相关知识的了解和掌握情况，所以对于那些对专业知识要求较强的工作岗位来说尤为重要。

例如，在招聘绩效和薪酬专员时询问"请谈谈你对平衡记分卡的认识"。

4. 情境性问题

情境性问题描述了一个针对相关能力的、与工作有关的假定情境，要求应聘者就这个给定的情境中作出回答。情境性问题类似于情境模拟，是一个语言模拟的题目。考察多种能力，包括决策能力、思维敏捷性、随机应变能力等。这种题目在设计上也比较容易，且可以满足多种测评要素的考察需要，但它本身所造成的情景假设性对被试者的考查是否有效，却难以作出评判。

例如，当你乘车参加一个重要会议时，走出站台后发现公文包丢在车上，并且火车已经开走。公文包里有你准备在1个小时后的一个发言稿。此时你会怎么办？

5. 行为性问题

行为性问题是通过让应聘者讲述过去的某种经历，从而获得应聘者的能力要素的信息。在问题的追问中应遵循STARs原则。这种题型受被试者个人情况的局限，替代性相对较小，并且这种题型要求考官有丰富的经验，能识别被试者回答的真伪或有办法和技巧去追问、发掘被试者进一步的行为表现是否一致，并判断其真实性与合理性。

例如，请叙述你所组织的一次成功的活动，并说说体会。在了解到信息的基础上，可以追问更多细节，如你是怎么组织的？他人对这项活动是如何评价的？你自己如何看待？等等。

6. 意愿性问题

意愿性问题主要考察应聘者的价值取向、报考动机、与职位要求的匹配性，以及生活态度等个性倾向。可以直接提问，也可以通过投射和被迫选择的技术进行。这种题目在使用中要避免误导和出现尴尬冷场的局面。

例如，现在办事情，要么使用手中的权力，要么请客送礼。如果你办事，是首先想到送礼，还是利用权力？

6.3.3 面试试题的设计步骤

1. 准备阶段
① 明确面试的目的：明确为何面试及结果的用途。
② 根据《职位说明书》确定面试的测评要素及权重。
③ 确定采用哪些试题类型。

2. 编制阶段
① 根据测评要素设计题目：每道题目要明确测评要素，但并非一个题目只考察一个要素。
- 题干的设计：文字要精练，表意要明确，措辞要严谨。
- 追问的设计：根据题干的外延和内涵进行设计。

- 评分要点的设计：评分要点可以帮助考官把握评判应聘者素质的主要着眼点和行为。包含两个部分：该题目的设计思路；指出对应聘者应该观察和评价的若干方面，以及相关行为与结果标准。

② 题目的顺序安排：题目的安排，要遵循先熟悉后生疏、先具体后抽象、先微观后宏观的原则，利于应聘者逐渐适应，展开思路。

3. 试测阶段

将编制好的题目在岗位在职者中进行试测，收集典型的回答并制定评价的参考标准。

为保证面试试题，尤其是考察工作所需能力和素质的试题的效度，试测的在职员工要包括优秀的任职者和一般的任职者，并将两个团体的测验结果进行比较。假如两个团体的作答结果之间没有显著性的差异，或者一般人员的结果比优秀管理者的结果要好，则说明编制的面试试题存在问题，需要进一步修改。假如优秀任职者的结果明显地好于一般任职者，则可以接受这份面试试题，但要注意结果的保密。

6.4 面试的实施与操作技巧

6.4.1 面试的实施

面试的实施一般包括以下几个阶段。

1. 面试前的准备阶段

1）确定面试考官

面试是一种对考官素质依赖性比较强的测评方式。考官素质高低、经验丰富与否，直接影响着面试的质量。通常面试是由各方面的专家组成的面试小组来完成的，所以说挑选适当的面试考官组成结构合理的面试小组是做好面试工作的基础和首要前提。一般来说，面试小组成员应包括用人部门主管，以及与工作有密切联系的其他部门的代表等。研究表明，合格的考官应具备以下几个条件。

① 具备良好的个人品格和修养，为人正直、公正。面试考官代表着组织，代表着一种组织文化的特征。他们必须给人以正直、公正和有良好修养的感觉，才能在面试过程中树立组织的良好形象，给应聘者值得信赖的感觉，从而有助于创造良好和谐的面试气氛，使应聘者更有可能向考官坦露自己的真实观点和看法。

② 具备相关的专业知识。具备相关的专业知识是对面试考官的基本要求。至少在面试小组中，考官的知识组合不应有缺口。因为面试的一个重点就是专业技能、知识水平的测评。如果考官或面试小组对专业和工作一知半解的话，就不能在面试中提出合适的问题并评判应聘者的回答，从而也就不能测评应聘者的工作能力和知识水平。

③ 掌握相关的人员测评技术。面试是一种技巧性很强的工作，所以要求考官应掌握必备的人员测评技术，以便在面试中准确、全面、快速地把握应聘者的真实素质情况，对录用与否作出果断的决定。

④ 了解组织状况和职位要求。通过对组织的状况和需要招聘的职位进行较为深入、

全面地了解，可以明确需要招聘什么样的人，从而帮助其选拔出合适的人才，提高面试的质量。

⑤ 具备丰富的社会、工作经验。在面试评价过程中，定性评价往往多于定量评价，因此要求考官们具备丰富的社会工作经验，从而借助这些经验的直觉判断来正确把握应聘者的特征。

面试对考官的要求是非常高的，如果单个考官无法满足上述要求，则应组织面试考官小组，以保证面试的质量。

2）确定面试人选

在面试前，应借助媒体、网络等发布招聘信息，知道的人越多，选择的余地就越大，这样也能在一定程度上弥补面试技术的不足。在收到面试候选人信息后，根据招聘需求进行初步筛选，并最终确定面试人选。

3）确定面试内容，设计面试提纲和面试评价表

根据《职位说明书》确定面试的内容及形式，设计面试提纲。在设计提纲时，应注意把重点放在工作能力和工作动机上，并突出重点。表6-3是面试提纲的一个范例。

表6-3 业务员的面试提纲

准备事项 1. 审阅申请人的应聘材料，找出要进一步了解的内容； 2. 回顾招聘职位所要求的职业资格和能力指标项目； 3. 设想一下临场可能的询问话题； 4. 计划好面试的时间（将其他工作安排好）。
开始面试 1. 与申请人热情地打招呼，并自我介绍或代为介绍； 2. 讨论天气、交通、地理等，逐步进入交谈； 3. 告知申请人，你将会在面试期间作一些记录。
询问背景情况（摘录要点）
让申请人讲述其受教育情况 为什么选择该专业？（兴趣） 从学校中学到了什么？（学到专业知识，学到思维方法更重要） 为什么？（考察分析能力） 让申请人讲述工作经历，并简要记录（只记录最近两次的工作即可） 工作单位： 起止时间： 职位与职责： 满意的与不满意的： 离职原因： 工作单位： 起止时间： 职位与职责： 满意的与不满意的： 离职原因：

续表

关键能力考察		
市场拓展与客户服务	认真了解并分析客户的需求，努力满足客户的要求或说服客户接受我们的要求，与客户建立良好的合作关系。 考察指标： (1) 设法了解客户的需求； (2) 有效分析或预测可能的交易条件； (3) 主动采取提高客户满意度的行动； (4) 及时有效地促使客户下单； (5) 跟踪客户的满意度； (6) 与客户建立密切的关系； (7) 积极改进客户不满意的因素。	
	问题： 请说说您是如何找到客户并最终达成交易的？ 是否有遇到很难沟通的客户？若有，您是怎样使这位客户接受您的产品的？ 生意需要客户的长期支持才能做得长久，您能否讲述一个与客户长期合作的例子？	
分析创造力	请您尽可能多地说出这个茶杯的用途？（最好你要预先多想几种，在申请人想不出更多时，对申请人表示赞赏，并补充几个用途） 请您谈谈以下几种销售渠道各有什么好处？哪一种更适合本公司？直销客户、指定代理、中间经销。（没有正确的答案，主要考察申请人的分析能力）	
团队合作	考察指标： (1) 理解团队目标，并使自己的行为与团队目标保持一致； (2) 为团队目标牺牲个人利益； (3) 分享信息，与他人共同工作； (4) 积极沟通，争取支持； (5) 支持团队的决定。	
	问题： 您认为什么样的同事不好相处？您如何与他们相处？ 请讲述一个您在团队中与他人共同解决问题的例子。 当得到客户的一个订单后，业务助理却告诉您没办法安排出货，您该怎么办？	

　　设计面试评价表，供考官在面试之后，根据观察与语言问答所收集到的各种信息，对应聘者的素质状况进行计量和价值判断。考官要将面试资料和信息进行整理，对应聘者各方面的能力按照评价表所列项目逐一评定，填写在评价表上，完成最终测评结果。

　　面试评价表的格式可以根据要求的不同而有所变化，下面给出三个面试评价表作为样例，如表6-4、表6-5和表6-6所示。

表6-4 面试评价表一

评 价 项 目	评 分
求职者的仪表和姿态是否符合本工作要求	
求职者的态度及工作抱负与本单位的工作目标是否一致	
求职者的气质、性格类型是否符合本项工作的要求	
求职者的工作意愿是否能够在本单位得到满足	
求职者的专长能否符合所聘用职位的工作要求	
求职者的工作经历是否符合所聘用职位的要求	
求职者的教育程度是否符合所聘职位的要求	
求职者所要求的待遇及其工作条件是否适合本单位所能提供的条件	
求职者的自我表现能力（包括表情、语言、自信）	
求职者的潜能是否在本单位有继续发展的可能	
求职者的口头表达能力如何	
求职者的综合分析能力如何	
求职者的想像力和创造力如何	
求职者的工作热情和事业心如何	
求职者是否有足够的精力担当此项工作	
求职者所表现出来的综合素质是否足以担当所要任命的工作职务	
求职者的随机应变能力如何	
综合评语及录用建议：	主考官签字：

表6-5 面试评价表二

面试评估表　INTERVIEW MARKING FORM
姓名　Name＿＿＿＿　　申请职位　Position Applied＿＿＿＿　　日期　Date＿＿＿＿
候选人简介 Candidate's Background Summary（由人力资源部填写，Filled by HR）
年龄 Age：＿＿＿＿　　性别 Gender：＿＿＿＿ 教育程度 Education：＿＿＿＿ 相关工作经验 Related Work Experience：＿＿＿＿年 Years 目前雇主 Current Employer：＿＿＿＿ 目前职位 Current Position：＿＿＿＿ 目前薪资 Current Salary：＿＿＿＿
面试官意见 Interview Comments （请在相应空格内打勾 Please tick in the appropriate □）
1. 外表形象　Appearance 　□　非常好　Excellent 　□　好　Good 　□　一般　Average 　□　差　Below Average　　　　2. 沟通能力　Communication Skills 　□　表达能力强，条理清晰　Excellent 　□　较好的表达和倾听能力　Good 　□　一般水平　Average 　□　表达能力较差　Limited Presentation

面试评估表　INTERVIEW MARKING FORM	
3. 工作经验　Work Experience ☐ 经验适合　Suitable Experience ☐ 较少相关经验　Little Related Experience ☐ 无相关经验　No Related Experience	7. 顾客服务　Customer Service ☐ 以客户为导向　Customer-oriented ☐ 客服意识非常强　Strong Service Concept ☐ 一般　Fairly ☐ 差　Limited Awareness
4. 工作热情　Work Enthusiasm ☐ 非常有热情　Very High ☐ 热情较高　Fairly High ☐ 十分重视工资　Money-oriented Only ☐ 不太热情，可有可无　Not very Enthusiastic	8. 团队合作　Team Working ☐ 出色团队合作　Excellent Team Player ☐ 乐于助人　Rapport，Friendly ☐ 不乐意帮助别人　Limited Teamwork Concept
5. 工作稳定性　Job Stability ☐ 很稳定　Very Stable ☐ 稳定，辞职理由充分　Stable, Reasonable Quitting ☐ 一般　Average (Every 24 months) ☐ 不稳定　Unstable (Every 6 months)	9. 岗位技能　Job Competency ☐ 水平过高　Over Qualified ☐ 合格　Qualified ☐ 部分合格　Partly Qualified with Potential ☐ 不合格　Unqualified
6. 个性　Personality ☐ 非常适合工作　Extremely suitable ☐ 适合工作　Suitable ☐ 不确定　Not sure ☐ 差　Poor	10. 薪资要求　Salary Expected　RMB _____/month 月 税前（before tax） ☐ 高于公司标准　Higher than Budget ☐ 符合公司标准　Match Budget ☐ 低成本　Below Budget
	11. 可开始工作日期　Starting Date _____
综合评价 Overall Evaluation： ☐ 优秀　Excellent　　☐ 好　Good　　☐ 较好　Fairly Good ☐ 一般　Average　　☐ 差　Poor	
评语　Comments：	
面试轮次　Interview Type： ☐ 第1次面试　The 1st interview ☐ 复试　The _____ interview	面试结果　Interview Result： ☐ 拒绝录用　Rejected ☐ 存档备用　Backup ☐ 推荐复试　Further Interview 推荐职位　Position to Recommend：_____ ☐ 录用　Offer 录用职位　Position to Offer：_____
面试官签名　Signature of Interviewer：_____	

表6-6 面试评价表三

姓　　名		性　　别		年　　龄		编　　号	
应征职位				所属部门			
评价要素	评价等级				
	5好	4较好	3一般	2较差	1差
个人修养					
求职动机					
语言表达能力					
应变能力					
社交能力					
自我认知能力					
性格内外向					
健康状况					
相关专业知识					
外语水平					
总体评价					
评　　价	☐ 建议录用 ☐ 有条件录用 ☐ 建议不录用 备注： 面试人：　　日期：				

4) 选取面试场所

① 应根据面试方式确定面试场所。如个人面试可选较小空间，而小组面试则要有较大的空间。

② 面试场所要求安静、舒适，有良好采光及封闭环境，不可在有人办公的办公室进行面试。一般而言，以一间具有隐秘性的私人办公室或布置一间会议室作为面试场所为宜。面试时应尽量不受他事的干扰，不接电话，以免应聘者分心。

③ 面试场所的布置要考虑到减少对应聘者的心理压力，帮助应聘者摆脱过多的心理负担。但适度的环境压力是必要的，这也是考验应聘者的一个方面。

2. 面试的实施阶段

在实施阶段，考官要灵活地控制面试进程，想方设法、尽可能多地获得有关应聘者素质与能力的真实信息，保证面试目的的实现。这一阶段包括以下几个环节。

1) 关系建立阶段

其目的是通过简单的问候寒暄，缓和应聘者的紧张情绪，创造一个宽松和友好的环境。可以与应聘者讨论一些与工作无关的话题，如交通、天气、地理环境、语言习惯、地方风俗等。也可以让应聘者进行自我介绍，从而使他（她）感觉轻松、舒适。

例如，你好，很高兴你能来参加我们的面试。来的路上还顺利吧？有没有堵车？请先简单做一下自我介绍吧。

2）导入阶段

无论哪种面试，都有导入过程，在导入阶段中的提问应自然、亲切、渐进、聊天式地进行。要使面试的导入自然些、宽松些，不那么紧张。要想面试导入亲切些，则应向被试者提最熟悉的问题，要从关心被试者角度提问；要想使面试导入渐进，则应该从提最容易回答的问题开始，然后步步加深；要想使面试像聊天式，则提问方式应和蔼、随便。这样才有利于被试者情绪稳定下来，也有利于被试者进一步发挥。在这一阶段，主要是通过提问熟悉题目，缓解紧张气氛。

例如，请谈谈你过去的工作或实习经历；你认为你个人的优点是什么？

3）核心阶段

面试的核心阶段是指面试最主要的环节，面试考官就广泛的问题向应聘者征询、提问，并根据应聘者的回答和表现对他们的能力、素质、心理特点、求职动机等多方面内容进行评价。在主要问题谈过之后，考官可能会提出一些比较敏感、尖锐的问题，以便深入、彻底地了解应聘者的情况，为录用抉择提供更加充足的信息支持。

例如，我们为什么要录用你？你能为我们做什么？

4）结束阶段

由于被试者在面试中处于被动地位，尤其那些初次参加面试的被试者可能会因过于紧张，开头几个问题发挥不出自己应有的水平。因此主试在提问过程要注意给被试随时创造弥补缺憾的机会。面试结束前，提1~2个可使被试者自由发挥的问题，其目的是查漏补缺，询问应聘者。

例如，请问你还有什么需要补充的吗？你还有什么问题吗？等等

3. 面试的总结评价阶段

面试过程结束后，考官应立即仔细查阅面试记录，回忆刚才的面试过程。根据应聘者在面试中的表现及反应，对其素质状况进行评判，填写面试评价表。

最终的面试结果形成以后，应将其呈报相关部门，供招聘录用和提拔人才等方面作决策参考。某些情况下，还应将最终的面试结果告诉应聘者。面试全过程结束后，还应对面试工作进行总结，对现有面试内容、面试程序、面试提纲的不足之处进行修订和改进。

6.4.2 考官的面试技巧

1. 考官面试技巧之一：提问

1）自然、亲切、渐进、聊天式地导入

以往的面试告诉人们：面试中，面试考官与被试者间的某种亲切感，往往对面试的效果具有决定性意义。被试者是否有自发性与自由表现，主要取决于他在面试考官前是否感到自在。而这种亲切感的建立与面试的开始阶段即导入阶段关系密切。在面试导入阶段中的提问应自然、亲切、渐进、聊天式地进行。

2）通俗、简明、有力

面试时考官的提问与谈话，力求使用标准性的不会给被试者带来误解的语言，不要用生僻字，尽量少用专业性太强的词汇。提问的内容、方式与词语，要适合于被试者的接受水平。

提问应简明扼要。据研究表明，一个问题描述的时间最好在45秒钟以下，半分钟左右为宜，不能超过1分半。超过这个限度，无论是被试者，还是其他主考，都会感到不好理解。此外，考官提问时，还应注意不要无精打采。应活泼有力，并配上得体的手势，使问题产生一定的感染力与吸引力。

3）先易后难、循序渐进

面试的问题，一般都会事先准备一些，尤其一些基本问题与重点问题事先都要拟好。问题与问题的提出，要遵循先熟悉后生疏，先具体后抽象，先微观后宏观的原则，这样有利于被试者逐渐适应、展开思路、进入角色。对一开始就有些紧张、拘谨的被试者，要先提几个简单的问题。

4）恰到好处地转换、收缩、结束与扩展

成功转换的关键是要能够敏感地察觉出被试者的回答中具有深层挖掘的线索，从常规回答中发现意外的信息，同时进一步追问，从而跳出常规问题进行追踪性发问。

收缩与结束，指的是当被试者滔滔不绝，而且离题很远时制止发言的一种方式。直接打断当然是一种方式，然而采取下列方式进行收缩与结束，效果会更好些。假装无意之中掉下打火机、笔记本、钢笔等东西，利用声音打断被试者的思考及话头，然后再抓住机会说："说得不错，让我们谈下个题目"，或者说："刚才说到哪里啦，我特别想听听你对……问题的看法"，或者说"我特别想知道你对……是怎么看的？"显然被试者会在你这种诱导下结束正在说的话题而进入另一个话题。还可以利用定时闹钟、电话铃响等干扰技术。

当你觉察到被试者对某一问题的回答只是其中一部分，还有想法出于某种原因不愿说出来时，你可追问一句："还有吗？"虽然只是三个字的问话，却可以对被试者的心理产生足够的刺激力，由此也许能让被试者马上说出一些真实的想法来。这就是所谓的扩展。

5）创造积极、亲近、和谐的气氛

面试中如果考官与被试者处于一种和谐亲切的气氛中，被试者对考官有一种信任感与亲近感，那么被试者就愿意如实地回答问题，说出自己的真实想法。

观察发现，具有共同经历或彼此观点一致的人容易谈得来。因为面试双方会因彼此间的一致性而感到安慰或产生安全感。这种一致性能使被试者与考官产生共鸣，谈到一起，这是人类的一般心态反应。因此，考官应该利用这种心态，在面试中要善于发现和寻求一致点，只要找到了与被试者一致的谈话点，就容易打动对方的心，增加亲切感，使被试者处于一种和谐、轻松的心境中，言行自如，他们的潜能、素质与水平就能正常发挥与展现。

6）标准式与非标准式相结合、结构式与非结构式相结合

面试中的提问应使得结构式和非结构式相互结合，在结构中非结构化，即问题的内容可大体规定几个主要方面，包括对经历、学历、背景、适应力、应变力等的测评，但提问的方式与次序可以灵活掌握、顺其自然。提问的数量与时间，留有一定的机动性与余地。

所谓标准式，是指考官对问题回答的模式与标准有一定的规定性，被试者回答一旦离题，主试马上进行"引导"。也就是在结构式面试中，主试询问"特定"的问题，被试者只能作"特定"的回答，一问一答，不问不答。非标准式则不然，考官所提问题内涵较丰富，

涉及面较广泛，被试者回答时可以充分发挥，尽量说出自己的感受、意见与观点，没有"特定"的回答方式。

结构式与标准式的区别是，标准式是相对问题回答情况来说的，而结构式是相对整个面试的设计与安排来说的。面试中，标准式应与非标准式相结合，不能所有的问题都是非标准式的，否则很可能时间不足，评分困难。

7）坚持"问准"、"问实"、"问巧"，反对"问难"、"问倒"的原则

上述几条大多数是告诉考官如何问"好"问"巧"，要提高面试的效度，还要问"准"问"实"。面试提问的目的，是通过被试者对问题的回答，一步步考察其思想水平和能力素质，以实现面试的目标。因而考官通过提问要探"准"探"实"被试者的素质及其优势与差异。而不是去问"难"问"倒"（压力面试除外）被试者。提问必须有利于挖掘被试者的品德与能力素质，有利于被试者经验、潜能与特长的充分展现，有利于被试者真实水平的比较。

8）注意选择适当的提问方式

面试中的提问大致有以下几种。

（1）开放式提问

所谓开放式提问，就是指对提出的问题应聘者不能使用简单的是或不是来回答，而必须另加解释才能回答圆满。因此，考官的提问应该尽可能地引导应聘者给予详细的说明。面试的提问一般都应该用开放式的提问，以便拓宽应聘者的思路，在应聘者的回答中考察其语言表达能力、专业知识等方面的素质水平。

例如，你在大学期间，从事过哪些社会工作？你都学过什么专业课？你认为这些课程对你以后的工作有什么帮助？

这类提问的目的是为了从应聘者那里获得大量的信息，因此考官应鼓励应聘者开阔思路，充分回答，避免被动。回答这类问题，应聘者还应注意做到条理清晰、逻辑性强、充分展现各方面的能力。这样才能让主考官尽可能多地了解自己，这也是被录用的前提条件。

（2）探究式提问

探究式的提问可以帮助考官深入了解应聘者某方面的情况，获得进一步的信息，因此可以将探究式的提问看作是对初始问题的追问。一般来说，探究式的提问有三个目的。

① 追根究底。例如，你倾向于和什么样的人打交道？为什么？

② 澄清事实。例如，你在原来的工作中遇到的最大困难或问题是什么？这些困难或问题是如何产生的？你是如何解决的？

③ 核实事实。例如，你的导师对你取得的成就是如何看待的？

（3）封闭式提问

这是一种能够得到明确回答的提问方式。这类提问方式比较简单、常规，涉及范围较小。它能够帮助考官掌握更多的主动权，并在考官需要核实信息时给予准确的答复。

例如，你的学分绩是多少？在专业中排名第几？

（4）假设式提问

在这种提问中，主考官为应聘者假设一种情况，让应聘者在这种情况下作出反应，回答提出的问题，进而来考察应聘者的应变能力、解决问题的能力和思维能力。回答这些问题，应聘者首先应该把自己置身于主考官为其设定的一个特定环境，然后用这个环境中的人的身

份来思考主考官的提问，所以这种提问要求应聘者具备一定的想像力。

例如，如果你是办公室主任，你将如何处置一个在工作中屡次出错的秘书？

9）八步面谈法

美国工程师约卡普提出的八步面谈法，将直问式面试分为八个步骤。

第一步：其是否具有创造才能。通常情况下，他会持慎重态度，但也不能排除性格外向、急于露一手的人作出肯定性回答。

第二步：询问其是否发表过论文或获得过专利，如果有，请提供，以资参考。

第三步：观察其思维是否具有独立性。对刚刚跨出校门的大学生，可问他（她）在学校里曾经作过的试验或从事的活动，从而了解其兴趣和爱好。对有一段工作经历的技术人员，可以通过谈话，判断其是勤于钻研、知难而上，还是满足现状、不思进取。在一般情况下，夸夸其谈于老师讲过的、书本上有的、无可争议的教条，是才智平庸的表征，而喜欢讨论书本上没有的、老师没有讲过的、正在争论中的问题，且不怕讲错，往往是有才能的表现。

第四步：考察其想像力。想像力是从事科技活动的一项重要条件。才能突出的人想像力强，这将对其从事的科学研究和创造发明起促进作用。

第五步：了解其个性倾向。不同职业有不同的个性要求。例如，喜欢音乐和美术的人一般表现为个性活跃，感情易于外露，而喜欢钻研技术的人员则一般表现为比较平和，性格内向，感情不易外露。

第六步：将谈话深入到专业领域，看其对专业领域知识的了解程度。这时，南郭先生很快就会露马脚，而内行里手则可以应付自如，说行话，有较好的发挥。

第七步：给一个不太死板、不太严格、可以一题多解的考题，鼓励应试者多角度思考，回答问题，以了解其思维敏捷、活跃程度，了解其知识面。

第八步：请一位有造诣的专家与之对话，再次确认其是否符合拟填补职位的需要。

10）注意为被试者提供弥补缺憾的机会

由于被试者在面试中处于被动地位，尤其那些初次参加面试的被试者过于紧张，开头几个问题往往发挥不出自己应有的水平。因此，主试在提问过程要注意给被试者随时创造弥补缺憾的机会。

① 主试要善于观察、善于提问，提高消除被试者紧张的技能；
② 对难度较大的问题，要适当启发或给予适当思考时间；
③ 面试结束前，提1~2个可使被试者自由发挥的问题。

2. 考官面试技巧之二：倾听

1）倾听要仔细、认真

在倾听过程中表情要自然，尽量避免不自然的俯视、斜视或者盯着不动，以免增加应聘者的紧张情绪。面试中，考官的目光要恰到好处，轻松自如。俯视、斜视、直视着被试者回答问题，都将使被试者感到不平等、紧张，从而会产生一种压力，并使其身心处于一种不自在、不舒服的状态中。

一般地说，在室内，两人的目光距离一般应为1.5米，考官的目光大体要在被试者的嘴、头顶和脸颊两侧这个范围活动，给对方一种你对他感兴趣、在认真地听他回答的感觉，同时以和蔼的表情与柔和的目光反馈给被试者。听被试者回答问题时，还应该以适当的点头相配合，因为点头是一种双方沟通的信号。点头意味着你注意听而且听懂了他的回答，或者表示你与他有同感,从而使对方形成一种愉快的心情。但是点头要选择在无关紧要处点头,这与听演讲、听讲课时的点头不同。否则容易泄露答案,带来麻烦,点头也可以用"嗯"等其他示意行为代替。

2) 不时加以总结

应聘者并不是总能一次性对问题作出完整的回答,在很多情况下,考官必须加以追问,获得更多的信息,并且将所有分散的信息加以拼凑,以获得完整有效的信息。为了准确地做到这一点,考官需要不时地停下来做些阶段性的总结。这样也可以向应聘者传达出考官很重视他的回答这样一种信号。

3) 客观倾听,避免个人偏见

面试中不要首先对应聘者作出评判,然后带着自己的看法和观点倾听,因为这样会导致倾听过程中的选择性知觉,从而使收集到的信息有所偏颇。在倾听过程中,应将重点放在客观的事实和信息上,避免个人偏见影响倾听,以便在客观倾听的基础上作出对应聘者全面客观的评价。

4) 排除干扰

包括有人走进面试地点、电话铃声及考官注意力的转移。这样会给应聘者以自己没有受到重视的感觉,从而加重应聘者的紧张,影响其发挥。同时,也会使考官遗漏一些有可能非常重要的信息。

5) 适当做记录

笔记是面试的永久性记录。有助于考官根据职务描述客观地评估应聘者的工作适应能力,在与其他候选人作比较时,记录是比较和筛选的依据,此外,在就业歧视诉讼中记录还可被用作证据。为了使记录有效,应该使用客观和具体的语言,任何个人的意见都需要有工作相关的信息加以支持。

例如,不要写:我认为王林先生不具备担任销售代表的资格。

> 要写:由于王林先生缺乏销售经验,在面试中没能回答出关键问题,所以我认为王林先生不具备担任销售代表的资格。
>
> 不要写:赵健先生以前的销售工作干得不错。
>
> 要写:该工作要求有销售经验,赵健先生曾经做过两年销售代表。

6) 要善于把握与调节被试者的情绪

在倾听被试者回答问题的过程中,考官要善于把握与调节被试者的情绪,使之处于良好状态,正常发挥。

① 当被试者回答问题的过程中突然出现紧张、激动状态时,考官可以通过反复陈述对方的话、慢慢记录等方式,先稳定被试者的情绪,待其冷静后再进入正题。当发现被试者一见面就处于紧张状态时,可以采用示弱接近术、亲切称呼术与请教悦心术等技巧。

- 示弱接近术,即在被试者者面前装着不懂。有经验的考官会故意表现出一些无关大局的失误或弱点,例如说:"你是这方面的高材生(专家),我是门外汉……不太懂。"从而使得被试者缓解心理上的戒备程度,以至于产生某种亲切感。
- 亲切称呼术,即指称呼"小李""老张"之类的简称,或直呼名不称姓。这种称呼被试者听起来比正正规规的全称呼,亲切得多了,正常情况下心里会感到比较愉快。从心理学观点看,随着两人心理距离的逐渐缩小,称呼也由头衔到姓、到名、到小名。

人们在交往中，常常有意利用这种关系，来表明自己与对方的熟悉程度或者友谊深度。不管怎么说，人们听到比较亲切的称呼时，正常情况下都会感到心里比较愉快。
- 请教悦心术，是指面试时，考官可以适时地予以请教的口气同被试者交谈，这有利于唤起被试者的优势感，使其放松。既便于被试者正常发挥又便于考官了解。例如，"据说你非常擅长于……能否谈谈……""我曾经遇到过这么一个问题：……你专门学过，我想请教一下你……"

② 当被试者情绪过于低沉时，可以采取"夸奖"、"鼓励"、"刺激"等方法。当被试者因刚回答的一个问题，回答不好而情绪低落时，可以采取鼓励支持术。你可以说："我觉得你实际能力可能不止于此，要争取把潜力发挥出来。"或者说："下个题对于你来说，可能难了些，但好好努力，能答好的。"如果说"别失败要小心点"反而会适得其反。

③ 当被试者处于高度警惕、紧张时，考官可以采用夸奖技巧。因为某方面的夸奖尤其被试者自己感到名副其实时，会产生一种兴奋感，随之警惕的心理便会逐渐放松下来，并容易对夸奖者产生一种亲和感。例如说："你普通话不错，一点也听不出你是……人。"

7) 要注意从言辞、音色、音质、音量、音调等方面区别被试者的内在素质

研究表明，一个人说话快慢、用词风格、音量大小、音色柔和与否等都充分反映了他的内在素质。例如，说话快且平直的人心情急躁缺乏耐心，动作较为迅速。

3. 考官面试技巧之三：观察

1) 坚持四个原则：目的性、客观性、全面性与典型性

① 所谓"目的性原则"，是指考官事先要明确面试的目的、面试的项目及评价的标准，面试中要使自己的面试活动紧紧围绕面试目的进行。只有这样，面试中考官才能从被试者诸多的行为反应中，迅速而准确地捕捉到具有揭示内在素质和评价意义的信息。

② 所谓"客观性原则"，就是考官在面试中不要带着任何主观意志，一切本着实事求是的原则，从被试者实际表现出发进行测评。要提高面试的客观性，要注意选择一些显性的外观行为作为评价指标。

③ 所谓"全面性原则"，就是考官应该从多方面去把握被试者的内在素质，应从整个的行为反应中系统地、完整地测评某种素质，而不能仅凭某一个行为反应就下断言。不但要从一般的问题考察被试者的素质，而且还应该创造条件在激发、扰动的状态下考察被试者的素质。

④ 所谓"典型性原则"，就是要求考官在面试中抓准那些带有典型意义的行为反应，面试中被试者面对考官的提问会作出许许多多的行为反应，实际上能够从本质上揭示素质的行为反应非常少，我们把这部分行为反应叫作典型行为反应，也是所说的"关键性行为"。面试中的考官，就要注意捕捉这种典型行为反应。

2) 警防误入歧途，以貌取人

容貌本来与人的内在素质没有必然的联系，但是由于日常生活中的心理定势、小说、电影、电视艺术造型的影响及相面术与我们理想化的影响，面试时难免会先入为主，未见面前就会想像该人应该如何如何，什么样的人有什么样的素质特点。因此，以貌取人的现象经常发生，古今中外都有。孔子因以貌取人失之子羽就是一个教训，圣人既如，我们凡人更应小心。之所以要小心以貌取人，还有一点原因是因为在问、听、观三者中，由看获得的信息往往在我们的评价中占据主要地位。物理研究表明，声音传播速度远远小于光速。近距离的面试虽然无关紧要，但任何人见面都是先看清面目相貌才会问话，问话后才能听到声音，即使

是老熟人也是这样，因此，问与听的滞后性与面貌信息的大容量特点，使考官防不胜防。被试者未开口前便把他（她）与心目中的"某类人"归并在一起了。

3) 注意非语言信息

非语言信息主要来自面部表情，身体动作和手势，说话中的停顿、语速、声调和清晰程度等。非语言信息的解释因文化、社会交往过程、特定的非语言信息模式的不同而不同。例如，在中国，点头代表赞同或理解，而在中东，点一下头则代表否定。尽管对任一非语言信息都没有统一的解释，但一般来说，一些动作有特定的含义，表6-7说明了这一点。

表6-7 非语言信息的解释

非语言信息	典型的解释
进行直接的目光接触	友好、诚挚、自信、肯定
避开视线接触	冷淡、回避、不感兴趣、焦虑不安、被动、害怕、紧张
摇头	不同意、震惊、不相信
打呵欠	厌倦
拍背	鼓励、祝贺、安慰
挠头	困惑、不相信
微笑	满足、理解、鼓励
咬嘴唇	紧张、害怕、焦虑
用脚点击地面	紧张、不耐烦
交臂抱在胸前	气愤、不赞成、不同意、自卫、好斗
扬起眉毛	不同意、反感、气愤、不赞成、吃惊
鼓起鼻孔	气愤、沮丧
绞紧双手	紧张、焦急、害怕
身体前倾	专心、有兴趣
没精打采地坐着	厌烦、轻松自在
坐在座位边缘	焦急、紧张、担心
在座位上挪来挪去	焦躁不安、厌烦、紧张担心
弓着身子往前倾	焦虑不安、被动
坐姿端正	自信、肯定

4) 充分发挥感官的综合效应与直觉效应

笔试的判断是依靠大脑的思维分析与综合，而观察评定主要是靠视觉与大脑的共同作用，面试则因为集问、答、视、听与分析于一体，因此各种感觉有一种共鸣同感的综合效应，其中直觉效应尤为明显。这是其他测评形式所没有的。因此，对于那些有丰富经验的考官来说，要充分发挥其直觉性的作用。然而直觉不一定是绝对可靠的，所以，直觉的结果应该尽可能获得"证据"上的支持，应该通过具体的观察去验证、去说明。考官应认真研究被试者典型的体态语言。例如，面部涨得通红、鼻尖出汗、目光不敢与主试对视，一般说明被试者心情紧张、自信心不足等。

4. 考官面试技巧之四：评价

1) 克服"第一印象"的影响

第一印象是人们初次见面时留下的印象和产生的心理效应，第一印象一旦形成，就会影响我们以后的评判，从而很容易造成认知上的偏差。应聘者往往希望通过得体的着装和谈吐给考官留下良好的第一印象，而考官则要尽量避免第一印象的影响，以免错过优秀的人才。例如，一些衣着得体、善于表达的人往往得到好的第一印象，而那些给考官第一印象很平淡的人就有可能得不到充分展现自己的机会。面试中考官应警惕第一印象对评判的不良影响，避免先入为主。

2) 克服近因效应的影响

近因效应是指人们对新近接触到的东西记忆比较深刻。在面试中往往最后给人留下的印象会得到强化。考官在面试中应全面、整体地把握应聘者在面试中的表现，不要因为应聘者最后表现好而忽略其在前面的面试中暴露出的缺点，也不要因为应聘者最后表现不好而否定其在前面表现出来的优点。

3) 克服对比效应的影响

面试过程中，应聘者总是按照一定顺序进行面试的，而这样的顺序有时会影响考官的正确评价。例如，连续几个应聘者都是表现平平，之后突然出现一个表现相对优秀的应聘者，考官就很容易打出非常高的分数，也许这个应聘者的水平并没有那么高，只是因为和前面的应聘者对比使得考官认为其水平很高，从而得出不恰当的评论。

4) 克服刻板印象的影响

刻板印象是指根据一个人属于哪一类社会团体或阶层，并以这一社会团体或阶层的典型行为方式来判断这个人。刻板印象反映了某一社会团体或阶层的共性，有利于迅速从总体上把握某个人的概况。但刻板印象忽略了人的个性，因此并不能保证适用于每一个人。所以，在面试过程中，考官应尽量避免刻板印象的影响，用同样的眼光看待所有应聘者，从而实现不拘一格选人才。

5) 克服晕轮效应的影响

晕轮效应是指以实物某一方面的突出特点掩盖了其他方面的全部特点。在面试活动中，晕轮效应的具体表现是，应聘者在测试过程中表现出来的某一突出的特点容易引起考官的注意，而使其他素质的表征信息被忽视。如应聘者的语言表达能力很强，给考官留下良好的印象，有的考官由于受到晕轮效应的影响，武断地认为该应聘者的一切都好；相反，有的应聘者稍不注意，在某个问题的回答上有反常或异常的表现，或有令人反感的回答，给考官的印象自然不好，有的考官则认为该应聘者的一切均差。这种心理效应，以点代面，用主观臆想的联系代替应聘者自身素质真实客观的联系，应该防止和避免。

6) 克服类我效应的影响

面试过程中，考官往往容易将与自己性格、爱好等相似的应聘者的优点放大，以至于忽视其缺点，从而不能作出对应聘者客观而全面的评价。

为了避免以上各种效应的影响，考官在进行面试时应该力求做到如下几点。

① 面试前仔细分析《职位说明书》，认真提取与招聘职位相关的素质和能力作为考察要素，并在面试中严格按照各考察要素对应聘者进行评判。

② 在面试前仔细审阅应聘者的简历及求职申请表，找出需要进一步了解的内容，把握

面试的主动性。

③ 面试要做记录，如果不做记录，考官很容易受到主观情感因素的影响，为了保证对应聘者评判的客观与公正，考官应及时记录下应聘者的特征。

5. 考官面试技巧之五：面试特殊的应聘者

1）面试过分羞怯或紧张的应聘者

在面试的寒暄阶段考官就可以看出应聘者是否非常腼腆或紧张。对这类应聘者可以采取以下一些方式引导其顺利完成面试：

① 先询问一些比较简单的封闭性问题，使其放松下来；

② 对应聘者在回答中提供的信息不时加以重复和总结，以加强沟通；

③ 使用带有鼓励性的语言或非语言信息，缓解应聘者的紧张情绪；

④ 语调要比平时更柔和，语速要比平时更慢。

2）面试过分健谈的应聘者

一些应聘者十分健谈，他们不仅回答考官的问题，还主动介绍很多情况，其中或许大部分是不相干或没必要的。有效地对付过分健谈的应聘者，关键在于控制。主要有以下几种方式：

① 可以直接打断他的谈话，引导到需要的主题上来；

② 提问时强调要简要回答；

③ 当其偏离主题时，可表现出无兴趣的表情或动作。

3）面试支配性过强的应聘者

考官应比较有礼貌而又坚决地告诉他，他想了解的问题将在后面必要时谈到，并将他引导到现在需要谈论的主题上来。

4）面试情绪化的应聘者

考官可以先说一些安慰的话，设法让其尽量平静下来。等应聘者情绪平静时，再与其面谈。

6.4.3 应聘者在面试中的技巧

1. 印象管理的技术

面试中，应聘者为了取得更好的结果，可以采用适当的印象管理技术。一般来说，印象管理的策略可以有以下几种分类。

① 获得性印象管理策略试图使别人积极看待自己的努力，其目的旨在传递一种特定的形象。其中，应聘者的获得性印象管理行为又可分为他人聚焦型和自我聚焦型两大类。他人聚焦型印象管理策略一般将目标指向印象管理的接收者、评价者，如面试中的考官，通过逢迎、讨好等行为来获取人际间的彼此吸引。例如，抬举考官、意见遵从等。自我聚焦型印象管理策略则将目标指向行为者自身，应聘者通过一系列的策略行为将人际交流的主题界定在能使自己凸显优秀的方面，从而使自己显得更有能力，具备更多的积极特质。例如，自我宣传、享有权利、增强效应、克服障碍等。

② 保护性印象管理策略的目的是尽可能弱化自己的不足或避免使别人消极看待自己的防御性措施，其动机旨在避免显著的社会赞许的丢失或避免积累社会不赞许的愿望。在面试

情境中，当应聘者被置于尴尬、危机境地时，他们会通过各种补救措施将造成的消极影响减至最低，从而达到减低、否认、中和化已留下的消极印象的目的。例如，合理化理由（包括借口和辩解）、事先申明、自我设障、道歉等。

③ 非言语印象管理策略。在实际的面试互动情境中，应聘者除了使用各种言语性印象管理行为来影响考官评价之外，很多非言语性行为，如面部表情、触摸、身体位置、姿态等，也能够有效地影响招聘双方之间的相互印象。

面试时，个别应聘者由于某些不拘小节的不良习惯，破坏了自己的形象，使面试的效果大打折扣，导致求职失败。例如，

手：这个部位最容易出毛病。如双手总是不安稳，忙个不停，做些玩弄领带、抚弄头发、掰关节、玩弄考官递过来的名片等动作。这些小动作会给考官留下心虚、毛躁或满不在乎的不良印象。

脚：神经质般不住晃动、前伸、翘起等，不仅人为地制造紧张气氛，而且显得心不在焉，非常不礼貌。

背：哈着腰，弓着背，会给考官留下不自信的印象。

眼：眼神或惊慌失措或躲躲闪闪，需要正视的时候目光却游移不定，会给人缺乏自信或者隐藏不可告人秘密的印象，极易引起考官的反感。另外，若死盯着考官的话，又难免给人压迫感，招致不满。

脸：面部表情或呆滞死板或冷漠无生气等，使整个人看起来都很生硬，不亲切，不易交流和沟通。

行：有的动作手足无措，慌里慌张，明显缺乏自信；有的反应迟钝，不知所措，使考官认为其能力不够。

对以上小动作，应聘者应尽量避免。非语言方面的考察也是面试中很重要的一部分，应聘者应给予高度重视。

2. 了解企业的情况，分析职位要求

应聘者在面试前，应适当了解招聘单位的背景资料，如企业文化、价值观、企业的领导人、发展状况、主营业务等。此外，还应仔细分析所要招聘职位的要求，以便在面试中能够有所针对地突出自己在这些方面的优势和特长，以获得更好的结果。

3. 在面试中适度紧张、自信、平和，有一定的亲和力。

6.4.4 应聘者容易犯的错误

1. 缺乏积极的态度

考官常常会提出或触及一些让应聘者难为情的事情。很多人对此面红耳赤，或躲躲闪闪，或撒谎敷衍，而不是正面地回答和解释。例如，考官问："为什么5年中换了3次工作？"有的应聘者可能就会大谈工作如何困难，上级如何不支持等，而不是告诉考官：虽然工作很艰难，自己却因此学到了很多，也成熟了很多。

2. 不善于主动交谈

面试开始时，应聘者不善于打破沉默，而是等待考官先说话寒暄。面试中，应聘者又出于种种顾虑，不愿主动说话，结果使面试出现冷场。即便能勉强打破沉默，语音语调亦极其

生硬，使场面更显尴尬。实际上，无论是面试前或面试中，应聘者主动致意与交谈，会留给考官热情和善于与人交谈的良好印象，从而提高被录用的几率。

3. 与考官"套近乎"

具备一定专业素养的考官是忌讳应聘者与其套近乎的，因为面试中双方关系过于随便或过于紧张都会影响考官的评判。过分"套近乎"也会使考官认为应聘者的专业能力或经验不够，试图通过"套近乎"来获取考官的好感，弥补其能力的不足。

4. 大谈自己的优点，却举不出例子来加以证明

考官的信条是：事实胜于雄辩。在面试中，如果应聘者大谈个人成就、特长、技能，却举不出事例来证明，那么大谈优势很可能适得其反。应聘者如果想说其沟通能力、解决问题的能力、团队合作能力，领导能力等超乎常人，只有通过举例才可以证明。

5. 不善于提问

有些应聘者在不该提问的时候提问，如面试中打断考官谈话而提问。也有些应聘者在面试前对提问没有足够准备，轮到有提问机会时不知说什么好。而事实上，一个好的提问，胜过简历中的无数笔墨，会让考官刮目相看。

6. 假扮完美

考官常常会在面试中询问有关应聘者缺陷的问题，例如，"性格上有什么弱点？在事业上受过挫折吗？"有人会毫不犹豫地回答：没有。其实这种回答常常是对自己不负责任的。没有人没有弱点，没有人没受过挫折。只有正确的自我认知和评价才能造就真正成熟的人格。

7. 为偏见或成见所左右

有时候，参加面试前自己所了解的有关面试官，或该招聘单位的负面评价会左右自己在面试中的思维。误认为貌似冷淡的面试官或是严厉或是对应聘者不满意，因此十分紧张。还有些时候，面试官是一位看上去比自己年轻许多的小姐，心中便开始嘀咕："她怎么能有资格面试我呢？"其实，在招聘面试这种特殊的采购关系中，应聘者作为供方，需要积极面对不同风格的面试官即客户。一个真正的销售员在面对客户的时候，客户的态度是无法选择的。

8. 丧失专业风采

有些应聘者面试时各方面表现良好，可一旦被问及现所在公司或以前公司时，就会愤怒地抨击其老板或者公司，甚至大肆谩骂。在众多国际化的大企业中，或是在具备专业素养的面试官面前，这种行为是非常忌讳的。

9. 对个人职业发展计划模糊

对个人职业发展计划，很多人只有目标，没有思路。如当问及"您未来5年事业发展计划如何"时，很多人都会回答说"我希望5年之内做到全国销售总监一职"。如果面试官接着问"为什么"，应试者常常会觉得莫名其妙。其实，任何一个具体的职业发展目标都离不开你对个人目前技能的评估，以及你为胜任职业目标所需拟订的粗线条的技能发展计划。

10. 被"引君入瓮"

面试官有时会考核应聘者的商业判断能力及商业道德方面的素养。例如，面试官在介绍公司诚实守信的企业文化之后或索性什么也不介绍，问："你作为财务经理，如果我（总经理）要求你1年之内逃税1 000万元，那你会怎么做？"如果你当场抓耳挠腮地思考逃税计谋，或文思泉涌，立即列举出一大堆方案，都证明你入了他们的圈套。实际上，在几乎所有的国际化大企业中，遵纪守法是员工行为的最基本要求。

11. 主动打探薪酬福利

有些应聘者会在面试快要结束时主动向面试官打听该职位的薪酬福利等情况,结果是欲速则不达。具备人力资源专业素养的面试者是忌讳这种行为的。其实,如果招聘单位对某一位应聘者感兴趣的话,自然会问及其薪酬情况。

12. 不知如何收场

很多求职应聘者面试结束时,因成功的兴奋或失败的恐惧,会语无伦次,手足无措。其实,面试结束时,作为应聘者,你不妨:表达你对应聘职位的理解;充满热情地告诉面试者你对此职位感兴趣,并询问下一步是什么;面带微笑和面试官握手并谢谢面试官的接待及对你的考虑。

思考题

1. 列出面试的优点和缺点。
2. 列出并解释面试经常测查的几项要素。
3. 说出 6 种面试试题的类型,以及分别的适用场合。
4. 在面试中,考官应该注意防范哪些常见的误区?

本章案例

案例一 面试题本

面试保险代理人

一、面试的评价要素

沟通和表达能力 30%
自信 30%
进取心 20%
专业知识 10%
团队意识 10%

二、面试题目

1. 请简要地进行自我介绍。
2. 你希望和什么样的人合作?
3. 请谈谈你的一次成功经历(追问最成功的一次团队合作经历)。
4. 谈谈你对保险的认识(谈谈你认为保险代理人应该具备的素质)。
5. 谈一下你对未来事业的规划。

三、评分及标准

分数为 10 分制,最后分数保留小数点后一位有效数字。
总分的计算:

沟通和表达能力×30%+自信×30%+进取心×20%+专业知识×10%+团队意识×10%

四、评分表

评价要素	评分标准	分项得分	得 分
沟通和表达能力（30%）	语言表达流畅、连贯		
	语速适宜		
	语调适宜		
	内容有逻辑		
	肢体语言恰当		
自信（30%）	声音洪亮		
	坐姿、站姿端正大方		
	无不良小动作		
进取心（20%）	热爱保险业		
	有明确的职业规划		
专业知识（10%）	了解保险相关的基础知识		
	了解保险代理人的工作实务		
团队意识（10%）	合作意识强		
	有集体荣誉感		
总 分			

案例二 面试的经典题目与回答

问题一："请你简要地做下自我介绍。"

回答

自我介绍的 URBAN 法则：

U-Unique（独特）

自我介绍的目的是让你在第一时间从众多应聘者中脱颖而出，因此为了能够给考官留下深刻的印象，自我介绍就一定要突出自己独特的方面，例如，独特的经历、特长等。

R-Relevant（相关）

考官所关心的只是你与工作相关的能力、素质、个性和经验等，因此，自我介绍要说的也只应该是和工作相关的信息。

B-Bonding（联结）

能力、学历相当的两个应聘者，如果一个很符合招聘单位的文化和价值观，一个则很不认同，那毫无疑问考官会选择前者。因此，在面试前，可以先对招聘单位的文化和价值观作一定的了解，看看自己有哪些特点是符合的，在自我介绍中可以重点突出出来，这会增加面试成功的几率。

A-Arousing（富有激情）

虽然大多情况下自我介绍都是事先准备好的，但富有激情地介绍还是要比单调乏味的介绍给人留下的印象更深刻。

N-Neat（简洁）

自我介绍的时间通常很短,因此一定要把握重点,尽量简洁。长篇大论会使考官失去最初的兴趣。

问题二:"谈谈你的家庭情况。"

回答

(1) 家庭情况对于了解应聘者的性格、观念、心态等有一定的作用,这是招聘单位问该问题的主要原因。

(2) 简单地罗列家庭人口,并强调温馨和睦的家庭氛围。

(3) 强调父母对自己教育的重视和个性对自己的影响。

(4) 强调各位家庭成员的良好状况。

(5) 强调家庭成员对自己工作的支持。

(6) 强调自己对家庭的责任感。

问题三:"你有什么业余爱好?"

回答

(1) 最好不要说自己没有业余爱好。

(2) 不要说自己有那些庸俗的、令人感觉不好的爱好。

(3) 最好不要说自己仅限于读书、听音乐、上网,否则可能令面试官怀疑应聘者性格孤僻。

(4) 最好能有一些户外的业余爱好来点缀你的形象。

问题四:"你最崇拜谁?"

回答

(1) 不宜说自己谁都不崇拜。

(2) 不宜说崇拜自己。

(3) 不宜说崇拜一个虚幻的或是不知名的人。

(4) 不宜说崇拜一个明显具有负面形象的人。

(5) 所崇拜的人最好与自己所应聘的工作能"搭"上关系。

(6) 最好说出自己所崇拜的人的哪些品质、哪些思想感染着自己、鼓舞着自己。

问题五:"你的座右铭是什么?"

回答

(1) 不宜说那些易引起不好联想的座右铭。

(1) 不宜说那些太抽象的座右铭。

(3) 不宜说太长的座右铭。

(4) 座右铭最好能反映出自己的某种优秀品质。

(5) 参考答案:"只为成功找方法,不为失败找借口"。

问题六:"谈谈你的缺点。"

回答

(1) 不宜说自己没缺点。

(2) 不宜把那些明显的优点说成缺点,否则会让考官觉得你很"假"。

(3) 不宜说出严重影响所应聘工作的缺点。

(4) 不宜说出令人不放心、不舒服的缺点。

（5）可以说出一些对于所应聘工作"无关紧要"的缺点，甚至是一些表面上看是缺点，从工作的角度看却是优点的缺点。

问题七："谈一谈你的一次失败经历"。

回答

（1）不宜说自己没有失败的经历。
（2）不宜把那些明显的成功说成是失败。
（3）不宜说出严重影响所应聘工作的失败经历。
（4）所谈经历的结果应是失败的。
（5）应说明失败之前自己曾信心百倍、尽心尽力。
（6）说明仅仅是由于外在客观原因导致失败。
（7）失败后自己很快振作起来，以更加饱满的热情面对以后的工作。

问题八："你为什么选择我们公司？"

回答

（1）考官试图从中了解你的动机、愿望及对此项工作的态度。
（2）建议从行业、企业和岗位三个角度来回答。
（3）参考答案如"我十分看好贵公司所在的行业，我认为贵公司十分重视人才，而且这项工作很适合我，相信自己一定能做好。"

问题九："对这项工作，你有哪些可预见的困难？"

回答

（1）不宜直接说出具体的困难，否则可能令对方怀疑应聘者不行。
（2）可以尝试迂回战术，说出应聘者对困难所持有的态度："工作中出现一些困难是正常的，也是难免的，但是只要有坚忍不拔的毅力、良好的合作精神以及事前周密而充分的准备，任何困难都是可以克服的。"

问题十："如果我录用你，你将怎样开展工作？"

回答

（1）如果应聘者对于应聘的职位缺乏足够的了解，最好不要直接说出自己开展工作的具体办法。
（2）可以尝试采用迂回战术来回答，如"首先听取领导的指示和要求，然后就有关情况进行了解和熟悉，接下来制订一份近期的工作计划并报领导批准，最后根据计划开展工作。"

问题十一："与上级意见不一致时，你将怎么办？"

回答

（1）一般可以这样回答"我会给上级以必要的解释和提醒，在这种情况下，我会服从上级的意见。"
（2）如果面试你的是总经理，而你所应聘的职位另有一位经理，且这位经理当时不在场，可以这样回答："对于非原则性问题，我会服从上级的意见，对于涉及公司利益的重大问题，我希望能向更高层领导反映。"

问题十二："我们为什么要录用你？"

回答

（1）应聘者最好站在招聘单位的角度来回答。

（2）招聘单位一般会录用这样的应聘者：基本符合条件、对这份工作感兴趣、有足够的信心。

（3）参考答案如"我符合贵公司的招聘条件，凭我目前掌握的技能、高度的责任感和良好的适应能力及学习能力，完全能胜任这份工作。我非常希望能为贵公司服务，如果贵公司给我这个机会，我一定能成为贵公司的栋梁！"

问题十三："你能为我们做什么？"

回答

（1）基本原则上"投其所好"。

（2）回答这个问题前应聘者最好能"先发制人"，了解招聘单位期待这个职位所能发挥的作用。

（3）应聘者可以根据自己的了解，结合自己在专业领域的优势来回答这个问题。

问题十四："你是应届毕业生，缺乏经验，如何能胜任这项工作？"

回答

（1）如果招聘单位对应届毕业生的应聘者提出这个问题，说明招聘单位并不真正在乎"经验"，关键看应聘者怎样回答。

（2）对这个问题的回答最好要体现出应聘者的诚恳、机智、果敢及敬业。

（3）参考答案如"作为应届毕业生，在工作经验方面的确会有所欠缺，因此在读书期间我一直利用各种机会在这个行业里做兼职。我也发现，实际工作远比书本知识丰富、复杂。但我有较强的责任心、适应能力和学习能力，而且比较勤奋，所以在兼职中均能圆满完成各项工作，从中获取的经验也令我受益匪浅。请贵公司放心，学校所学及兼职的工作经验使我一定能胜任这个职位。"

问题十五："你希望与什么样的上级共事？"

回答

（1）通过应聘者对上级的"希望"可以判断出应聘者对自我要求的意识，这既是一个陷阱，又是一次机会。

（2）最好回避对上级具体的希望，多谈对自己的要求。

（3）如"作为刚步入社会新人，我应该多要求自己尽快熟悉环境、适应环境，而不应该对环境提出什么要求，只要能发挥我的专长就可以了。"

问题十六："您在前一家公司的离职原因是什么？"

回答

（1）最重要的是：应聘者要使招聘单位相信，应聘者在过往的单位的"离职原因"在这家招聘单位里不存在。

（2）避免把"离职原因"说得太详细、太具体。

（3）不能掺杂主观的负面感受，如"太辛苦"、"人际关系复杂"、"管理太混乱"、"公司不重视人才"、"公司排斥我们某某的员工"等。

（4）但也不能躲闪、回避，如"想换换环境"、"个人原因"等。

（5）不能涉及自己负面的人格特征，如不诚实、懒惰、缺乏责任感、不随和等。

（6）尽量使解释的理由为应聘者个人形象添彩。如"我离职是因为这家公司倒闭。我在公司工作了三年多,有较深的感情。从去年开始,由于市场形势突变,公司的局面急转直下。到眼下这一步我觉得很遗憾,但还是要面对现实,重新寻找能发挥我能力的舞台。"

问题十七:"你是否曾经得到过低于自己预期的成绩?如果得到过,你是怎样处理这件事情的?"

回答

(1) 这个问题除了可以揭示求职者的热情和进取心外,还可以揭示求职者是否愿意为某一事业奋斗,是否愿意为追求公平而奋斗。

(2) 回答应表明应聘者有能力克服困难处境,而且能够脱颖而出并居于领先地位。

(3) 参考答案如:"我曾经和一个研究地球科学的教授有过一段令人记忆犹新的经历。这个人一向以偏袒理科生而出名,而我偏偏又不是理科生。在我们班上,所有的非理科生都感到,他对我们的知识基础有着非常不切实际的期望。由于他的偏见,这些非理科生大多都表现不好。尽管我表现还算不错,但我还是和其他学生一道向系领导发出了一份声明,建议校方审查一下他的教学方式。"

同一个面试问题并非只有一个答案,而同一个答案并不是在任何面试场合都有效,关键在于应聘者掌握了规律后,对面试的具体情况进行把握,有意识地揣摩面试官提出问题的心理背景,然后投其所好。

案例三 政 策 规 定

国家公务员录用面试暂行办法

第一章 总则

第一条 为了规范国家公务员录用面试工作,提高面试水平,根据《国家公务员暂行条例》和《国家公务员录用暂行规定》,制定本办法。

第二条 本办法适用于国家行政机关录用主任科员以下非领导职务公务员的面试。

第三条 面试必须贯彻公开、平等、竞争、择优原则,按规定程序进行。

第二章 面试管理机构

第四条 国务院人事部门是国家公务员录用的主管机关,负责全国国家公务员面试的政策制定、管理与监督,负责国务院各工作部门录用国家公务员面试的组织工作。

第五条 省、自治区、直辖市政府人事部门是本行政辖区国家公务员录用的主管机关,负责本行政辖区内公务员面试的管理与监督,负责省级政府各工作部门录用国家公务员面试的组织工作。

第六条 市(地)级以下政府人事部门按照省级政府人事部门的规定,负责本行政辖区内公务员面试的有关管理工作。

第七条 各级政府工作部门按照同级政府人事部门的要求,承担本部门公务员面试的有关工作。

第三章 面试内容、方法与程序

第八条 面试主要测评应试人员适应职位要求的基本素质和实际工作能力,包括与拟任职位有关的知识、经验、能力、性格和价值观等基本情况。

第九条 面试内容分为若干测评要素，主要包括综合分析能力、言语表达能力、应变能力、计划组织协调能力、人际交往的意识与技巧、自我情绪控制、求职动机与拟任职位的匹配性、举止仪表和专业能力。必要时，根据职位要求，面试内容可以增加其他测评要素。

第十条 面试测评要素由录用主管机关确定。确定面试测评要素的基本原则是：

（一）根据拟任职位的工作性质、职责任务、难易程度、责任大小对人员的要求，确定要素项目；

（二）选择面试测评要素，应当适应和发挥面试功能，避免与资格审查、笔试、考核等环节的测评内容重复；

（三）根据不同测评要素的可测程度及与拟任职位要求的关联程度，确定其分数权重。

第十一条 面试试题一般由录用主管机关组织的命题小组编制，也可委托用人部门编制。

第十二条 编制面试试题必须贯彻以下原则。

（一）政治思想性原则。试题内容健康，符合党的方针、政策和国家的法律法规。

（二）科学性原则。试题具有科学性，编排、评分要求规范。

（三）针对性原则。试题编制要贯彻"为用而考"和"因岗择人"的原则，体现测评要素的要求，同时要符合应试者的特点。

（四）灵活性原则。试题的内容设计、提问、追问、评分要点等要给考官和考生留有发挥的余地。

第十三条 编制面试试题的基本程序：

（一）根据测评要素和测评对象，确定题目类型；

（二）科学、合理地取材；

（三）命题小组讨论；

（四）形成试题，包括题干、出题思路、参考答案、评分要点；

（五）组合题目。

第十四条 面试测评方法由录用主管机关规定，主要采用结构化面谈和情境模拟相结合的方法，也可根据拟任职位要求采用其他测评方法。

第十五条 面试按照以下程序进行：

（一）制订面试实施方案；

（二）编制面试试题及相关测评材料；

（三）成立面试考官小组；

（四）培训面试考官；

（五）实施面试；

（六）公布面试结果。

第四章 面试考官

第十六条 实施面试由面试考官小组进行。面试考官小组一般由用人部门内部相对固定并具备面试考官资格的5名或者7名人员组成，也可根据录用主管机关的要求组成。面试考官小组设主考官1名。

第十七条 面试考官必须具备以下基本条件：

（一）热爱祖国，拥护中国共产党的领导；
（二）遵纪守法，严守工作秘密；
（三）具有良好的个人修养，公道正派，心理健康；
（四）具有大专以上文化程度；
（五）一般应从事人事管理、相关业务管理或人才测评等工作3年以上；
（六）了解国家公务员考试录用制度和相关政策；
（七）具有较强的分析概括能力、判断能力与言语表达能力；
（八）具备录用主管机关规定的其他条件。

第十八条　面试考官必须由取得面试考官资格的人员担任，实行持证上岗。授予面试考官资格按以下程序办理：
（一）本人申请或组织推荐；
（二）所在单位审核；
（三）接受市（地）以上政府人事部门组织的考官培训；
（四）面试考官资格管理委员会评审；
（五）录用主管机关颁发资格证书。

第十九条　面试考官应当定期参加由录用主管机关组织的面试培训和业务考核。

第二十条　录用主管机关成立面试考官资格管理委员会，负责面试考官的资格管理。

第二十一条　面试考官资格有效期3年，期满由面试考官资格管理委员会审核，审核合格者继续授予其面试考官资格；不合格者，取消其面试考官资格。

第二十二条　经录用主管机关批准，也可聘请其他有关人员担任特邀考官。特邀考官应当接受必要培训。特邀考官在每一考官小组中不超过2人。

第五章　回避、监督与违纪处理

第二十三条　面试考官及面试工作人员凡与应试人员有《国家公务员暂行条例》第六十一条所列亲属关系的，实行回避。

第二十四条　各级政府人事部门在面试工作中应接受纪检、监察和考录监督巡视员监督，受理群众的检举、申诉和控告。

第二十五条　对违反工作纪律的面试考官及相关工作人员，根据有关规定，严肃处理。

第二十六条　应试人员在面试中有违纪行为，由考试组织实施部门按有关规定处理；必要时，报录用主管机关处理。

第六章　附则

第二十七条　国务院工作部门面试考官资格管理细则由国务院人事部门另行制定。

第二十八条　省级政府人事部门根据本办法制定本行政辖区内录用面试实施细则。

第二十九条　本办法由国务院人事部门负责解释。

第三十条　本办法自发布之日起施行。

资料来源：人事部网站

本章参考文献

[1] 泰勒, 奥德里斯科尔. 结构化面试方法. 北京：中国轻工业出版社, 2006.

[2] 萧鸣政. 人员测评与选拔. 上海：复旦大学出版社，2005.
[3] 吴强. 面试考官技术指南. 北京：中国人事出版社，2006.
[4] 萧鸣政. 人员素质测评. 北京：高等教育出版社，2006.
[5] 况志华，张洪卫. 人员素质测评. 上海：上海交通大学出版社，2006.
[6] 萧鸣政. 人员测评理论与方法. 北京：中国劳动出版社，2004.
[7] 张宗虎，庄俊岩. 人员测评实务手册. 北京：人民邮电出版社，2007.
[8] 张丽华. 员工招聘与配置. 上海：复旦大学出版社，2006.
[9] 崔蕾. 做个轻松面试官：金员工招聘技巧及测试题库. 北京：机械工业出版社，2006.
[10] 陈俊松. 如何与面试官交流. 北京：中国水利水电出版社，2007.
[11] 周盈. 面试教程. 北京：中国铁道出版社，2007.
[12] 赵永乐，沈宗军，刘宇瑛. 人员招聘面试技术. 上海：上海交通大学出版社，2001.

第 7 章 公文筐技术

7.1 公文筐测验概述

7.1.1 公文筐测验的概念

人才评价工作在整体性人才资源开发工作中尤为重要，只有建立和完善人才评价机制，才能驱动人才的培养、提高和合理配置，促进人才的最佳使用。然而，我国在人才测评方面起步较晚，以往对管理人员的选拔测评工作主要考察受测者的工作经历、工作业绩，有的也尝试使用一般能力测验和个性测验，但对管理能力的评价则一直缺乏有效的工具。随着改革开放的不断深入和现代经济的高速发展，企业对人才的需求也不断提高。企业管理人才是经济建设主战场上的生力军，优秀的企业管理人才是社会的宝贵财富。因此，甄别、评价管理人才已成为现代组织管理的重要任务。

在办公室工作的管理人员每天都要面对大量的文件。他们领会领导的意图，了解下属、同事和组织中的关系和问题，以及有效地解决问题都要通过文件，因此，能否很好地处理这些文件就成为了其能否胜任工作的关键。公文筐测验的灵感就源于此。

公文筐测验，又叫文件筐测验。在公文筐的测评活动中，被试假定为接替或顶替某个管理人员的工作，在其办公室的桌上堆积着一大堆亟待处理的文件，包括信函、电话记录、电报、报告和备忘录。它们是分别来自上级和下级、组织内部和组织外部的典型问题和指示、日常琐事与重大大事。所有的信函、记录与急件都要求在 2～3 个小时内完成。处理完成后，还要求被试者填写行为理由问卷，说明自己为什么要这样处理，对于不清楚的地方或想深入了解被试，评价者还将与被试交谈，以澄清模糊之处。然后主试把有关行为逐一分类，再予评分。

通过以上一系列测评活动，主试观察被试对文件的处理是否有轻重缓急之分，是有条不紊地处理并适当地请示上级或授权下属，还是拘泥于细节，杂乱无章地处理。由此测评被试的组织、计划、分析、判断、决策、分派任务的能力和对工作环境的理解和敏感程度。

7.1.2 公文筐测验的适用范围

公文筐测验通常用于管理人员的选拔。测验一般只给日历、背景介绍、测验指示和纸笔,被试者在没有旁人协助的情况下回复函电、拟写指示、作出决定,以及安排会议,评分除了看书面结果外,还要求考生对其问题处理方式作出解释,根据其思维过程予以评分。文件筐测验具有考察内容范围广、表面效度高的特点,因而非常受欢迎,使用频率居各种情境模拟测验之首。公文筐测验是测评管理人才的重要工具,它为中、高层管理人员的选拔、考核、培训提供了一项具有较高信度和效度的测评手段,为企业的高层人力资源计划和组织设计提供了科学可靠的信息。

公文筐测验,是测评管理人才的重要工具。公文筐处理是管理评价中心用得最多的一种测评形式,其使用频率高达81%,也是被认为最有效的一种形式。特别被认为是为中、高层管理人员的选拔、考核、培训设计的一项具有较高信度和效度的测评手段,是评价中心技术中最常用和最核心的技术之一,为企业的高层人力资源计划和组织设计提供了科学可靠的信息。

在美国,该测验目前已被1 000多家知名企业采用,福特汽车、通用电气等诸多大型企业集团均将公文筐测验作为企业管理人员选拔、测评的重要手段。

7.1.3 公文筐测验的特点

公文筐测验的主要特点表现在以下几个方面。

1. 考察内容范围十分广泛

作为纸笔形式的公文筐测验,测评受测者的依据是文件处理的方式及理由,是静态的思维结果。因此,除了必须通过实际操作的动态过程才能体现的要素外,任何背景知识、业务知识、操作经验及能力要素都可以涵盖于文件之中,借助于受测者对文件的处理来实现对受测者素质的考察。

2. 表面效度很高

公文筐作业所采用的文件,十分类似甚至有的直接就是应聘职位中常见的文件,因此,如果受测者能妥善处理测验公文,就理所当然地被认为具备职位所需的素质。

3. 应用范围大

考察内容范围的广泛使得公文筐测验具有广泛的实用性,并且表面效度高,易为人接受,因此,公文筐测验是众多公选考试测验中普遍使用的一种。

4. 情景性强

公文筐测验完全模拟现实中真实发生的经营、管理情景,对实际操作有高度似真性,因而预测效度高。

5. 综合性强

测验材料涉及日常管理、人事、财务、市场、公共关系、政策法规等行政机关的各项工作,从而能够对高层及中层管理人员进行全面的测评与评价。

6. 评分难度大

文件处理结果的评价受多种因素的影响,机构、氛围、管理观念不同的组织,具有不同的评价标准。在公文筐测验的评分确定过程中,专业人员和实际工作者往往存在理解上的差异。

7. 成本很高

公文筐测验的试题设计、实施、评分都需要较长的研究与筛选，必须投入相当大的人力、物力和财力才能保证较高的表面效度，因此花费的精力和费用都比较高。

7.1.4 公文筐测验评价的能力

公文筐测验在公司的利用如此频繁，其功能性也得到了不断的验证，它的适用范围非常广泛，能评价出的被试的能力也比较多。

公文筐测验适合评价以下两个方面的能力。

1. 与事有关的能力

与事有关的能力主要指的是在处理日常事务中所需要的能力。这些事物可能是来自上级的，也可能是来自下级的；有生活中的日常琐事，也有重大的事情。在处理、协调、解决这些事物的过程中需要一系列的能力，主要包括收集利用信息、组织、决策、计划、协调、授权、条理性等各方面的能力。

2. 与人有关的能力

与人有关的能力，是相对于与事有关的能力而言的，其主要内涵是指在与人打交道的过程中所需要的能力。与人打交道的方式各种各样，所需要的能力层出不穷，如与人的交往、沟通、协调等各个方面都需要较强的能力，特别是处于管理地位的职员，其职责中重要的一部分就是管理和激励员工，因而需要更多地管理和沟通的技巧。在这里特别要指出的公文筐测验可以测出如知人能力、人际敏感性、沟通等各方面与人相关的能力。

7.2 公文筐测验的形式

公文筐测验的形式，按其具体的内容，可以分为三种形式。

1. 背景模拟

这种形式在开始前，便告诉被试所处的工作环境，在组织中所处的地位，所要扮演的角色，上级主管领导的方式、行为风格，情景中各种角色人物的相互需求等信息，用以测评被试的准备与反应的恰当性。

2. 公文处理的类别模拟

在这种形式中，所要处理的文件有三类。第一类是已有正确结论、并已经处理完毕归档的材料。因这类文件已有结论，容易对被试处理的有效性作出判断。第二类文件是处理条件已具备，要求被试在综合分析基础上进行决策。第三类是尚缺少某些条件和信息，看被试是否善于提出问题和获得进一步信息的要求。

3. 处理过程模拟

这种形式要求被试以某一领导角色的身份参与公文处理活动，并尽量使自己的行为符合角色规范。当被试在规定的时间内阅读完背景材料后，主试即宣布测评活动开始，并告诉被试递交处理报告的时间，被试递交结果后即进行讨论。主试可参与讨论或引导讨论。讨论中被试可自由发表观点，并为自己的决策辩护。在讨论中不仅要讨论出答案，而且主试要让被试去预测自己的想法可能会带来的后果，并自我纠正自己的错误观点和决策，以激发其潜在的智能。

7.3 公文筐的测验材料

公文筐测验以组织中的信息流为处理对象，要求应聘者在规定条件下对各类公文材料进行处理，并形成公文报告。公文材料的形式可以是函电、报告、声明、请示文件等，其内容涉及企业经营管理的方方面面，如生产原材料的短缺、资金周转不灵、部门之间产生矛盾、职工福利、环境污染、生产安全问题、产品质量问题、市场开发问题等，既有重大决策问题，也有日常琐碎小事。要求被评价者对每一份文件都要作出处理，如写出处理或解决问题的意见、批示或直接与部门的人员联系发布指示等。文件的数量可多可少，一般不少于5份，不多于30份，根据文件的数量和难度规定完成的时间，一般来说，公文筐测验的测试时间为2~3小时。

公文筐测验由两部分组成，以纸笔方式作答。

1. 测验材料

是指提供给应聘者的资料、信息，可以各种形式出现，包括信函、备忘录、投诉信、财务报表、市场动态分析报告、政府公函、账单等。测验中的每份材料上均标有材料编号，材料是随机排放在公文筐中的，应聘者在测验的各个部分都要用到这些材料。

公文筐材料示例：

关于增加人事干部编制名额的请示

总经理：

经董事会批准，今后总公司、分公司两级的干部培训工作由人事部门负责。但是，在公司最初确定人事部门人员编制时没有培训工作这项任务。为了做好这项工作，需要给人事部门增加必要的编制名额，建议给人事部增加3人，每个分公司增加1~2人。关于人事部增加的3个编制名额，请总经理审批；关于给分公司增加的编制名额，请批转各分公司从现有名额中调剂解决。以上请示当否，请批示。

人事部

2. 答题册

供应聘者对材料写处理意见或回答制定问题，是应聘者唯一能在其上写答案的地方，评分的时候考官只对答题册上的内容进行计分。答题册包含总指导语和各分测验的指导语。

公文筐测验指导语示例：

总指导语

这是一个"公文筐"测验，它模拟实际的管理情境，请你处理商业信函、文化和管理人员常用的信息。这个模拟的具体假设情境是：

你是瑞克有限公司的市场营销部经理。你叫"王海峰"。今天的日期是：××年3月14

日，星期日。现在的时间是：下午7点45分。

公文筐测验答卷纸示例：

考生编号	文件序号	重要程度	紧迫程度
处理意见			
			签名：_____
			年　月　日
处理理由			

7.4　公文筐测验的考察因素及权重

根据《工作说明书》中的工作职责和任职资格说明确定公文筐测验的考察要素及其权重。

1. 确定考察要素

公文筐测验所要测评的能力是那些管理者在从事管理活动过程中正确处理一般性的管理问题、有效地履行主要管理职能所应具备的能力。因此，能够考察管理者对多方面管理业务的整体运作能力，包括对人、财、物、信息等多方面的控制和把握。通常来说，主要从以下几个维度进行考察。

1）书面表达能力

要求应聘者设计公文，撰写文件或报告，用书面形式表达自己的思想和意见。根据文件内容，考察被试的思路是否清晰、意见是否连贯、措辞是否恰当及文体是否合适。得分高的文章要求语言非常流畅，文体风格与情境相适应，能根据不同信息的重要性分别处理，结构性强，考虑问题全面，能有针对性地提出论点，表现出熟悉业务的各个领域。

2）分析判断能力

在分析判断能力方面得分高的应聘者能够从所给的众多公文中获取有用信息，且综合这些信息资料，透过现象抓住本质，辨别出各项公文所反映问题的轻重缓急，准确掌握问题的核心，抓住事物间的联系，找出造成问题的原因。

3）统筹规划能力

在公文筐测验中设计一定的任务和角色情境，要求应聘者判断所给材料的优先级。

在统筹规划能力方面得分高的应聘者能有条不紊地处理各种公文和信息材料，能根据信息的性质和轻重缓急对信息进行准确的分类，且能注意到不同信息间的关系，根据信息的不同性质和紧迫性对工作的细节、策略、方法作出合理的规划。

4）预测能力

得分高的应聘者能全方位地系统地考虑环境中各种不同的相关因素，对各种因素作出恰当的分析，并作出合乎逻辑的预测。同时能使预测具有可操作性，提出行之有效的实施方案。该维量包括考察三部分内容：预测的质量、所依据的因素、可行性分析。评价预测能力时，要考察应聘者为了作出预测而利用公文筐内材料的程度，即是否综合各种因素作出分析。

5）决策能力

在决策能力方面得分高的应聘者对复杂的问题能进行审慎的剖析，能灵活地搜索各种解决问题的途径，并作出合理的评估，对各种方案的结果有着清醒的判断，从而提出高质量的决策意见。决策能力的考察包括三部分内容：决策的质量、实施的方案、影响因素。评价决策能力时，要仔细考察决策背后的理性成分，考察应聘者是否考虑了短期和长期后果、是否考虑了各种备选方案的优缺点，以及采取某种行动方案的原因。

2. 确定各考察要素的权重

不同的岗位对管理者的能力要求也有所不同，因此在各个考察要素上的权重分布也有所差别。应根据不同的岗位要求有针对性地确立考察要素的权重。

7.5 公文筐测验所考察的维度定义

公文筐测验所要测评的能力定位于管理者从事管理活动时正确处理普遍性的管理问题、有效地履行主要管理职能应具备的能力。考察管理者对多方面管理业务的整体运作能力，包括对人、财、物、信息等多方面的控制、把握。具体来说，要考察以下五个维度。

1. 工作条理性

设计一定的任务情境和角色情境，要求被试判断所给材料的优先级。得分高的被试能有条不紊地处理各种公文和信息材料，能根据信息的性质和轻重缓急对信息进行准确的分类，能注意到不同信息间的关系，有效地利用人、财、物、信息资源，并有计划地安排工作。

2. 计划能力

得分高的被试能非常有效地提出处理工作的切实可行的方案，主要表现在能系统地事先安排和分配工作，识别问题及注意不同信息间的关系，根据信息的不同性质和紧迫性对工作的细节、策略、方法作出合理的规划。评价计划时，在某种程度上要关注被试对其行为未来后果的考虑。例如，考察他们解决问题时是否考虑时间、成本、顾客关系或资源。计划也包括为避免预期问题所采用的步骤，以及出现这些问题时，对问题的操作步骤与方法。

3. 预测能力

得分高的被试能全面系统地考虑环境中各种不同的相关因素，对各种因素作出恰当的分析，并作出合乎逻辑的预测，同时对预测能提出行之有效的实施方案。该维量包括考察三部分内容：预测的质量、所依据的因素、可行性分析。评价预测时，要考察被试为了作出预测而利用公文筐内材料的程度，即是否综合各种因素作出分析。

4. 决策能力

该维度得分高的被试对复杂的问题能进行审慎的剖析，能灵活地搜索各种解决问题的途径，并作出合理的评估，对各种方案的结果有着清醒的判断，从而提出高质量的决策意见。该维量包括考察三部分内容：决策的质量、实施的方案、影响因素。评价决策时，要细察决策背后的理性成分，考察被试是否考虑了短期和长期后果，是否考虑了各种备选方案的优缺点，采取某种行动方案的原因等。

5. 沟通能力

要求被试设计公文，撰写文件或报告，用书面形式有效地表达自己的思想和意见。根据评估内容，考察被试的思路清晰度、意见连贯性、措辞恰当性及文体相应性。得分高的文章要求语言非常流畅，文体风格与情境相适应，能根据不同信息的重要性来分别处理，结构性很强，考虑问题很全面，能提出有针对性的论点，表现出熟悉业务的各个领域。

7.6 公文筐测验的设计

1. 公文的取材和收集

测验所需公文主要围绕管理者的能力取材。管理者（这里特指组织领导者）的管理能力主要来自三个方面：自身素质、社会实践体验、所掌握的有关知识。管理能力的水平和发展取决于以上三个方面的交互作用和整合的结果，所以，管理能力是复合性能力。如果以偏重知识性的、经验性的或智力性的具体能力为主要测评内容，则难以保证评价效度。

管理者所具备的知识，特别是相关的管理技术知识和业务性知识，虽然对实际的管理能力有较大影响，但不作为公文筐测验的主要测评内容。其主要理由是：

① 管理者的知识水平可以通过其他更加简便有效的办法加以评价；

② 知识水平在一定程度上可以通过培训、锻炼等形式提高；

③ 知识欠缺的弊端一般可以通过其有效的管理活动弥补。

公文筐测验的主要优势之一就是它相对真实地模拟了实际工作的情景，因此为了尽可能地贴近现实，必须进入一线管理部门收集管理者的日常公文，从而确定典型公文，以及公文的各种形式和结构。公文收集应注意以下三点。

1) 公文内容和形式的全面性

公文收集过程中要考虑到法规性公文、指示性公文、报请性公文、记录性公文等各自的比重，另外，还必须考虑到电话记录、请示报告、上级主管的指示、待审批的文件、各种函件、建议等多种文件形式都要占到一定的比例。

2) 公文难度的把握

在收集公文的过程中要按照工作职责和任职资格的说明分析招聘岗位需要能力的水平，从而确定测验中公文的难度，以避免出现"天花板效应"和"地板效应"，区分不出应聘者能力的高低，使得测验无效。

3) 公文真实性程度的把握

完全杜撰的公文材料，应聘者可以根据一般知识推理来完成，因而区分不出水平差异；

而完全真实的公文材料又过于偏重经验的考察,而忽略了潜能,同时应聘者有可能通过获得内部消息而知道结果。因此,公文的选材应在尽量贴近真实的基础上进行适当的设计,从而达到更好的考察效果。

2. 编制文件

1) 文件的类型主要有三种:批阅类、决策类和完善类

批阅类文件要求应聘者能够区分轻重缓急和性质,提出处理意见,这类文件是常规性的公务文件,通常只需要按部就班地处理即可。

决策类文件往往是请示、报告、建议之类,阐述的往往是日常工作中遇到的非常规性决策问题,要求应聘者在综合分析的基础之上提出决策方案或从给定的几种方案中选择最佳方案。

完善类文件是指有缺陷的文件,尚缺少某些条件和信息,如材料的不完善、观点意见不妥当等,看应聘者是否善于提出问题及是否有获得进一步信息的要求。

2) 编成的文件应该具有三大特点

① 典型性,文件内容涉及未来工作中最主要的活动,是对多种情况的归纳与概括。

② 主题突出,单个文件应该以描述一个主题为核心,尽量避免一个事件的多个方面都是重点。

③ 难度要适中,测验的目的在于区分能力不同的被试,因此应该尽量避免文件过难或过易,使大家的得分都很高或者都很低而不能区分,通常应该由易到难,形成梯度。

3) 评分标准的确定

公文筐测验的评分即为所要考察的各方面能力评分。为了减少主观因素的影响,对评分标准的设计应尽量做到客观、详细。因此,可以对各个考察要素确定不同的水平,并对每一水平进行具体的界定。例如,分析判断能力的各个水平标准确定如表7-1所示。

表7-1 分析判断能力的各个水平标准确定

等级	等级的界定
优	能够准确地认识到公文之间有无联系,从而根据联系处理问题
良	能够较为准确地认识到公文之间有无联系,从而处理一些问题
中	能够认识到一些公文之间有无联系,但不能根据联系处理问题
差	认识不到公文之间有无联系,也不能根据联系处理问题

3. 试测与修正

在正式进行公文筐测验之前,应先对在职的人员进行一次试测。一是为了进一步修正公文筐中的材料和评分标准;二是对考官进行一次培训,以确保其掌握评价的内容和标准,以及可能出现的问题和解决措施。

为保证公文筐测验的效度,可以将公文筐测验施测于一批优秀的任职者和一批没有管理经验的一般人员。将两个团体的测验结果进行比较。假如两个团体的作答结果之间没有显著的差异,或者一般人员的结果比优秀管理者的结果要好,则说明编制的公文筐测验存在问题,需要进一步修改。假如优秀管理者的结果明显地好于一般人员,则可以接受这份公文筐测验,但要注意结果的保密。

7.7 公文筐的操作与实施

1. 测验的准备阶段

1）准备测验所需的材料

除了准备公文筐测验需要用到的公文及评分标准（详见 7.6 节）外，还需要准备其他一些测验材料如答题册等。要给每个应聘者的测验公文事前编上序号，答卷纸也要有相应序号，在施测前应注意核对。答卷纸主要由三部分内容构成：一是应聘者姓名（或编号）、应聘单位和职位、文件序号等；二是处理意见（或处理措施）、签名及处理时间；三是处理的理由。文件序号只是文件的标识顺序，不代表处理的顺序，应允许应聘者根据轻重缓急调整顺序，但给所有应聘者的文件顺序必须相同，以示公正。

2）测验的地点选择

根据预定的面试人数选择合适的测验地点，布置考场。考场环境应安静整洁，能避免外界干扰，室内光线亮度要好。由于处理的文件较多，所以办公桌要足够大。如果应聘者较多，相互之间要保持一定的距离，以避免相互干扰。最好所有应聘者在同一时间内完成测验。

3）公文筐测验的考官。

公文筐测验对考官的综合素质要求较高。他们不仅要具备管理学和心理学领域的基础知识，了解公文筐测验的理论和实战依据，而且还要对测评对象所任职务的职责权限和任职资格（工作经验、学历、能力和个性心理特征等）进行过系统研究，能够独立或与他人合作设计测评题目，了解各测评题目之间的内在联系；能够恰如其分地开展考评问询，能够对应聘者进行全面、客观、公正的评价。考官要对每种可能出现的答案及其代表的意义成竹在胸，并与其他考官事先达成共识。

在测试前，考官要熟练掌握施测程序，包括熟悉测验的内容和程序，以及熟记指导语。

此外，如果文件内容涉及招聘单位内部的一些情况，考官应在测试前向应聘者介绍相关情况，减少考生由于对职位熟悉程度不同而造成的测验结果差距。

2. 测验实施阶段

公文筐测验可以有不同的分测验，每一份测验都有严格的时间控制，总计时间多为两小时。整个测验的过程最好能用录像机记录下来。可以集体施测，考虑到录像带的效果，一组以不超过 10 人为宜。具体过程如下：

① 安排被试入场，并宣布测验注意事项，指导语举例如下：

"请大家注意，为了不影响考试，请大家关闭手机及其他通信设备。请大家查看一下是否都拿到了测验材料和答题册（测验主持人展示）各一份。首先请大家在答题册的背面填写姓名等背景信息。在测验没有开始之前，请不要翻看测验材料。本测验分四个部分，每一部分都要用到这些测验材料，请您注意：不要在测验材料上做任何标记，请在答题册上回答问题。测验结束后请您把测验材料和答题册一并交还给我们。

请大家翻开答题册第一页，这是一个'公文筐'测验……

如果有疑问请大家提出，我们现在给予解答。（停顿，主持人答疑。）

如果没有任何问题,请翻开下一页开始做题。"

② 计时,注意监督应聘者不能提前翻看或做后一部分的题目。

③ 第二部分测验,指导语举例如下:

"我们来看测验2,这个测验要求你……如果有疑问请大家提出,我们现在给予解答。(停顿,主持人解答疑问。)

如果没有问题,请开始做题。"

④ 计时,注意监督应聘者不能提前翻看或做后一部分的题目。

⑤ 余下部分的测验依此类推。

⑥ 测验时间到,回收测验材料和答题册,测验结束。

3. 测验的评价阶段

在测验结束以后,即开始对测验结果进行评分。请每一位考官独立对每一位应聘者进行评价,然后由工作人员将结果汇总并进行比较分析,观察是否在某些指标上出现的差异较大。如果没有就可以确定最终的得分。如果在某些指标上出现的评分差异较大,就必须进行讨论,并重新打分,直至意见一致为止。

公文筐测验评分表示例如表7-2所示。

表7-2 公文筐测验评分表举例

考察维度		考察内容	评分	备注
书面表达能力 (20%)	思路清晰	叙述有条理,层次分明		
	措辞恰当	称呼、用语、语气与自己情境中的身份相符		
	文体得当	处理意见中所采用的公文种类和体式的准确程度		
分析判断能力 (30%)	分析判断的速度	能在有效的时间内迅速把握问题的核心		
	分析判断的质量	能辨别出各项公文所反映问题的轻重缓急,准确掌握问题的核心,抓住事物间的联系,找出造成问题的原因		
统筹规划能力 (20%)	规划的速度	能在有限的时间内迅速且有条不紊地进行规划		
	规划的质量	能注意到不同信息间的关系,根据信息的不同性质和紧迫性对工作的细节、策略、方法作出合理的规划。		
决策能力 (30%)	决策的时效	根据情境的紧迫程度,对公文反映的情况作出适时处理		
	方案可行	作出的决定在现有的条件下可以做到		
	考虑全局	作出的决策不妨碍其他决定的有效执行		
评语:			总得分:	
			评分者签字:_____	

4. 本测验需要特别注意的事项

① 公文筐测验的适用对象为中、高级管理人员，它可以帮助企业选拔优秀的管理人才或考核现有管理人员。由于它的测验时间比较长（一般约为两个小时），故而它常作为选拔和考核的最后一环使用。

② 公文筐测验从以下两个角度对管理人员进行测查，一为技能角度，主要考察管理者的计划、预测、决策和沟通能力；一为业务角度，公文筐的材料涉及财务、人事、行政、市场等多方面业务，它要求管理者具有对多方面管理业务的整体运作能力，包括对人、财、物流程的控制等。

③ 公文筐测验对评分者的要求较高，它要求评分者了解测验的内核，通晓每份材料之间的内部联系，对每个可能的答案了如指掌，评分前要对评分者进行系统的培训，以保证测评结果的客观和公正。

7.8 公文筐测验的优缺点

公文筐测验，与其他评价中心形式相比，便于操作，是限于人对物的操作，效度较高。公文筐测验把被试置于模拟的工作情境中去完成一系列工作，与通常的纸笔测验相比，显得生动而不呆板，较能反映被试的真实能力水平。与其他情境模拟测验如小组讨论相比，它提供给被试的背景信息、测验材料（文件材料及问题）和被试的作业（答题）都是以书面形式完成、实现的，一方面考虑应试者在日常工作中接触和处理大量文件的需要，另一方面也使测验便于操作和控制。在设计和选择题目前，要先作工作分析，以确定所要评估的维度。公文筐测验的优点在于其具有灵活性，可以因不同的工作特性和所要评估的能力而设计题目。同时作为一种情境模拟测验，它可以对个体的行为做直接的观察。它能预测一种潜能，这种潜能可使人在管理上获得成功。由于公文筐测验能从多个维度上评定一个人的管理能力，它不仅能挑选出有潜力的管理人才，还能训练他们的管理与合作能力，使选拔过程成为培训过程的开始。

公文筐应用非常广泛，有以下几项优点。

① 公文筐测验完全模拟现实中真实的管理工作情景，所采用的文件非常贴近日常事务中的公文，有时就是完全真实的公文。因此，如果应聘者能妥善处理测验文件，那么就理所当然地认为其具备该职位所需的素质。

② 公文筐测验的材料涉及日常管理、人事、公共关系、政策法规、财务等各方面事务，因此能够考察应聘者计划、沟通、授权、预测、决策等多方面的能力和素质，从而能够对中高层领导人才进行全面的测量和评价。

③ 公文筐测验为每一位应聘者提供了条件和机会相等的情景，使得评判有统一的标准。由于把人置于模拟的工作情境中去完成一系列工作，为每一个被试都提供了条件和机会相等的情境。

④ 公文筐测验除了用于评价、选拔管理人员之外，还可以用于培训、提高管理人员的管理技巧、解决人际冲突和组织内各部门间的摩擦，以及为人力资源计划和组织设计提供信息。

任何一种测评技术都有其优点和不足，公文筐也不例外。一般来说，公文筐有以下几点缺陷。

① 公文筐测验的编制成本比较高。公文筐测验的编制者需要测验专家、管理专家和行业专家（实际工作者），且文件的收集和典型化都需要大量的人力和物力，因此编制成本比较高。

② 评分比较困难。文件的处理，会受到组织的氛围、管理观念、组织文化的影响。很显然，政府机关和私营企业对类似文件的处理是有差别的。在我国，从事实际工作的人们往往缺乏对招聘单位管理经营状况的深入了解，因而文件如何处理才能充分表明应聘者具备招聘职位所需的素质，专业人员与实际工作者往往存在理解上的差异。因此，评分不易把握。

③ 公文筐测验采用静态的纸笔测试，每个应聘者都是自己独立完成测验，考官与应聘者之间没有互动交流，所以考官很难对应聘者实际当中与他人交往的能力和人际协调能力直接进行判断和评价。

思考题

1. 什么是公文筐测验，并说出它的主要使用范围。
2. 请说明公文筐测验经常考察的维度。
3. 简述公文筐测验的程序。

本章案例

公文筐测验题举例

公文筐测验试题

指导语：今天是2007年9月1日，恭喜你有机会在之后的两个小时里担任××集团公司人力资源部副总经理。由于人力资源部的李总经理正在外地出差，因此，你将在他回来之前全权代理他的职务。××公司是一家大型国有股份制企业，其人力资源部下设四个处：人事处、劳资处、福利处、资产管理处，分别处理人力资源调配、工资奖金、员工福利和资产管理等项工作。现在是上午9点，在听取了下属的工作汇报，做好今天的工作安排之后，你来到办公室。秘书已经将你需要处理的今日积压的文件整理好，放在了文件夹内。文件的顺序是随机排列的，没有任何意义，你需要自己去排序处理。你必须在2个小时之内处理完文件，并作出批示。11点你还要接待一批重要客户。在这2个小时内，你的秘书会为你推托掉所有的杂事，相信没有什么人会来打扰你。另外，很抱歉，由于各种原因，你在处理文件的过程中没有办法与外界通话。

现在需要你以文件、备忘录、便条、批示等形式将所有文件的处理意见、办法作出书面表达，最后交给秘书负责传达。在公司，你被员工称为"王副总"或"王总"。

好了，可以开始工作了，祝你一切顺利！

文件一：

王副总：

近期我公司进行了一次设备更新，约有100台电脑被淘汰，现在闲置在仓库里，我们觉得虽然这批电脑的性能已经不能满足我公司正常工作的需要，但是大部分仍然工作正常。我们了解到现在我市有部分民工子弟学校正在采购一批二手电脑，以供教学使用。此事如何处理，是卖给学校还是无偿捐赠，望您指示。

请你提出处理意见。

资产管理处
2007年8月30日

文件二：

王副总：

近段时间，第五车间的公司员工反映他们的工资不能按时发放，并且经常被无端克扣，他们还指责车间主任王文埃进行绩效考核时不能客观、有效地对员工进行评定。他们有可能会集体罢工或辞职。此事如何处理？请您批示。

请你提出处理意见。

劳资处
2007年8月30日

文件三：

王副总：

近期各部门相继反映，由于我公司的不断发展扩大，各部门的事务性工作量大幅度增长，需要聘用一些专职秘书以缓解各部门的工作压力。以往我们的做法都是从本地大专院校招聘临时秘书，虽然成本较低，但是稳定性差，不能满足长期工作的需要，现在我处拟从社会上公开择优招聘秘书，数额大约二十余名，此项工作不知您的意见如何？另外，如果决定招聘这批秘书人员，您是否参加面试？

请你提出处理意见。

人事处
2007年8月30日

文件四：

王副总：

人力资源信息：9月20日在YY饭店召开华东地区大型企业人力资源管理高峰论坛。届时到会的均为各企业人力资源部总经理或副总经理及国内外一些人力资源管理专家和学者。您是否参加？请回复，以便我及早作出安排，办理相关报名事务。开会时间：9月20日上午8：00—11：30，下午13：30—16：30。

请你提出处理意见。

秘书
2007年8月30日

文件五：

王副总：

公司办公室转来一封群众来信。信中说公司总务处员工陈伟在某居住地扰得四邻不得安宁，群众很有意见。如果情况属实，将会对公司名誉产生负面影响，特别是其居住地附近住有我们公司重要大客户的一些中高级管理人员。总裁要求尽快处理此事。

请你提出处理意见。

秘书
2007年8月30日

附：群众来信。
××公司：
  我们是富豪居民小区 24 栋楼的部分住户。贵公司员工陈伟在我们这里租房居住。他经常在家中搞舞会接待朋友，唱卡拉 OK，夜里很晚也不结束，影响了我们的正常生活和休息。此外，他还常与社会上一些不三不四的无业人员来往，关系密切，令人反感。希望贵公司能够对此人帮助教育。如果他再这样下去，我们将与派出所联系解决。

24 栋楼部分居民
2007 年 8 月 30 日

文件六：

王副总：
  在前些天的台风中，第一车间和第四车间反映他们那里屋面发生大面积漏水，经过我们勘查原因为房顶年久失修，屋顶建材已经锈蚀，需要总体更换，否则下次遇大雨情况将更加严重。但是今年的检修预算已经用完，不知能否增加预算，请批示。
  请你提出处理意见。

资产管理处
2007 年 8 月 30 日

文件七：

王副总：
  根据我们的调查，公司中青年员工离职率高与公司现有住房分配制度有一定关系。目前，公司已停止为员工建设或购买住房，仅为员工提供住房补贴，让他们自行租房居住或由公司提供帮助向银行抵押贷款买房居住。但由于房价太高，中青年员工无力购买，租房又不稳定，员工没有安全感。我们考虑，是否可由公司出资建设或购买一些小型公寓，以适当价格出租给暂时无房的员工，并规定在一定的期限后迁出公寓，给后来的员工暂住。这样可以使中青年员工安居乐业，降低核心员工流动率。此建议是否得当，请指示。如果可行，我们将向总裁办公室提出报告。
  请你提出处理意见。

福利处
2007 年 8 月 30 日

文件八：

王副总：
  公司业务不断扩大，效益一再创辉煌，根据上月公司董事会的会议精神，我们拟定了一份为公司中层管理人员和核心员工涨 15% 工资的薪酬调查方案。
  此方案是否得当，请批示。
  请你提出处理意见。

劳资处
2007 年 8 月 30 日

文件九：

王副总：
  关于开展"我们需要怎样的企业文化"的讨论现已告一段落，我们计划下周三上午

10:00召开一个中层正职以上管理人员参加的专题讨论会。会议主题是，如何确立公司的企业文化，怎样建设我们公司的企业文化，会上将请您说一说对这个问题的看法。届时我们准备把您的讲话要点打印成文件下发。请您务必参加，并将您的看法写成文字资料交给我们以便打印。（要求：必须在文件处理中由您个人完成此项工作）

请你提出处理意见。

人事处
2007年8月30日

文件十：

王总：

据了解我们的员工福利位于同行业的中上等水平。但考虑到现在行业的激烈竞争和高流动率，为了增强我们的凝聚力和吸引力，我们认为，提高员工的福利待遇是一项有力的激励措施。因此，我们提出一项增加员工福利的计划，也就是将现在的人均福利费200元/月提高到人均250元/月的较高水平，另外，再增加每半年一次的外出旅游，平均每人每次支出为500元。不知您对这项计划的意见如何？请批示。

请你提出处理意见。

福利处
2007年8月30日

参考答案：

文件一——作出批示，要点有三：1.要无偿的捐赠给动工子弟学校；2.要大张旗鼓地捐赠，以收到良好的社会效应，塑造企业形象；3.把这件事交给资产管理处尽快全权处理。

文件二——作出批示：该事即刻找劳资处去第五车间进行调查，就该车间工资不能按时发放、随意被克扣的原因，以及车间主任的考核不公正事件给出一个书面的回报，这件事要立刻去做，争取今天之前把详细的调查报告书交过来。

文件三——考虑公司的替换成本等原因，只需要招聘10名专业秘书，由这10名专业秘书对其他员工进行培训，提高整体秘书的专业素质。关于面试现场，不参加，由招聘主管去参加即可。

文件四——写一个便条，给出最迟报名时间及相关的主要内容，再作决定。

文件五——作出批示：1.首先去了解实际情况，看群众反映的情况是否属实；2.如情况属实，立刻写一份公开道歉信，并由人事处主管亲自道歉；3.对陈伟进行批评教育，责令其改正。

文件六——这件事情比较严重，可能预算会比较大，考虑到这个季节不是雨季，可以暂且对车间进行修改。等明年预算批复之后再做根本的治理。

文件七——可以向总裁处提出建议，但是语气要斟酌好，不要强迫、强制要求。

文件八——如果是切实符合董事会精神，就同意。

文件九——下周三的事情现在不必要马上去做，可以设一个备忘录，让秘书再提醒。

文件十——福利可以增加，但是每半年的旅游费要砍掉。

考察的能力：

这十个文件交叉重合地考察了以下五种能力：

书面表达能力；

分析判断能力；

统筹规划能力；

预测能力；

决策能力。

5分或者7分的评分标准：

主试可以根据被试的表现并询问被试作出决策的原因给出被试一个5分或者7分的评分标准。

本章参考文献

[1] SPYCHALSKT A C, QUINONES M A, GAUGLER B B. A survey of assessment center practices in the United States. Personnel Psychology, 1997: 71-79.

[2] 郑久华. 评价中心的方法实施及应用. 辽宁行政学院学报, 2005 (6): 102-103.

[3] HR经理候选人文件筐测试题 [OL]. http://www.zhongguohr.com/bbs/archiver/? tid-17943.html.

[4] 陈民科, 王重鸣. 评价中心的开发程序与构思效度. 人类工效学, 2002, 6, 8 (2): 27-34.

[5] 樊宏, 韩卫兵. 构建基于胜任力模型的评价中心. 科学学与科学技术管理, 2005 (10): 112-113.

[6] 孙健敏, 彭文斌. 无领导小组讨论的设计程序与原则. 北京行政学院学报, 2005 (1): 35-40.

[7] GUERRIER Y, RILEY M. Management assessment centers as a focus for change. Personnel Review, 1992: 24-32.

[8] 况志华, 张洪卫. 人员素质测评. 上海: 上海交通大学出版社, 2006.

[9] 梁开广, 邓婷, 许玉林. 评价中心法在评价管理潜能中的应用及其结构效度检验. 应用心理学, 1991 (4): 50-57.

[10] 张志红, 朱冽烈. 人才测评实务. 北京: 机械工业出版社, 2005.

[11] 胡月星, 梁康. 现代领导人才测评. 北京: 国家行政学院出版社, 2004.

[12] CRONBACH L J, SNOW R E. Aptitudes and instructional methods. New York: Irvington, 1997.

[13] 殷雷. 评价中心的基本特点与发展趋势. 心理科学, 2007, 30 (5): 1 276-1 297.

[14] 毋誉蓉. 评价中心的使用及新发展. 职业, 2005 (3): 32-34.

[15] 陈海燕, 彭杨. 评价中心的应用价值和开发程序. 经济论坛, 2004 (20): 79-80.

第 8 章
无领导小组讨论技术

8.1 无领导小组讨论的概述

8.1.1 无领导小组讨论的内涵

无领导小组讨论（Leaderless Group Discussion，简称 LGD）是指运用松散型群体讨论的形式，快速诱发人的特定行为，并通过对这些行为的定性描述、定量分析及人际比较来判断应聘者个性特征的人事评价方法。

就其操作方式而言，无领导小组讨论由一组一定数量的应聘者（一般 5~8 人为宜），在既定的背景下或围绕给定的问题展开讨论，持续时间 1 小时左右，由一组评价者对他们在讨论过程中的言语和非言语行为表现进行观察和评价，评价者不参与讨论的过程。所谓"无领导"，是指讨论中每位应聘者的地位是平等的，并没有人事先被指定为小组的领导者，目的在于考察应聘者的表现，尤其是看谁会从中脱颖而出，成为自发的领导者。

无领导小组讨论根据主题有无情境，可以分为无情境讨论和情境讨论。无情境讨论一般针对某一个开放性的问题来进行，如"中国加入 WTO 后对轿车产业有什么影响"或"你认为什么样的企业能称之为卓越企业"；而情境讨论一般是把应聘者放在某个假设的或者特定的情境中来进行，如假定各个应聘者均是某公司的高级管理者，让他们通过讨论解决公司的裁员问题。另外，根据是否给应聘者分配角色，可以将无领导小组讨论分为指定角色的讨论和不定角色的讨论。顾名思义，不定角色的讨论中，小组中的应聘者在讨论过程中不具有任何角色，可以自由地发表自己的意见；而指定角色的讨论中，应聘者分别被赋予了彼此平等的角色，如让他们分别担任卫生部长、教育部长、交通部长、外交部长等职务，共同争取一笔资金。各角色的基本利益不完全一致甚至是有矛盾的，应聘者通过自由讨论达成小组的一致意见。在实际运用无领导小组讨论时，可以根据具体的需要和可行性选择适当的讨论形式。

作为评价中心中的一种常用技术，无领导小组讨论的目的在于考察应聘者在需要小组成员共同合作才能成功完成的任务中表现出来的各种综合能力特征，如沟通能力、辩论说服能力、组织协调能力、合作能力、影响力、人际交往的意识和技巧、团队精神等。同时也考察个体在处理问题时表现出的能力，如理解能力、分析能力、推理能力、创新能力等，以及自信心、进取心、责任心、灵活性、情绪控制等个性特征和行为风格。

无领导小组讨论的方法最早出现在军事领域，后被企业采用成为选拔中高层管理人才的常用方法。而在实际的招聘中，无领导小组不仅仅被用来选拔高级管理人员，在国家公务员的选拔、企业招聘应届毕业生、招聘营销人员的过程中，都广泛采用了无领导小组讨论的方式，并根据各自需要对其进行了调整和完善。

8.1.2 无领导小组讨论的特点

1. 无领导小组讨论的优点

作为一种有效的测评工具，无领导小组讨论与其他测评工具相比，克服了传统测评方式的单向度缺陷，是一种更为客观、科学的测评方法。具体表现在以下几个方面。

① 考察内容广泛，能测试出笔试和单一面试无法考察的能力或者素质，如人际敏感性、组织协调能力、人际影响力等，而这些能力和素质往往会对实际绩效起到重要作用。

② 讨论角色地位平等，不存在人为赋予的、地位悬殊的"核心人物"，有利于每个参与者不受拘束地充分展示自己的能力和才华。

③ 仿真模拟性高。无领导小组讨论往往就实际问题展开，某种程度上与一个单位的决策者们商讨决策问题极为相似，可以最大限度地预测应聘者在实际工作中的表现。同时，应聘者也能明确感受到这种相似性，因此容易认同和接受，并尽可能在讨论过程中表现出自己的能力水平。

④ 对应聘者的实际行为进行评价更加客观和准确。在面试中，评价者主要依据应聘者的口头回答进行评价，但说得好并不一定做得好。而在无领导小组讨论中，评价者是依据应聘者的实际行为特征对其进行评价的，因而更加客观和准确。

⑤ 人际互动效应和赛马场效应。在传统的面试测评方式中，应聘者只需接受评价者的提问，而没有与其他应聘者的直接互动和正面较量，他们之间的竞争是一种间接竞争。无领导小组讨论需要应聘者在交叉讨论、频繁互动中正面竞争，为参与者提供了一个"赛马场"，在赛马场中选马，不仅为人才脱颖而出提供了机会，而且更有利于评价者观察和捕捉应聘者的人际技能和领导风格，识别最具潜力的千里马。

⑥ 公平客观的评价。传统的面试中，晕轮效应、刻板效应、第一印象、近因效应等认知误差是评价者很难避免的。而在无领导小组讨论中，由于评价者主要从可观察的、可比较的行为表现去评判被评人，有别于一般的价值判断，因此能较好地克服认知偏差，得出公平而科学的判断。

⑦ 同时对多名应聘者进行测评，节省时间，可以对竞争同一岗位应聘者的表现进行横向对比。减轻了时间、题目、评价者等因素对评价的影响，并在一定程度上减少题目泄漏的可能性。

⑧ 应用范围广，无领导小组讨论可以应用于技术领域、非技术领域、管理领域和其他专业领域等。

2. 无领导小组讨论的缺点（或实施上的难点）

无领导小组讨论也存在以下一些缺点。

① 适用对象的特定性。无领导小组讨论可以很好地考察应聘者的人际影响力、思维能力、表达能力等，因此最适用于那些经常与人打交道的岗位人员的选拔，如销售人员、人事

经理等。同时由于成本较高,所以比较适用于中高层管理者的选拔。而诸如财务人员、教务秘书等其他岗位人员的选拔,无领导小组讨论并不合适。

② 题目设计要求较高。对无领导小组讨论来说,若题目太容易达成一致意见,则无法引起争论,难以全面考察应聘者;若太难则冲突太大,很难达成一致,应聘者也可能因为压力过大而表现失当。因此题目难度应当适中,并且题材要为大家所熟悉,题目情景最好与实际工作有一定关联,这样题目内容不会诱发应聘者的防御心理。好的讨论题目应该根据招聘职位要求的胜任特征进行编制,而且题目必须能够激发出考生的行为表现并使考生表现出个体差异。最后,题目对应聘者应该具有公平性,尤其是在指定角色的无领导小组讨论中,各个角色不应存在明显的优劣难易。

③ 评价要素定义困难。要素定义应当清晰、明确、统一,避免概念上的重叠和混淆,但这一点往往很难完全做到。

④ 对评价者要求较高。主评价者的主观性、偏见和误解,可能导致对应聘者评价的偏颇或不一致,因此无领导小组讨论的评价者应该接受过专门的培训并具有一定的实际操作经验。评价者必须能够对应聘者的行为进行准确观察,在此基础上将观察到的行为客观地归纳到各个测评要素中,并且不同评价者对评价要素的定义和标准的把握应具有一致性。

⑤ 成本较高。一个无领导小组讨论通常要持续一个小时,相对于面试和心理测评来说,时间成本相对较高。同时,整个无领导小组讨论测评活动需要精密设计,包括岗位分析、试题的编制、评价要素的确定、评委的培训、数据的分析等,这些都需要花费大量的时间成本及人力、物力成本。

⑥ 评价结果容易受到应聘者的分组以及不同测评情境的影响。专家作过研究,将某位应聘者与某几位应聘者分为一组,对其进行评价得出一个分数,再将这位应聘者与另外几位应聘者分为一组,对其同样的要素进行再次评价,结果发现得出的分数是有差异的。这说明对某一位应聘者的评价结果是依赖于同组其他应聘者的。举例来说,一个思维清楚但不善言谈的人如果与几个言语表达能力很强的人分在一组,就会显得迟钝木讷;但如果分到一群同样不善言谈的人中,给他更多的发言机会,其思维的敏捷性就会脱颖而出。因此不同组的应聘者很难进行相互比较。组间对比问题一直是困扰理论界和实践界的难题,目前并没有能够完全解决这一问题的方法。通常的做法是尽量将竞聘同一岗位的应聘者安排在同一组,存在多个小组时应事先确立好评价标杆。

应聘者在一个评价要素上的得分也与其对某种情境的熟悉程度和敏感性等因素有关。一个应聘者可能在某个测评情境中比较容易发挥出其能力和优势,而在另外的一些情境中则不易发挥。

⑦ 在指定角色的无领导小组讨论中,角色指定的随意性可能导致应聘者之间地位的不平等,其后果是无法实现无领导小组讨论让"领导者"脱颖而出的初衷。

⑧ 如果应聘者有过无领导小组讨论的经验或受过类似的培训,则仍有掩饰的可能。

8.2 无领导小组讨论的评价要素

评价要素是无领导小组讨论过程中评价者对应聘者进行评分的依据。正如前面提到的,要素定义应当清晰、明确、统一，避免概念上的重叠和混淆。在设计评价要素之前，必须对招聘岗位的职位说明书或胜任能力模型进行分析，确定招聘岗位的素质要求。这是有效进行无领导小组讨论的前提与基础。一般而言，一级评价要素在3～6个为宜。在确立好一级的评价要素后还可以根据需要进一步细分出二级评价要素。同时根据行为分级描述确定每一要素的等级与权重。

8.2.1 评价要素设计原则

前面已经提过，无领导小组讨论可以获得应聘者三方面能力的信息：一是应聘者在团队工作中与他人发生关系时所表现出来的能力；二是应聘者在处理一个实际问题时的分析思维能力；三是应聘者的个性特征和行为风格。要用简单的10个左右的评价要素反映以上三方面的能力并不是一件简单的事，这就要求在设计时遵循一定的原则。一般而言，包括以下几点。

1. 针对性原则

不同的岗位对员工的要求是不一样的，针对某一岗位或职位类别设计出的评价要素体系应来源于工作分析。例如，对基层岗位的员工主要考查其业务技能，而人际技能和领导技能不是考查的重点。对营销岗位或高层管理岗位主要考查其人际技能、团队意识、洞察力等。即使对同一层级的岗位，不同的部门对岗位的要求也是不一样的，因此对评价要素不能强求一致，不同的部门、不同的岗位要分别设计其特定的评价要素。

2. 选择性原则

评价要素要精练，由于每位评价者要对所有应聘者独立评分，因此评价要素不能太多、太复杂；而且，评价要素太多会导致任意一个要素的权重过小，考查重点不突出。一般应将评价要素控制在10个左右，否则评价者无法在短时间内给出准确评判。应该选择对工作影响较大、有一定代表性的素质特征进行测评。

3. 内涵明确原则

每一测评要素都必须有明确的定义，使用内涵明确的词语或简单的句子来表示。

4. 操作性原则

操作性原则是指设计出来的所有要素都应该是能够进行客观测量和评价的。要满足这个条件，要素最好是能够量化的。量化要素的目的是使评价者能作出准确的判断。但必须指出的是不能为了量化而量化，因此制定每一量化标准时应该对每一量化档次规定相应的可计量事件，如发言次数、发言时间长短、创新点数量、是否运用推理或演绎、假说与结果间关联的强弱等，以提高评价者评分的公正与客观。如果笼统地给出优良中差，则容易导致意见分歧，因为每一个人对优良中差的标准往往是不一样的。实现操作性原则的同时也能够很好地保证内涵明确原则。

5. 不重复原则

不重复指的是所设计出来的测评要素在外延上应该相互不包容，以保证每一个要素充分发挥作用。

8.2.2 常用评价要素

不同岗位的评价要素是不同的，一般而言，评价要素的设计可以从以下几方面考虑。

1. 参与程度

参与程度的第一个重要指标是应聘者发言的多少，即应聘者是否积极地投入到这个无领导小组的讨论；第二个指标是应聘者在讨论的过程中参与量是否有变化，如果有，转折点在哪里。例如，一开始某人滔滔不绝，后来却无声无息了；一开始某人不怎么说话，后来却热情高涨。一个人不会无缘无故地发生变化，这背后反映的真实情况是评价者应该关注的。同时，评价者应该注意观察其他小组成员对那些不怎么说话的人的态度是怎样的，是忽视其存在，还是主动征求其意见，试图将其纳入小组讨论。如果出现讨论被两三个人主宰的情况，要找到原因是什么。有些人可能是不习惯小组讨论的场合，过去从事的工作一直是一对一的方式，没有这种突然和几个陌生人坐到一起、共同解决一个新问题的心理准备；还有些人可能是对这个讨论话题不感兴趣，或者对这种选拔方式不认同。此外，还要观察在讨论遇到困难的时候，有没有人在"踢皮球"。

2. 影响力

影响力是对参与者更高层次的要求。有些人可能参与很多，一直在争取发言权，但是思路不清晰，没有逻辑或不能提出有建设性的意见，观点不能被大家接受，这样的应聘者是没有影响力的。而有些人虽然发言次数不多，说的话也很少，但是总能抓住重点，把讨论引向正确的方向或者提出有决定性作用的意见，使团队在很短的时间内以最高的效率完成任务；也有些人敢于发表不同的意见，支持或肯定别人的意见，在坚持自己正确意见的基础上根据别人的意见深化和拓展自己的观点，推动讨论的进行，这样的应聘者往往具有比较强的影响力。因此，评价者要及时发现谁的影响力最强。在讨论的过程中，还可能发生领导权力的争夺或转移。例如，一开始大家以某人为中心，但后来却围绕另一个人的思路开展讨论。这时评价者需要注意，后来的这个人是如何成为核心的，是以非常强硬的方式，还是通过其人格魅力、知识、风度、业务经验等来征服其他人的。

3. 表达沟通能力

表达沟通能力是无领导小组考察的重要要素之一。表达沟通能力不仅包括口头的言语表达，如思路清晰、普通话标准、语言流畅等，还包括非言语的表达，很多时候一个手势、一个眼神都能传达出丰富的含义。尤其是在倾听他人发言时，适当的点头、微笑和眼神交流都可以体现出应聘者的沟通意愿。

4. 任务完成情况

无领导小组讨论的最终目的是为了完成一个与实际工作情境相似的任务，或就某一问题形成一致的看法，所以任务完成情况或者一致看法的形成情况是考察讨论效果的重要要素。要明确是谁为促成目标的实现提供了好的建议，是谁制止了跑题。

5. 团队氛围和成员共鸣感

评价者要辨析小组讨论的氛围是混乱、沉闷、松散的，还是明晰、活跃、凝聚的。同时，还要注意分清每一位应聘者在形成一个高效团队的过程中是起了积极的作用还是消极的作用。应聘者是否能够照顾到其他人的情绪，是否能够倾听别人意见，是否尊重别人，是否侵犯过他人的发言权；是否善于消除紧张气氛，说服别人，调解争议，创造一个使不大开口的人也想发言的气氛，把众人的意见引向一致。开放性的和支持性的团队氛围是高绩效团队的基本特征。

团队成员是否具有共鸣感也是决定团队绩效的一个重要变量。在讨论中，评价者要注意观察应聘者有没有融入团队，成为这个团队的一员。在高绩效团队里，所有团队成员都能感觉到自己与其他团队成员是平等的。

6. 决策程序

一个完整的决策程序一般包括：确定决策目标、拟订备选方案、评价选择方案和选择方案。"令人满意"和可执行性是评价方案的两个最重要的指标。评价者要观察被测试者在小组讨论中是否具有清晰的决策思路，是谁最后作的决策，最后决策时的依据是否充分，作决策的时候有没有考虑到对小组其他成员的影响，是否实现了令人"满意"的指标等。例如，有一位小组成员不同意这个观点，为什么就已经作了决策，作决策之前是否征求了他的意见。在针对某个问题争执不定时，应采用何种方法形成了最后决策，是通过劝说使一部分人妥协，还是采用举手表决的方式。对于最后的决策，哪些人支持，哪些人反对，评价者也要有清楚的认识。

除了上面提到的，分析能力、概括和归纳总结不同意见的能力，看发言的主动性，反应的灵敏性等也可以根据具体情况成为重要的评价要素。

8.2.3 无领导小组讨论评价要素举例

1. 营销人员无领导小组讨论的评价要素（见表8-1）

表8-1 营销人员无领导小组讨论的评价要素及其表现

评价要素	评价要素表现
沟通能力	口头表达清晰，流畅清楚
	善于运用语音、语调、手势和眼神
	善于打破僵局
	善于倾听他人的合理意见
	遇到人际冲突保持冷静，能够想出缓和的办法
分析能力	理解问题本质，看问题深刻
	解决问题思路清晰，有逻辑性
	能够综合各种信息，提出创新观点
	有悟性，领会新问题的速度快
应变能力	遇到压力和矛盾时积极寻求解决问题的办法
	情景发生变化时迅速调整自己的行为
	遇到挫折时积极应对，不气馁
	在难题面前能够多角度思考问题
团队精神	能够快速融入小组讨论，进入角色
	为小组整体利益着想
	有独立的观点，但必要时会妥协
	为他人提供帮助
	尊重他人的发言和观点
人际影响力及自信心	观点得到小组成员的认同
	小组成员愿意按照其建议行事
	不靠命令的方式说服他人
	善于把大家的意见引向一致
	积极发言，敢于发表不同见解
	强调自己观点时有说服力

续表

评价要素	评价要素表现
营销业务知识	善于运用先进的营销理论来解决实际问题 对营销理论理解透彻 能充分考虑到工作情境中遇到的各种实际问题，并提出解决方案 具有职业操守，不用非法手段解决问题

资料来源：胡丽红，宗应龙. 无领导小组讨论：模拟实战的招聘方法. 企业管理，2005（6）：38-39.

2. 高校院长无领导小组讨论的评价要素

参见本章案例。

8.3 无领导小组讨论的试题设计

8.3.1 无领导小组讨论试题的类型

无领导小组讨论的试题一般都是智能性的题目，从形式上来分，有以下五种。

1. 开放式问题

开放式的无领导小组讨论试题，其答案范围比较宽泛，没有标准答案和明确的限制。主要考察应聘者在思考问题时是否全面，是否有针对性，思路是否清晰，是否有新的观点和见解。例如，你认为什么样的领导是好领导？关于这个问题，应聘者可以从领导的人格魅力、领导的才能、领导的亲和力、领导的管理取向等方面来回答，可以列出很多的优良品质。再如，你认为加入WTO对中国的轿车行业有什么影响？应聘者既可以从宏观对整个产业的影响，也可以从微观对某个具体企业的影响来谈；既可以从技术的革新、成本的控制、效率的提高等角度，也可以从面临的机遇和挑战等角度来谈。开放式的问题一定要做到让每一应聘者都有话可说。开放式问题对于评价者来说，在技术上比较容易把握，容易出题，但是不容易对应聘者进行评价，因为此类问题不太容易引起应聘者之间的争辩，所考察应聘者的能力范围较为有限，在实际使用中也比较少。

例题 8-1

下面列举了几个常用的开放式问题。

◆ 一个领导干部最重要的任务是什么？
◆ 怎样才能提高下属的工作积极性？
◆ 中国加入WTO对于国家行政机关工作人员的思想有什么影响？
◆ 聘请外国教练来华执教对于中国足球的未来发展有什么影响？
◆ 中国如何才能成为世界强国？

2. 两难问题

所谓两难问题，是指让应聘者在两种互有利弊的答案中选择其中的一种。主要考察应聘者的分析能力、语言表达能力及说服力等。在编制这种问题时，一定要注意使两难的选项具有对等性，即使应聘者选择两种选项的概率大致相等。不要使应聘者都轻易地倾向于选择其中的一个选项。两难问题与现实生活中辩论赛的辩题有相似之处。例如，你认为是计件工资合理呢，还是计时工资合理？你认为以工作取向的领导是好领导呢，还是以人为取向的领导是好领导？大学毕业生应该先就业再择业还是先择业再就业？一方面此类问题对于应聘者而言，不但通俗易懂，而且能够引起充分的辩论；另一方面对于评价者而言，不但在编制题目方面比较方便，而且在评价应聘者方面也比较有效。

例题 8-2

ABC 是一家国有的水泥厂。该厂最近与法国一家世界著名的水泥生产公司初步达成合资协议。合资后法方会提供工厂所缺乏的资金、技术和设备，但法国方面要求将现有的 500 名职工裁减到 120 人，除了保留一些管理人员、青年的技术骨干和熟练工人之外，大量四五十岁的老员工将被迫下岗。法国方面表示如果不同意大量裁员，将选择其他工厂合资。

工厂目前的生产经营状况一般，工人的基本工资还是能够得到保障，但奖金和福利几乎没有。如果不合资，工厂目前还能维持现状，凑合着继续经营下去。如果合资了，被解聘的人员中不少人是在座各位的亲戚好友，同时工厂只能象征性地提供很少的补偿费用，但这些技术知识过时的老员工下岗以后几乎不可能再找到其他工作，因此势必会给在座的管理层造成众叛亲离的被动局面，也会给社会带来很大的负面影响。

首先你有 5 分钟时间阅读并拟写自己的讨论提纲，接下来每人有 3 分钟时间阐述自己的基本观点，发言顺序按照自愿原则决定。依次发言结束后，你们有 40 分钟时间进行自由交叉辩论。在辩论过程中，可更改自己的最初观点，但对新观点必须明确说明。讨论后拿出小组一致的意见，决定是否合资，条件是公司管理层多数同意。最后选出一个代表向评价者汇报并阐述理由，其他人可以补充。

如果在规定时间内你们没有达成统一意见，那么每个人的成绩上都会减去一定的分数。

好，现在开始！

资料来源：2006 年中可集团校园招聘面试小组讨论题目 [OL]．http：//www.free133.com/Html/host/075303175.htm．

例题 8-3

在座的各位是 ABC 废料处理公司的项目执行小组，现在正负责为一家化工厂处理一批工业废料，任务是在限定日期之前把这些废料运输到一个指定的倾倒地区填埋。该项目已经经过环保局的批准。在座各位最近听到消息说有人向环保局反映这批废料中可能含有一种特殊的有毒物质，这种物质用通常的方法是无法检测出来的。环保局正在考虑组建一个专门的小组，使用特殊的仪器重新对这批废料进行检验。

现在公司领导决定，让在座各位组成的执行小组赶在环保局重新检查之前倾倒这些废料。因为如果废料被环保局禁止倾倒，按照公司与化工厂的协议，公司将进行赔偿，这样会给公司造成巨额的损失，有可能导致公司倒闭。并且项目执行小组的所有成员都将承担主要的责任。而如果现在就把这批废料处理掉，即使以后发现里面含有有毒物质，公司也不会受到任何处罚，因为已经经过了环保局的批准。

首先你有 5 分钟时间阅读并拟写自己的讨论提纲，接下来每人有 2 分钟时间阐述自己的基本观点，发言顺序按照自愿原则决定。依次发言结束后，你们有 30 分钟时间进行自由辩论，拿出小组一致的结果，决定是否要在环保局进行调查之前将这些废料倒掉，条件是小组多数成员同意。最后选出一个代表向评价者汇报并阐述理由，其他人可以补充。

如果在规定时间内你们没有达成统一意见，那么每个人的成绩上都会减去一定的分数。

好，现在开始！

资料来源：2006年中可集团校园招聘面试小组讨论题目［OL］．http：//www.free133.com/Html/host/075303175.htm．

3. 意见求同型问题

所谓意见求同型问题，是指对应聘者可能有不同意见的问题要求他们在规定的时间内达成一致意见。这种题目的出题思路是让应聘者在多种备选答案中选择其中有效的一种或几种，或者对备选答案的重要性进行排序，主要考察应聘者分析问题实质、抓住问题本质方面的能力。一般的实施过程是首先将题目的主题和备选项目，以及对备选项目进行操作的要求介绍给应聘者，应聘者先分别提出自己的意见，然后通过小组讨论达成一致意见。对于评价者来说意见求同型问题比较难出题目，但对于评价应聘者各个方面的能力和人格特点则比较有利。

例题8-4

近年来，消极腐败现象引起了广大人民群众的强烈不满，成为社会舆论的一个热点问题。导致腐败现象滋生蔓延的原因很多，有人把它归纳为以下十个方面：

（1）所谓"仓廪实而知礼节，衣食足而知荣辱"，由于现在是社会主义初级阶段，市场经济还不发达，人民群众的物质生活水平不高，贫富差距拉大，造成"笑贫不笑娼"等畸形心态；

（2）商品经济、市场经济的负面效应诱发了"一切向钱看"，导致拜金主义和个人主义泛滥；

（3）国家在惩治腐败问题上，政策太宽，打击无力；

（4）精神文明建设没跟上，从而形成"一手硬一手软"的现象；

（5）与市场经济发展相配套的民主制度与法律法规不健全；

（6）十年动乱时期，国家穷、人民穷，腐败现象少。现在国富民强，所谓"饱暖思淫欲"，这助长了腐败的蔓延；

（7）谁都恨腐败，但对反腐败问题却无能为力，有时自觉或不自觉地参与或助长腐败行为；

（8）中国传统封建意识中的"当官发财"、"当大官发大财"、"不捞白不捞"等思想死灰复燃，一些干部"为人民服务"思想淡化；

（9）随着改革开放的深入，西方不健康思潮涌入我国，给人们带来消极的影响；

（10）有人认为，腐败在任何社会、任何国家都无法避免，它是人类社会无法根除的"毒瘤"。

你认为上述十点，哪三项是导致腐败现象滋生蔓延的主要原因（只准列举三项）？并阐述你的理由。

首先给你5分钟的时间考虑，你可以将你的答案和理由写在草稿纸上，然后小组成员依次阐述自己的答案和观点。接下来，你们将会有45分钟时间就这个问题展开讨论，你们必须得出一个一致性的意见，即得出你们共同认为的最重要的三个原因。然后派出一个代表来汇报你们的意见，并给出你们作出这些选择的理由。

如果在规定时间内你们没有达成统一意见，那么每个人的成绩上都会减去一定的分数。

好，现在开始！

资料来源：无领导小组讨论试题 [OL]. http://app2.learning.sohu.com/education.

例题 8-5

情景：你们正乘坐一艘科学考察船航行在大西洋的某个海域。考察船突然触礁并立即下沉。队长下令全队立即上橡胶救生筏。据估计，离你们出事地点最近的陆地在正东南方向1 000海里处。救生筏上备有15件物品，除了这些物品以外，有些同志身上还有一些香烟、火柴和气体打火机。

任务：现在队长要求你们每个人将救生筏上备用的15件物品按其重要性进行排列，把最重要的物品放在第一位，次重要的放在第二位，直至第15件物品。请你们一起讨论，在25分钟内定出一个统一方案。

附：排序用的物品

指南针、剃须刀、镜子、饮用水、蚊帐、机油、救生圈（一箱）、压缩饼干（一箱）、小收音机（一台）、航海图（一套）、二锅头（一箱）、巧克力（二斤）、钓鱼工具（一套）、15尺细缆绳、驱鲨剂（一箱）、30平方尺雨布一块

首先给你们10分钟的时间各自对这些东西的重要性进行排序，在这一阶段不可以互相讨论。接下来用一个小时的时间进行讨论，排列这些东西的重要性，最后拿出小组一致的结果，并选出一个代表向评价者汇报并阐述理由，其他人可以补充。

如果在规定时间内你们没有达成统一意见，那么每个人的成绩上都会减去一定的分数。

好，现在开始！

资料来源：无领导小组讨论试题 [OL]. http://app2.learning.sohu.com/education/html/article-11631.html.

例题 8-6

捷迅公司是一家中等规模的汽车配件生产集团。最近由于总经理临近退休，董事会决定从该公司的几个重要部门的经理中挑选接班人，并提出了三个候选人。这三位候选人都是在本公司工作多年，经验丰富，并接受过工作转换轮训的有发展前途的高级职员。就业务而言，三个人都很称职，但三个人的领导风格有所不同。

1. 贾旺。贾旺对他本部门的产出量非常满意。他总是强调对生产过程和质量控制的必要性，坚持下属人员必须很好地理解生产指令，迅速准确、完整地执行。当遇到小问题时，贾旺喜欢放手交给下属去处理。当问题严重时，他则委派几个得力的下属去解决。通常他只是大致规定下属人员的工作范围和完成期限，他认为这样才能发挥员工的积极性，获得更好的合作。贾旺认为对下属采取敬而远之的态度是经理最好的行为方式，亲密关系只会松懈纪律。他不主张公开批评或表扬员工，相信每个员工都心中有数。贾旺认为他的上司对他们现在的工作非常满意。贾旺说在管理中的最大问题是下级不愿意承担责任。他认为，他的下属可以把工作做得更好，如果他们尽力去做的话。他还表示不理解他的下属如何能与前任——一个没有多少能力的经理相处。

2. 李东生。李东生认为应该尊重每一位员工。他同意管理者有义务和责任去满足员工需要的看法。他常为下属员工做一些小事：帮助员工的孩子上重点学校，亲自参加员工的婚礼，同员工一起去郊游等。他还为一些员工送展览会的参观券，作为对员工工作的肯定。李东生每天都要到工作现场去一趟，与员工们交谈，共进午餐。他从不愿意为难别人，他还认为贾旺管理方式过于严厉，贾旺的下属也许不那么满意，只不过在忍耐。李东生注意到管理

中存在的不足，不过他认为大多是由于生产压力造成的。他想以一个友好、粗线条的管理方式对待员工。他也承认本部门的生产效率不如其他部门，但他相信他的下属会因他的开明领导而努力地工作。

3. 李邦国。李邦国认为作为一个好的管理者，应该去做重要的工作，而不能把时间花在与员工握手交谈上。他相信如果为了将来的提薪与晋职而对员工的工作进行严格考核，那么他们会更多地考虑自己的工作，自然地会把工作做得更好。他主张，一旦给员工分派了工作，就应该让他以自己的方式去做，可以取消工作检查。他相信大多数员工知道自己应该怎样做好工作。如果说有什么问题的话，那就是本部门与其他部门的职责分工不清，有些不属于他们的任务也安排在他的部门，但他一直没有提出过异议。他认为这样做会使其他部门产生反感。他希望主管叫他去办公室谈谈工作上的问题。

现在你是捷迅公司的董事，必须和其他董事一起讨论决定总经理的最终人选。

首先你有10分钟时间阅读并拟写自己的讨论提纲，接下来每人有3分钟时间阐述自己的基本观点。发言结束后，你们有30分钟时间进行自由交叉辩论。在辩论过程中，可以更改自己原始的观点，但对新观点必须明确说明。最后拿出小组一致的结果，并选出一个代表向评价者汇报并阐述理由，其他人可以补充。

如果在规定时间内你们没有达成统一意见，那么每个人的成绩上都会减去一定的分数。

好，现在开始！

资料来源：无领导小组讨论举例［OL］. http://www.examda.com/gx/mianshi/jiqiao/.

4. **团队合作问题**

团队合作问题，是给应聘者所在的小组一些材料、工具或者道具，让他们利用所给的这些材料完成一定的工作，如设计出一个或一些由评价者指定的物体，给出一个问题的解决建议，动手操作取得某个成果等。这类问题主要考察应聘者的主动性、合作能力及在实际操作任务中所充当的角色。如给应聘者一些材料，要求他们相互配合。团队合作问题在考察应聘者的操作行为方面要比其他方面多一些，同时情境模拟的程度要大一些，但考察言语方面的能力则较少，同时评价者必须很好地准备可能用到的一切材料，对评价者的要求和题目的要求都比较高。

例题 8-7

下面列举了几个常用的团队合作问题。

◆ 请用所给的积木设计一个花园。

◆ 请利用现有的材料构建一座铁塔并给它命名。

◆ 请参加小组讨论的人员用报纸搭建一个1米高的塔。

5. **资源争夺问题**

资源争夺问题适用于指定角色的无领导小组讨论，题目情境提供给应聘者一些有限的资源，这些资源可能是金钱、空间、物品、人、机会等，每个小组成员代表他们各自的利益或他们各自从属群体的利益，目的是让处于同等地位的应聘者就有限的资源进行分配，从而考察应聘者的语言表达能力、分析问题能力、概括或总结能力、发言的积极性和反应的灵敏性等。任何一个人要想获得更多的资源，必须要有理有据，必须能说服他人，所以此类问题可以引起应聘者的充分辩论，也有利于评价者对应聘者进行评价。在讨论的过程中，小组成员之间的目标是相互冲突的，但评价者又往往要求他们最终实现资源的圆满分配，且不是以平均分配的方式，如果资源无法圆满分配，则每一个小组成员都会被扣分。所以，小组成员之间既存在利益的冲突，又存在共同的目标。

资源争夺问题的设计要求很高。讨论题本身必须具有角色地位的平等性和准备材料的充分性，因而设计题目时需要进行复杂的构思。在设计时，首先，要构想出一个完整的方案，使应聘者围绕这个方案进行资源分配；其次，要考虑到应聘者在方案中所担任的角色；最后，要保证角色平等，以及其他各条件的均衡。

例题 8-8

东方公司和北辰公司是两家经营旅游观光服务的企业。最近，南海海域的一群珊瑚岛礁被开发为新的风光旅游点，预计年接待观光旅客的容量约为 10 000 人次。两家公司的服务能力都不足以单独接待这么多观光旅客，而同时进入该旅游点，服务能力之和又会大大富余。况且，各家公司还有其他的经营困难须克服。双方通过谈判就分割该旅游点市场达成协议。

北辰公司情况

——北辰公司是新成立的旅游公司，至今欠银行贷款 3 800 万元，可投入该旅游点的服务能力为 7 100 人次。该公司知道，东方公司最近因服务质量赔偿亏损不少于 3 800 万元，声誉下降，估计东方公司可投入该旅游点的服务能力至多 8 600 人次。

东方公司情况

——东方公司可投入该旅游点的服务能力为 8 400 人次。但该公司因服务质量赔偿亏损 4 200 万元，因此财务上遇到很大困难，声誉也受到较大损害。该公司了解到，北辰公司是新成立的旅游企业，估计可能投入该旅游点的服务能力至多为 8 200 人次，资金缺口不少于 1 800 万元。

现在 1、2、3 号应聘者是东方公司的代表，4、5、6 号应聘者是北辰公司的代表，请你们根据上面的材料对分割该旅游点市场达成一致协议。首先两方代表分别有 10 分钟时间讨论，列出各自的方案和理由，接下来分别派一名代表在 3 分钟时间内陈述各方观点。之后，你们必须在 40 分钟时间内通过讨论达成分配的最终意见，注意不能平均分配资源。最后选出一个代表向评价者汇报并阐述理由，其他人可以补充。

如果在规定时间内你们没有达成统一意见，那么每个人的成绩上都会减去一定的分数。

好，现在开始！

资料来源：吴志明. 招聘与选拔实务手册. 2版. 北京：机械工业出版社，2006.

8.3.2 无领导小组讨论题目的设计原则

无领导小组讨论题目质量的好坏直接影响评价的质量，编制出具有良好的信度和效度的题目不是一件轻而易举的事情。在编制题目时，专家需要充分了解评价职位的工作情境，并根据招聘职位所要求的胜任特征进行编制。

在设计无领导小组讨论题目时一般应遵循以下几个原则。

1. 真实性原则

无领导小组讨论的特点之一就是它具有高度的情境模拟性，让应聘者易于接受。在题目的设计过程中，这一点体现为题目应该是一个独立的、高度逼真的、与实际工作有关的问题，即要求讨论题目必须同时具有现实性和典型性。无领导小组讨论的题目越接近真实的工作情况，越能够反映岗位本身的特点，就越能够准确地测量出应聘者对本岗位工作的了解程度和应聘者完成实际工作的胜任度和适合度，评价结果也就越具有预测效度。所以设计讨论题目必须结合实际，从中挖掘现实性和典型性都好的讨论题材，力求设计出与实际工作情境高度相似的讨论题目。

2. 针对性原则

无领导小组讨论题目的设计必须建立在评价要素和评价标准上，这样设计出来的讨论题目才更有针对性，能够准确反映想要测量的东西。因此，讨论题目的设计必须与招聘职位的特点相结合，设计者在设计之前必须明确招聘职位所要求的胜任特征，从而保证在进行无领导小组讨论时，评价者能够从应聘者的言语或非言语行为中观察到体现现实工作情境特点和所需具备技能、品质的要素。

3. 公平性原则

无领导小组讨论中，成员之间的地位是平等的，不存在事先指定的"领导者"，不能造成应聘者之间有等级或者优劣的感觉。只有应聘者的地位平等了，他们才能有平等发挥自己才能和潜能的机会，各个应聘者之间的表现也才具备可比性。因此，在指定角色的无领导小组讨论尤其是在意见求同型和资源争夺型的无领导小组讨论中，要特别注意材料的"公平"，如果材料不公平，参与者的"身份"就会受到影响，有一些人具有或明或暗的优势，有利于其表现，而另一些人则可能因所给材料造成的"身份"劣势而表现欠佳，或者导致小组讨论在很短的时间内得出一致性意见，无法充分进行。例如，一个由5个人组成的小组讨论，如果5个人的身份分别是总经理、财务总监、人事总监、销售总监、生产总监，那么很明显，总经理的身份高于其他人，扮演该角色的应聘者很可能利用总经理的权力而"强迫"他人接受他的意见，而其他人也很有可能因为角色限制而向他"请示"。所以在设计无领导小组讨论题目时，不仅要注意角色本身的公平性，还要注意使各角色的条件最大限度地保持平等。公平性对测评的结果影响很大，也与测评的信度和效度相关，因而需要引起高度的重视。

4. 适度争论性原则

无领导小组讨论测评方式的一个重要特点在于讨论。评价者通过观察应聘者在讨论过程中的表现，来评价其各项能力和素质。这种讨论的目的不在于证明或捍卫某种观点的对与错，从而得到一个正确的结果，因为往往很多讨论题本来就没有标准答案。讨论的真正目的在于过程，因此讨论的题目必须能够引起应聘者之间的争论，并在此过程中充分暴露其真实的自己，便于评价者的考察、打分和评价。

同时，这种争论必须是适度的，否则就会出现以下两种情况。一种情况是在无领导小组讨论中有人夸夸其谈，有人沉默不言，讨论出现"一边倒"现象。这会导致评价者很难从发言很少的应聘者那里获取足够信息，给出准确评价；同时，也很容易使评价者较多关注发言多的应聘者，倾向于对他们打高分，从而使评价失去公平。另一种情况是在无领导小组讨论中应聘者之间没有多少争论，很快就达成了一致性意见。应聘者没有充分展现自己，评价者也没有获得足够多的信息来正确评价。这两种情况都是因为选取的主题没有很好地体现"适度争论"原则。

因此，在设计题目时必须让应聘者"有话可讲"并且"适度争论"。首先，讨论主题要确保各位应聘者都能发言，也就是"有话可讲"，这样才能使每位应聘者都有机会展现自己，评价者才有评分的依据；其次，讨论主题要能引起"适度争论"，这样应聘者才可以更加充分地展现自己，评价者才能有更多机会全面观察应聘者。在具体设计时，要保证所选题目一题多义、一题多解。在对讨论题目的分析和判断中，均应有几种可供选择的方案和答案，每一方案和答案均有利有弊，让应聘者的主观能动性得以充分发挥，讨论之中仁者见仁，智者见智。

5. 难度适宜性原则

讨论题目要有适当的难度。设计的题目不能过于简单，结论过于显而易见会使得讨论形成"天花板效应"；同时讨论题目也不能过难，否则会造成应聘者无法讨论下去，形成"地板效应"。因此，讨论题目难度一定要适宜，以促使应聘者必须经过周密分析和仔细推敲，才能理出头绪，进行争辩，说服别人，也才能使应聘者真正自然而然地表现出各自的不同水平和特点，最终使能力强者崭露头角，从而从"无领导"状态下产生出能操纵讨论的真正"领导者"。

题目的难度可以通过观察预测试时参与者的反应来控制。这里面包含两个方面的观察：一是在规定的时间内（一般是5分钟）参与者是不是在认真阅读材料；二是理解材料的程度。如果绝大多数人在规定的时间内对材料理解基本到位，就可以认为是难度适中；如果绝大多数参与者没有经过认真阅读，很快就能理解材料，就可以认为难度较低；如果绝大多数参与者在规定的时间内对材料的理解都不到位，那就说明材料难度过大。难度过低和过大的测试题目均需要进行修改。

6. 熟悉性原则

熟悉性原则指的是无领导小组讨论的题目必须是应聘者熟知并感兴趣的，只有熟悉的题目才能让每一个应聘者都有话可说，有感而发，才能充分展示每一个人的综合能力。熟悉性原则和真实性、公平性原则之间相互联系，只有对大家来说都熟悉的题目才是公平的，而具有真实性往往是具有熟悉性的前提条件。相反，让应聘者感到陌生的题目往往会造成他们的紧张感，导致他们无法发挥出真实的水平，从而无法全面地作出评价，因为最优秀的销售经理也不可能知道如何把"嫦娥号"送上太空。因此，在设计时必须牢记，只有熟悉的题目才不会诱发应聘者的防御心理，有助于他们尽情展现自己的风采，表现真实的自我。

7. 具体性原则

讨论题目设计的内容应该广泛而深刻。首先立意要高，设计讨论题要从大处着眼，含义要深刻；其次内容要具体，即设计题目要从小处入手，具体、实在、不空谈，玄妙、抽象、言之无物的争辩既没有实际的价值，又会给评价带来不便。

8. 切忌照搬照抄原则

不可否认无领导小组在国外运用比较普遍，他们的测量试题要成熟、标准得多，而我国引入该方法的时间并不长，缺乏试题编制方面的经验。但必须明确的是国外的测量试题适用于其独特的文化情景，盲目引进可能会出现"水土不服"的现象，无法有效预测应聘者的实际能力。因此我们在考虑是否采用外购试题时一定要谨慎。首先，要考虑岗位的独特性，岗位的独特性越强，越不适宜外购试题，否则效度较低；其次，要考虑时间和经费，外购试题买来后进行适当修订便可投入使用，而自行开发试题需要经过"收集资料—编写试题—试测—反馈—再次试测"等一系列复杂过程，相对来说需要较多时间以及人力、物力、财力，因此在决策时必须衡量效度以及时间和经费之间的重要性；最后，还可以考虑组织内是否有专业人员，组织的专业人员越多，越适合自行开发试题。我们的建议是，不要直接照搬照抄国外的试题，在条件允许的情况下，尽可能从企业的实际情况出发开发出具有针对性的试题，在时间和经费均很紧张的情况下，也要对国外的试题进行修正和改良，使其尽可能贴近企业现实，不让应聘者有陌生感。

8.3.3 无领导小组讨论题目的设计步骤

在了解了无领导小组讨论题目的设计原则和类型之后就可以开始正式设计题目，一般而言包括以下几个步骤。

1. 职位分析

职位说明书和素质模型是无领导小组讨论的基础，因此在设计题目之前必须对所要招聘的岗位进行认真的职位分析，了解该岗位从业者应具备的知识、技能和性格特点等，为收集资料和设计试题做好准备。

2. 材料收集

根据职位分析的结果，尽可能地收集与招聘岗位相关的案例材料。案例材料的来源是多方面的，既可以与人力资源部及该职位的上级主管沟通，考虑现实工作中发生过的真实事件，也可以参考相关专业书籍、网络资料，甚至是国外试题中曾经用过的案例。所收集的案例材料必须能够充分反映该岗位的基本特点，并让应聘者在讨论或处理时有一定困难。

3. 材料筛选

完成了材料的收集之后，应根据职位分析结果和题目设计原则在众多材料案例之中进行甄别、筛选，挑选出难度适中，以及内容的真实性、典型性、具体性和争论性都比较好的案例。

4. 确定题目类型

我们已经了解了无领导小组讨论常见的五种题目类型及各自的优缺点。在这五类题目中，开放式问题和团队合作问题不易引起应聘者之间的争辩，使用较少。两难问题由于对出题的要求过高，且考察的要素相对较少，过程不容易控制，也尽量避免使用。所以意见求同型和资源争夺型问题是在实际招聘过程中最常使用的问题。这两类问题在实践过程中有相通之处，一般来说，相同的材料可以变成这两种题型中的任何一种。

5. 初步设计讨论题目

讨论题目的设计并非一蹴而就的，要经过反复的测试和修改。在初次设计时应对筛选出的材料案例进行加工和整理，主要包括删除那些不宜公开讨论或与主题关系不大的细节，同时根据需要增添一些必要信息，如案例的背景等。设计时必须遵守讨论题目的设计原则，力求设计出具有真实性、针对性、公平性、适度争论性、熟悉性和具体性的讨论题目。

6. 向专家咨询

讨论题目初步设计完成之后，在条件允许的情况下，应尽可能请有关专家对讨论题目进行初审，以消除题目设计中的常识性错误，减少测试的次数。在某些情况下可能还会得到更好的建议。在向专家咨询时应该注意以下几点：

1）谁可以成为专家

一般而言，测评专家或该招聘职位的上级主管可以成为专家。测评专家或心理学家侧重审核选择的案例是否能够考察出需要考察的素质；而上级主管侧重审核案例是否与实际工作相关，具有真实性、针对性和具体性，是否适合从事此类工作的人进行讨论。

2）咨询什么

在进行咨询时通常关注以下几个问题：

① 案例与话题是否与实际工作相联系；

② 案例与话题是否具有公平性，尤其是资源争夺型问题或定角色的无领导小组讨论；

③ 案例与话题是否适合考察需要考察的素质；

④ 案例与话题是否存在常识性的错误；

⑤ 案例与话题是否还有需要完善的地方；

⑥ 是否有更好的建议，如案例、话题、考察方式等。

7. 测试讨论题

初稿送请专家审阅之后，还需要进入一个关键步骤，即讨论题的测试。一项设计无论在理论上如何完美，在没有经过实践之前，都不能说是成功的，因而在测试中往往能够发现一些先前考虑不足或忽视的问题。最佳的试测对象应该是和测验的目标群体存在某种程度的相似性的一组相关人员。当然，在条件有限的情况下，大学毕业生和 MBA 培训班的学员也是较好的选择。在测试时应着重观察难度、公平性和真实性，具体的标准在前面的设计原则部分已经有详细介绍，在此不再赘述。

8. 收集反馈意见并修改讨论题

测试完成之后应收集参与者和评价者的意见，对评价者的评分进行统计分析，并根据反馈的意见和统计分析结果对讨论题进行修改，使其更加完善。

1）参与者的感受

参与者对讨论案例的感受是修改和完善的直接依据，例如，材料是不是很难理解，是不是觉得有话可说，能不能引起足够的争论等；而其他的一些感受，如是否有压力，是否觉得难以被人理解等，则可以从侧面反映一些问题，以帮助讨论案例的修正。

2）评价者的感受

评价者的意见可以用来完善评分表和评分要素，也可在一定程度上作为案例修改的依据。例如，讨论中是否能够观察到评分表中所列出的所有要素，要素中有没有重叠或无意义的内容；讨论时参与者是否表现出不耐烦或对题目不感兴趣；讨论是否过早结束或者时间不够等。

3）统计分析的结果

统计分析主要对评价者的评分进行信度和效度分析，以检验试测的效果，如果难度合适，统计分析的结果达到了预想的水平，就可以形成终稿。一般来说，中间有两个调节变量——时间和成本。如果时间和成本不允许，则可以考虑在评价者一致性程度较高的情况下，形成终稿；如果时间和成本允许，则可以考虑同时使用其他测验方法，例如，与评价中心其他测验的结果作相关分析，考察其效度。

9. 再次测试

根据反馈意见，对讨论题进行修改后还需要再次进行测试，重复第 7 步和第 8 步。如果试测的效果已经满意,那么就可以定稿;如果测验效果不满意,表现为案例需要做重大改动,统计分析不能达到预想效果等,就需要根据反映出来的情况,重新修订题目,进行试测。这个过程可能要循环几次,直至效果满意为止。在条件允许的情况下,可以跟踪研究掌握一些相关数据,再按照流程循环往复,这样有利于开发出较为成熟和稳定的测试工具。

无领导小组讨论题目的设计步骤可以用图8-1清晰地表现出来。

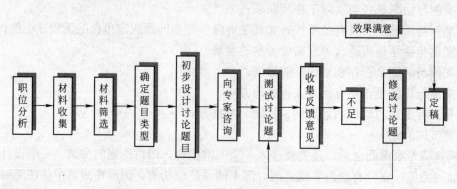

图8-1 无领导小组讨论题目设计步骤流程图

8.4 无领导小组讨论的实施与操作

8.4.1 准备阶段

在无领导小组讨论开始之前,必须进行周密的准备。准备工作烦琐而重要,直接关系到整个面试的成败,主要包括材料准备、场地准备和人员准备。

1. 材料准备

1)设计无领导小组讨论题

讨论题目是无领导小组讨论中应聘者之间发生相互作用,引导个体表现特定行为的诱导因素,因此必须进行严格的筛选。在8.3节中我们已经对无领导小组讨论题目的类型、设计原则和设计步骤进行了详细的讲解,在此不再赘述。

2)设计成绩评定表

在8.2节中,我们讨论了无领导小组讨论的评价要素,在准备阶段,应在评价要素的基础上设计出成绩评价表。无领导小组讨论进行时,评价者直接在评价表上为每位应聘者打分。评价表上应该包括所有应聘者的编号、评价要素的名称和简要解释、各要素的权重或最高分值、简要评语等内容。成绩评定表不仅是评价者评分的依据,也是他们观察的依据。

下面给出了三个成绩评定表的例子,前一个较为详细,后两个则相对简单,设计时可以根据需要和成本进行选择,如表8-2、表8-3和表8-4所示。

表 8-2　无领导小组讨论成绩评定表（详）

要素			分值	成员1	成员2	成员3	成员4	成员5	简要评语:
沟通 A	表达	A1 用词简练准确	4						
		A2 语句流畅贯通，不重复	4						
		A3 有吸引力，生动	4						
		A4 适当的面部表情/语调/手势/身体姿势	4						
	倾听	A5 认真听取他人发言	4						
主动性 B		B1 有效发言次数	5						
		B2 能否很快进入角色	5						
		B3 发言时是否能看准时机而又不具有攻击性	5						
分析说服力 C		C1 能否在争论中迅速理清自己的思路	4						
		C2 能否洞察他人的真实意图	4						
		C3 能否发现竞争对手论点中的破绽和薄弱之处	4						
		C4 能否采用系统的见解反驳对手	4						
		C5 被冒犯时能够保持平静	4						
		C6 最后的观点主要是在谁的观点基础上形成的	4						
组织协调能力 D		D1 能否站在别人的立场上分析和讨论问题	5						录用建议:
		D2 能否引导别人的观点和见解	5						
		D3 能否放弃自己的不正确观点	5						
		D4 能否协调别人的争论	5						
		D5 在最后决定的形成中是否扮演了关键角色	5						
观念 E		E1 是否能从整体而不总是从本部门层面来分析问题	5						评价者:
		E2 是否能够从长期和短期的区别来分析问题	5						
		E3 是否能够整合考虑项目之间的轻重缓急	5						
合　计			100						日期

表 8-3　无领导小组讨论成绩评定表（简一）

考察要素 \ 成员编号	1	2	3	4	5	6	7
善于提出新的见解和方案							
敢于发表不同意见							
认真倾听别人的意见							
支持或肯定别人的意见							
把小组意见引向一致							
表达清晰							
概括或总结决议							
发言主动性							

注：评价标准为优 3 分，良 2 分，中 1 分，差 0 分　　　　　　　　　　总分：

资料来源：马先明，姜丽红. 无领导小组讨论. 企业管理，2007（6）：90-91.

表8-4 无领导小组讨论成绩评定表（简二）

测试指标	计划决策能力	识别问题能力	分析问题能力	逻辑性	创新性	领导力	表达能力	倾听能力	互动能力	概括能力
权重	17	12	6	10	6	12	5	10	10	12
记录行为										
根据数量与质量评分										
加权分数										

注：评价标准为优秀10～9分，良好8～6分，合格5～3分，不合格3分以下。 总分：
资料来源：张保国. 无领导小组讨论测评法的操作流程. 中国劳动, 2004 (6)：33-34.

3) 设计计时表

根据需要还可以设计无领导小组讨论的计时表。计时表并不是必需的，其目的主要是用来控制整个讨论时间。如果一个无领导小组中的应聘者在7人左右，讨论时间一般控制在一个半小时以内，时间应随着人数的增减而增减。

在讨论过程中，各位应聘者所拥有的发言时间在理论上是相等的，为了避免有些应聘者为表现自己而占用他人的发言时间，可以在讨论中限定应聘者每次发言的时间及发言的总时间和总次数。当一个应聘者的发言超过了总时间限制时，计时员会提醒他，这时他可以用插话这种形式来表达自己的观点。插话也是有时间限制的，一般每次不得超过10秒钟，超时的应聘者会被制止发言，违规者要被扣分。当然，并不是所有的无领导小组都会对每个人的发言时间进行限制，更多的情况下无领导小组讨论的总时间是一定的，而每个人的发言时间则是自己争取的，及时、准确而又有礼貌地抢到发言权往往也是考察的要素之一。但是无论是上面的哪一种情况，每位应聘者发言和插话的时间、次数都可以反映其活跃程度，因此在实际操作中可以设计出两张表：发言计时表和插话计时表。

下面给出了发言计时表和插话计时表的例子，如表8-5和表8-6所示。

表8-5 无领导小组发言计时表

序号	应试者姓名	发言次数（次，秒）						合计	
		1	2	3	4	…	10	发言时间	发言次数
1									
2									
3									
4									
5									

资料来源：朱燕，张宏. 无领导小组讨论的准备. 人力资源, 2001 (1)：55-56.

表8-6 无领导小组插话计时表

序号	应试者姓名	插话次数（次，秒）						合计	
		1	2	3	4	…	10	插话时间	插话次数
1									
2									
3									
4									
5									

资料来源：朱燕，张宏. 无领导小组讨论的准备. 人力资源, 2001 (1)：55-56.

4）确定计分方法

(1) 七点计分法

七点计分法即对每一个观察项目或评分要素按照1~7分来打分，其中7分表示最好，1分表示最差。这种方法简单易行，但准确性稍差。根据需要也可以将七点改为三点、五点、九点、十点等。

(2) 二级判断计分法

二级判断计分法要求评价者通过二次不同的标准判断评价个体行为。这种方法的目的是使评价者运用二级思维的方法来妥善解决一级判断计分法中所面临的问题，即协调计量结果差异与评分判断难度之间的矛盾。

在操作上，二级判断计分法的程序是先要求评价者按一级判断计分法打分，然后再在此基础上分析被评人符合该级分数的上、中、下水平，正好符合为"中"，勉强符合为"下"，稍高于为"上"。例如，采用3×3的二级判断计分法。该方法是要评价者先按被评人的表现情况分成三等，在总体中表现出色的为"上"，表现一般的为"中"，表现较差的为"下"。然后再在此基础上分析被评人符合该级分数的上、中、下水平中的哪一水平，最后得到一个分数。上上为9分，上中为8分，上下为7分，中上为6分，中中为5分，中下为4分，下上为3分，下中为2分，下下为1分。二级判断计分法扩大了计分范围，使评定结果具有一定的辨别力，并且二次思维判断均控制在较小幅度内进行分析，评定人判断难度小，自我把握大，因而在一定程度上解决了一级判断计分法的难题，是目前应用较多的一种计分法。

5）编写指导语

指导语是在无领导小组讨论正式开始前说明讨论进行方式及如何回答问题的指导性语言。指导语应力求清晰、简明，使应聘者能迅速、清楚地明白应该做什么及如何对讨论题目作出反应。指导语还应统一、明确，防止因为表述上的误差导致组与组之间获得的信息不一致，造成不公平现象，失去可比性。因此在无领导小组讨论中，对所划分的若干小组，要采用统一的指导语，并确定一个主持人进行宣读。指导语的内容包括每组所要完成的任务、时间及注意事项。在8.3节无领导小组讨论题目类型的例子中，我们已经接触过指导语了。一般而言指导语包括前言、任务和注意事项三部分。

下面给出了一个完整的指导语的例子。

（前言）欢迎大家来到我们××公司参加今天的面试，首先让我们来认识一下彼此，请每位用一分钟时间做一个简单的自我介绍。

（任务）现在各位手中都有一个题目，首先给你们5分钟的时间各自独立地对这些东西的重要性进行排序，在这一阶段不得互相讨论。接下来，用40分钟的时间进行小组讨论，排列这些东西的重要性，最后拿出小组一致的结果，并由一个人作最后汇报，并陈述理由，其他人可以补充。在这40分钟里一切都由你们自由讨论决定，不要向评委询问任何问题。

（注意事项）最后需要强调的是，你们讨论和报告的时间一共只有50分钟，如果你们在规定时间里不能得出一个统一意见，那么将在你们每一个人的成绩上减去一定的分数。

6）设计两份态度调查问卷

"1卷"用于调查评价者对无领导小组讨论法的评价与态度；"2卷"用于调查应聘者对无领导小组讨论法的评价与态度。两份调查问卷分别由评价者和应聘者在完成无领导小组讨论后填写，问卷的结果对改进无领导小组讨论具有指导意义。

下面给出了两份态度调查问卷的例子。

1卷 对评价者使用：

您认为本次无领导小组讨论的题目是否合适

非常合适　1　2　3　4　5　　不合适

您认为本次无领导小组讨论的测评因素选择是否合适

非常合适　1　2　3　4　5　　不合适

您认为自己评定结果的准确度怎样

非常准确　1　2　3　4　5　　不准确

您认为自己是否客观公正地进行了本次评判

非常公正　1　2　3　4　5　　不公正

2卷 对应聘者使用：

您认为本次无领导小组讨论的题目是否合适

非常合适　1　2　3　4　5　　不合适

您是否正常呈现出了自己的水平

发挥超常　1　2　3　4　5　　发挥失常

您认为本次无领导小组讨论的实施过程是否公正

非常公正　1　2　3　4　5　　非常不公正

您认为自己是否会胜出

一定会胜出　1　2　3　4　5　　不会胜出

2. 场地准备

1) 考场环境

不少学者指出无领导小组讨论应在行为观察室里通过单向玻璃进行观察，或者在有闭路电视的比较封闭的实验室里进行，从而确保应聘者所受的干扰最小化。但在现实生活中这样的条件往往很难满足。因而通常情况下，我们只要求考场宽敞、明亮、安静，能够容纳下所有应聘者和评价者。如果有条件，可以准备一台摄像机，这样评分时可以重复观看录像，使评分更加准确。

2) 位置安排

在位置的安排上，应该做到以下几点。

① 评价者与应聘者的位置保持一定的距离，一般在4米以上，以减轻应聘者的心理压力；或者评价者通过单向玻璃、闭路电视观察。

② 评委席摆放标有"评委姓名"的席卡，记录员席、计时员席或其他工作人员席设于评委席后方。

③ 环境中的人际距离应适合从事所欲完成的工作任务，如果桌子过大，应聘者围绕在桌子四周，就显得人际距离过大，不易于交流；如果人际距离过近，也会给人以不舒服的感觉。

④ 座位的安排无主次之分，一般用圆桌或把桌子拼成六边形、八边形、扇形等，而不用方桌或可以分出主次席的摆放方法，如"Y"形，以免给应聘者造成地位上的不平等感。

⑤ 座位上应摆放标有编号和姓名的席卡、一张白纸，席卡应为双面编号，摆放角度应保证评委能够看清楚，同时还要保证测评对象能看清彼此的编号。

⑥ 应聘者的位置编号通过其在考前抽签的方式决定。

下面给出了两种座位安排方法：

方法1

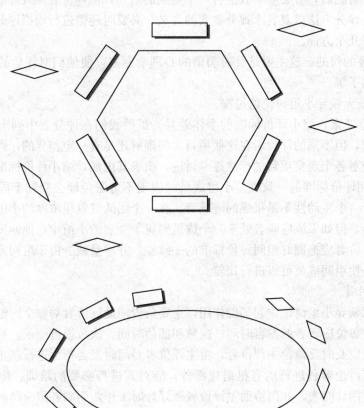

方法2

资料来源：吴志明. 招聘与选拔实务手册. 2版. 北京：机械工业出版社，2006.

3. 人员准备

1) 培训评价者

无领导小组讨论的评分是一项复杂而艰巨的工作，其结果的有效性很大程度上取决于评价者是否专业，因此必须在准备阶段对评价者进行必要的培训。

一般而言，无领导小组的评价者由招聘岗位的上级管理者、单位内部的招聘专员和心理学家（或人事选拔专家）共同组成，以保证评分的公证性。如果测评的目的是为了晋升，那么应聘者的直接上司最好不要担任评价者。对评价者的人数如何决定存在不同的意见，有观点认为7~9人为宜；也有观点认为评价者人数应多于应聘者，以保证每一位应聘者至少有一位评价者重点观察；还有观点则认为评价者人数应是应聘者人数的两倍，这样才能保证观察的充分性。事实上，评价者人数太多或太少都不利于最后结果的统计，评价者太少，最终评分结果的一致性可能很差，即使一致性较好，因为人数少信度还是不高；人数太多，结果的一致性差，信度也低。通常情况，无领导小组的评价者不少于5人，具体人数应结合无领导小组的应聘者人数、评价的重要性及成本等因素综合决定。

在确定评价者之后，有必要对其进行一个短期的培训，使评价者深入理解无领导小组讨论的观察方式、评分方法以及各个评分要素的含义，必要时还需进行模拟评分练习。培训的内容主要有以下几个方面。

① 明确测评的目的。这主要是针对聘请的心理学专家，使他们对评价的岗位及测评的项目有进一步的了解。

② 熟悉整个无领导小组讨论的过程。

③ 明确观察要素，缩小评价标准的个体差异。虽然我们在评分表中列出了具体的观察项目和评分标准，但不同的评价者在这些项目上的理解还是有一定差异的，因此，在培训过程中，评价者应对各个观察项目的标准逐一讨论，明确其内涵，缩小评价标准的个体差异。

④ 明确组间评价标准的一致性。小组成员的表现不可避免地会受到不同小组环境的影响。例如，对于一个主动性不是很强的应聘者，在一个团队气氛很浓厚的小组中也会有相对较多的发言机会，但如果该应聘者处于一个成员间竞争激烈的小组中，他的发言次数就会少一些。这时，评价者应把握好组间评价标准的一致性，并尽量减少由于组间差异而造成的评分误差，目的是使组间成员可以进行比较。

2）培训计时员

计时员在无领导小组讨论中起辅助作用，主要负责辅助评价者对整个讨论过程的时间把握，同时负责对每位应聘者的发言时间、次数和插话时间、次数进行纪录。对于发言超时的应聘者，计时员应及时反馈给主评价者，由主评价者对超时发言行为进行制止。因此，计时员是无领导小组讨论顺利进行的有机组成部分，应对其进行必要的培训，使其了解讨论规则，熟悉如何使用计时表，如何协助主评价者做好计时工作，明确各位应聘者所能运用的讨论时间并对插话的时限进行控制。

3）组织安排应聘者

（1）确定各小组人数

无领导小组讨论的实质是通过创造一种人际交往的良好氛围，来诱发人的特定行为。而这种"良好的氛围"，必须具备两个基本条件：一是要有足够的参加人数，保证人与人相互作用频率达到足够的量，同时避免小组成员过快达成一致意见；二是要控制过多的人参与一个小组的讨论，以保证每个人都能获得充分展现自己的机会，同时也避免因为分歧太大而无法在规定时间内完成任务。因此，建议每组应聘者的人数最少为5人，最多为8人，最佳人数要结合测评的目的和讨论的时间长度来确定，通常为每组6～7人。

此外，每组人数以偶数最好，因为在小组讨论过程中，为了尽快地达成一致意见，小组成员可能通过少数服从多数的原则来解决争议，这样就失去了在讨论中观察每位应聘者的作用。人数为偶数的小组容易形成平衡的局面，这样就迫使他们继续就问题展开讨论。

（2）确定小组划分标准，减小组间差异

① 竞聘同一岗位的应聘者被安排在同一小组，以利于相互比较；同时，同一小组内的成员也应尽量是竞聘同一个岗位（或相似岗位）的应聘者，以保证相对公平性。

② 小组成员之间的职位层级不能悬殊太大。例如，小组中有一个人过去做过相关业务的主管，其他全是基层工作人员，这样就容易导致这位主管的自然强势，而使职位较低的应

聘者丧失表现的机会或影响其能力的发挥。

③ 最好不要把不同职位类别的应聘者放在一组。否则,管理类的应聘者可能会占优势,这样对技术类的应聘者不公平。

④ 注意不同年龄层次的搭配和比例。否则,讨论过程中容易出现因年龄原因产生的谦让,从而影响讨论效果和评价效果。例如,小组中的年长者利用资历优势成为小组领导。

⑤ 要尽量保持组内应聘者的陌生度。"角色理论"告诉我们,每个人的言行表现要受其社会角色的制约。彼此相熟的人,形成了一定的角色关系,人际相互作用具有相对的稳定性;而彼此陌生的人相互角色关系不明,有利于个体的自然表现。例如,一个人是某公司的部长,一个人是该公司子公司的处长,两个人在过去已有一定的工作关系。他们在一起参与小组讨论时,一言一行既要受过去角色的影响,又要顾及将来的再度合作。这些因素会使讨论的真实性、随意性、自然性程度降低。而陌生人参与群体讨论,才更可能使每个人无所顾忌,充分表现自己的特性。因此事前划分讨论小组时,要尽量让不同单位的人员分在一个小组,要是在单位内举行,则设法让不同部门的人员组成一个小组,以此保证组员间的陌生度,从而保证无领导小组讨论的效度。

⑥ 注意每组中的性别比例。一般而言,每组中女性不能少于两个,避免女性变成少数和弱势群体,或被其他男性应聘者以"lady first"为由推出做记录人或者总结发言人。

⑦ 尽可能将不同个性特点的应聘者安排在同一组中,以避免个性问题影响讨论的效果。举例来说,不要把性格较外向的应聘者都集中在一组,导致讨论过于激烈;相反,也不要把性格较内向的应聘者都集中在一组,导致讨论气氛过于沉闷,这样既影响本组讨论的效果,也会造成不同小组间评分的较大差异。当然,这一点在实际过程中比较难操作,因为在小组讨论前谁也不知道应聘者的性格特点是怎样的。如果在无领导小组讨论之前有人格测验或其他类型的测评面试,其结果可以为分组提供有利的依据。

⑧ 把曾经接受过无领导小组讨论训练,或者参加过无领导小组讨论的有经验的测评对象放在一组,把没有此类经验的测评对象放在一组。

无领导小组讨论准备阶段的任务图如图8-2所示。

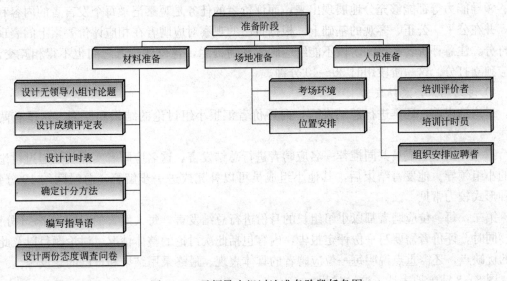

图8-2 无领导小组讨论准备阶段任务图

8.4.2 正式实施阶段

1. 实施步骤

实施无领导小组讨论时,整个活动在无领导的状态下按指导语提示的程序进行,持续约1个小时,一般包括以下几个步骤。

1) 宣读指导语,阅读讨论题目,做好发言准备

这一阶段,每组若干位应聘者同时进入讨论会场,按进场前抽签决定的位置入座。工作人员给应聘者提供必要的材料,主要包括讨论题目、纸和笔。由主持人介绍讨论程序,宣读指导语、讨论题目和注意事项。因为测评前的整个准备工作是完全保密的,应聘者对测评的形式和内容并不了解,因此在正式实施阶段,要设计一个预备期,留出约5分钟左右的时间让应聘者独立思考,做好发言准备。这一阶段,应聘者之间不得相互交流。

2) 正式发言,畅谈见解

接下来是正式发言阶段,在这个阶段,每位应聘者根据材料和讨论题目阐述自己的观点,这一观点完全来自应聘者本人,而非讨论所得。发言顺序是随机的,这样做既可以让评价者根据各位的发言内容,初步判断每个人的分析能力、表达能力和创新能力,也可以保证每个人都拥有发言机会,让那些性格偏内向的应聘者能够充分展示自己。评价者的任务是观察和记录每位应聘者的表现和发言内容,形成初步印象。同时计时员应提醒评价者控制每位应聘者的发言时间不得超过3分钟。

3) 自由讨论,呈现自我

每人发言完毕后,进行小组讨论,这一阶段与辩论赛中的自由辩论有相像之处,是整个无领导小组讨论的中心环节,也是最精彩的环节。应聘者可以对自己的第一次发言进行补充与修正,也可以对他人的某一观点与方案进行分析或提出不同见解,更可以在对大家提出的各种方案比较分析的基础上,提出最有效、最可行的行动方案。讨论的目的是在规定时间内得出小组一致的意见。讨论过程中,应聘者的人际沟通能力、分析能力、决策能力、应变能力、领导能力等都能够充分地展现出来,而评价者的任务是观察记录每个发言者的内容和行为,并在公平、公正、客观的基础上,根据自己的观察对应聘者在相应评价要素上的表现初步打分。注意评价者在这一阶段不能给应聘者任何提示,各位评价者之间也不得相互交流,而应独立打分。这一阶段用时30~40分钟。

4) 讨论结束,总结发言

讨论结束前,还需进行总结发言,向评价者汇报小组讨论的结果和原因。这里有两种形式。

第一,由小组成员共同推荐一名应聘者进行总结发言,这名应聘者实际就是通过讨论形成的小组领导。他发言结束后,其他小组成员可以补充或进一步解释,总时间约10分钟。这种形式较为常见。

第二,每一位应聘者都以小组组长的身份进行总结发言,每人发言的时间为2~3分钟。

同时,评价者需要写一份评定报告,内容包括此次讨论的整体情况、讨论题目以及此问题的优缺点,还需重点说明每一位应聘者的具体表现、最终录用结果和自己的建议等。

图8-3清晰地表达了这一过程。

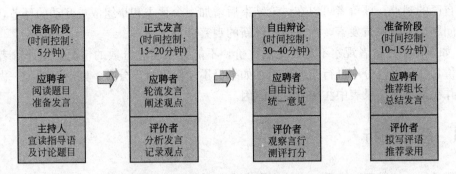

图 8-3 无领导小组讨论实施阶段流程图

资料来源：胡丽红，宗应龙．无领导小组讨论：模拟实战的招聘方法．企业管理，2005（6）：38-39．

2. 实施过程中应注意的问题及对策

尽管在无领导小组讨论正式进行前做了充分的准备工作，但还是难免出现一些问题或突发情况，这时需要主持人或评价者冷静、灵活地应对。下面列出了一些在实施过程中值得注意的问题和应对措施。

① 从应聘者进入会场到无领导小组讨论结束，不要对他们规定任何顺序。例如，座次顺序、正式发言的顺序，自由讨论中发言的顺序、最后作总结的顺序或推荐的人员。这主要是为了保证对每一位应聘者公平公正，也避免评价者的言行对小组成员的表现产生影响。这一切可以通过规范指导语来进行控制，如对于座位安排，主持人可以说，请大家按照抽签的顺序就座。

② 在无领导小组讨论进行的过程中，主持人在宣读指导语后一般不做任何发言，评价者除提醒应聘者发言时间已到或讨论时间已到外一般不做任何发言；一切活动由小组成员自己解决，评价者不进行干预。

③ 只有在出现以下情况时评价者才可以对无领导小组讨论进行必要的干涉。第一，小组讨论严重偏离了讨论的主题，或纠缠于细节问题导致时间不足以完成讨论。例如，题目要求讨论加入 WTO 对中国轿车行业的影响，而小组成员讨论时纠缠于到底对哪一种类型的轿车产生影响。这时主持人或评价者可以提醒应聘者，一般的语言是：请大家注意，我们今天的讨论题目是加入 WTO 会对中国轿车行业产生什么影响，请大家紧扣主题，把握好时间，你们离完成任务还剩下 20 分钟。第二，讨论未能充分进行。例如，小组成员在对若干件物品的重要性进行排序时，总是根据每个人的观点通过数字统计或举手表决的方式进行，而没有互动讨论或原因阐述。这时主持人或评价者也要进行适当的干预，一般的语言是：请大家注意一下，因为你们最后的结果要陈述排序理由，因此请大家尽量进行讨论，说明理由。

④ 主持人应在一开始就强调，应聘者在整个过程中不得提问，如果仍有应聘者提出问题，评价者应作适当的回复，但并不是回答他们所问的问题，而是强调整个活动由小组成员自己安排。此时的回答是：请不要向我们提任何问题，这 30 分钟的时间里，一切都由你们自己决定。

⑤ 如果讨论题目没有能够引起足够的争论，各应聘者很快就达成了一致意见，主评价者应根据现场情况指出讨论中未充分展开的论点或提出新的相关任务，请应聘者继续讨论。

⑥ 如果小组中出现一两个非常强势的应聘者主导了整个讨论，使得其他应聘者没有机

会发表自己的观点，评价者可以在讨论结束后增加一个评委和小组成员互动的环节，通过提出新的问题请其他成员发言，为评价提供新的观察证据。

⑦ 如果由于评价者观察不足而无法评价，不能打出相应分数的情况，主评价者应引导其他评价者就不能打分项进行充分讨论，如果仍不能给出恰当分数，则对该项统一做不打分处理，并在最终的记录表中注明不打分原因。

8.4.3 总结分析

应聘者的总结发言结束后，主持人宣布本次无领导小组讨论结束，感谢所有应聘者的参与，并告诉他们最终结果将在什么时间、以什么方式通知他们。但是测评工作还没有真正结束，完整的工作还需要包括以下几个部分。

1. 应聘者和评价者分别填写态度调查问卷

在准备阶段，我们介绍了如何编写两份态度调查问卷，在这时应让应聘者和评价者分别填写1卷和2卷。"1卷"用于调查评价者对无领导小组讨论法的评价与态度；"2卷"用于调查应聘者对无领导小组讨论法的评价与态度。对问卷结果进行统计分析，得到应聘者和评价者对本次无领导小组讨论题目设计、公平性等方面的态度，并用以指导和改进无领导小组讨论。

2. 评价者进行讨论，作出最终决策

无领导小组讨论结束后，应在每位评价者打分的基础上得出最终结果。如何处理不同评价者的分数是一个关键问题。最为简单的方法是将所有评价者的评分加总再平均后，对各应聘者的得分进行排序，根据招聘人数录用名次靠前者。但是更为科学的方法并不是简单地对分数进行统计，而是召开一个评分讨论会。在讨论会上，每个应聘者的表现被逐一进行评价。讨论每名应聘者时，评分者们报告他们观察到的该应聘者的典型行为及对他表现的评价，并充分沟通，交换意见。沟通的内容包括应聘者的总体表现、讨论的总体情况、出现的相关问题及此问题的优缺点等。如果小组讨论时进行了录像，这一阶段还可以参考录像进行讨论。这样的讨论能够达到两个目的：第一，通过交换意见，评价者可以补充自己观察时遗漏或忽略的东西，从而对应聘者有一个更全面的认识；第二，尽管在准备阶段评分者们已经对每一个评价要素的标准进行了讨论和统一，但是不同的评分者仍有可能对同一应聘者的评价产生分歧，例如，对于应聘者的同一行为，不同的评价者可能会有不同的理解和评价，这时就需要通过讨论来澄清此行为代表的含义，并得出最终的意见。总之，通过评分讨论会，评价者能够对每个应聘者形成一个更加清晰、完整的评价，有助于最终作出正确决策。

评价者讨论结束后，就可以进行最终决策了。这时也有两种常用的方法。

① 评分者不需要对自己先前的评分做任何修改，而是再次对每位应聘者作出一个整体评价：A代表"优秀"，B代表"胜任岗位"，C代表"不能胜任岗位"，A和B的区别在于，B表示应聘者可以胜任当前岗位，而A表示应聘者表现出可以胜任更高职位的潜能。依据每名评价者给出的整体评价，我们可以算出每名应聘者的总分：A为2分，B为1分，C为0分，总分最高者将被录用，其余则被淘汰。

② 根据沟通内容结合具体的评价要素权重系数，计算得出应聘者的综合得分，评价者可以根据讨论情况改动个别项目的分数。综合得分高者被录用。该方法适合在那些评价者初

次打分的评分表中没有考虑权重系数,以及无领导小组讨论的实际表现与预计出入较大的情况下使用。

确定最终录用者后,评价者小组应根据无领导小组讨论进行情况、评价者讨论情况及最终得分情况形成书面的综合评定录用结果和报告。

3. 测评效果分析

一个完整的人事测评还需要对其效果进行分析。

首先,要对它的信度即测评方法的可靠性或一致性进行分析。检验信度可以根据不同情况采取不同方法。对于无领导小组讨论来说,我们主要采用评分者之间评分判断的一致性(即评分者信度)来进行分析,即采用评分者一致性系数(肯德尔 W 系数)作为一种衡量信度的指标。研究中,无论在单个维度上还是在总分上评分一致性都达到非常显著的程度($p<0.01$),则可以说明评价者的评分一致性很高,各评分者所作出的评价结果趋同,无领导小组讨论的评分具有很高的可靠性。除此之外,还可以从态度调查结果看无领导小组讨论的有效性,也就是我们前面反复提到的"1卷"和"2卷",可以利用统计工具对其中一些项目的结果,如"您认为本次无领导小组讨论的实施过程是否公正","您认为本次无领导小组讨论的题目是否合适","您认为本次无领导小组讨论的测评因素选择是否合适"等,进行统计分析,看各位评价者或应聘者之间的答案是否具有很强的一致性且是我们期望的方向,如果是,则说明本次无领导小组讨论是有效的。这些数据虽然是主观判断,但也能在一定程度上反映信度。

其次,还可以考察其效度。所谓效度,就是指测量到的结果反映想要考察内容的程度。测量结果与要考察的内容越吻合效度越高;反之,则效度越低。一般来说,对效度评估的方法主要有内容效度、构想效度和效标关联效度三类。例如,用效标关联效度对无领导小组讨论的有效性进行分析。效标关联效度是指一种评定方法对处于特定情境中的个体行为进行预测时的有效性。它反映的是该测评分数与其他实实在在的外在标准(效标)之间的相关程度。为了检验无领导小组讨论方法的效度,我们把该公司以前运用传统评价选拔方法所得的考核成绩进行了汇总,即若干名应聘者在群众评议、成绩评定、专家面试、业绩分析等四个方面的考核成绩(此成绩已获该单位领导认可),对根据无领导小组讨论方法所得的成绩与四项考核总成绩之间进行了一致性分析,如果无领导小组讨论与四项考核成绩具有很高的一致性,那么就可以认为无领导小组讨论的结果是有效的。但是在现实中这种方法很难操作,因为无法完整获得其他途径考核所得到的成绩,如群众评议、业绩分析等。这种方法在企业内部招聘和学术研究中可以采用。

4. 结果反馈

至此,整个无领导小组讨论测评工作并没有完全结束。整体性人力资源开发强调测评的服务性和后效性,因此,测评结果的反馈在完整的测评中显得至关重要。一般来说,测评结果首先会反馈到应聘者,通过与应聘者沟通讨论,如果应聘者能够接受和认同测评结果,说明测评基本符合应聘者的自我认知。其次会反馈到该职位的直接上级,如果上级领导也能接受和认同测评结果,则说明测评结果基本可信。在上述结果反馈过程中,需要特别注意反馈中的及时沟通,如果缺乏沟通或沟通不畅,会使无领导小组讨论失去其应用价值,同时也可能导致应聘者的某些消极行为,这对组织和个人发展都是不利的,因此需要慎重对待。当然,同时反馈给应聘者和上级领导也多用于企业的内部招聘,外部招聘时通常只反馈给招聘岗位的上级领导。由于招聘岗位的上级领导常常就是评价者之一,直接参与了无领导小组讨论的评价，所以这一过程也可以被忽略。

思考题

1. 试分析无领导小组讨论的优点和缺点。
2. 试说明无领导小组讨论常用的评价要素。
3. 简述无领导小组讨论的五种常见问题的形式。
4. 简述无领导小组讨论题目的设计原则。
5. 组织无领导小组讨论应该注意哪些问题？

本章案例

ABC大学商学院院长选拔无领导小组面试方案

一、准备阶段

1. 分析应聘者

根据应聘者的现职岗位与工作经历，划分为若干小组，每组6位应聘者，注意男女比例协调，尽量使应聘者保持陌生状态。

2. 选择合适的评价者

选择6名评价者，包括上级领导、同级领导、兄弟学校相同院系院长、心理学专家和人事选拔专家等。他们分别是：ABC大学校长×××，ABC大学副校长（分管教学）×××，ABC大学商学院党委书记×××，北京大学光华管理学院院长×××，复旦大学商学院院长×××，中国社会科学院心理研究所心理学家×××。

3. 确定讨论题目

1）出题目的及考虑因素

无领导小组讨论题基于职位说明书，注重被评估者的领导能力、人际交往能力、分析能力和决策能力等的考察。

2）备选题目

题目一

作为新上任的商学院院长，经过一段时间的资料收集和策划，你决心采用国外高校的经验，在院内推行一项改革：为了让讲师更充分利用人生的创作高峰期进行学术研究，学院减少讲师的教学任务，增加对其学术科研成果的要求；而考虑到副教授和教授创作力和接受新事物的能力相对下降，并且拥有非常丰富的教学经验，所以副教授和教授承担更多的教学任务，将更多的精力放在培养优秀学生上，而相应减少规定的科研成果。改革推行两个月后，教职工和学生反响如下：

讲师：减轻教学负担是受欢迎的，但是讲师在被要求有更多科研成果的同时，却没有得到待遇和研究条件的相应提高，再加上经验和学术能力不足，使得讲师的研究工作难以开展，研究成果难以完满。

副教授和教授：承担较多的教学任务是费力不讨好的事，而且过于繁重；过去积累了丰硕的学术成果现在却被迫停滞不前，使教员们的工作积极性受到挫伤。

学生：非常欢迎，有了更多与优秀教授接触的机会，课程质量提高，学习的热情被极大激发，受益匪浅。

讨论问题：这时，作为院长的你，基本态度是继续坚持改革还是放弃改革？你的理由是什么？如果坚持改革，你又将用怎样的方法激励员工，使他们理解并接受你的改革方案？

题目二

假设你是商学院的院长，你现在遇到了一个难题：教育部进行教学评估，学校把任务下达到各个学院，并决定将评估结果与年终奖金和教授、副教授的评估结合起来。教学评估的一项内容是对学生成绩的考评，严格控制优秀率，这直接影响了学生的学分积，给保送研究生工作带来了问题。同时，学校在三年内第三次调整了保送研究生的方法，按学分积、科研、社会工作7∶2∶1的比例决定保研名单，其中社会工作由原来根据实际工作级别评定改为班级同学投票。这再一次在学生中引起了强烈反响，许多学生表示该方法不合理，提出反对意见。教学评估工作的进行及奖惩办法的实施遭到学院老师的抵制。许多老师本学期以来工作积极性下降，人浮于事，迟到和早退现象比较严重。当你跟他们提出这个问题时，他们以各种借口搪塞你，并没有实质上的转变。与此同时，学生开始向院里和学校里反映老师上课有敷衍的现象，学校有关领导也在向你施加压力。而院党委书记却不认为这是个严重的问题，他总是把思想教育工作放在第一位，认为只要教学任务能完成就可以了。现在你面对来自学校上级、本院教职员工、学生多方面的压力，又无法得到工作搭档的支持。请你分析你目前面对的状况，并权衡各方面因素，想出一个有效的解决方法。

4. 确定观察要点，编定测评量表

1）主要评定要素及测评量表

具体内容如表8-7和表8-8所示。

表8-7　无领导小组讨论评分表

小组编号：＿＿＿＿＿　　　　　成员编号：＿＿＿＿＿
评价者：＿＿＿＿＿　　　　　　时间：＿＿＿＿＿

测试指标	行为观察评价							权重	加权评分
分析能力	1. 理解问题的本质，发言抓住实质	差	1	2	3	4	5 优	4	
	2. 有悟性，领会问题的速度快	差	1	2	3	4	5 优	3	
	3. 解决问题思路清晰，角度新颖	差	1	2	3	4	5 优	3	
应变能力	1. 在难题面前能够多角度思考问题	差	1	2	3	4	5 优	5	
	2. 遇到压力和矛盾时积极寻求解决方案	差	1	2	3	4	5 优	6	
	3. 情景发生变化时及时调整行事方式	差	1	2	3	4	5 优		
沟通能力	1. 口齿清晰，表达流畅	差	1	2	3	4	5 优	5	
	2. 善于用目光、手势、语言、语调	差	1	2	3	4	5 优		
	3. 敢于主动打破僵局，缓和冲突	差	1	2	3	4	5 优	6	
	4. 善于倾听他人的意见	差	1	2	3	4	5 优		
团队精神	1. 很快融入到小组讨论中	差	1	2	3	4	5 优	5	
	2. 有自己的观点，必要时会妥协	差	1	2	3	4	5 优	3	
	3. 肯定或支持他人好的意见	差	1	2	3	4	5 优	4	

续表

测试指标	行为观察评价							权重	加权评分
人际影响力	1. 观点得到小组成员认同	差	1	2	3	4	5 优	5	
	2. 小组成员愿意采取其建议	差	1	2	3	4	5 优	7	
	3. 善于把小组的意见引向一致	差	1	2	3	4	5 优	8	
	4. 积极发言,敢于发表不同意见	差	1	2	3	4	5 优	5	
	5. 强调观点时有说服力,以理服人	差	1	2	3	4	5 优	5	
决策能力	1. 概括或总结决议	差	1	2	3	4	5 优	5	
	2. 作决定、发表观点时干脆、果断	差	1	2	3	4	5 优	8	
合计									

注:加权评分为各项得分乘以其权重。

表8-8 加权评分结果汇总

面试者 \ 评委	评委A	评委B	评委C	评委D	评委E	评委F	总分	均分
1								
2								
3								
4								
5								
6								

2)评定方法

采用3×3的二级判断评积分法。

要求评定者通过二次不同标准的判断定量个体行为。程序如下:评定者先按一级判断积分法打分,在此基础上分析被评人符合该级分数的上、中、下水平(正好符合为"中",勉强符合为"下",稍高于为"上")。然后再在此基础上分析被评人符合该级分数的上、中、下水平中的哪一水平,最后得到一个分数。上上为9分,上中为8分,上下为7分,中上为6分,中中为5分,中下为4分,下上为3分,下中为2分,下下为1分。

(1)设计两份态度调查问卷

"1卷"用于调查评价者对无领导小组讨论法的评价与态度。

1卷 对评价者使用:

① 您认为本次无领导小组讨论的题目是否合适

非常合适 1 2 3 4 5 不合适

② 您认为本次无领导小组讨论的测评因素选择是否合适

非常合适 1 2 3 4 5 不合适

③ 您认为自己评定结果的准确度怎样

非常准确 1 2 3 4 5 不准确

④ 您认为自己是否客观公正地进行了本次评判

非常公正　1　2　3　4　5　不公正

"2卷"用于调查应聘者对无领导小组讨论法的评价与态度。

2卷 对应聘者使用：

① 您认为本次无领导小组讨论的题目是否合适

非常合适　1　2　3　4　5　不合适

② 您是否正常呈现出了自己的水平

发挥超常　1　2　3　4　5　发挥失常

③ 您认为本次无领导小组讨论的实施过程是否公正

非常公正　1　2　3　4　5　非常不公正

④ 您认为自己是否会胜出

一定会胜出　1　2　3　4　5　不会胜出

(2) 评价者培训

在面试前，评价者共同对无领导小组讨论的性质进行分析与研究，在测评标准、如何观察应聘者的行为、如何进行行为计量等方面统一认识。

二、实施阶段

1. 持续时间：1小时左右
2. 每组人数：6人
3. 环境

① 安静、宽敞、明亮的办公室，可以容纳下所有评价者和应聘者，评价者与应聘者保持一段距离。

② 进行现场录像，以备评价者重复观看。

③ 6张桌子拼成六角形，桌上放置一张纸和一支笔，以及评价者的姓名牌。

4. 实施无领导的讨论

1) 主持人致指导语

对于所分成的若干小组，指导语需统一，并确定一个主持人宣读。指导语的内容包括所要完成的任务、时间及注意事项。

指导语如下：

（前言）欢迎大家来到ABC大学商学院院长招聘的面试现场，各位手中拿着的是本次无领导小组讨论的题目。现在大家有5分钟的时间来阅读，在这段时间内，请大家保持安静，不要相互交谈。

（任务）现在我们进入讨论环节。首先请各位用1分钟的时间作自我介绍，然后就题目发表自己的意见、看法，每人的发言时间在5分钟以内。接下来，大家用30分钟的时间进行自由讨论，给出小组一致性的结果。讨论结束后，每位成员模拟小组长角色进行总结发言，时间为3分钟。在整个讨论过程中不得与评价者进行交谈。

2) 阅读讨论题目，做好发言准备

应聘者熟悉题目、讨论规则、准备发言提纲，时间为5分钟。

3) 正式发言，畅谈己见

要求应聘者在讨论之前先作一次正式发言，以阐明自己的观点，发言顺序不定。要求发言时先作1分钟自我介绍，然后进入正题。

4) 参与讨论，呈现自我

每人发言完毕后，进行小组讨论。讨论内容既可以是对自己第一次发言的补充与修正，也可以对他人的某一观点与方案进行分析后提出不同意见，更可以在对大家提出的各种方案比较的基础上，提出最有效、最可行动的方案。

规定在讨论中不得用投票或举手表决的方式来达成统一意见，必须通过沟通、协调等方式达成统一意见。

5) 角色模拟，总结发言

讨论结束前，每位应聘者以小组长的身份进行3分钟的会议小结。

6) 成绩评定

讨论结束后，每位评价者根据自己的观察进行打分。

7) 问卷调查

评定结束后，进行态度调查问卷的测试。评价者完成"1卷"，应聘者完成"2卷"。

注意事项：

① 主持人致导语及应聘者阅读题目的过程中，应聘者必须保持安静，不得相互交流；

② 无领导小组讨论过程中应聘者不得向评价者提问；

③ 在发表观点和多方交锋的过程中可能会纠缠于一些片面的、不完整的观点，讨论的主持人应当适当引导和激发。

三、效果分析

1. 考察评价者之间评分的一致性

采用评价者之间评分判断的一致性（即评价者信度）来分析测评方法的信度。评价者之间评分越趋于一致，说明评分方法越趋于客观，避免了无根据的主观臆断、凭个人喜好来评判的缺点。

2. 对无领导小组讨论有效性的分析

1) 无领导小组讨论的效度检验——运用效标关联效度进行测量

为了检验无领导小组讨论方法的效度，我们把运用传统评价选拔方法所得到的考核成绩（如成绩评定、专家面试、业绩分析等）进行总汇，使其与由无领导小组讨论方法所得的成绩进行一致性分析，观察两成绩之间是否具有很高的一致性（在统计上其效度系数达到0.83）。如表8-9所示。

表8-9 传统考核成绩与无领导小组讨论成绩顺序比较表

应聘者姓名	1	2	3	4	5	6
传统考核名次						
无领导小组讨论名次						

2) 从问卷结果看讨论的有效性

通过问卷得到的数据虽然具有主观性，但在一定程度上能说明无领导小组讨论的有效性。

本章参考文献

[1] 胡丽红，宗应龙．无领导小组讨论：模拟实战的招聘方法．企业管理，2005 (6)：38-39．

［2］2006年中可集团校园招聘面试小组讨论题目［OL］. http://www.free133.com/Html/host/075303175.htm.

［3］无领导小组讨论试题［OL］. http://app2.learning.sohu.com/education/html/article-11631.html.

［4］马先明,姜丽红. 无领导小组讨论. 企业管理,2007（6）：90-91.

［5］无领导小组讨论举例［OL］. http://www.examda.com/gx/mianshi/jiqiao/20050508/17365740-2.html.

［6］吴谅谅,何琪."无领导小组讨论"的应用. 中国人力资源开发,2001（7）：33-35.

［7］何琪."无领导小组讨论"在人才测评中的应用. 现代企业教育,2004（2）：14-16.

［8］关培兰,苏永华."无领导小组讨论法"在人员招聘中的应用研究. 武汉大学学报：哲学社会科学版,1999（2）：32-35.

［9］赵瑞全. 浅谈面试工作中无领导小组讨论方法的利与弊. 中国农学通报,2007（5）：558-559.

［10］韩淼,宋长生. 实施一次有效的无领导小组讨论. 合作经济与科技,2005（7）：13-14.

［11］王小华,车宏生. 无领导小组讨论：一种有效的人事测评方法. 中国人力资源开发,2003（10）：22-23.

［12］王志超,钟华. 无领导小组讨论（LGD）技术的应用. 合作经济与科技,2005（5）：40-41.

［13］张保国. 无领导小组讨论测评法的操作流程. 中国劳动,2004（6）：33-34.

［14］孙健敏,彭文斌. 无领导小组讨论的设计程序与原则. 北京行政学院学报,2005（1）：35-40.

［15］黎恒,丁晓岚. 无领导小组讨论的实务操作：中层管理人才选拔案例. 中国人力资源开发,2002（9）：39-41.

［16］王春莉. 无领导小组讨论的应用：方法和技巧篇. 人力资源,2007（10）上：36-37.

［17］朱燕,张宏. 无领导小组讨论的准备. 人力资源,2001（1）：55-56.

［18］梁开广,邓婷,许玉林. 评价中心法在评价管理潜能中的应用及其结构效度检验. 应用心理学,1991（4）.

［19］吴吉屏. 无领导小组讨论题目设计. 合作经济与科技,2007（10）：28-30.

［20］涂庆祥. 无领导小组讨论在招聘中的使用. ADF,2006（3）：24-25.

［21］鲍粮库. 无领导小组讨论在招聘中的有效应用. HR管理,2007（6）：59-62.

［22］谢凌玲. 支招无领导小组讨论运作难题. 中国人才,2007（10）：64-65.

［23］吴立斌. 做一次完美的无领导小组讨论,2002（12）：55-60.

［24］SPYCHALSKT A C, QUINONES M A, GAUGLER B B. A survey of assessment center practices in the United States Personnel Psychology, 1997: 71-79.

［25］GUERRIER Y, RILEY M. Management assessment centers as a focus for change Personnel Review, 1992: 24-32.

［26］况志华,张洪卫. 人员素质测评. 上海：上海交通大学出版社,2006.

［27］张志红,朱冽烈. 人才测评实务. 北京：机械工业出版社,2005.

［28］胡月星,梁康. 现代领导人才测评. 北京：国家行政学院出版社,2004.

［29］吴志明. 招聘与选拔实务手册. 2版. 北京：机械工业出版社,2006.

第 9 章 评价中心技术

9.1 评价中心技术概述

9.1.1 评价中心技术的含义

在企业管理水平不断成熟的今天,有效的人才选拔方法日益受到重视,对企业来说,用最小的成本选拔到最合适的人才是获得核心竞争力的关键。通常,我们把员工到企业后能否为企业创造价值,能否有较高的工作绩效作为是否"最合适"的判断标准。如果以某种选拔方式选到的员工有很高的工作绩效,那么这种方式就是有效的。从表 9-1 中可以看出,在众多的选拔方式中,准确率最高的是评价中心技术。

表 9-1 人事测量方法预测的准确性

人事测量方法	预测的准确性(与绩效的相关)
评价中心	0.68
结构化面试	0.62
工作样本调查	0.55
能力测验	0.54
人格测验	0.38
非结构化面试	0.31
推荐信	0.13

资料来源:郑久华. 评价中心的方法实施及应用. 辽宁行政学院学报,2005(6):102-103.

评价中心(Assessment Center)是现代人员素质测评的一种重要方式,主要用于中高级管理人员的测评。经过多届评价中心国际会议对评价中心概念的修订,得到了以下定义:评价中心是从多角度对个体行为进行的标准化评估,它使用多种测评技术,通过多名评价者对个体在特定的测评情境表现出的行为作出判断,然后将所有评价者的意见通过讨论或统计的方法进行汇总,从而得出对个体的综合评估。

从操作上来说,评价中心是以测评管理者素质为中心的一组标准化的评价活动,在这种活动中,被评价者置于一系列模拟的工作情境中,评价者综合利用多种测评技术,如认知能力测验、人格测验、情境模拟等方法，考察被评价者是否胜任某项工作并预测其各项能力或潜能。这些测评方法围绕一个中心进行，这个中心就是被评价者的管理素质。一般而言，测评对象会被分为若干个小组，由高级管理人员和心理学家组成的评价小组对其进行若干天的评价。评价中心进行的时间有长有短，有的时候评价过程可能只有一天，有时候却可能持续一周，最为常见的情况是两到三天。长时间的考察使得候选人难以"伪装"或是简单地通过"公开认错"而蒙混过关。由于对候选人的评价是放在集体的动态环境中进行的，因而可以对候选人的绩效及其他方面的表现进行监督，进而可以更清楚地发现他们的优势和不足。

评价中心的最大特点和独特之处是情景模拟性，这种测评方式的最初起源也是情境模拟测试。它将测评对象置于一系列专门设计的与未来工作情境相似的模拟情境或活动中，为评价者提供了观察测评对象在接近真实的工作环境中的行为表现的机会，如他们如何解决人际冲突，如何收集信息，如何分析问题，如何作决策，如何相互配合解决问题，等等。通过对多个评价者的观察和评分汇总，形成对测评对象全面、客观的评价，并预测他们在未来工作岗位上的绩效。简历、推荐信、面试、技能测验和了解过去工作业绩等传统的人事测量方法都侧重于用过去的工作行为和工作绩效来预测未来工作岗位上的工作行为和绩效，而评价中心的核心则在于识别和确定应聘者胜任未来工作所必须具备的潜力。

评价中心的内容主要包括公文筐测验、无领导小组讨论、角色扮演、案例分析、管理游戏、演讲、搜寻事实、模拟面谈等。可以说评价中心是一种十分综合的测评技术，绝不是一两种测评形式的简单堆砌。它的作用主要有三方面：第一，用于人员甄选，重点在于挑选那些能够胜任目标岗位的员工；第二，用于培训诊断，重点分析员工的优势与不足，明确员工需要在哪些方面加强，确定培训需求；第三，用于员工技能发展，在培训诊断的基础上，提高员工的技术和能力。

9.1.2 评价中心技术的由来和发展

评价中心技术起源于军界。第二次世界大战期间，传统的根据背景或血统甄选军官的方式造成选出的军官在战场上无法发挥预期的作用，因此英国军事相关单位发现亟须根据工作内容制定更为可靠的甄选标准和程序，并要求心理学家协助军官的甄选。实际上，当时的德国已经将类似的概念运用于军官的甄选。1929年，德国军队为了选拔军官建立了多项评价程序，让应征者面对不同的工作任务或实际演练，评价者从不同角度检验应征者的表现，看他们是否具备相关技能，这是评价中心发展的基础。后来英国、美国的军方借鉴了德军的这个程序，建立了自己的评价中心。第二次世界大战后，这种方法被复员军官带到了工业企业中，并得到极大发展。其中，美国电话电报公司的管理发展研究堪称评价中心的里程碑。从1952年起美国电话电报公司实施了为时4年的"管理进步计划"，运用小组活动、情境模拟、面试和心理测验等方法，按照25条标准对公司的几百名员工进行了多次评价和长期评估，取得了比较理想的效果。从此，评价中心在工业组织中得到了迅速传播，在世界各发达资本主义国家均得到广泛的使用，影响逐步增大。该方法的主导理念是给人们以公平评价、公平竞争的机会，每个人在接受测评的同时，也获得了一次了解自己、发展自己的机会。据估计，1980年仅美国就至少有2 000个组织使用了评价中心。目前，世界500强企业中有80%的企业在人员招聘、员工职务晋升中使用评价中心。

评价中心技术在国外已经形成相对成熟的流程、评价标准、题库信息，甚至测评场地，而在我国这些新技术尚处于尝试和探索阶段。20世纪80年代末至90年代初，我国开始对评价中心有了较为系统的介绍，并在企业初步应用。近年来，政府部门和许多企事业单位也相继采用评价中心的方法选拔人才。评价中心的价值不仅在于对员工未来工作绩效的预测准确性高，还在于它在选拔阶段建立的评价标准也是组织考核与培训员工的标准，为建立一个科学的人力资源管理系统打下很好的基础，有极高的潜在回报。通过评价中心招聘进来的员工在组织中工作的时间越长，组织付出的人力成本得到的回报就越高。

9.1.3 评价中心技术的特点

由于自身的科学性和较高的预测效度，评价中心深受人们的青睐。另外，由于技术的复杂性和对评价者的严格要求，又令其蒙上了一层神秘的面纱，令人望而却步，有些人甚至过分地夸大它的作用和意义。其实，评价中心技术和其他测评手段一样，既有优点，也存在缺陷。因此有必要对评价中心及其核心技术特点进行客观的评价，让我们对评价中心的作用和意义有一个客观的了解。

1. 评价中心技术的优越性

① 多种测评技术综合使用。从评价中心本身的技术构成来看，评价中心并不是单一方法的运用，而是针对特定目的和标准采用多种评价技术（如面谈、案例分析、演讲、小组讨论、公文筐测验、角色扮演和管理游戏等）评估应聘者的全方位的职业素质，得到丰富的信息，并最终形成针对每一个应聘者的书面报告，从而对各个应聘者提出整体评价。多种评价方法的使用充分体现了"评价中心"这一名词描述的是一种选择过程，而不仅仅是一个固定的物理定位过程。

② 行为解释方法标准化。评价中心技术虽然以行为观察为主，但评价者对应聘者行为的观察、评估和解释并不是随心所欲的。它拥有一套明确的测评指标和评分标准，通过为评价者提供每一个问题行为反应的例子，列出行为和特定测评指标的相关程度，将评分标准化。在测评过程中，由多个评价者按照严格的程序对候选人进行集体评价，最后通过讨论或统计的方法整合测评结果，达成一致意见。

③ 预测效度高。评价中心技术运用情境模拟法，从许多实际工作样本中选取典型事件和任务，有效控制与测评目标无关的因素，让应聘者较为真实地感受工作场景和工作内容，有助于预测其在未来工作中的表现。例如，我们在实施问卷调查时问"你会不会在电梯里跟陌生人主动打招呼"，在中国文化背景下，实际的情况可能是99%的中国人都不会这样做，但应聘者在回答这个问题时往往会意识到这是在考察其人际沟通能力，很有可能回答"会的"。如果通过评价中心，我们就可以让被试处在模拟的情境和接近自然的状态下验证他们的真实行为。很多研究者对评价中心的有效性进行过科学研究，如Klimoski等人的研究结果显示，评价中心预测测评对象职位晋升的相关系数为0.53，预测其工作绩效的相关系数为0.36，预测效度高，值得信赖。

④ 在动态和比较中考察应聘者能力。评价中心强调应聘者之间的互动，从而使应聘者的积极性和主动性得到了充分的发挥。与没有机会观察其他竞争者的表现的测评方式相比，评价中心使应聘者能够更加现实地评估自己的成功率，因此测评过程能得到应聘者的配合和

支持，最终结果也更容易被应聘者接受。而对于评价者来说，观察应聘者间的相互反应，比在不同时间分别面试更能有效地看出他们的差别，因为可供评估的表现增多了。

⑤ 公平客观。根据"公平理论"，不公平感是个人最不愉快的心理体验，如果得不到组织或者群体的帮助或解决，一般人是不能长期承受这种心理压力的。不公平感对工作态度、工作积极性也会带来严重的负面影响。同时公平理论认为，过程公平比结果公平更容易消除人的不公平感。评价中心从测验的开发到对评委的选择、培训，以及对行为与判断的区分都保证了评价中心的结果不会因评委的不同而出现截然相反的差异，是一种科学化、标准化和程序化的测量工具。相比之下，传统测评手段的运作过程则粗糙、随意得多，不同的评委常常给出相距甚远的评判。同时，在现实生活中人们往往由于各种主客观条件的限制不能全面地看待问题，尤其是在看待别人的时候，往往受到各种偏见的影响造成歪曲的社会知觉，对别人的行为作出错误的归因判断。刻板效应、投射作用、第一印象、近因效应等都会影响人事测评结果的有效性和客观性。评价中心的测评过程要求非主观化，不允许偏袒舞弊。例如，应聘者对测评情景的选择由电脑自动生成或由应聘者随机抽取。此外，评价中心通过培训评价者使他们更多地关注应聘者行为并进行记录，然后对评分进行讨论，从而保证了评分过程的公正性和客观性，能够有效地克服知觉偏差，评选的结果易于被大家接受。

⑥ 运用灵活，兼选拔与培训为一体。评价中心不仅能挑选出颇具潜力的管理人才，还能在选拔测评的过程中训练他们的管理与合作能力，使选拔过程与培训过程融为一体。这样使得它不仅能够用于人才的选拔与晋升，还能为应聘者和员工提供公平的机会来展示他们的才干，为诊断员工技能、培训发展和人力资源规划等决策提供参考依据。同时，应聘者和员工也有机会观察其他人怎样做事，无形之中提高了他们的管理能力。通过测评反馈，他们能够知道评价者怎样评价自己的决策水平和工作风格，从而自发地进行改善和提高。

当然，评价中心技术还具有其他的潜在优越性，例如，评价中心引入竞争从而为应聘者营造了一种压力氛围，而心理承受力和注意力是可以测定的，尤其是在有压力的情况下。又如评价中心往往要持续2～3天，而研究结果显示，连续的考察可能更有成效。最后，有竞争和矛盾的选拔程序越是令人吃不消，就越能够吸引那些有才干的应聘者。

2. 评价中心技术的局限性

评价中心比传统的测评方法有更多的优越性，但并非十全十美，它存在着以下一些局限。

① 程序烦琐、操作复杂，成本高。典型的评价中心一般需要经过分析目标岗位、建立资质模型、确定测评指标、制定评分标准、设计情景模拟、培训评价者、记录被试行为、整合指标评分、撰写测评报告、反馈信息等诸多环节，需要投入大量的人力、物力、财力和时间，因而成本很高。

② 对评价者的要求较高。评价中心的评价是否有效取决于评价者的能力、经验和公正，因此对评价者的要求比较严格。首先，必须要有多名评价者参加，而且评价者的组成除了有管理心理学工作者外，还要有招聘岗位的上级管理者、人力资源招聘专员等。其次，评价者要经过专门的培训，了解测评指标和评分标准，掌握行为观察和记录的方法。

③ 忽视了某些重要动机因素。评价中心突出了候选人的表现能力，如给陌生人留下良好印象的能力、影响他人的能力，却忽视了一些虽不引人注意但也很重要的动机因素，如经

过一段时间交往与他人建立亲密友谊、对工作认真努力、情愿在不利条件下长时间工作等。

④ 有可能带来负面影响。那些在评价中心中表现不好的员工通常会担心他们的未来，并可能因此寻找新的工作。尤其是当评价中心对测评对象的总体评价不令人信服时，会出现较高的离职率，可能导致一些真正具有发展潜力的员工流失，从而给公司带来一定的负面影响。

⑤ 传统的评价中心测评方法只适用于中高级管理人员，而不适用于非管理人员和技术工人。

9.2　评价中心的主要工具

评价中心是一种十分综合的测评技术，包括多种活动，常见的包括公文筐测验、无领导小组讨论、角色扮演、案例分析、管理游戏、演讲、搜寻事实、模拟面谈等。Gaugler (1990) 等根据运用情景的复杂程度，研究发现了评价中心各种方法的使用频率，其中公文筐测验的使用频率最大。如表9-2所示。

表9-2　各种评价中心方法使用频率

复杂程度	情景模拟的形式	实际使用频率
更复杂 ↓ 更简单	管理游戏	25%
	公文筐测验	81%
	角色扮演	没有调查
	有领导小组讨论	44%
	无领导小组讨论	59%
	演讲（即席发言）	46%
	案例分析	73%
	搜寻事实	38%
	模拟面谈	47%

资料来源：童天. 评价中心技术的运用. 中国劳动, 2005 (8)：62-63.

评价中心的各种技术各有特点，对不同的测评项目和测评指标应使用不同的技术，不可千篇一律地加以套用。为了正确使用这些核心技术，必须了解它们的基本功能及其特点。

9.2.1　公文筐测验

公文筐测验是评价中心中使用频率最高的一种评价形式，与其他评价形式相比，公文筐测验便于操作，信度和效度都较高，也被认为是最有效的一种形式。

测评前，评价机构事先编制好评分标准，并结合评价目的准备好要处理的公文。测试时，应聘者被假定为某部门的领导或接替某个管理人员的工作，面对一大堆亟待处理的各种文件，文件形式包括电话记录、留言条、办公室的备忘录、请示文件、电子邮件、客户的投诉信、上级的指示等，内容可能涉及人事、资金、财务、市场信息、政府的法令、工作程序等方面。这样的资料一般有 10～25 条，有来自上级的，也有来自下级的；有组织内部的，也有组织外部的；有日常琐事，也有重大或紧急的事件。要求应聘者在 2～3 个小时内根据自己的经验、知识和性格现场处理。处理完毕后，应聘者还要以口头或书面的方式说明这样处理的原则和理由。如果评价者不清楚或想深入了解某部分内容，还可以与应聘者交谈，以澄清模糊之处。然后评价者把有关行为逐一分类，再予评分。在测验过程中，一般只给应聘者日历、背景介绍、测验指示和纸笔，应聘者在没有他人协助的情况下回复函电、拟写指示、作出决定，以及安排会议。评价者将考察应聘者对该文件的处理是否有轻重缓急之分，是否有条不紊地处理，是否在必要时请示上级后授权下属，还是拘泥于细节、不抓重点、杂乱无章地处理等，并根据应聘者的行为表现和书面答案作出评判。公文筐测验的书面回答能够独立地进行评分，主要考察两个方面的能力：一是与事有关的能力，如收集利用信息、组织、决策、计划、协调、授权、条理性等；二是与人有关的能力，如知人能力、人际敏感性、沟通等。

公文筐测验最大的优点是其具有较高的表面效度，它模拟的是真实工作情境，测验材料的来源是实际的工作样本。作为一种情境模拟技术，文件筐中有的公文材料采用手写体，有的函件采用真实公司的信笺书写，具有较好的模拟效果，比传统的认知测验和人格测验更能吸引被试者投入测试。

表 9-3 列出了公文筐测试考察的主要能力的操作定义、行为样本和提问方式，对理解公文筐的操作有所帮助。

表 9-3 公文筐测试考察能力的操作定义、行为样本和提问方式

考察能力	操作定义	行为样本	提问方式（考察指标）
计划性	处理问题有条不紊、分清主次、清晰准确	根据材料的主要内容对材料进行分类，根据材料的重要性或紧迫性确定材料或事件的优先级	1. 这个文件应放在哪一类（重要立即处理、次重要可稍后处理、不重要搁置处理）； 2. 与其他文件相比，该文件的优先级如何； 3. 处理文件中的某个问题，您将按照什么步骤进行，请按先后顺序排出
人际沟通	准确理解和把握他人话语背后的想法和情感，能够清晰、恰当地表达自己的观点和情绪	1. 处理人际沟通问题条理清晰、措辞恰当的程度（有效、清楚、正确、精确、全面、符合逻辑）； 2. 能够建立和保持有效的人际关系	1. 处理人际关系问题的措施的恰当程度； 2. 文件处理和具体任务执行中涉及的有关人员的直接或间接沟通
分析能力	通过将问题分解，迅速准确地找到问题的核心或发现潜在的问题	找出事件发生的可能原因或者行为的可能结果。预测困难并事先考虑应对措施。运用不同的分析方法确定不同的解决方案，并权衡各种方案的价值。考察决策背后的理性成分（是否考虑决策后果、各种备选方案的优缺点、采取某种决策的理由）	1. 处理文件优先等级的依据？ 2. 这个文件中最关键的问题是什么？ 3. 您这样处理的理由是什么？

续表

考察能力	操作定义	行为样本	提问方式（考察指标）
决策能力	收集、解释并评估信息，制订合理的解决方案，促使组织目标实现	根据已有信息来确定问题所在，采取恰当行动解决有关问题	您将采取哪些必要行动解决这个问题？（不必阐述理由）
授权	信任下属，并善于把任务和责任分配给下属	清晰地分配任务，提供有效的指导和支持以帮助他人完成任务，并使自己有精力去做更重要的工作	1. 利用职权要求有关部门和人员完成某项工作； 2. 提供对任务完成的必要指导和资源支持

资料来源：徐晓锋，车宏生. 文件筐测验的计分研究和应用. 中国人力资源开发，2003（8）：34-35.

公文筐测评在国外运用得较为广泛，除了在中高层管理者的选拔中发挥重要作用外，也被广泛应用于领导行为、培训、工作满意度、绩效评估、组织公民行为、组织信息加工、决策、压力管理、组织气氛等诸多领域的研究。国外的公文筐测评一般由专门的测评公司或机构负责。由于涉及商业利益问题，所以测评的核心部分即评分模式，被视为机密，外界难以知晓。目前所能涉及的国外资料，几乎都没有对评分操作步骤的详细介绍。国内比较通行的做法是由情境模拟测评专家根据测评指标进行主观评分。例如，考察组织能力要求应聘者能准确认识自己的工作责任，善于授权，并能积极传授知识，引导、督促下属高效地完成任务。

9.2.2 无领导小组讨论

无领导小组讨论是指由一组一定数量的应聘者（一般 5～8 人为宜）组成一个临时工作小组，在既定的背景下围绕给定的问题展开讨论，持续 1 小时左右，由一组评价者对他们在讨论过程中的言语和非言语行为表现进行观察和评价，评价者不参与讨论的过程。所谓"无领导"，是指讨论中每个人的地位是平等的，并没有哪个人被指定为小组的领导者，目的就在于考察应聘者的表现，尤其是看谁会从中脱颖而出，成为自发的领导者。

在评价中心技术中，用于评估和选拔管理人员的情景模拟测试有两种。第一种是个人作业，测验要求应聘者独立完成任务，如公文筐测验；第二种是小组作业，即需要应聘者之间同心协力完成任务，一个人无法独立完成。无领导小组讨论就属于第二种。

无领导小组讨论的独特之处在于其生动的人际互动性，应聘者需要在与他人的沟通和互动中表现自己，因此它能考查出应聘者在人际互动中的能力和特性，如人际敏感性、社会性和领导能力等。同时，通过观察讨论过程中每个人自发承担的角色可以对应聘者的计划组织能力、分析和创造性解决问题的能力、主动性、坚定性和决断性等进行考察。而上述能力与素质恰恰是笔试和面试无法考察或难以考察的。在笔试或面试中，评价者主要依据应聘者的书面或口头回答进行评价，但说得好并不一定做得好。在无领导小组讨论中，评价者是依据应聘者实际表现出来的行为特征来对其进行评价的，应聘者处于压力情境下，往往难以掩饰真实情绪，会在无意之中表现出自己各方面的优点和缺点，从而使评价的结论更加客观、准确。另外，无领导小组讨论能够同时考察和比较竞争同一职位的多名应聘者，可以节省时间，提高效率。但是无领导小组讨论题目的编制难度较大，题目的质量会直接影响到测评的质量；指定角色的随意性，可能导致应聘者之间地位的不平等；应聘者的经验也可能会影响到其能力的真正表现；对应聘者的评价易受到多方面因素的影响，小组之间的差异会影响应聘者的表现；评价依赖于评价者的经验、能力和客观公正性，因此对评价者的要求很高。

无领导小组讨论用于选拔中高层管理者或是那些经常与人打交道的岗位人员，如销售代表等。而对于基层员工或技术、研发、财务人员的选拔，无领导小组讨论则并不适用。

下面是一个常见的无领导小组讨论题。

例题 9-1 无领导小组讨论示例。

背景：在茫茫冰海上，一艘客船触礁沉没，在沉没前，有七个人登上了救生艇，分别是身体受伤但神智清醒的老船长、戴罪潜藏在客船上的水手、独臂少年、未婚的孕妇、日本籍年轻女子、主持国家重大经济项目的老专家、经验丰富的老医生。这七个人在惊恐中发现，救生艇只能承受三个人的重量，如果不能在三十分钟内决定哪四个人离开，小艇就会沉没，七个人都无法生存。

问题：首先你有5分钟时间阅读并拟写自己的讨论提纲，接下来每人有3分钟时间阐述自己的基本观点，发言顺序按照自愿原则决定。依次发言结束后，你们有30分钟时间进行自由交叉辩论。在辩论过程中，可更改自己的最初观点，但对新观点必须明确说明。讨论后拿出小组一致的意见，决定哪三个人留下，条件是多数人达成一致的意见。最后选出一个代表用5分钟时间向考官汇报并阐述理由，其他人可以补充。

如果在规定时间内你们没有达成统一意见，那么每个人的成绩上都会减去一定的分数。

资料来源：模拟校园面试[OL]. http://article.zhaopin.com/pub/.

9.2.3 角色扮演

角色扮演指的是在一个模拟的人际关系中，评价者设计一系列尖锐的人际矛盾或人际冲突，要求应聘者扮演一定角色并进入角色情境去处理各种问题和矛盾。

在操作时评价者或者评价者助手扮演某一角色，应聘者扮演另一角色。扮演什么样的角色取决于考察要素。评价者或者评价者助手事先经过培训，形成标准化模式，同时评价者对应聘者在不同角色情景中的行为表现进行观察和记录，作为评分的依据。例如，为了考察应聘者的管理能力、思维敏捷性及工作作风等，让应聘者扮演上一级领导者，评价者扮演下一级工作人员。题目是让候选人把一些工作交给下级去做。这样评价者可以看出应聘者是否能够让下级心甘情愿地接受这项工作，而不是直接下达命令；是否能够清晰地交代问题，让下级明确问题的关键；是否能够给予必要的支持和指导。又如考察应聘者的反应能力和说服能力，可以让评价者扮演顾客，应聘者扮演推销员向顾客推销公司的一种产品。

一般而言，角色扮演的评价内容包括以下几个部分：第一，角色把握能力，主要包括应聘者能否迅速地判断形势并进入角色情景，按照角色规范的要求采取相应的行为对策；第二，角色的行为表现，包括应聘者在角色扮演中所表现出来的行为风格、价值观、人际倾向、口头表达能力、思维敏捷性和应变能力；第三，角色的仪表和言谈举止是否符合角色特点及当时的情景要求；第四，其他方面，包括缓和气氛、化解矛盾的技巧、达到目的的程度、行为策略的正确性、行为优化程度、情绪控制能力等。

角色扮演的优势在于，它费时较少，一般给被试10~15分钟的准备时间，然后利用

15~30分钟的时间进行正式的扮演。角色扮演较之无领导小组讨论更能体现应聘者的一些人际技巧，如人际理解、行为塑造和说服能力等。角色扮演的缺点是，它需要另一个人与应聘者进行合作，来扮演相对应的角色，这样就增加了人员配备上的要求。而且在角色扮演中，如何严格控制进程，以及如何保证应聘者的表现与平时的行为一致，具有一定的难度。

9.2.4 案例分析

案例分析是一种书面测量方法，实施案例分析时，通常让应聘者阅读一些组织中有关问题的材料，然后要求他就如何更好地进行管理提出一系列建议，汇报给更高级的管理人员。一般情况下，主考会要求应聘者设想自己已经被选拔到或提升到某个职位，然后从那个角度去思考问题、提出建议。案例分析着重考察应聘者的综合分析能力和判断决策能力。它的优势在于非常灵活，简便易行，不但可以考察一般能力，如组织一个生产活动，而且可以用于测评应聘者某一方面的特殊技能，如计算投资收益，甚至可以评价应聘者多方面甚至是全面的才能。使用书面案例分析的困难在于如何设计一套客观的评分标准。

例题9-2 案例分析示例。

谁先说谁先"死"

背景：王董事长和李总经理是从小一起长大的朋友，这种难得的友谊，促进他们在大学毕业之后，共同创业，不分彼此，也不拘名分。他们不分大小，谁也不想去管谁，谁也不想替对方作决定。

近来，情况稍微有些变化。为了某些事情，双方的意见很难一致。以往遇到类似的情景，两个人都会坦诚地表示自己的意见，就算是大吵大叫，也不至于伤害感情。现在却不是这样，见面时打招呼，却很少面对面谈论问题。大多数事宜，都通过秘书来联系解决。

朱秘书夹在中间，实在相当为难。遇到问题，请示王董事长，答案不外乎是"你应该去问总经理"。转过来请教李总经理，却又听到"你先去问问董事长"的指示。谁都不愿意先说，弄得朱秘书转来转去，很难得到具体的答案。实在没有办法的时候，朱秘书只好含含糊糊地编造一套对方的说辞，结果竟然是"怎么可以这样"？因而说出刚好与对方相反的观点。朱秘书转来转去，费了好大的劲才能够解决一个问题，觉得苦恼万分，但却很难突破。

问题：（1）朱秘书的沟通，面临的主要困难是什么？

（2）你如果是朱秘书，如何解决？

资料来源：根据《中国式管理》修改而定. 曾仕强. 中国式管理. 北京：中国科学出版社，2005.

9.2.5 管理游戏

管理游戏又称商业游戏，也是评价中心的技术之一。主要用于考察被试的战略规划能力、团队协作能力和领导能力等。在管理游戏中，小组成员各被分配一定的任务，必须合作才能较好地解决它。有时，评价者还会引入一些竞争因素，以进一步分出优劣，如两三个小组同时进行销售和市场占领。有些管理游戏还包含着劳动力组织与划分、动态环境的相互作用以及更为复杂的决策过程。管理游戏通过应聘者在完成任务过程中的行为表现来评价应聘者的素质，有时还会伴以小组讨论。

管理游戏是一种以完成某项"实际工作任务"为基础的标准化模拟活动。其优点包括：第一，它比一般的情境模拟看上去更为真实，更接近组织中"真实的生活"，任务也更具有挑战性和趣味性，它能帮助有经验的管理者学习技巧，也能使应聘者感到开心和兴奋，充分展示其管理能力，使测评的结果更加真实有效；第二，它能够突破实际工作情景的时间和空间，将多种重要的工作集中融合到一起进行能力考察和素质测评，使测评应聘者的实际管理能力变得简便易行；第三，可以考察应聘者在管理游戏中与其他应聘者之间的互动交往，具有认知社会关系的功能。当然，管理游戏也存在局限性：首先，组织好一次管理游戏通常需要花费很长的时间做好前期准备和实际实施；其次，富有开创精神的应聘者往往会因为处于应聘者地位而被压抑；再次，当应聘者处于活动状态时，如从这个房间到那个房间或在某个房间里不停变换位置时，他们的行为常常难以观察；最后，当管理游戏用于培训目的时，可能会由于情境过于复杂，没有人能表现得很好，造成测评对象很难学到东西。据调查，管理游戏只在25%的评价中心中使用，可能是因为它的复杂性太大，导致施测起来很困难。

例9-3 管理游戏示例。

(1) 键盘销售

六个应聘者一组扮演企业的管理委员会，对于给定的具有不同利润的键盘，每个小组成员均要投资、购买，对股票控制及销售问题发表意见。主考官通过对应试者行为表现的观察，关注小组成员的组织能力、思维的敏捷性、分析问题的能力以及在压力条件下的工作情况等。

(2) 小溪任务

给一组应聘者轮滑、铁管、木板、绳索，要求他们把一根粗大的圆木和一块较大的岩石移到小溪的另一边。这个任务只有通过小组成员的努力协作才能够完成。评价者可以在客观的环境下有效地观察应聘者的领导能力、分析思维能力、沟通交流能力、协作能力等。

资料来源：外企面试：管理游戏、情景考察、乐观测试 [OL]. http://www.e-stu.net/gongzuo/mianshi.

9.2.6 演讲

演讲作为评价中心的一种技术，可以分为即兴演讲和有准备的演讲，也可以分为竞选演说、辩论式演讲和陈述观点演讲。很显然，演讲是一种需要口语表述的模拟活动。在这个活动中应聘者拿到了一些凌乱、无组织的材料，他们需要根据材料来把握其中的主要问题，尽力去了解问题进展到了什么程度。经过一定时间的准备之后，他们向评价者陈述自己的想法。有准备的演讲的准备时间通常为30分钟。当应聘者表达了尽可能多的信息，明确提出材料中存在的问题及其解决方案之后，评价者可以有针对性地提一些问题，以进一步了解应聘者的看法和观点。演讲着重考察应聘者思维的敏捷性、系统性、条理性、创造性、说服能力、自信心以及压力下的坚定性等。因而特别适用于选拔领导或销售、市场、培训类的工作人才。

设计一个演讲相对容易，因为事实上可以要求被试就任何观点发表评论。一些评价中心还会提供给被试一些工具，如记号笔、幻灯片及投影仪等，评价者能够借此观察应聘者如何通过使用这些工具提升其沟通效果。演讲一般不单独使用，而是与其他方法配合使用，如公文筐测验等，以全面考察应聘者。

9.2.7 搜寻事实

搜寻事实又称事实判断，在搜寻事实这一形式中，应聘者被提供一些与某一问题相关的信息，这些信息的量很少或信息内容较为模糊，要求应聘者从相关人员那里获得其他信息，然后在一定的时间限制内作出决策。最后，应聘者做一个简短的汇报，由信息被收集人做一个评价。搜寻事实非常适合测评从那些不愿意或不能够提供全部信息的人那里获得信息，并最后把握事实的能力。评价者通过搜寻事实的过程，可以考察应聘者的智力（包括思维的清晰、敏锐度，思维的条理性和抽象能力），实际判断能力（修正结论的能力、企业的一般常识等），获得信息的能力，理解、分析、判断问题的能力，社会知觉，决策能力，压力承受能力等。搜寻事实要求评价者事先准备好充足的信息源。

例题9-4 搜寻事实示例。

说明：

我头脑中有一个中国古代将领的名字，请你用十个问题将他猜出来。

要求你提问之后，我只能回答"是"或"否"。下面我们开始。

问题：

他是唐朝（不包括唐朝）以前的吗？	回答：是
他是三国（不包括三国）以前的吗？	回答：否
他是晋朝（不包括晋朝）以前的吗？	回答：是
他是三国时期的吗？	回答：是
他是蜀国的吗？	回答：是
他是"五虎上将"之一吗？	回答：是
他是桃园三结义的吗？	回答：否
他的兵器是枪吗？	回答：是
他是赵云吗？	回答：正确！

9.2.8 模拟面谈

模拟面谈需要角色扮演者的参与，应聘者扮演他应聘职位的工作人员，角色扮演者扮演应聘者的下属、客户或者任何与他有工作联系的人，甚至是采访他的电台记者。操作时，应聘者和一位角色扮演者进行一对一的对话，根据具体情境的要求，角色扮演者可向应聘者提出问题、建议或反驳他的意见，拒绝他的要求等。应聘者在评价者的观察下尝试解决问题。模拟面谈旨在激发应聘者表现出智能、社会技能和意志力。更具体来说，通过应聘者在模拟面谈中的行为表现，可以评价他们的说服能力、表达能力、处理人际冲突的能力等。

这种技术的优势在于：①直接，任何书面测试、电脑测试都无法像面对面的会谈那样直截了当，应聘者的任何细微动作或本能反应都会被有经验的评价者捕捉到；②耗时少，只需要15~30分钟准备，8~10分钟进行面谈；③模拟面谈尤其适合于培训缺乏经验的督导员，因为它提供了有控制的情境，人们可以从中学习基本的沟通或问题解决技巧。模拟面试的一个缺点是与角色扮演类似，它需要一个角色扮演者，这样无疑增加了人员配备上的要求。

9.2.9 其他形式

1. 模拟会议

模拟会议是一种要求三个以上角色模拟者参与的测量方法,根据应聘者在未来职位上可能出现的工作情况,设计一个有明确议题的会议,要求应聘者组织这个会议,确保在限定的时间之内对议题进行足够深入的讨论。

这种测量方法有助于在人际互动中考察个人的社会技能、应变能力、主动性、坚定性和决断性等重要的特点。但由于参与模拟会议的角色扮演者比较多,他们的行为模式很难实现标准化,人际的复杂互动有时候会影响应聘者的行为表现与评价者的评分过程。而且多个角色扮演者的参与也大大提高了成本。因此,如果采用其他测量方法能达到类似测量效果,如无领导小组讨论等,建议运用其他测量方法。

2. 备忘录分析

备忘录分析是一种综合性的测量方法,包括"书面分析"和"口头陈述"两个部分。在实施"备忘录分析"时,应聘者需要首先根据评价者预先为他指定的某个主题完成某个书面任务,如为公司制定一项新的工作制度、为某个项目制订一个工作计划等。然后,将其完成的工作制度或工作计划向评价者汇报。备忘录分析在形式上很像是文件筐测验和演讲的结合,结合了二者的长处,考察了更丰富的能力要素,对应聘者也有一个更全面的评价。但同时也免不了会受到评价者经验和能力的影响和制约。

综上所述,我们很难说某一种技术比其他技术"更好"或"更差"。答案取决于招聘岗位的类型和特点、评价中心的目的及测评过程所能利用的资源。不同的组织在运用评价中心时需要进行适当的选择。例如,在实际工作中,一个一线主管可能花费较多的时间和下属一对一地讨论解决工作中的问题,却很少和其他主管进行非结构化的团体会议,所以采取模拟面谈会比无领导小组讨论更适合。公文筐、无领导小组讨论和管理游戏需要对评价者进行额外的训练,而且需要较长时间来准备、观察和评判。如果选择这些技术,企业必须具备充足的人力、物力、财力和时间,否则最好还是选择简单一些的技术。当然,企业也可以发展出一些自己独有的模拟活动,如特定工作情景的角色扮演等。

9.3 评价中心的操作与实施

9.3.1 评价中心操作与实施的程序

1. 明确测评目的

随着评价中心技术应用对象和领域的不断拓展,评价中心不仅仅被用来作为中高层管理者招聘或晋升的工具,而且被用来甄选基层员工、销售人员、技术员工,甚至应届毕业生,并且日益与培训计划、职业生涯规划、继任计划等人力资源的其他模块相结合。因此,利用评价中心进行测评的首要工作是明确测评的目的,目的不同,职位分析的重点、评价的要素、选用的具体方式、测评持续的时间等都会不同。

常见的测评目的包括：
① 选拔中高层管理人员或领导者；
② 评价员工的能力和素质，分析优缺点，根据分析结果制订培训和发展计划；
③ 给参与评价中心的被测对象提供一个自我发展、自我评价的机会。

表9-4列出了不同的测评目的在测评时应区别对待的地方。

表9-4 评价中心不同目的的技术工具的比较选择

	晋升或选拔	培训需求诊断	技能发展
测评对象	具有高潜质的员工	所有有兴趣的员工	所有有兴趣的员工
分析职位	目前或新产生的职位	最近或今后产生的新职位	最近或今后产生的新职位
指标特征	潜力、特征	发展、概念区分	培训技能
指标数目	5~7个	8~10个	5~7个
情景演练特征	练习数量3~6个，仿真程度中等，复杂程度中等	练习数量7~10个，仿真程度高，复杂程度高	练习数量7~10个，仿真程度高，复杂程度取决于测评对象的当前技能
结果汇报	所有的评价等级	指标等级	行为建议
报告类型	短，具有描述性	长，具有诊断性	口头报告及反馈
反馈对象	测评对象及其上两级的管理者	测评对象及其直接的管理者	测评对象，如有可能，也可以包括其直接的管理者
反馈者	人力资源管理部门	人力资源管理部门或评价者	人力资源管理部门或评价者或助手

资料来源：樊宏，韩卫兵. 构建基于胜任力模型的评价中心. 科学学与科学技术管理，2005（10）：112-113.

2. 进行职位分析

在明确了目的之后，就可以进行职位分析了。职位分析是人力资源管理最基本的工作之一。简单地说，它是在全面了解工作（职务）的基础上，提取管理所必需的、有关工作方面的信息。职位分析是一种系统地收集和分析与职务有关的各种信息的方法，也是一种维持和发展组织系统的活动，对人事测评而言，它是评价中心技术操作和实施的基础。

进行职位分析时需要关注以下几个问题。

① 职位分析的对象是目标职位。所谓目标职位，是指对于将要招聘或选拔的人才，我们预备将其安置在什么职位上。但是在实际操作过程中，我们应该评价职务级别而不是具体的职位。对大多数组织来说，评价中心法只能评价某一级别的领导，而不便于评价具体职位。实践证明，只要申请者的组织背景和教育水平比较一致，为同一职级的不同职务设计一个评价中心是可能的。例如，甲职位和乙职位各有15项内容，其中有10项内容是重叠的，那么就可以举办一个评价20项工作内容的评价中心。虽然评价者需要评价20项工作内容，但甲、乙两个职位的应聘者都只在15项内容上受到评价。

② 进行科学的职位分析的主要目的是确定各种职位的职责特点，以及该职位对任职者的基本素质要求，可分为工作定向分析和人员定向分析两种。其中，工作定向分析是紧密围绕工作本身的特点而展开的，如确定不同层次、不同职能管理职位的工作内容、工作时间分布、技术难度、任务紧迫度、人际交往对象及交往、工作责任、风险等特征，从而确定每一种职位的工作性质与其他职位的区别。其成果对应于工作说明书中的工作职责板块。而人员

定向分析则是在工作定向分析的基础上，根据已确定的工作性质，确定承担不同部门、不同层次管理职位的人员应当具备的政治品质、知识结构、能力水平、学历、气质类型和经历背景等，其成果对应于工作说明书中的任职资格板块。例如，销售人员的素质要求（胜任力）主要是人际敏感性、说服力、客户服务意识、分析能力、成就动机等。

当然，也有观点更加明确地提出了进行工作分析的目的是建立胜任能力模型，即能够将某一工作中表现优秀者和表现平平者区分开来的个体潜在的深层次特征。胜任能力是员工实现高绩效工作的内在因素，也是预测个体工作绩效的有效评价指标体系。工作分析的目的就是得到这样一套胜任能力模型，并从中提取出评价中心的测评指标体系。

上面两种观点都是为了得到评价中心的测评指标体系和标准，本质上没有区别。

③ 职位分析提取的信息必须满足三个条件：第一，围绕岗位关键职责任务；第二，以工作行为为基础；第三，与职位成败相关联的事件。这些信息的提取除了可以为确定评价指标体系和标准做准备，还可以为设计和编写测评情景确立核心内容。

④ 工作分析的具体方法多种多样，如访谈法、工作日志法、调查问卷法等。在开发评价中心测评工具的过程中，一般采用关键事件法来做职务分析，同时需要结合胜任特征评价法。

关键事件法是一种常用的行为定向的职位分析方法。它既能获得有关职位的静态信息，也可以了解职位的动态特征。关键事件法要求职位专家描述工作中遇到的一些工作情景或难点，在描述每个工作情景或难点的时候，可以采用结构化的格式，要求职位专家说明当时的情景、如何处理及结果如何。职位专家可以是在岗员工、直接主管、下属员工，也可以是其他熟悉该岗位工作的相关人员，如客户、同事。开发者需要对职位专家汇报的"关键事件"进行筛选、编辑和修订，使它们成为可读性强、容易理解的关键事件。

胜任特征评价法在收集情景时，则着重区分业绩优秀者与业绩一般者描述的区别所在，这种区别可以从知识、技能、能力和其他特征（KSAOs）等角度着手，并从中寻找导致管理成功的关键管理行为，确定关键评价指标。

另外，对于当今变化迅速的组织和岗位，还要求职位专家描述该职位将来会发生什么变化，从而使最终发展出来的职位内容及职位要求对当前和将来都是适合的。这样，仅仅用传统的工作分析方法已经无法获取那些面向未来所需具备的能力及相关指标，必须通过分析组织的愿景、价值观、战略或主要目标来识别提取测评指标。因此，需要进行战略性工作分析，其过程包括：思考组织未来的目标及这些变化将如何影响特定工作岗位的绩效。这是一个通过更深远的组织目标来推测工作要求的过程。例如，组织的新目标是创办一个子公司，对于中层管理者来说，承担风险和变革创新成为测评的目标指标，而如果仅仅分析现有的岗位对中层管理者的要求，这些指标就很有可能被忽略。

⑤ 确定关键工作内容和关键胜任特征时，需要根据评价中心的应用目的而定，这就是为什么在准备阶段的第一步必须明确测评目的。如果评价中心只用于选拔或晋升目的，则工作内容和胜任特征的确定就可以相对简单一些，只要抓住最关键的几项就可以了；而评价中心如果用于培训、发展目的，则要求比较详细，便于确定培训重点。另外对于应用在不同层次的评价中心而言，其关键工作内容和关键胜任特征的确定也是需要区别的。

⑥ 最后必须指出的是，工作分析是整个人力资源管理系统的基础，并不是为了进行评价中心测评而特别进行的。一个人力资源管理完善的企业应该拥有一整套完整翔实的工作分

析结果,在进行评价中心的准备工作时直接利用工作分析的成果即工作说明书和胜任能力模型,从中获取需要的信息。如果在进行测评之前才临时完成工作分析的任务,往往会因为时间仓促而不能获得满意的效果。

3. 确定测评指标和标准

1) 测评指标的选择

工作说明书和胜任能力模型为评价中心提供了多方面的测评指标,但指标应根据评价中心的应用目的而定。如果评价中心用于选拔或晋升,应该选取对未来绩效具有预测效力的指标;如果用于发展计划,应该选取便于观察的指标;如果用于诊断,则应该选取可以提高和发展的测评指标。

2) 测评指标的数量

确定指标数量要考虑两个因素。一是评价中心的目的。评价中心的目的不同,所选择指标的数量也应不同(见表9-4),以晋升、选拔或技能开发为目的的测评指标数通常为5~7个,而以培训需求诊断为目的的测评指标数则会多一些,通常为8~10个。二是评分者对指标的有效区分能力。国内学者吴志明研究了评分指标的数目对于评分的影响,研究结果显示评分指标为3个和6个时,评分者的评分一致性都很高,而评分指标为9个时,评分者的评分一致性就会有很大下降。Gangler等人在对200余家公司进行调查后,发现评价中心指标的数量平均是11个,而乔治·C·桑顿三世则建议指标数量不超过7个。

3) 测评指标的标准

对选择出的测评指标,还需要说明具体的标准,明确优良中差之间的区别,也就是确定评分等级。测评指标的标准也可以从职位说明书或胜任能力模型中获取。对于标准的设定应基于真实的工作活动,如果工作分析搜寻到的信息是通过关键事件法或行为锚定法获得的,则可以直接采用搜集到的典型事件或行为作为测评指标的标准说明。此外,在实际应用中对标准的定义可更详细一点。例如,对压力的承受能力可以用满足来自多方面(下属、主管、外部压力集团等)的特定需求及扮演好多种特定角色(谈判者、公共关系专员、绩效评估专家等)的行动加以描述。表9-5给出了常用的指标及其标准的定义。

表9-5 评价中心常用指标及其标准

指标(能力)	标准(定义)
口头交流	在小组中或独处时有效地表述自我观点,包括姿势与非口头语言交流
计划与组织能力	为自己或他人规划行动步骤以实现特定的目标,计划合适的工作任务,分配适当的资源
授权	有效地将工作分配给下属,使其协助自己有效完成工作;让下属承担一定的责任,并给予必要的支持和指导
控制能力	拟订方案以监控与调节下属的工作过程、任务执行情况或其他活动及他们承担的责任;采取行动监督已分配任务的进程或完成情况
决策能力	迅速而准确地进行决策或决断
主动性	积极地参与行动;发起行动而不是被动地接收,在他人要求之外采取行动实现目标;成为行为的发起者
承受能力	在有压力或他人反对时仍然保持稳定的绩效
适应性	在不同的环境中,面对不同的任务,承担不同的职责,与不同的人合作时,都能够迅速调整状态,保持良好的效果
坚持性	坚守岗位,执行行动计划直至实现理想的目标或无法合理地达到目标为止

资料来源:张保国. 遴选高级人才的首要工具:评价中心. 南开管理评论,2002(4):48-54.

4）测评指标的权重

测评指标和标准确定后应根据岗位的具体需要给不同的标准划分不同的权重，对未来绩效水平预测效力大的指标，其权重也应相对较大。

4. 选择合适的测评方法

通过前面的介绍，我们已经知道评价中心技术的测评方法很多，方法之间各有利弊和适用性；另外，有些重要的测评指标也需要通过多种测试手段进行观察，以保证测试的效度。如"影响力"这一要素指标，就可以通过无领导小组讨论、面试和演讲三种不同的测试工具进行评估。因此评价者需要在工作分析的基础上，根据招聘岗位的具体要求，选择恰当的测评方法。通常情况下，重要的指标需要从三四个测评方法中收集有关的重复性评价信息，而相对次重要的指标，可能只需要通过一两种测评方法获得评价信息。

表9-6给出了部分管理技能的最佳测评方法。

表9-6　不同管理技能的最佳测评方法

测评指标	最佳测评方法
经营管理技巧	公文筐测验
人际关系技巧	无领导小组讨论、管理游戏
工作的坚持性	公文筐测验、无领导小组讨论、管理游戏
表达能力	演讲、无领导小组讨论
工作动机	模拟面谈、角色扮演

资料来源：梁开广，邓婷，许玉林. 评价中心法在评价管理潜能中的应用及其结构效度检验. 应用心理学，1991（4）：50-57.

5. 设计情景，编写题目并进行预测试

因为评价中心是以情景模拟技术为核心的，因此设计模拟工作情景就成为评价中心开发工作中至关重要的环节，情景设计的优劣也会直接影响评价中心的评价效度。在设计情景和编写题目时应尽量做到每个测试题目必须与测评指标及其标准直接相关，并且对所有的测评对象是公平的，注意不要采用那些对某些测评对象来说非常熟悉，而对另一些测评对象来说不熟悉的情景。问题情景要能够让测评对象处理起来有一定的难度，同时又要注意情景的典型性及操作的简便性。测试情景和问题应经过专家的精心设计，具有可靠的信度和效度。最后，测试题目应考虑组织的特点、测试的时间、费用等相关因素，以保证测试能够顺利进行。

从操作上来说，工作分析可以为这一步的工作提供帮助。在设计情景时可以回溯到工作分析中的关键事件，从中提取有用的素材。在确定成功管理行为时可以利用工作分析时的访谈记录。即通过与某一岗位上绩效卓越和绩效一般的员工进行访谈，询问他们在某一问题情景中的解决方法或处理意见，从中区别好的解决方法和差的解决方法，找出成功管理行为的特征。此外，也可以听取该岗位直接上级的意见。完成上述工作后，开发者就可以这些关键事件和成功管理行为特征为基础，设计情景、编写题目。合并类似的情景和管理行为特征，删除与指定构思无关的情景和管理行为特征，并对成功管理行为特征进行归类，确定它们体现了哪个测评指标的内涵。值得再次指出的是，评价中心目的不同，所设计的情景也不同（见表9-4）。例如，在以招聘或选拔为目的的测评中，大部分测评对象相对而言没有什么经验，因此情景的仿真程度不能过高，问题也不能太复杂。除了利用上述方法从实际工作情景中提取情景和管理行为特征外，还可以根据岗位的一般特征编制假想的情景。

情景设计完成以后，就需要对问题情景进行预试测，考察情景的可行性并收集测试过程中可能出现的问题，及时修订。

6. 确定计分方法

评价中心的计分是一个非常复杂的过程。一般来说可以分为观察阶段的计分和评价判断阶段的计分。

在观察阶段的计分过程中，某一个测试完毕之后，评价者就根据测评指标的定义和成功管理行为特征，结合测评对象的表现独立地确定测评对象在测评指标上的初步等级。这里也有不同的方法，常用的有以下两种。

1）一级计分法

一级计分法是直接根据测评对象的行为与测评指标等级的对应关系进行计分。例如，将每一个测评指标分为以下等级：5＝显著地高于成功管理行为特征的标准；4＝有些高于成功管理行为的定性和定量标准；3＝符合成功管理行为的定性定量标准；2＝有些低于成功管理行为的定性定量标准；1＝显著低于成功管理行为特征的标准；0＝没有足够资料表明具有成功管理行为特征。或者直接对每一个观察项目或评分要素按照1～7分来打分，其中7分表示最好，1分表示最差。这种方法简单易行，但准确性稍差。具体分为几等可视情况而定。

2）二级判断计分法

二级判断计分法是对一级计分法的一种改进，它要求评价者通过二次不同标准的判断定量个体行为。评价者先按一级判断计分法打分，然后再在此基础上分析测评对象符合该级分数的上、中、下水平，正好符合为"中"，勉强符合为"下"，稍高于为"上"。例如，采用3×3的二级判断计分法。该方法是要评价者先按测评对象的表现情况分成三等，在总体中表现出色的为"上"，表现一般的为"中"，表现较差的为"下"。然后再在此基础上分析测评对象符合该级分数的上、中、下水平中的哪一水平，最后得到一个分数。实际是把分数分为了9级，上上为9分，上中为8分，上下为7分，中上为6分，中中为5分，中下为4分，下上为3分，下中为2分，下下为1分。二级判断计分法扩大了计分范围，使评定结果具有一定的辨别力，且二次思维判断均控制在较小幅度内进行分析，评定人判断难度小，自我把握大，因而在一定程度上解决了一级判断计分法的难题，是目前应用较多的一种计分法。

在评价判断阶段，每个评价者首先需要把自己观察到和记录下的被评价者在测验中的行为表现、作用、地位及自己的初步评价结果向其他评价者汇报。接着，评价者之间进行讨论和交流，给出自己评分的依据，在此过程中，评价者可以从其他评价者那里获得一些新的信息，对自己的评分进行完善。最后，评价者根据讨论重新给出评分，这时每位评价者都可以改变他最初作出的等级评价。最后的评分可以基于此次分数进行汇总统计，也可以继续讨论，直到所有评价者达成一致意见为止。

7. 选择和培训评价者

评价中心测试成功与否很大程度上依赖于评价者的素质和能力，因此选择合适的评价者并对其进行必要的培训是至关重要的。

1) 确定评价者

一般而言，评价者应由心理学家（或人事测评专家）、上级主管和人力资源专员组成，评价者人数可根据实际需要变化，但一般不少于5人。

有研究表明评价人员的类型会影响评价中心的构思效度。在选择评价者时需要考虑以下四个标准：能够接收新观念和信息，能全身心投入到评价中；具有丰富的测评实践经验和员工开发能力；处理人事问题有系统性和分析性；非常熟悉评价工作和该岗位的具体工作行为，能够认识到成功的管理行为是怎样的，最好具有该工作的经验。另外，在选择评价人员组成评价小组时，还需要注意评价者的社会地位或职位的平等，以避免最后的共同讨论变成被一个或几个社会地位或职位高的评价者主导。评价者的年龄、种族、性别等也最好能够多样化。但在实际操作中，同时满足上述条件的评价者或评价小组实在是少之又少，人事测评专家掌握测评的专业技术，对具体的招聘岗位并不一定熟悉；上级管理者熟知招聘岗位的需求，却不一定掌握评价的具体技术。因而，对评价者的培训就变得不可缺少。

2) 培训评价者

因为每一个测评都有其特殊性，所以即使是最优秀的测评专家，在测试前也要接受有针对性的培训。

培训主要分为两步：第一步是理论和原理培训，主要是使他们掌握评价中心的基本原理与方法；第二步是实测训练，使评价者通过实际操作体会并加深对招聘岗位需求和评价技术的认识。在进行实测训练时，可以与模拟情景和题目的预测合而为一同步进行，节约时间；也可以由评价者担任被试，接受每一项测验，然后作自我评价和相互评价，再由培训者进行分析总结。培训的最终目的是在实际测评中获得可信并准确的评价。

培训的内容可以参考比哈莫博士提出的五项评价者应该具备的能力。

① 理解测评指标。培训应使评价者对测评指标的含义有一致的认识，有必要组织评价者进行讨论，对指标的含义加以细化。

② 学会观察并能记录测评对象的行为。应当培训评价者使他们学会不作迅速判断，而是记录考生的行为。即首先使评价者明晰记录行为与作出判断之间的区别；其次要使评价者能把考生的行为记录下来。常用的培训工具是观看录像，其优点是可重放与暂停。

③ 学会把考生行为归类。评价者应学会把记录下来的考生行为归类到适当的测评指标下，并按照指标的定义，对符合指标定义的关键事件和关键胜任能力进行汇总，这对确保评分的有效性与可靠性是至关重要的。这一阶段培训的重点在于对每一评价指标的代表行为进行描述与讨论，并分析这类行为的种种表现。

④ 判断考生行为的质量。这一阶段培训的关键在于使评价者能对评分的标准有统一的认识，因此应提供与各指标评分等级的相应例子。可利用书面描述或录像。如果在评委之间发生评分偏差，应进行讨论以统一认识。

⑤ 统一在多种测评情景下各指标的评分并进行总评。由于评价中心包含多种测评情景，因此有必要向评价者提供多种测评情景下汇总相同指标的行为进行评分的例子，然后由评价者对录像或书面内容进行实际评分，接着讨论出现的分歧以取得一致的看法。

对于培训评价者的方法，王小华、车宏生两位学者从另外的角度进行了分类，分为行为观察培训法和参照系培训法两类，这里也进行简单的介绍。

(1) 行为观察培训法（Behavioral Observation Training，BOT）

行为观察培训法着眼于评价者的"观察"，而非"评分"。其假设是评价者在进行评分时，其观察过程和评分过程是分开的。也就是说，评价者的观察过程包括对测评对象行为表现的觉察、知觉和回忆（或再认），而评价者的评分过程则包括对信息的分类、综合、评价。这种观点认为评分误差主要是由于评价者评分时掌握的信息不足所致，因此，如果能够设法改善评价者对测评对象行为的观察，评分的有效性就会提高。BOT并不关注评价者对信息的综合和评价，而主要是教给评价者一些观察和记录测评对象行为的方法，如行为观察训练。同时，BOT鼓励评价者先观察后评分，即观察时先详细记录测评对象的行为表现，待观察完毕后再统一评分。

BOT培训效果的评估指标通常是行为观察准确度。这里的假设是，如果评价者能够更好地观察测评对象的行为，他就能够更好地回忆或再认测评对象的行为，从而使评分更加准确。行为观察准确度是基于一些客观的、可以量化的指标。采用较多的方法是，研究者要求评价者对测试情境中测评对象的某一特定行为或事件出现的次数进行估计，然后将这一估计值与该行为在测试情境中实际出现的次数进行比较，从而得出行为观察准确度的指标。行为观察准确度的另一种测量方法：行为再认，研究者首先发给评价者一份行为列表，评价者需要判断表上所列的这些行为是否在测试情境中出现。

(2) 参照系培训法（Frame-of-Reference Training，简称FOR培训法）

参照系培训法强调按照统一的评分标准来培训评价者，即在所有评价者头脑中形成统一的评分参照系。FOR培训法是以认知心理学中的图式驱动理论为基础的，它假设评价者的评分过程是一个自上而下的认知加工过程，评价者的观察和评分是同时进行的，这与BOT的假设是完全不同的。同时，图式驱动理论认为，日常生活中，人们在头脑里逐渐形成了一整套图式，这些图式中包含着他们评价他人的标准和尺度，他们在评分时也倾向于使用自己的图式（或称标准）去评估测评对象的表现。但是，不同的评价者头脑中的图式往往是不同的，这就造成了评价者评分标准的不统一，进而影响评分的准确性。

因此，在FOR培训中，培训者要求评价者按照事先制定的统一的评分标准（或称图式）去仔细观察测评对象所表现出来的典型行为，并同时作出评价。FOR培训法的假设是如果评价者按照专家提供的维度和标准进行评分，评分就会更加有效。FOR培训的方法首先强调评分的多维性，向评价者解释各个维度的定义，并详细说明每个维度的不同水平上有何典型的行为表现。在FOR培训中，通常会使用行为尺度评定量表。其次鼓励评价者一边观察一边评分，而非先观察后评分。再次为评价者提供模拟评分的机会，并针对他们的评分给予反馈。在FOR培训法中，通常使用评分准确度这一指标来评估培训效果。

行为观察培训法可以显著提高行为观察准确度，而参照系培训法可以提高评分准确度，同时，两种培训法都能在一定程度上降低晕轮效应和宽容效应。在参照系培训中需要关注评分标准（或绩效标准）是否反应了企业的真实要求；而另一点值得重视的是，不同培训方法的组合也许会产生更好的效果。

8. 制订测评行动计划

制订测评行动计划，即书面写出本次评价中心的目的、考察指标和标准、选用的测评方法、计分方法、测评对象和评价者、测评的操作流程和时间进度表。

组织者应将行动计划书提供给评价者和测评岗位的直接领导，并将测评时间表提供给每位测评对象。测试应按时间进度进行,确保每位测评对象在完全平等一致的条件下进行测试。下面给出了一个为期两天的评价中心的时间进度表。

表9-7 评价中心时间进度表

	时间	参与者A	参与者B	参与者C
第一天	9:00—9:30	一天活动安排介绍		
	9:30—10:30	个性测验	个性测验	个性测验
	10:30—11:30	角色扮演	演讲	模拟面谈
	14:00—15:30	无领导小组讨论	无领导小组讨论	无领导小组讨论
	15:30—16:30	演讲	模拟面谈	角色扮演
第二天	8:30—10:30	公文筐测验	公文筐测验	公文筐测验
	10:30—11:30	模拟面谈	角色扮演	搜寻事实
	14:00—16:00	管理游戏	管理游戏	管理游戏
	16:00—17:00	搜寻事实	搜寻事实	演讲

资料来源:黎婧敏. 评价中心让你看人不走眼. 人力资本,2006(8):71-73.

9. 测评实施与观察记分

评价中心的实施环节实质上是收集测评对象的行为表现与测评指标之间相关联的数据资料的过程。不同的测试方法在具体的实施流程上各有特点,但总体来说都包括以下几个步骤:

① 评价者和测评对象进入考场就座;
② 主持人宣读测评题目和规则要求;
③ 测评对象进行准备;
④ 测评对象就题目进行做答,评价者进行观察和记录,并初步评分;
⑤ 测评对象进行总结或评价者进一步追问;
⑥ 主持人告知测评结果公布时间并宣布测评结束,测评对象退场。

在评价中心进行过程中,需要注意以下几点。

① 事先布置好相关的测评场所及环境,设计测评题目,准备好测评过程中所需要的各种道具、资料。严格按照设计好的情境模拟测验实施程序进行测验,在实施过程中要注意选择适宜的客观物理环境。情境模拟测验实施的现场应该洁净、明亮、轻松而不失考试氛围,如在无领导小组讨论中,考生最好能以弧形方式就座,以便于评委的观察及考生彼此间的相互观察。

② 评价中心的主持人或者评价者要对每一个测试进行的整体过程对所有测评对象作简要说明。包括在正式测评前的规则介绍;宣布时间进度,如"你们已经讨论了30分钟,离讨论结束还剩下10分钟时间";在测评对象的讨论或竞赛行为严重偏离主题时进行提醒,如"本次管理游戏的目的是请你们设计出最佳的销售方案并付诸实施,整个游戏的时间为2个小时,不要浪费时间"。除此之外,在多数评价中心具体测评方式(如公文筐测验、无领导小组、管理游戏等)的进行中,评价者的角色仅仅是监督和观察,而不能给与指导,不能回答测评对象提出的任何问题。

③ 一般情况下,评价者都来自不同的部门,他们的经验、时间投入、能力都有差别,

虽然准备阶段的培训工作可以帮助他们达到基本要求，但在实施评价中心时，组织者还要提供必要的帮助，保证测评顺利进行。例如，阶段性重述指令、做好测试之间的衔接工作、协调不同测试与不同评价者之间的安排等。对于测评对象来说，要注意监督他们完成总体测试的进度情况，为他们解答疑惑并提供帮助。在测试结束后，要向测评对象解释需等待一段时间才会有反馈，并对其参与表示感谢。

10. 综合评分并拟写报告

由于评价中心要求多位评价者对测评对象在多项测评方式中的表现进行综合评价，因此在综合评分阶段要做好两项工作：第一，对某一测评对象的综合素质评价需要在所有的评价结束后，由评价者综合分析测评对象在各项评价中心测试中的心理和行为表现，给定评价分数；第二，每个评价者对测评对象在每项指标上评分后，要将所有评价者的评分整合到一起，形成一个整体测评分。

整合测评得分数据的方法主要有主观判断法和统计法。评价中心得到的数据结果为：最终指标评分和整体测评得分。最终指标评分对以诊断为目的的评价中心尤为重要，整体测评得分对于以选拔和晋升为目的的评价中心特别关键。

评价结果可以有多种表示方式，图9-1给出了一个简单的例子。

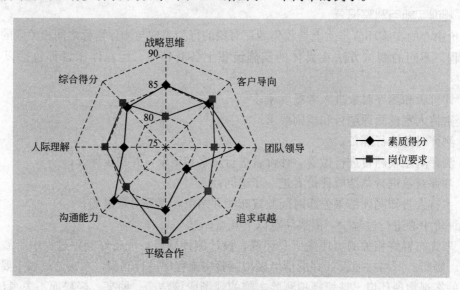

图9-1 评价结果的雷达图表示方式
资料来源：黎婧敏. 评价中心让你看人不走眼. 人力资本，2006（8）：71-73.

综合评分结束后，需要按照严格的格式撰写测评报告，即对测评对象的管理能力和素质的优缺点、测评对象的潜在能力和发展趋势、测评对象还需要其他何种能力和经验方能满足招聘岗位的要求、应采取何种培训弥补测评对象经验和能力的欠缺等作出评价和汇报。

11. 评价结果的反馈与保密

评价结果的反馈包括两个方面。

第一，对应该保密的信息和应该公开的信息作出相应的处理，以实现评价中心的既定目标。反馈的一般原则是按照测评的目的有针对性地实施反馈，也就是测评目的不同，反馈的对象和内容也应有所区分（见表9-4）。例如，在招聘或晋升测评中，应由评价小组对每一个参与评价中心的测评对象反馈测验结果并向主管部门提供书面报告,对录用人选提出建议;在培训诊断项目中,反馈的对象应包括测评对象和其直接上级,以便他们可以共同制订培训计划;在管理培训或团队建设项目中,反馈结果应传达给每位测评对象,以利于其及时学习和发展新的知识技能,并在后续工作中学以致用。

第二,根据录用后员工的实际工作绩效,由主管部门反映情境模拟测验的实际效果。后者的重要性在于评价过程并非实际工作本身,与实际工作必然存在一定的差距。因此,需要对选定的测评对象进行一段时间的观察,以检验原来的评价与选择是否正确,当时的模拟是否正确,从而对情景模拟测验实施程序进行调整和完善,以提高评价中心的效度,充分发挥情境模拟测验的作用。

评价中心的实施流程如图9-2所示。

图9-2 评价中心的实施流程

9.3.2 评价中心技术的最新发展和改革趋势

随着评价中心的运用日益广泛及人事测评理论和技术的不断发展,评价中心技术也在不断改进和完善。具体来说,表现在以下一些方面。

1. 重新重视心理测验

传统的评价中心技术常用心理测验,如智力测验,作为评价应聘者素质的补充手段,但由于心理测验存在一定的负面作用,从20世纪60年代起,评价中心中不再运用心理测验,而是更多地关注行为测验，如情景模拟、行为访谈等。现在，随着评价中心的发展和实际的需要，人们重新重视心理测验，尤其是一般认知能力测验和个性测验在评价中心中的补充作用，将心理测验与其他评价中心技术结合使用。例如，对于关键岗位的甄选，往往以行为观察法为主，以心理测验法为辅。

研究表明，心理测验的数据与行为观察的结果结合使用能够更好地评价应聘者，起到相辅相成、相得益彰的作用。例如，通过行为观察的方法可以评估那些心理测验难以测量的特点，如组织能力、人际交往能力、表达能力等；而通过心理测验的手段也可以测量那些行为观察难以评估的特点，如成就动机和价值观等。Wollowick 和 McNamara 的研究发现，心理测验和评价中心测评指标共同使用，在预测方面要比使用单一方法更为有效。但运用这种纸笔形式的心理测验需要有效度的支持，评价者需要接受特殊的培训以便能够合理地对这些数据进行解释和整合。

2. 计算机和传统多媒体技术的使用增多

计算机及网络技术的迅速发展为测评人员素质提供了新的工具。计算机在人员素质测评的应用主要有：第一，将计算机作为测评数据处理的手段；第二，进行"适应性测试"，即根据应聘者对前面测试项目的反应情况自动修改测试项目，在这种测试中，正确的回答通常导致更难的测试项目，从而极大地减少测试项目，缩短应试时间；第三，当测试涉及动态项目，如知觉速度测试时，计算机可以改善测试的执行情况；第四，计算机可以用于测量纸笔测试不能测量的能力，如在不同时间压力下的工作能力、在不同工作负荷下的工作能力、在压力下集中精力的能力。举例来说，评价者可以使用电脑化的行为记录清单来做行为记录，在整合测评信息时，通过电脑软件对评价者的评分进行自动汇总和分析。又如，在案例分析时，在电脑屏幕中呈现模拟的情景，让被试进行分析。再如，在公文筐测验中运用电子公文筐，即 E-mail 来传递信息，而不是通过传统书面文件，这样可以更好地反映现代办公环境，提高测验的仿真性，进一步提高评价中心的表面效度。

传统多媒体是指除计算机以外的其他视听设备，包括录像、电话等。传统的多媒体技术为评价中心的实施提供了便利。例如，人们广泛地利用录像设备来辅助进行评价中心测评，测验时请测评对象观看一段模拟工作情境的录像。在观看的过程中，播放会中断并向测评对象提出问题，请测评对象在若干选项中进行选择，或请测评对象对提出的问题作出口头回答。在案例分析或公文筐测验中，利用录像设备，测评对象可以远程参加测验。在无领导小组讨论或管理游戏中，用摄像技术记录测评对象的行为，这样评价者就不必在固定时间聚集到一起观察测评对象的行为，而是在自己方便的时间通过观看录像来评价其行为表现。在评价中心测评中，人们还通过电话进行背景面试，将所有信息通过电脑连接到测评中心。Chan 和 Schmitt 对视频形式的情景判断测验与纸笔形式的情景判断测验进行对比研究，发现视频形式的测验具有更高的表面效度，同时也更少受种族影响。

3. 拓展评价中心的应用空间

为了适合现代企业发展多样化的需求，评价中心的应用正在不断地扩大和强化，主要表现在以下几个方面。

1）应用于不同类型的群体

传统的评价中心测评方法只适用于中高级管理人员，而不适用于非管理人员和技术工人。但评价中心较高的表面效度，同样有利于对非管理人员和技术工人的甄选。因此，评价中心的发展必须打破传统的框架，可以采用小规模和非正式化的方法对非管理人员和技术工人进行测评。除此之外，评价中心还被用来测评学生表现的稳定性。例如，对美国某大学商学院的研究生进行测评，学生反应积极，认为评价中心能帮助他们为以后的商界生活做更多的准备，效度与效果令人满意。中国某些大学的研究生选拔也采用了评价中心技术，效果良好。

2）侧重于培训发展

传统的评价中心侧重于人才甄选，而由于评价中心综合性、互动性等特点，现在的评价中心则日益侧重于员工的培训和发展方面的素质鉴定。通过评价中心，员工可以在互动中学习他人身上的长处，也能从评价者的反馈中深入认识自身的不足，从而不断改进。在发展性测评中，还可以根据测评结果对员工的发展提出明确建议，帮助员工选择适合自己的培训项目。也就是说，评价中心正朝着以诊断发展为目的、对个体的优势与劣势进行评价、提高测评对象的工作绩效、促进其职业生涯发展、与组织共同前进的发展中心的方向转变。随着学习型组织的不断发展，发展中心是评价中心最重要的发展趋势。

3）依据不同的施测目的，进行不同的设计

对于招聘或晋升决策，依据测评指标数量、岗位级别和效度要求等决定评价中心设计的复杂性；对于诊断培训需求，通常设计大容量的评价中心，以达到充分、全面地衡量测评对象资质的目的；对于职业生涯规划、继任计划和人—岗匹配等项目，则将才干—角色匹配模式融入评价中心的设计过程。

4）结合其他人力资源管理技术来进行策略的制定

评价中心虽然属于人才测评的高端技术，但毕竟有一定的局限性。所以，评价中心在应用于人力资源管理进行策略制定时，还需要结合其他的技术。现在，评价中心已越来越多的与建立胜任能力模型、战略性工作分析、员工职业生涯发展、绩效管理等技术相结合，应用于人力资源管理的各个方面。

4. 强调全面模拟（Total Simulation）

越来越多的组织开始采用"全面模拟"的方法进行评价。与以往采用多种有区别、独立的测验相比，许多组织开始把这些模拟测验整合在一起，形成同一的工作情景。例如，在公文筐测验中提到的人物会在随后的模拟面谈中出现，应聘者在整个测评过程中扮演同一种角色。通过这种全面模拟可以在一定程度上减少应聘者不断转换工作角色的情况出现，增加测验的连续性，使应聘者能够更全面地表现自己，提高评价的准确性。

5. 多种反馈渠道并用

以往的评价中心非常注重专业测评人员的意见，这样虽然可以汇合多维度上的专业意见，但并不能对所有重要的维度作出评估，同时专业人员可能对应聘者或岗位需求了解有限。因此有些评价中心采用了类似360°考核的评价方法，利用自我报告，上级、下级、平级评估量表等方式来弥补专业人员测评的不足。

6. 越来越"非正式化"

评价中心最新发展的另一显著特点是越来越"非正式化"，情境模拟规模更小，时间更分散。评价中心的非正式化主要体现在以下两个方面

1）测评过程管理的非正式化

在传统的评价中心测评过程中，评价者和测评对象有2~5天的时间要聚在一起，根据

不同的测评项目进行组织协调，实施较大规模的情景模拟测验。这样做的缺点是比较耗时，而且各个评价者、测评对象之间的时间难以协调。现在，大规模的情景模拟如管理游戏等使用的情况较少，情境模拟的规模趋于小型化，施测的时间变得更分散，评价者和测评对象聚到一起的时间也变得更少。例如，有些组织在保留评价中心各项要素的前提下将评价中心融合到了日常工作中。测评对象会得到一份评价者名单，然后根据双方的工作安排约定测评时间。这样评价者们就不需要在原本就已经繁忙的日程中抽出2~5天去专门进行测评了。

2）测评结果整合的非正式化

传统的评价中心对测评信息的整合，往往要求评价者们坐在一起召开正式会议，通过面对面的讨论，统一对测评对象的评估意见，非常耗费时间。现在，评价者们只需要提交经过电脑编辑的报告和评价结果，专门的电脑程序就会根据测评指标的相对重要性和评价者的不同评价意见，对不同分数给予不同的权重并进行加权处理。处理完毕后，电脑会将处理结果反馈给评价者，由评价者对总体评价结果划分等级。这些评价等级再经过集中处理、编辑，最终反馈给管理层和测评对象本人。

7. 强调模拟的互动性（Interaction Simulation）

情景模拟技术如公文筐测验、群体讨论、管理游戏等仍然是评价中心方法的基础，然而新类型的测验已被补充上，最重要的是互动性的模拟。在这种测验中，给予测评对象与其进行交往的个体（如下属、同事、顾客）的背景信息，然后测评对象就与这个经过培训的角色扮演者进行相互交往。角色扮演者根据标准的步骤和标准的回答与被测评者进行交往，评价者由此而观察测评对象的行为。虽然无领导小组讨论仍然被用于评价领导技能，但一对一的互动模拟变得更加受欢迎。这种变化反映了对个体的领导能力不一定与对团队的领导能力相关。这种变化的另外一个原因是人们通过同样一个群体讨论可能获得相当不同的经验。群体交往依赖于个体参与的性质，有时这个群体是高度竞争性的，有时又是非常合作的；在群体中有时是一个人起领导作用，有时是几个人发挥领导作用。这种一致性方面的缺乏导致了测评对象之间缺乏公平性和可比较性。而一对一的互动模拟测验由一位受过培训的评价者与一位测评对象进行互动，可以确保测验情境的一致性，避免了测评对象之间的相互作用，使测评对象之间更具可比性。

除了上面提到的，评价中心技术还有其他新发展，如测评指标的定义更准确，测评的目标行为描述得更详细；评价中心正被越来越多地应用于公共机构；评价中心的非正式化和电脑化等带来了施测成本的逐步降低等。以上种种都说明评价中心技术在人事测评中的地位不断升高，必将发挥更大的作用。

思考题

1. 什么是评价中心技术？其优缺点分别是什么？
2. 除了公文筐和无领导小组讨论，请说出其他三种常用的评价中心测评技术。
3. 简述评价中心操作和实施的程序。

本章案例

美国电话电报公司的一个评价中心的实施步骤

第一个运用评价中心技术的美国电话电报公司现在已经是拥有60个评价中心技术的机构,下面描述一下它其中一个评价中心实施的步骤。

1. 确定样组(包括评价人员与被评价者)

6名被评价人员,通过评价决定他们能否提升为高级管理人员。其中4名是工商管理硕士,另2名不是大学生,他们是作为非管理人员雇用来的,但是已从事了四年以上的基层管理工作或中层管理工作。

三名评价人员都不是被评价人员的上级,其中2名是受过心理学训练的贝尔人事管理的高级管理人员,1名是工业临床心理学专家。

2. 确定成功管理者的特征

评价人员选择与被评价人员今后工作环境有关的情景,根据已有的文献资料和贝尔人事管理系统,确定一系列成功管理者的特征,这些特征在以后的一个阶段内是不会改变的。这三位评价人员确定了25个成功管理的特征,包括管理功能(如组织、计划、决策)、人际关系(如人际交往、个人印象、敏感性)、一般能力(如智力、适应能力、情感控制能力)、价值观和态度(如工作中心、社交中心、主动积极、独立性)等。

3. 确定采用的评价中心技术

根据已经确定的25个管理特征,评价人员选用了多个评价技术。首先是长达两个小时的谈话,内容包括个人背景(年龄、婚姻状况、子女数、教育程度、工作经验、特殊成就等)、个人目标、社会价值观和兴趣等。此外,还有公文筐测验、无领导小组讨论、罗列句子完成测验、主题统觉测验、自我描述测验、爱德华兹爱好量表、观点问卷、生活态度和个人史调查。

另外,为了考察被评价人员的用人能力与说服力,可以给他们5个中层管理人员的材料,要求他们讨论提拔其中的一位管理人员。

谈话及心理测验主要是由工业临床心理学家实施的,其内容与其他的心理测量和谈话法没有什么差异。

4. 评价过程

评价花费两天的时间,评价人员要仔细观察和记录与被评价人员的谈话、心理测验和模拟练习的结果,每位评价人员分别负责记录两位被评价人员的结果,尤其是记录被评价人员说的或做的特殊事情。在评价过程中要注意,每个评价人员不是仅仅负责某两位被评价人员,而是要观察每个被评价人员。

在评价进行过程中,评价人员不要对被评价人员做过多的解释性说明,而是要按标准和程序进行。每项测验完毕后,评价人员要立即按25个成功管理特征,独立地评价等级(共分5等)并评论被评价者解决问题的水平。

这五个等级是:

5=显著地高于成功管理行为特征的标准;

4＝有些高于成功管理行为的定性和定量标准；
3＝符合成功管理行为的定性定量标准；
2＝有些低于成功管理行为的定性定量标准；
1＝显著低于成功管理行为特征的标准。

然后，评价人员逐一讨论每位被评价人员的所有测量结果，直到确定一个大家都统一的等级为止。每位评价人员首先宣读他对被评价人员的观察记录，另两位则根据此结果，确定某位被评价人员的等级。若此时有听不明白之处可以提问，但绝不允许讨论。之后，才开始讨论三位评价人员所作的评价等级。在这一讨论过程中，三位评价人员可以改变他最初的评定等级，直到取得一致同意的等级为止。最后，可以根据评价的目的，做一些额外的讨论，如决策能力、组织能力如何等，并可以指出进一步发展的建议和方法，这些具体意见在评价结束后可以告诉被评价人员。

每位评价人员宣读的结果内容包括：被评价人员在某测验联系中的地位与作用，观察到的与 25 个成功管理特征有关的行为及初步的等级。宣读的程序是：谈话的结果、无领导小组讨论的结果、心理测量表的结果、公文筐测验的结果。

最后，评价人员形成了一个最终的全面评价等级，并写出进一步发展的建议，以书面形式交给贝尔电话公司的人事管理部门。评价的结果表现为，建议人事管理部门应该录用哪一位被评价人员。对于暂时未被录用的被评价人员，评价人员则需作出大约再过几年就可以同样被录用的预测，供人事管理人员参考，便于有针对性地训练和培养。对难以确定的被评价人员，就暂缓作出预测，以对被评价人员负责。

资料来源：程昌连. 全国公开选拔党政领导干部考试：面试. 3 版. 北京：中国人事出版社，2001.

本章参考文献

[1] 池海宏，林立忠. 评价中心技术 ABC. 人力资源，2005（12）：38-39.
[2] SPYCHALSKT A C, QUINONES M A, GAUGLER B B. A survey of assessment center practices in the United States. Personnel Psychology, 1997：71-79.
[3] 樊宏，韩卫兵. 构建基于胜任力模型的评价中心. 科学学与科学技术管理，2005（10）：112-113.
[4] 孙健敏，彭文斌. 无领导小组讨论的设计程序与原则. 北京行政学院学报，2005（1）：35-40.
[5] GUERRIER Y, RILEY M. Management assessment centers as a focus for change [J]. Personnel Review, 1992：24-32.
[6] 况志华，张洪卫. 人员素质测评. 上海：上海交通大学出版社，2006.
[7] 张志红，朱冽烈. 人才测评实务. 北京：机械工业出版社，2005.
[8] 胡月星，梁康. 现代领导人才测评. 北京：国家行政学院出版社，2004.
[9] 梁开广，邓婷，许玉林. 评价中心法在评价管理潜能中的应用及其结构效度检验. 应用心理学，1991（4）：50-57.
[10] 郑久华. 评价中心的方法实施及应用. 辽宁行政学院学报，2005（6）：102-103.
[11] HR 经理候选人文件筐测试题 [OL]. http://www.zhongguohr.com/bbs/archiver/? tid-17943.html.
[12] 陈民科，王重鸣. 评价中心的开发程序与构思效度. 人类工效学，2002，6，8（2）：27-34.
[13] CRONBACH L J, SNOW R E. Aptitudes and instructional methods. New York：Irvington, 1997.
[14] 殷雷. 评价中心的基本特点与发展趋势. 心理科学，2007，30（5）：1276-1297.

[15] 毋誉蓉. 评价中心的使用及新发展. 职业, 2005 (3): 32-34.
[16] 陈海燕, 彭杨. 评价中心的应用价值和开发程序. 经济论坛, 2004 (20): 79-80.
[17] 梁文艳. 评价中心技术及其发展趋势. 经济论坛, 2006 (23): 77-78.
[18] 陈慧. 评价中心技术与人才选拔. 北京邮电大学学报: 社会科学版, 2003 (10): 45-48.
[19] 李倩. 评价中心技术在招聘中的应用浅析. 长江大学学报: 社会科学版, 2007 (s1): 30-31.
[20] 黎婧敏. 评价中心让你看人不走眼. 人力资本, 2006 (8): 71-73.
[21] 江莹. 评价中心对研究生复试的启迪. 河北大学学报: 哲学社会科学版, 2005 (2): 65-68.
[22] 邢伟. 企业中高层管理人员员工评价模型研究. 经济师, 2006 (3): 135-136.
[23] 李智军. 浅谈招聘人员如何避免面试过程中的首因效应. 岱宗学刊, 2006 (9): 64-65.
[24] 张光旭, 高丽. 情境模拟测验在我国人才选聘中的应用规范. 科技与管理, 2003 (5): 115-117.
[25] 苗详波. 如何招到优秀人才. IT经理世界, 2003 (12): 90-93.
[26] 张赟. 我国人才测评体系的问题及对策. 培训与研究: 湖北教育学院学报, 2004 (11): 68-70.
[27] 郑立超. 有难度的面试. 人才瞭望, 2001 (11): 29.
[28] 殷明. 公文筐测评. 企业管理, 2005 (5): 64.
[29] 刘长占, 萧鸣政. 人才素质测评方法. 北京: 高等教育出版社, 2000.
[30] 陈静, 王锐. 人才测评方法研究的新进展. 科技与管理, 2005 (3): 113-117.
[31] 徐晓锋, 车宏生. 文件筐测验的计分研究和应用. 中国人力资源开发, 2003 (8): 34-35.
[32] 童天. 评价中心技术的运用. 中国劳动, 2005 (8): 62-63.
[33] 吴小云, 于丹. 评价中心评分者培训与评分效果. 管理科学文摘, 2006 (9): 46-47.
[34] 王小华, 车宏生. 评价中心的评分维度和评分效果. 心理科学进展, 2004, 12 (4): 601-607.
[35] 张保国. 遴选高级人才的首要工具: 评价中心. 南开管理评论, 2002 (4): 48-54.
[36] 程昌连. 全国公开选拔党政领导干部考试: 面试. 北京: 中国人事出版社, 2001.
[37] 吴志明. 招聘与选拔实务手册. 2版. 北京: 机械工业出版社, 2006.

第 10 章 测评的信度和效度

在有多种人员素质测评方法可供选择的情况下，根据什么判断哪一种方法能更可靠、更准确地达到测评目的？一次测评、选拔过后，如何知道这次测评、选拔的结果是否科学可信？这正是本章所讨论的人员测评与选拔的信度和效度。本章针对这些技术指标对其相关内容做一初步介绍，希望引起广大人才测评工作者的重视，并在编制和选用测评工具时，有意识地运用这些测量学指标去衡量一个测评工具是否有效，从而在技术上保障测评活动的科学性。

10.1 信度概述

10.1.1 测量误差

测量误差指的是在测量过程中由那些与测量目的无关的变化因素所产生的一种不准确或不一致的测量效应。测量是多因素共同发挥作用的综合性行动，而各种因素在不同时间和不同情境中都在发生变动，因而测量随时都可能产生误差，直接影响测量结果。误差有两种：一是系统误差，它是由与测量目的无关的变量引起的一种恒定而有规律的效应，通常是由测量工具的不准确所引起的；二是随机误差，它是由与测量目的无关的偶然因素引起的不易控制的效应。系统误差只影响测量结果的准确性，不影响稳定性，而随机误差既影响稳定性又影响准确性。根据经典测量理论，可以推导出如下关系：

$$S_x^2 = S_T^2 + S_E^2$$

其中又可分解为

$$S_T^2 = S_V^2 + S_I^2$$

因此

$$S_X^2 = S_V^2 + S_I^2 + S_E^2$$

其中 S_X^2 表示被测者观察分数的方差，S_T^2 表示真分数方差，S_E^2 表示误差分数方差，S_V^2 和 S_I^2 分别是与测量目的有关的变异和与测量目的无关的变异。

这就表明，一次测验中一个团体的实测分数之间的变异是由与测量目的有关的变异 S_V^2、系统误差的变异数 S_I^2 和随机误差的变异 S_E^2 所决定的。

10.1.2 信度的概念和内涵

所谓信度，是指人员测评与选拔结果的准确性或一致性程度，也就是说测量工具能否稳定地测量到它要测量的事项的程度。

可以举例说明信度的问题：如果想知道某人的体重，可以叫两个人来估计，一个人的估计为 150 磅，另一个人的估计为 300 磅，那么就可以认为，叫别人来估计体重是非常不可信的方法。如果用磅秤，连续测量两次的结果都是相同的，因而作为体重的测评方法，用磅秤要比叫人来估计更可信。信度高低是评价一个测评工具好坏的重要指标，即好的测量工具必须稳定可靠，多次测量的结果要保持一致。信度只受随机误差影响，随机误差越大，信度越低。因此，信度亦可视为测评结果受机遇影响的程度。测评的信度并非全无或全有的区别，而只是程度上的不同。

在人才测评理论中，信度被定义为"一组测评分数的真分数的方差与实测分数的方差的比率"，即：

$$r_{xx} = S_T^2/S_X^2 = 1 - S_E^2/S_X^2$$

式中：r_{xx} 代表测评的信度，也是信度系数的公式。

这里需要注意的是：

信度并非指个人分数的特性，而是指一组测评分数或一系列测评的特性。

因为真分数的方差是不能直接测评的，因此信度是一个理论上构想的概念，只能通过一组实测分数来估计。

一般来讲，能力测评的信度系数应在 0.90 以上，有的可以达到 0.95；性格、兴趣、价值观等人格测评的信度系数通常在 0.80～0.85 之间；用于团体间比较的信度系数应不小于 0.70；而只有当信度系数不小于 0.85 时，才可用于鉴别个体被测者。

10.1.3 测量信度的方法

由于测评分数的误差来源不同，估计信度的方法也不同，故而每一种信度系数只能说明信度的不同方面，具有不同的意义。此小节分别介绍信度的不同类型及相应的测量方法。

1. 再测信度

1）概念

再测信度是指以同样的测评与选拔工具，按照同样的方法，对于相同的对象再次进行测评和选拔，所得先后结果间的一致性程度。再测信度强调的是跨时间的一致性。一般用稳定系数作为再测信度的操作性指标，解释前后两次测评与选拔结果的一致性程度。使用再测信度时，两次测评分数的误差来源有：测评条件、被测者身心状况和两次施测的时距。

再测信度的两次测评与选拔，使用的是同一个测评工具，同一种测评方式；从测评的组织角度来看，再测信度的鉴定是较方便的，但两次测评间隔的时间长短较难把握。如果时间过短，受记忆和练习效应影响，则所测并非被测的真实水平，只有假性高相关；如间隔过长，则会因为被测者身心特质改变而使相关系数降低，同样不准确。一般来说，相隔时间越长，再测信度系数越低。最适宜的时距应随测评的目的、性质及被测者特点的改变而有所不同，但一般两次测评的间隔最好不超过六个月，一般在 1～3 个月之间。在进行测评结果报告时，应报告两次测评的间隔时间，以及在此期间内被测的相关经历，使结果更具参考价值。

计算再测信度有下列几个假设：所测评的特性是稳定的；遗忘与练习的效果相同；在两次施测期间被测者的学习效果没有差别。但是以上几条假设往往难以做到，所以只适于那些没有复本可用,而现实条件又允许重复施测的测评,如感觉运动测验、人格测验等。

用再测法估计信度有明显的优点。首测和再测使用同一套测评题目,较之编制两套等值测评题目更节省时间和精力;无论施测多少次,由于使用的试题相同,所测评的属性完全相同;可作为预测被测者将来行为表现的依据,因为该方法提供了有关测评结果是否随时间而发生变化的资料。

用再测法估计信度的缺点是:如果前后两次施测间隔的时间选择不当,测评易受练习和记忆的影响;同一组被测者对同一个测评先后两次作答相互之间是不独立的;两次施测的环境不同会产生测评误差。

2) 再测信度的计算

一般用稳定系数来估计再测信度前后两次测评与选拔结果的一致性程度,通常采用积差相关系数求得。计算公式为

$$\gamma = \frac{N\sum xy - \sum x \cdot \sum y}{\sqrt{\left[N\sum x^2 - (\sum x)^2\right]\left[N\sum y^2 - (\sum y)^2\right]}}$$

式中　γ——稳定系数;
　　　N——测评结果数据的个数;
　　　x——被分析的测评结果数据;
　　　y——重复测评结果数据。

越接近1,说明测评结果可靠程度越高;反之,测评结果可靠程度越低。

例题10-1　一次能力测验后,随机抽取其中12名被测,其首测和再测分数如下所示。

被测	1	2	3	4	5	6	7	8	9	10	11	12
首测	74	71	80	85	76	77	77	68	74	74	78	70
再测	82	75	81	89	82	89	88	84	80	87	89	79

请对这次能力测评结果的可靠性进行分析。

用积差相关法求出稳定系数,再对测评结果的可靠性进行分析。由抽样结果可得:

$$\sum x = 904, \sum y = 1\,005, \sum x^2 = 68\,336, \sum y^2 = 84\,407, \sum xy = 75\,841$$

$$\gamma = \frac{12 \times 75\,841 - 904 \times 1\,005}{\sqrt{(12 \times 68\,336 - 904^2)(12 \times 84\,407 - 1\,005^2)}}$$
$$= 1\,572/2\,837.4$$
$$= 0.554$$

2. 复本信度

1) 概念

复本信度是指测评和选拔结果与另一个等值测评和选拔结果的一致性程度。所谓等值,是指在测评内容、效度、要求、形式上都与原测评一样,其中一个测评可看作是另一个测评的近似复写,即复本。复本信度实质上是一种跨维度、跨形式的一致性,一般用等值系数来揭示两次测评结果与选拔结果的一致性程度。如果两个复本测评相距一段时间分两次实施,则在鉴定复本信度的同时还可鉴定再测信度,既可以反映在不同时间的稳定性,又可以反映不同测题的一致性,可见其应用范围的广泛。一个测评有两个或几个复本意味着,同一种素

质要素具有两个或几个行为样本。测题数目增加，对所欲测评的素质要素相联系的行为总体的代表性增强，所以，一个测评的两个复本在相隔较短时间内对同一组被测者施测时获得的复本信度系数是比较准确的。

虽然复本信度比再测信度应用的范围更广，但也有一定局限，主要表现在以下几个方面。

① 当我们所研究的行为受练习和记忆的影响很大时，使用复本只能减少而不能排除这种影响。

② 准确性受到被测者举一反三能力的影响。由于第二个测评只改变了题目的具体内容，解题原则大致未变，举一反三能力强的被测者可以很容易地迁移到同类问题。在这种情况下，记忆、练习和迁移效应的影响是不可避免的。

③ 编制两个完全相等的复本是十分困难的。

2) 复本信度的计算

一般用等值系数来估计复本信度两次等值测评结果的一致性程度，它的计算与稳定系数相似，通过计算两次测评数据之间的相关系数来求得等值系数。当测评结果是分数形式时，用积差相关法计算；当测评结果为等级或名次时，用等级相关法计算。积差相关计算公式与稳定系数公式相同，等级相关法的计算公式为

$$\gamma = 1 - \frac{6\sum D^2}{N \cdot (N^2-1)}$$

式中　γ——等值系数；
　　　N——测评结果的个数（被测人数）；
　　　D——同一被测两次评定等级之差。

例题 10-2　12个被测同时接受了两次等值的技能水平观察评定，名次列示如下。

被测	1	2	3	4	5	6	7	8	9	10	11	12
首测	1	2	3	4	5	6	7	8	9	10	11	12
再测	2	3	1	4	8	7	10	5	9	12	6	12

请分析这次技能测评结果的可靠性。

在此显然是通过计算两次等值测评的等值系数来分析技能测评结果可靠性的，而两次测评的结果都是名次的形式，故应选择等级相关计算等值系数。

$$\sum D^2 = 63$$

$$\gamma = 1 - \frac{6 \times 63}{12 \times (12^2-1)} = 0.78$$

经统计检验，相关系数达到显著水平，故这次技能测评结果较可靠。

3. 分半信度

1) 概念和内涵

分半信度指采用分半法估计所得到的信度系数，与以上介绍的两种方法的区别在于，分半信度只需要一种测验形式，实施一次测验。通常是在测验实施后将测验分为等值的两半，并分别计算每位被测者在两半测验上的得分，求出这两半分数的相关系数。这个相关系数就代表了两半测验内容取样的一致性程度。分半信度可以看作等值测评的一种特例，因为这两

半基本上相当于最短时距施测的两个平行测评。另外，由于只需要使用一个测评施测一次，考察的是两半题目之间的一致性，所以这种信度系数有时也被称为内部一致性系数。分半信度与其他等值性测评的不同之处在于测评施测之后才分成两个。

要采用分半法计算分半信度，首先要将测验分为对等的两部分。奇偶分半法是最常见的方法，即将测验分为奇数题和偶数题两半。如果测验题目基本上是按难度高低逐次排列，那么，奇偶分半法得到的就是分数相近的两半。另外，还要处理那些前后有牵连的题目，如果将这类题目分成两半，就可能提高信度。

2）分半信度的计算

估计分半信度的方法有三种。

（1）斯皮尔曼—布朗公式校正法

使用分半法求得的两半分数的相关，只是半个测评的信度，而再测信度和复本信度却都是根据所有题目分数求得的。由于在其他条件相同的情况下，测评的题目数越多，信度越高，所以为了保证信度的准确性，在估计整个测评的信度时，必须使用斯皮尔曼—布朗公式加以校正。

首先通过某种分半方法（下面的例题中采用奇偶分半的方法）将测题分为内容、形式、题数、平均数、标准差、难度、测题间相关及分布形态等相等的两半，然后计算每个被测者在两个分半测评分数的积差相关系数，再用斯皮尔曼—布朗公式加以校正。公式为

$$\gamma_t = \frac{2\gamma}{1+\gamma}$$

式中：γ 为两半分数的相关系数，γ_t 为测验在原长度时的信度系数。

例题 10-3 10个被测参加了一次人格测评，现将测评结果按照奇偶题号分成两部分，分别计算每个被测在两个分半测评上的分数，如下所示。

被测	1	2	3	4	5	6	7	8	9	10	总和
奇题号 X_a	80	76	79	56	90	45	75	89	100	56	746
偶题号 X_b	68	82	80	67	99	43	67	93	87	49	735
差数 d	12	−6	−1	−11	−9	2	8	−4	13	7	11
d^2	144	36	1	121	81	4	64	16	169	49	685
X_a^2	6 400	5 776	6 241	3 136	8 100	2 025	5 625	7 921	10 000	3 136	58 360
X_b^2	4 624	6 724	6 400	4 489	9 801	1 849	4 489	8 649	7 569	2 401	56 995
总分 X_t	148	158	159	123	189	88	142	182	187	105	1 481
X_t^2	21 904	24 964	25 281	15 129	35 721	7 744	20 164	33 124	34 969	11 025	230 025

请分析此次人格测评的分半信度。

首先计算奇号测题和偶号测题的积差相关系数。

$$\sum x = 746, \sum y = 735, \sum x^2 = 58\,360, \sum y^2 = 56\,995, \sum xy = 57\,335$$

$$\gamma = \frac{10 \times 57\,335 - 746 \times 735}{\sqrt{(10 \times 58\,360 - 746^2)(10 \times 56\,995 - 735^2)}}$$

$$= 0.883$$

再用斯皮尔曼—布朗公式计算出加以校正的信度系数：

$$\gamma_t = \frac{2 \times 0.883}{1 + 0.883} = 0.938$$

采用斯皮尔曼—布朗公式假定两半测评分数的方差相等，而实际情况是大部分的测评，两半的分数方差不相等，此时分半信度往往被低估。对于两半测评分数方差不相等的情况可采用下列两种公式之一，直接求得测评的信度系数。

(2) 卢龙公式估计法

卢龙公式估计法与斯皮尔曼—布朗公式校正法大致相同，只是不要求两半测评分数的方差相等。其计算公式为

$$\gamma_t = 1 - \frac{\sigma_d^2}{\sigma_t^2}$$

式中：γ_t 表示分半信度系数；σ_d^2 表示每个被测者两半测验分数之差的方差，σ_t^2 表示测验总分的方差，计算公式如下：

$$\sigma_d^2 = \frac{\sum d^2}{n} - \left(\frac{\sum d}{n}\right)^2; \quad \sigma_t^2 = \frac{\sum x_t^2}{n} - \left(\frac{\sum x_t}{n}\right)^2$$

下面用例题 10-3 来演示计算过程。

$$\sum d = 11, \quad \sum d^2 = 685, \quad \sigma_d^2 = \frac{685}{10} - \left(\frac{11}{10}\right)^2 = 67.29$$

$$\sum x_t = 1481, \quad \sum x_t^2 = 230\,025, \quad \sigma_t^2 = \frac{230\,025}{10} - \left(\frac{1\,481}{10}\right)^2 = 1\,068.89$$

分半信度系数为

$$\gamma = 1 - \frac{67.29}{1\,068.89} = 0.937$$

(3) 弗朗那根公式估计法

与卢龙公式估计法类似，应用弗朗那根公式估计分半信度同样不要求两半测评分数的方差相等。

$$\gamma_t = 2\left(1 - \frac{\sigma_a^2 + \sigma_b^2}{\sigma_t^2}\right)$$

式中：γ_t 表示分半的信度系数；σ_a^2 和 σ_b^2 表示两个分半测验分数的方差，即：

$$\sigma_a^2 = \frac{\sum X_a^2}{n} - \left(\frac{\sum X_a}{n}\right)^2, \quad \sigma_b^2 = \frac{\sum X_b^2}{n} - \left(\frac{\sum X_b}{n}\right)^2, \quad \sigma_t^2 \text{ 表示测验总分的方差。}$$

下面继续用例题 10-3 来演示计算过程。

奇号测题的方差为

$$\sigma_a^2 = \frac{58\,360}{10} - \left(\frac{746}{10}\right)^2 = 270.84$$

偶号测题的方差为

$$\sigma_b^2 = \frac{56\,995}{10} - \left(\frac{735}{10}\right)^2 = 297.25$$

代入公式求得分半信度系数为

$$\gamma_t = 2 \times \left(1 - \frac{270.84 + 297.25}{1\,068.89}\right) = 0.937$$

4. 内在一致性信度

1) 概念和内涵

内在一致性信度是指测量相同素质的各测评项目分数间的一致性程度。若被测在第一个项

目的分数高于他人,在第二个项目的分数还高于他人,在第三个项目的分数仍高于他人……且这些测评项目所测评的是同一素质,那么有理由认为测评与选拔结果较可靠。内在一致性信度是通过分析同一测评中各测评项目之间的一致性来分析测评信度的,它实质上是一种跨测评项目的一致性。内在一致性信度分析的前提是各测评项目必须是同质的,都是测评同一素质的项目。一般来讲,所要测评的内容或行为越是同质,题目的内在一致性就越高。因此,从异质测评中所得到的分数意义较为含糊,一个异质性的测评可能包含一些内在一致性的分测评或题目群。

虽然同质测评分数的意义比较明确,但是一个单独的内在一致性测评往往不能预测一个异质的行为。现行的许多心理测验都是异质的,不过它们多是由若干个相对同质的分测评所组成,每个分测评只测评一个方面的特征。因此,当把分数组合起来后便可以作出明确的解释。

并不是所有的测评都需要测内在一致性,用于预测的测评就可以不考虑内在一致性。

2) 内在一致性信度的计算方法

通常用内在一致性系数来估计不同测评项目测评数据的一致性程度,且这些项目都是测评同一种素质。

内在一致性系数的估计方法通常有两种:一种是项目折半分析,另一种是α系数分析。

(1) 折半信度

折半信度是指将每一个被测者的测评分数按测题分成两部分,然后用每个被测者在两半测评上的得分求出整个测验的信度。

估计折半信度的方法与分半信度类似,包括斯皮尔曼—布朗公式、卢龙公式和弗朗那根公式三种。

(2) α系数分析

当一次测评无法分成对等的两半时,折半信度不宜使用。此时可考虑通过α系数分析信度,α系数是目前计算信度较常用的一种方法。

α系数分析是通过克朗巴赫(L. Cronbach)提出的公式计算内在一致性系数。

$$\gamma_t = \left(\frac{K}{K-1}\right)\left[1 - \frac{\sum \sigma_i^2}{\sigma_t^2}\right]$$

式中:σ_i^2 表示每个测题分数的方差,σ_t^2 表示测评总分的方差。

例题 10-4 下面的数据是一次品德测验中对 5 个被测者进行测评的得分,共 6 道题。

被测者	题 序						总分	平方和
	1	2	3	4	5	6		
1	4	3	4	3	6	5	25	111
2	6	2	5	2	3	3	21	87
3	3	6	3	6	3	6	26	130
4	5	4	2	3	5	4	23	95
5	1	5	6	1	3	2	18	76
总和	19	20	20	15	19	20		
平方和	87	90	90	59	83	90		

$$\sigma_t^2 = \frac{\sum x_t^2}{n} - \left(\frac{\sum x_t}{n}\right)^2 = \frac{499}{5} - \left(\frac{113}{5}\right)^2 = 8.24$$

$$\sum \sigma_i^2 = \frac{n\sum\sum X^2 - \sum(\sum X)^2}{n^2} = \frac{5\times 499 - 2\,147}{25} = 13.92$$

$$\gamma_t = \left(\frac{6}{6-1}\right)\left(1 - \frac{13.92}{8.24}\right) = -0.827$$

例题 10-5 利用 SPSS 软件进行实例计算及分析。

利用 SPSS 对一个大学生信任现状调查结果进行 α 系数分析。具体步骤如下。

在 SPSS 中输入数据；

按【Analyze】→【Scale】→【Reliability Analysis】顺序单击菜单项，打开【Reliability Analysis】对话框。

在对话框中指定分析变量，如图 10-1 所示。

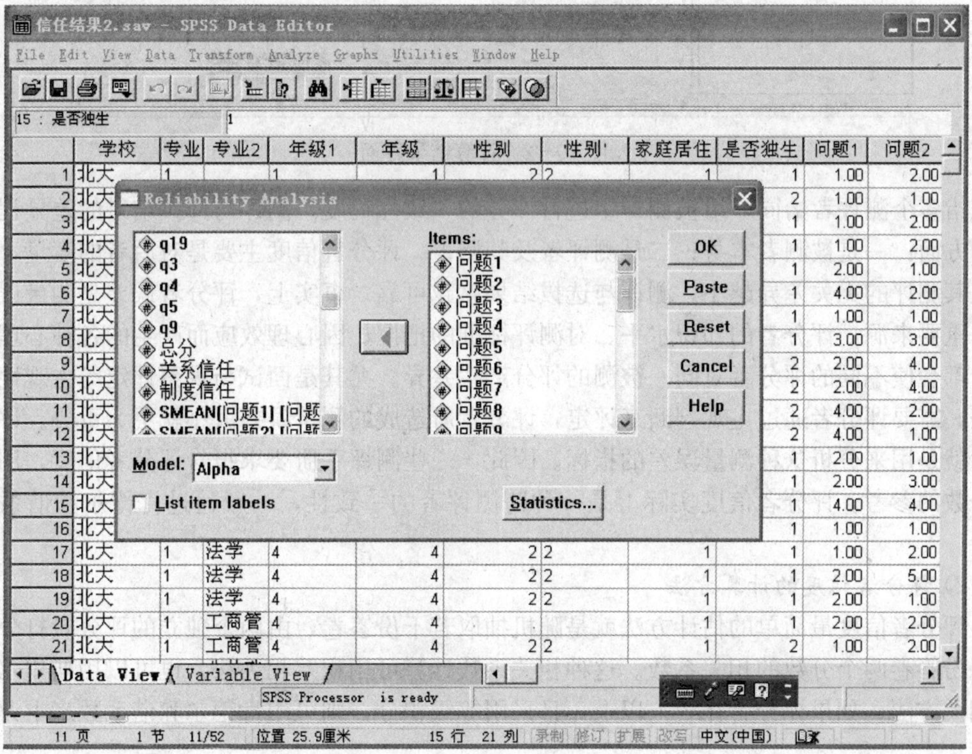

图 10-1 信任结果界面

在图 10-1 对话框中【Model】下拉列表框中选择【Alpha】，对话框仍如图 10-1 所示。
在图 10-1 对话框中单击【OK】按钮，给出计算结果，如图 10-2 所示。
从图 10-2 可以看出，所选 25 个变量的哥伦巴赫系数为 0.700 1。

5. 评分者信度

1) 概念和内涵

对一些无法完全客观记分的测评，必然会因为评分者的主观差异而产生误差。评分者信

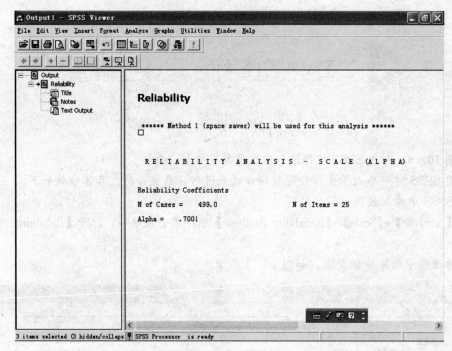

图 10-2 计算结果界面

度是指多个测评者给同一组被测样组进行评分的一致性程度。测评与选拔结果的差异程度来自两方面：一是被测者本身；二是测评者及其测评。评分者信度主要是对后者的度量，测评者及其测评的无关差异越小，测评与选拔结果就越可靠。事实上，评分者误差是测量误差的一个重要来源，评分者的知识水平、对测评标准的把握、因心理效应而产生的各种心理误差等，都会使不同的评分者对同一被测的评分产生差异。尤其是面试与观察评定等主观性测评方法，需要评分者通过主观判断来评定，评分者所造成的测量误差大小就更为重要。评分者信度就是用来分析这种测量误差的指标。因此，一些测评手册要求报告评分者信度，用作解释分数的参考。评分者信度实际上是一种跨测评者的一致性，一般通过肯德尔和谐系数来衡量。

2) 评分者信度的计算方法

评分者信度最简单的估计方法就是随机抽取若干份答卷，由两个独立的评分者打分，再求每份答卷两个分数的相关系数。这种相关系数计算可用积差相关法，也可以用斯皮尔曼等级相关方法。如果评分者在 3 人以上，且采用等级积分，则可用肯德尔和谐系数来求评分者信度。

$$W = \frac{\sum R_i^2 - \frac{(\sum R_t)^2}{N}}{\frac{1}{12}K^2(N^3-N)}$$

式中：K 是评分者人数；N 是被评的对象数；R_i 是每一个对象被评等级的总和。

如果在同一评价者的评价中有相同等级出现时，可应用下式：

$$W = \frac{\sum R_i^2 - \frac{(\sum R_i)^2}{N}}{\frac{1}{12}K^2(N^3-N) - K\sum \frac{\sum(N^3-N)}{12}}$$

式中：N 为相同等级的个数。

例题 10-6 下面为某企业一次面试评分的等级排序表。

评分者 \ 被测	1	2	3	4	5	6
A	6	5	1	4	2	3
B	5	6	2	4	1	3
C	6	3	1	5	2	4
D	5	6	2	3	1	4
E	5	6	1	4	2	3
R_i	27	26	7	20	8	17
R_i^2	729	676	49	400	64	289

$$\sum R_i = 105, \quad \sum R_i^2 = 2\ 207$$

代入公式得：

$$W = \frac{2\ 123 - \frac{105^2}{6}}{\frac{1}{12} \times 25 \times (6^3 - 6)} = 0.845$$

10.1.4 影响信度的因素

测量过程中经常会出现许多因素影响信度。考虑不周，防范不够，就会使一个测验的信度由于某一因素而造成假相关，这就要采用其他方法重新评估测验结果的信度，或者要选择、转换成其他测验。这些因素主要有以下方面。

1. 样本团体的性质

样本团体的异质性是信度应该考虑的因素。相关系数要受到团体分数分布的影响。如果所取样团体的分数分布范围较小，非常同质，则所得的相关系数必然很低；但如果研究的团体非常异质，则二者之间必然具有较高的相关。而信度往往用相关系数表示，因此同质团体的信度常常较低；异质团体反之。在受到条件限制的情况下，一般应该以部分较同质的团体来求得信度。假如建立测验信度的团体较为异质，就容易造成假性高相关。

另外，取样团体的平均能力水平差异和个别差异均影响信度。平均水平过高或过低，都会影响测评的信度。因为测评项目的难度与区分度受到被测总体的平均水平影响，而测评信度又受到项目难度与区分度的影响。对于不同水平的样本，题目的相对难度不同，每个题目在难度上的微小差异累积起来便会影响信度。这种影响具有不确定性，很难用一般的统计公式来预测或评估，只能通过对各种年龄及能力水平的团体的检验来确定。

因为信度系数与被测者样本的异质程度和平均水平有关，所以在编制测评时，应把常模团体按性别、年龄、文化程度、职业、地域等细分为更同质的亚样本，并分别报告每个亚样本的信度系数，这样测验才能适用于各种团体。

2. 测验的长度

测验长度指测验题目的数量。一般测验越长，则信度越高。一方面，较多的测题数量能使试题或内容的取样更恰当；另一方面，较长的测验不容易猜测，使测验结果更可靠地反映被测的真实水平。简单地说，同质的测题数量越多，在每个题目上的随机误差便会相互抵消，从而反映出一个人比较稳定的水平。一般来说，最好不采用短测验，除非在有时间或条件限制的不得已情况下。这种情况下，最好的办法是实行分测验策略多次施测，以增加结果的可靠性。

可以用斯皮尔曼-布朗公式的通式来计算增加测评长度的效果：

$$\gamma_{KK}=\frac{K\gamma_{XX}}{1+(K-1)\gamma_{XX}}$$

式中：K 为改变后的长度与原来长度的比值；γ_{XX} 为原测评的信度；γ_{KK} 为测评长度变为原来测评的 K 倍时，该测评的信度系数。

下面的数据表示用上述公式计算的随着测题的增加信度系数的变化情况。

测题数量	50	100	200	300	400	500
信度系数	0.83	0.91	0.95	0.968	0.976	0.98

可以看出，测题数目增加的效果符合边际效益递减规律，因此测评过长是得不偿失的。通常，编制那么多符合要求的测题非常困难，耗费时间和精力；另外，测题过多会引起被测者的疲劳和反感，反而降低了可靠性。有时为了节省经费和时间，有必要在对测评信度影响不大的前提下，把过多的测题适当减少。为了达到最佳效果，上述公式经过变换就得出信度一定的情况下计算最佳测题数目的公式：

$$K=\frac{\gamma_{KK}(1-\gamma_{XX})}{\gamma_{XX}(1-\gamma_{KK})}$$

3. 测验的难度

测验难度与信度并不一一对应，但彼此还是关系紧密。当测验分数分布范围缩小时，测验的信度就必然降低。当测验容易时，就会使所得分数都集中在高分段，出现天花板效应；如果题目太难，得分就会集中在低分段，出现地板效应；如果难度水平只适合中等能力水平的被测者，那么对于较高水平和较低水平的被测者都可能较易或较难，同样使得分数分布范围缩小，信度水平降低。这三种情形都会大大影响测量结果，使信度降低。很明显，只有当测验的难度水平可以使测验分数分布范围最大时，测验的信度才可能最高。

前人经过无数的实践总结得出，为了保证测评的可靠性，各类测题理想难度水平为

五个选项的选择题：0.70

四个选项的选择题：0.74

三个选项的选择题：0.77

判断题：0.85

4. 测评环境因素

施测时的环境也是测评随机误差的重要来源之一，从而是信度的影响因素。如亮度、温度、噪声、通风、测评纪律的控制及测评者对指导语的误读、误解、误答等，都会产生测评误差，影响测评信度。这就要求全面做好实测时的组织工作，减少偶发事件，保证测评顺利进行，从而提高测评信度。

10.2 效 度

10.2.1 效度概述

1. 效度的概念和内涵

人才测评的效度也就是测评的有效性，其操作定义是一个测评对其所要测评的特性测评程度的估计。以下几点有助于我们对效度作进一步理解。

① 效度不是泛指的概念，具有相对性。效度针对某种特殊用途的技术指标，通常在专指的情况下才有实际意义，体现出相对性。任何一个人员测评方案都是为特定的目的设计的，不存在一种对任何目的都有相同效果的测评方案。例如，对成就测验有高效度的结果，相对人格测评就不一定能达到同样的效度。又如用于选拔销售人员而设计的有效测评项目，用在选拔高级技术人员上往往不那么有效。

② 效度是个程度的概念。任何一种素质测评的效度都不是"全有"或"全无"，只是程度上的差别而已。评价某素质测评结果"有效"或"无效"是不妥的，用"高效度"、"中等效度"、"低效度"才是合适的。如用测评教师素质的项目来测评运动员，其效度虽然低，但不至于一点特征都不能测出，只是能测出的程度低而已。再如用目测的方法测评人的身高，也能有一定效度，只是不如仪器的效度高。

③ 效度是测评的随机误差与系统误差的综合反映。根据10.1节的分析可知，测评的随机误差影响测评信度，而测评的系统误差与随机误差均影响测评效度。测评过程中只要存在误差，无论是哪种，都必定影响测评效度。

2. 信度和效度的关系

1) 高信度是高效度的必要条件而不是充分条件

效度和信度所涉及的误差是不同的，信度涉及随机误差，效度则涉及系统误差和随机误差。当误差方差低时，亦即信度高，却并不保证效度就必定高；而效度高，则信度必然会高。例如，如果我们准确地测量出某人的经济收入，也未必能够说明他的消费水平。也可以用射击的原理来理解。某人射击二十发子弹，如果二十发全部集中在九至十环，就是准确度和稳定性都很高；如果二十发几乎全是三环到四环，那么稳定性仍然很高，但是准确性非常低。亦即只要准确性高，稳定性必然高；稳定性高准确性却不一定同样高。信度与效度亦同此理。

2) 信度和效度同时提高有难度

同一个测评要同时拥有高信度和高效度是比较困难的。如果测评是同质性的，测评的各个部分都以同一因素测评着同一种属性，那么将会有高度的内在一致性信度。但是，如果用同质性测评对某种效标进行预测时，可能因为测评分数中构成这部分方差的单一因素与效标分数中构成这部分方差的几个因素缺乏共同性，缺乏建立联系的机会，而使效度下降；如果测评是异质性的，测评分数中构成这部分方差的几种因素与效标分数中构成这部分方差的几种因素建立联系的机会较多，它的内在一致性信度可能较低，但却有较高的效度。解决这一"难以两全"问题的最好办法是，避免采用单一性测评，而尽量采用成套性的测评。

10.2.2 影响效度的因素

效度的高低受许多因素的影响，如测评内容、测评的长度、测题的难度、区分度及主试和被测者所造成的误差等。下面介绍几种主要的影响因素。

1. 测评内容因素

测评项目是否能较好地代表所测素质的内容与结构，直接影响测评的内容效度与结构效度。测评的内容范围与测评指标设计密切相关，测评指标的制定或测评工具的选择是否恰当，以及对抽象素质的测评能否抓住测评素质的本质特征来构建测评项目，都是影响效度的主要原因。

2. 测评长度因素

测评长度越长，则效度越高。如果已知一个测评的信度和效度，将测评的长度增加，根据斯皮尔曼—布朗公式可以计算长度增加后的新测评的效度。计算表明，新的效度高于原来的效度。

$$r_{Y(nX)} = \frac{r_{YX}}{\sqrt{\frac{1-r_{XX}}{n}+r_{XX}}}$$

其中：n 表示新测评长度与原测评长度的比率；$r_{Y(nX)}$ 表示测验长度增至 n 倍的新测验的效度系数；r_{YX} 表示原测验长度的效度系数；r_{XX} 表示原测验长度的信度系数。

如果已知测评效度系数应提高的值，也可以根据上式求出测评长度应增加到原长度的几倍。

3. 测评过程及测评者因素

测评的实施过程主要发生的是随机误差，如实测时的环境因素的影响，测评者未能按指导语严格操作，或对指导语理解的偏差等。测评效度是对随机误差和系统误差的综合反映，因此这些不可预期的偶然因素引发的随机误差如果失控，对测评效度的影响也是极大的。

4. 样本因素

首先，被测的心理、生理、动机、情绪、态度等因素都会影响心理特质水平的稳定性，造成随机误差，影响测评结果的可靠性与准确性，即测评的信度与效度。

其次，样本团体的性质对效度的影响是相当深刻的。不同的团体所适用的测量应该不一样，同一个测验在不同性质的团体中的效度会有很大不同；不同背景的被测者会采取不同方法来解决同一测验问题。因此，样本团体性质的影响不容忽视，在编制测验时最好将样本团体分为若干亚团体，使得效度数据与样本团体性质相匹配。

被测团体内部的同质性也是影响效度的一个不可忽视的重要因素。样本团体的异质性对于测量的效度非常重要。如同其他的相关系数一样，效度系数也会受到取样团体分数分布的影响，如果其他条件相同，样本越同质，团体分数分布的范围越小，其效度越低；反之，样本异质性越大，团体分数分布的范围越大，效度越高。这些团体性质包括年龄、性别、教育经历、智力、动机、职业和其他相关特征。这些特征就是影响效度的误差变量，叫干涉变量。在它们的影响下，测验对不同团体的预测能力就会很不相同。

样本容量同样对效度存在影响。样本容量越大，测评误差就会越小，效度就越高。

5. 效标因素

效标对于一个测评来说，属于外在因素，不引起测评误差。但作为衡量测评结果有效性的标准，效标本身应具备结构效度，即能够有效测评人们想检验的特征，这样才能真正反映出预测指标的有效程度。测评时间与效标取得时间的间隔长短，也会影响效度大小。间隔时间越长，测评结果与效标的关系受到无关因素的影响会越大，所求得的效度越低。

10.2.3 效度的分类及测量方法

效度的分类有多种，目前最常见和公认的是内容效度、构念效度与效标关联效度三类。其中效标关联效度又分为同时效度和预测效度两类。

1. 内容效度

1）概念和内涵

内容效度是指测评的题目代表所要测评的内容的程度，反映测评题目在所要测评的内容范围内取样是否充分和确切的问题。实际测评到的内容与事先想测评的内容越保持一致时，说明测评结果的内容效度越高，测评结果越有效。并不是每一个测评都有内容效度，一个测评要有内容效度必须注意以下两个条件。

首先，内容范围定义明确。

内容范围，可以是由编制者界定的一些范围较广的材料与技能，也可以是一个有效而有限的题目总体，可以包括具体的知识，也可以包括复杂的知识。如对相声演员的相声技能的测评，若设计内容为：口齿清晰度、表情、语调、弹跳、速度等，显然前三项属于相声技能的测评范围，而弹跳与速度实际是运动技能的测评范围，它是相声技能排除在外的不相关内容。

其次，测评题目应是所界定的内容范围的代表性取样。

代表性取样就意味着取样方式不能以随机或者方便为原则，而是根据材料或技能的重要性来选题目，一方面使得选出的题目能包含所测内容范围的主要方面；另一方面使各方面题目比例适当。因此，必须对内容范围进行系统分析，将该范围区细分为许多细目，并对每个细目作适当加权，然后再根据权重从每个细目中抽取题目，直到得到所需要数目的题目。

内容效度主要应用于成就测验，因为成就测验主要是测量被测者掌握某种技能或学习某门课程所达到的程度，如人力资源管理专业考试对薪酬管理、绩效管理、招聘甄选、培训等内容的测查，以及对不同内容的不同测查目标，如对知识的理解、应用、分析、综合、评价等。某些用于选拔和分类的职业测验也常使用内容效度，因为这种测验要测的内容就是实际工作所需的知识和技能。编制这类测评，需要对每一项工作进行全面分析，以使测评成为这项工作所需要的知识和技能的好样本，而内容效度正能满足这些要求。

内容效度不适于测评能力倾向和人格。因为这两种素质要素的测评不容易限定范围，被测者可能对同一题目以不同的心理过程或操作方式作出反应，同一测评对不同的被测者来说可能测的是不同的东西。通过检查测评的内容以确定所测的素质要素特性，实际上是不可能的。但是，在编制测评的最初阶段，仍然需要对所要取样的行为范围提出一些假设，否则编制题目便无从下手。

2）内容效度的特点

内容效度的含义决定了它的特定性比其他效度指标更为突出，仅专门针对测评编制者所定义的内容范围。所以测评的使用者应慎重选用测评，选择能测评其认为重要的行为的测评。如果测评使用者所定义的范围与测评编制者的定义相吻合，那么测评就会有效地发挥作用；如果使用者所定义的范围有别于测评编制者，往往就不要轻易使用，因为此时的测评不是使用者所定义范围的良好代表，因此对他的目的而言，该测评是无效的。

由于内容效度具有特定性，所以在测评手册中，不但要说明该测评所考察知识与技能的范围，还应该描述确定内容范围和对题目进行分类的程序。测评的内容效度要定期进行评价。

3）确定内容效度的方法

内容效度的分析，主要是对被包括在测评范围之内的所有被测行为样本（测评项目）是否具有代表性，代表性程度如何的分析。可以从两方面进行具体的分析：是否包括了欲测素质中的各种成分；测评范围内的行为样本的比例结构是否与工作分析的结果一致。

如果经过分析之后能够判断出，在所定义的内容范围内的行为样本没有遗漏任何重要的成分，欲测素质中的每一种基本成分都占有恰当的比例，没有被忽略或过分强调，则可评定测评结果在内容上与所欲测评的素质是相一致的，测评结果具有较高的内容效度。

内容效度的鉴定，目前主要采用定性分析的方法，有蓝图对照分析法与专家比较判断法；也可采用比较法进行定量分析。

（1）蓝图对照分析法

是将测验内容与设计蓝图对照，将内容范围的内涵和机构与蓝图逐一对比检查，再作出分析判断。如对知识测评的效度鉴定，是把试题涵盖的知识内容，各部分内容在试卷中的比例，测评目标层次结构等与蓝图或双向细目表逐一对照检查，从而鉴定测评效度。

例题 10-7 1999 年全国硕士研究生入学考试英语试卷结构基本框架如下。

部分	节	考试内容	试题形式	试题量	分值		权重	考试时间
语法结构与词汇	A	语法填空（单句）	四选一	10	5			
	B	语法辨错（单句）	四选一	10	5	20	20%	35
	C	词语填空（单句）	四选一	20	10			
完形填空		完形填空（一篇短文）	四选一	10	10		10%	15
阅读理解		阅读理解（5篇短文）	四选一	20	40		40%	60
英译汉		正确理解英语原文并用汉语表达原文所述内容	五段译文	5	15		15%	30
短文写作		根据所给题目或素材写出叙述、说明或议论性的短文	一篇作文	1	15		15%	40
总计				76	100		100%	180

例题 10-8 文科考生试卷蓝图（满分为 100 分）。

马克思主义基本原理	约 36%
中国革命史	约 18%
中国社会主义建设	约 18%
世界政治经济与国际关系	约 18%
时事政治	约 10%

题型比例：

选择题	约 40%
简答题和辨析题	约 20%
材料分析题和论述题	约 40%

(2) 专家比较判断法

专家比较判断法，是由一组独立的专家组成专家评定组，对测评量表内容取样的充分性、必要性、适合性进行评定；对实际测评到的内容与所要测素质特征的符合程度作出判断。专家评定组可由测评专家、测评单位领导、主管测评人员、被测人员等组成。内容效度实际是一种内在的经验效度，由各方专家相结合鉴定效度是目前一种较为有效的方法。

但是，由于受到主观因素的影响，专家比较判断法也不尽完美。不同的专家所具有的知识背景不同，所处的社会角色也不同，他们对同一评价目标所包含的指标内容自然会有不同的理解，对同一套指标内容与该目标下所应包括的指标内容间的符合程度也会有不同的判断。因此，为了进一步提高内容效度的准确性，各位专家分析评判后，可由下列公式计算内容效度比来鉴定内容效度。

$$C = \frac{n_e - \frac{N}{2}}{\frac{N}{2}}$$

式中，n_e 为持肯定评判意见的人数，N 为评判总人数。C 的值从 -1 到 1，当 C 为 -1 时，表示所有的专家都认为测评项目内容不当，此时内容效度最低；当 C 为 1 时，表示所有的专家都认为测评项目内容较好地表现了测量内容范畴，此时内容效度最高；C 的取值越高，说明内容效度越高。

(3) 比较法

比较法是对同一组被测者用同一个测评要素试题的两个复本在培训前后实施测评，该测评内容的有效性可以由两次测评成绩差异的显著性来加以判断。

如果两次测评分数的平均数有显著差异，且培训后优于培训前，则表明测评所测量的内容正是培训的内容，可以认为测评的内容具有有效性；如果两次测评分数的平均数无显著差异，则表明测评所测量的内容与培训的内容不相符，可以认为测评的内容效度较低。

检验两个复本测评分数平均数之差的显著性时，可用相关样本平均数之差的校验统计量。

$$r_i = \frac{\overline{D}}{\sqrt{\frac{\sum D^2 - (\sum D)^2 / n}{n(n-1)}}}$$

式中：D 表示每个被测者的两个复本测评分数之差；$\overline{D}$ 表示所有被测者的两个复本测评分数之差的平均数，也可以表示为两个复本测验分数平均数之差；n 表示被测者的人数。

例题 10-9 对培训前后的某企业员工进行两次测评，属于同一组的被测者用同一个测评要素试题的两个复本在培训前后实施测评，两次测评分数如下所示。试用比较法分析内容效度。

被测者编号	培训前测评成绩 X_1	培训后测评成绩 X_2	差数 $D=X_1-X_2$	差数平方 D^2
1	34	52	-18	324
2	40	64	-24	576
3	35	50	-15	225
4	43	54	-11	121
5	40	58	-18	324
6	36	63	-27	729
7	38	72	-34	1 156
8	32	66	-34	1 156
9	30	62	-32	1 024
10	42	73	-31	961

$$r_i = \frac{-24.4}{\sqrt{\dfrac{6\,596-244^2/10}{10\times 9}}} = -9.13$$

2. 构念效度

1) 概念和内涵

所谓构念，就是对某一学科研究领域内的模糊（抽象）要素进行概括或概念化的途径，是旨在组织和理解研究对象的规律性而由科学研究者设想出的抽象物。

在测评实践中，人们经常会遇到诸如智力、动机、态度、品德、善良、诚实等一些抽象概念，对这些素质实际上是无法直接测评的，需要建构一些具体的行为测评来推断实际的素质水平。如对"正直"虽然不能直接对其测评，但如果某人为官数十年从无任何不正当收入，或者在目睹抢劫等不法行为时能够挺身而出、帮助弱者，我们就有足够的理由推断他们具有"正直"的品行。把抽象素质构建成具体行为特征，是否抓住了该要素的本质特征进行构建是最关键的。即所测评的结果能否代表欲测的素质，观察到的行为是否就是被测者真实的素质水平。

因此，欲建立具有构念效度的测验，必须先从某一构念的理论出发，导出各项心理功能或行为的基本假设，据以设计和编制测验，然后由果求因，以相关、实验和因素分析等方法，审查测评是否符合心理学上的理论见解。构念效度是由累积的证据来评价的，因而不可能有单一的效度指标。

总地看来，构念效度这一概念的最大贡献是把着眼点放在提出假设、检验假设上，因此使测评有了更广阔的发展前景。

但是，构念效度也存在着一定的缺陷，主要表现在以下几个方面。

首先，有些构念概念模糊，理解不一致。同一个构念，不同的研究者可能给予不同的名称，并赋予不同的定义；即使是同一个定义由于概念的模糊性，个人的理解也不一致。由于构念的定义不同，理解各异，导致研究结果无法比较。例如"智力"就是一个明显的例子，智力的定义五花八门，并且电视台、报纸上的智力测验与标准的智力测验是有差别的。

其次，没有单一的数量指标来描述有效的程度。构念效度是通过对一项测评测什么、不测什么的证据加以积累确定的，因而虽然可以将来自所测素质要素的误差比例作为构念效度的数量指标，但这个值是随情况而变的。

最后，无法解释失败的原因。当资料无法证实我们的假设时，对结果至少有三个可能的解释：编制的测评可能不测这一构念；理论上的构念可能有错误，因而得出不正确的推论；也许是这个实验设计不能对该假设作适当的检验。

在三种可能性中只有第三点较易发觉，前两条很容易搞混，所以当预测失败或假设得不到证实时，我们无法知道失败的原因。

2）确定构念效度的方法

通过筛选、评价与测评有关的各方面证据，从而形成测评的构念定义。各方面证据包括：测评包含了些什么样的题目、在各种情况下测评分数的稳定性、测评的同质性、与其他测评或变量的关系、实验操作对测评行为的影响，以及任何与测评分数意义相关的资料。有关构念效度的资料可以用很多方法从不同来源去收集，归纳起来可分为以下几类。

(1) 测评内方法

这类方法主要是通过研究测评内部构造（如测验的内容、对题目作反应的过程及题目间或分测评间的关系）来界定所测评的构念的范围。

① 确定测评的内容效度。确定了测验的内容效度便提供了有关构念效度的证据。确定测评取样的内容或行为范围后，就可利用这些资料来定义测评要测的构念的性质。

② 分析被测者对题目作反应的过程。通过观察受测者的操作，询问他如何处理题目，以及必要的统计分析，可发现究竟哪些变量影响了反应，因而可确定是否测评了要测的特质。

③ 考察测评的内部一致性。对内部一致性进行估计的方法主要有克伦巴赫系数、斯皮尔曼－布朗公式、分半相关、测题与总分相关、分测评与总分相关、测题间相关等。

(2) 测评间方法

研究几个测评间的相互关系并找出其共同特点，进而推断出所测的共同特质是什么，便可确定这些测评的构念效度。

① 因素效度。确定构念效度的一个常用方法是因素分析法。其操作定义是：通过对一组测评进行因素分析，可以找到测评分数的共同因素，每个测评在共同因素上的负荷量，亦即测评与各因素的相关，称作测评的因素效度。在测评分数的总方差中来自有关因素的比例，便可作为构念效度的指标。

② 相容效度。这一方法的操作步骤是：计算被测者在新的测评上的分数与在另一个效度已知的同类测评上的分数之间的相关。假如相关高，说明这两个测评测的是相同特质。但要注意一点，如果新测评与已经通用的测评相关很高，但是却并没有实施简便、省时、经济等优点，那么新测评的编制是完全没有必要的。由于相关系数的平方代表两组测评分数所共有的误差比例，所以称此方法确定的效度为相容效度。

③ 区分效度。一个有效的测评不仅应与其他测同一构念的测评相关，而且还必须与测

评不同构念的测评无关。用此种方法确定的效度叫区分效度。测验要有效必须测评与其他变量无关的独立的构念。一个新测评与其他测评的低相关可以证明新测评相对的独立与某些无关因素，但并不保证它一定有效，然而高相关则表明这个新测评的效度是可疑的。

3. 效标关联效度

1) 概念和内涵

所谓效标（即效度标准），就是确能显示或反映所欲测评的属性的变量，是考察鉴定测验效度的一个参照标准。效标关联效度又称为统计效度，就是以某一种测评分数与其效标分数之间的相关来表示的效度，其相关系数就是效标关联效度系数。

效标的测量材料既可在测验实施的同时获得，又可在间隔一段时间后获得。据此，效标效度又分为同时效度和预测效度两种。效标效度能帮助决策，帮助论证能否用测验来取代效标材料的收集。

同时效度即根据同时效标材料确定的有效性。测验中的效标材料几乎可以和测验分数同时搜集。一般对已存在有效效标材料的团体进行检测时，就不必经过一段时间后再作比较了，因为同时效度可以替代预测效度。在选拔测验中，被测者在实际工作中的成功一般都是重要的效标。在心理测验的应用中，同时效度是比较合适、用途很广、意义非常现实的一种效度。预测效度即根据预测效标材料确定的有效性，反映的是从测验分数预测任何效标情景或者一段时间间隔后被测者行为表现的程度。测验中的效标材料多数需要经过一段时间方可获得。一般地，预测效度的信息大多用于人员的选拔、分类和安置。在聘用人员、选用大学生、分派军事人员、公开选拔人员等活动的决策过程中都需要预测效度的信息。预测效度的效标不能及时获得，效标分数与测评分数有时可能要相隔数周、数月甚至数年，这就需要采用追踪的方法，对被测者的未来行为表现进行长期观察、记录和考核，因此非常费时。

不同的测评目的，对于效度的要求也不尽相同。通过测评来评定员工绩效或晋升技术职称，则希望测评有较高的同时效度；通过测评来选拔人才或进行人事调配，则希望测评有较高的预测效度；通过测评来开发培训人才，则希望测评兼备较高的同时效度和预测效度。

为某一测评选择一个有效的效标是件非常重要但却非常困难的事情。一方面，效标需要一定的可靠度，我们不能凭主观认为哪一个变量确能反映或显示所欲测评的特征；另一方面，选择哪一个变量作为某种测评的效标还与该测评的种类有关。效标可分为概念效标和行为效标，概念效标必须进行具体化、操作化定义，最终转化为行为效标。如果一个理想的概念效标找不到合适的行为效标来将其具体化、操作化，那么就是无用的。

行为效标的选择以客观实用为准则。常见的行为效标通常有以下几种。

① 学术成就。如作品的数量、质量、发行量、学历、奖励、荣誉、专家评定、考试成绩等。

② 特殊训练成绩。如机械能力倾向测验的效标可以用技术培训学习中的考试成绩等。

③ 工作业绩。如一般工人可以产品质量、产品单位成本为效标；科技人员可以技术成果的数量、质量及所产生的经济效益为效标；管理人员可以工作效率、经济效益为效标。同时效度的效标可选择近期的工作业绩，预测效度的效标则为今后工作的业绩。

④ 评定评比结果。如专家、主管部门的评定，单位年终评比，领导与群众的评定结果等都可作为效标。

⑤ 综合性标准。将工作业绩与评定结果加权综合处理，得出综合性标准作为效标。这类效标较科学合理，但必须掌握统计学综合处理数据的方法，有一定难度。

⑥ 团体特征。即选择在效标上有明显差异特征的两个团体作对比，用以分析测评结果的效度。如社交素质测评结果的效度分析，就可以分别与推销员的测评结果和工程技术人员的测评结果相比较，当差异显著时，即与推销员的测评结果呈正比。而与工程技术人员的测评结果呈负相关或微弱相关时，则说明所分析的社交素质测评结果有较高的效度。

⑦ 已被证明是有效的测评结果。如用明尼苏达机械性向测验得到的结果等。

2) 计算效标关联效度的方法

关联效度的分析，是通过效度系数进行的。所谓效度系数是指测评结果与标准结果的相关系数。相关系数越高，表明关联效度越高。同时效度是以两种测评结果的相关系数来估计的；对于预测效度，因效标的结果是后来获得的，如人员选拔或人员调配后的实际工作成效等，因此，预测效度的鉴定要在测评结束一段时间后才能进行。

例题 10-10 为分析某一品德测验的效度，决定采用效标关联中的同时效度分析法，即让被测评者同时接受品德测验中卡特尔16因素问卷测验。测评后，随即抽取10名被测作为一组样本，其测评结果如下所示。试分析该品德测评的效度。

被测姓名	A	B	C	D	E	F	G	H	I	J
品德测验得分（x）	65	61	53	70	49	90	45	76	56	62
卡特尔测验得分（y）	61	52	38	89	41	85	61	70	37	76

用积差法求出品德测验与卡特尔测验数据的相关系数。

根据上表数据得：

$$\sum x = 627, \sum y = 610, \sum x^2 = 40\,937, \sum y^2 = 40\,462, \sum xy = 39\,889$$

代入公式：

$$\gamma = \frac{10 \times 39\,889 - 627 \times 610}{\sqrt{(10 \times 40\,937 - 393\,129)(10 \times 40\,462 - 372\,100)}} = 0.714$$

故该品德测验具有较高的效度。

例题 10-11 某企业准备从应届毕业生中招收一批新员工。公司人力资源部对65名报名者进行了职业兴趣测评，最后录用了10名新员工。6个月后，公司以这10名员工在工作岗位上的表现成绩作为效标，试估计职业兴趣测评的效标关联效度系数。测评成绩如下。

被测者编号	测评成绩	日常工作表现成绩	x^2	y^2	xy
1	42	72	1 764	5 184	3 024
2	38	66	1 444	4 356	2 508
3	50	85	2 500	7 225	4 250
4	40	70	1 600	4 900	2 800
5	42	78	1 764	6 084	3 276
6	48	83	2 304	6 889	3 984
7	39	69	1 521	4 761	2 691

续表

被测者编号	测评成绩	日常工作表现成绩	x^2	y^2	xy
8	45	82	2 025	6 724	3 690
9	41	72	1 681	5 184	2 952
10	43	75	1 849	5 625	3 225
总和	428	752	18 452	56 932	32 400

这是一个预测效度的问题，仍然用积差相关系数来解决。

$$r=\frac{10\times 32\,400-428\times 752}{\sqrt{(10\times 18\,452-428^2)(56\,932\times 10-752^2)}}=0.432$$

10.3 信度和效度应用举例

在目前的国家公务员录用考试中，公共基础知识考试是其重要组成部分，主要用来测试应试者了解、掌握从事国家机关工作必须具备的知识的程度，以及运用知识解决实际问题的能力。基于这一要求，目前公共基础知识的考试科目主要确定为：政治（包括马克思主义基本原理、邓小平理论、时事政治）、法律、行政管理、语文与公文写作。题型方面，江苏省前几年命制的公共基础知识考试试卷中包含单选题、多选题、是否判断题、改错题和作文题，近几年则统一为可以测量多种认知目标的"四选一"题型。本研究针对种种存在问题，应用现代测量理论，采用科学规范的实证研究方法，力图通过对江苏省公务员公共基础知识考试的效度分析，为我国公务员录用考试的深化改革提供有用的信息。

本次研究选用的题本，是2000年江苏省国家公务员录用考试中使用的公共基础知识考试题本。该题本共有100道"四选一"单选题，其中1～28题的考试内容属政治范畴，29～54题的考试内容属语文范畴，55～82题的考试内容属法律范畴，83～100题的考试内容属行政管理范畴。

本次研究主要采集两个方面的数据资料。一是用于内容效度分析的数据。在2000年江苏省国家公务员录用考试中，研究者从南京和扬州两地考生中随机抽取公共基础知识考试的有效答卷1 000份，其中具有本科学历的考生539人，具有专科学历的考生461人。二是用于效标关联效度分析的数据。为了检验公共基础知识考试的预测效度，我们结合新任国家公务员一年试用期满的考核工作，随机抽取1999年录用的扬州市工商和地税部门的50名新任公务员，对他们一年后的工作表现进行跟踪考核。考核指标是根据新任国家公务员的基本任职要求制定的，分德、能、勤、绩四个部分，共计24个评定项目。

1. 内容效度分析

在公共基础知识考试中，测试内容取样的恰当性是影响考试效果的一个重要因素。如果所选择的试题过于偏重于某部分内容，或者过难或过易，就会使得考试难以全面准确地测量出考生的知识水平。在本次研究中，为了评估公共基础知识考试的内容效度，我们对《公共基础知识考试》的100道试题进行了分析。按照考试大纲，从考试内容和考试目标（认知目标）两个方面，请考试各科目的学科专家，对试题进行分析、登记和汇总，编制成双向细目表，如表10-1所示。

表 10-1 "公共基础知识考试"的内容结构分析

测试内容		测试目标						小计	合计
		知识	理解	应用	分析	综合	评价		
政治	时政	7	1					8	28
	哲学	5	1		1			7	
	经济学	3	1					4	
	中国特色理论	8	1					9	
语文	语文基础知识	8	2		3	3		16	26
	文章阅读	2	1		1	1		5	
	公文写作	5						5	
法律	法学理论	3	1		1			5	28
	宪法	3	1		1			5	
	刑法	4						4	
	民法	3	1					4	
	经济法	3						3	
	行政法、行政诉讼	4	2		1			7	
行政管理	行政组织	3	1					4	18
	公务员制度	3	1					4	
	财务行政	2	1					3	
	行政法制	7						7	
	行政监督								

将考试大纲和表 10-1 所列的考试内容分布状况进行对照，不难发现，就整卷内容的分布而言，政治、语文、法律、行政管理四科内容的比例分别为 28%、26%、28%、18%，除行政管理部分的试题量相对较小外，其他三科的内容分布比较平衡，基本符合公务员录用考试大纲的要求。再分别考察各科考试内容的分布状况，政治部分共包括四个方面的内容，其中"建设有中国特色的社会主义理论"和"时政"两方面的题量较大，"哲学"方面的题量次之，"政治经济学基本原理"方面的题量最少。从考试内容分布状况来看，政治部分考试重点比较突出，与考试大纲要求是相符合的；语文部分包括语文基础知识、文章阅读和公文写作。从考试大纲上来看，文章写作应该是重点，但在试卷中，公文写作方面的试题仅为 5 题，占语文部分题量的 19.2%，语文基础知识是非重点，题量却有 16 题，占语文部分总题量的 61.5%，语文部分的考试内容在其分布上不符合考试大纲的要求。法律部分包括法学基本理论、宪法、刑法、民法、经济法及行政法与行政诉讼等六个方面的内容，其中行政法与行政诉讼是大纲要求的重点。在题本中，行政法与行政诉讼方面的题量最大，为 7 题，法学基本理论和宪法方面的题量次之，经济法方面的题量相对较少，这六个方面题量的分布既突出了重点，但就总体而言又比较平衡，与大纲的要求是相符合的。在行政管理部分中，大纲规定行政管理的考试内容包括六个方面：行政组织、国家公务员制度、财务行政、行政管理、行政法制和行政监督，其中行政法制和行政监督是其重点。对照题本中各方面实际题量的分布状况后发现，题本中缺少行政管理方面的试题，其余五个方面的题量比较平衡，考

试重点不够突出。

再从测试目标方面对考试的内容效度进行分析。在政治部分中，大纲要求应试者初步掌握马克思主义哲学和政治经济学的基本原理和基本观点，了解建设有中国特色社会主义理论的内容，在理解的基础上，运用马克思主义的立场、观点和方法去观察、思考、分析和论证实际生活中的有关问题，了解国情、关心国家的大政方针和重大时事。分析试卷中政治部分的试题，我们发现28题中有27题是考察考生对概念、观点、原理和事件的了解和掌握的程度，其测量目标属"知识"和"理解"层次，只有一道试题的测量目标是属"分析"层次的，显然政治部分测量较高层次认知目标的试题较少。在这一点上，未达到大纲的要求。在语文部分中，大纲要求考试从记忆、理解、运用、分析和综合等几个方面考察应试者对必备的语文知识和语文能力的实际掌握水平。分析试卷中语文部分的试题，我们发现语文基础知识和文章阅读两个方面共有21道题，其中测量目标属"知识"和"理解"层次的有13题，占61.9%，属"分析"和"综合"层次的有8题，占38.1%，基本达到大纲的要求，但"公文写作"方面的试题有5题，其测量目标均属记忆性的，可归为"知识"层次，未达到大纲对该部分试题测量目标方面的要求。在法律部分中，大纲要求考试从记忆、理解和应用三个方面考察应试者对社会主义法学基本知识的掌握程度。在题本中，法学理论、宪法及行政法与行政诉讼三个方面的试题共有17题，其中测量目标属"应用"、"分析"层次的试题共有3道，占17.6%。虽然本部分考试内容的三个重要方面均有一道试题用于测量较高层次的认知目标，但与该部分总题量相比，还是显得少了一点。在行政管理部分中，大纲要求考试从记忆、理解和分析三方面考察应试者对行政管理基本知识的掌握程度。在题本中，行政管理部分共有18道试题，均为考察考生对基本概念、基本原理和事件的记忆和初步理解，属测量目标中的"知识"和"理解"层次，缺少考察"应用"、"分析"等较高认知目标方面的试题，与大纲的要求有所不同。综上所述，我们不难发现整份"公共基础知识考试"试卷中的试题比较偏重于对知识的记忆和理解的考察，这与国家公务员录用考试中对公共基础知识考试的要求存在较大的差距，尚有待于改进。

因此，在公共基础知识试卷中内容效度研究表明，政治、法律两科试题在测试内容方面比较符合考试大纲的要求，重点明确，具有一定的覆盖面。语文科目中实际题量分布与大纲中在测试内容方面的要求不符，重点倒置。在整份卷中行政管理科目的题量偏少，测试内容方面的重点不够突出。

公共基础知识考试中的大多数试题的测评目标是考生对概念、原理和事件的记忆和初步理解，测量目标较低，缺少对考生的较高层次认知能力的考察。

2. 效标关联效度分析

效标是用来考察测验效用的外在参照标准，在公共基础知识考试中，检验考试有效性程度的效标主要有学生的学历和考生录用后的工作表现。

① 不同学历考生考试成绩的比较。在2000年江苏省国家公务员录用考试中，抽取1 000份公共基础知识考试的有效答卷，其中具有大学本科学历的考生有539人，具有专科学历的考生有461人，对两个学历组的公共基础知识考试及其各科目的成绩分别进行统计检验。结果表明，不管是整个卷面成绩，还是各科目成绩，本科学历组与专科学历组考生成绩之间均存在显著性差异（$p<0.01$），且本科学历组考生的平均成绩均明显高于专科学历组考生的平均成绩，说明不同学历教育背景的考生在公共基础知识方面的水平上，就总体而言

存在明显的差异，这为公共基础知识考试的有效性提供了效度支持。

② 与公务员录用一年后的工作表现评估结果的比较。我们对1999年录用的50名新任公务员进行了跟踪考核，然后将他们一年后的工作表现与其公共基础知识考试成绩进行比较。考虑到我国公务员考试的录取率比较低，被录取的考生均具有较高的笔试成绩，此时作为预测源的考生的公共基础知识考试成绩与以一年后的工作表现评价来表示的效标之间的关系不一定是线性的，因此本项研究只能通过对工作表现好的（工作表现评估结果在平均数以上者）和差的（工作表现评估结果在平均数以下者）群体的公共基础知识考试成绩进行统计检验，依此来考察作为预测源考试成绩是否可以区分由效标测量所定义的团体。检验结果见表10-2。

表10-2 公共基础知识考试成绩与工作表现之间的比较

工作能力	计划能力	组织协调	政策理论	理解贯彻	独立工作	观察判断	口头表达	文字表达	知识面	应变能力	合计
检验	1.85	1.63	2.21*	1.97	−1.35	1.32	1.48	1.85	2.011*	−0.56	1.42
工作绩效	工作实绩		工作质量		工作效率		创造性成果		合计		
检验	0.45		1.44		1.65		−0.43		1.32		

思考题

1. 什么是信度，并说出几种常用的信度类型及其计算方法。
2. 概述评分者信度的主要适用范围。
3. 比较内容效度、结构效度和效标关联效度的区别。
4. 试分析效度的影响因素。

本章参考文献

[1] 彭志忠，王水莲．人才测评学．济南：山东大学出版社，2006．
[2] 萧鸣政．人才测评与选拔．上海：复旦大学出版社，2005．
[3] 张爱卿．人才测评．北京：中国人民大学出版社，2005．
[4] 何非，顾磊，蔺益．破解企业人才测评中的10大难题．北京：机械工业出版社，2006．
[5] 本书编写组．人才测评．北京：企业管理出版社，2000．
[6] 郑安云．人才测评理论与方法．北京：北京交通大学出版社，2005．
[7] 霍夫曼．人才心理测评．曾飚，艾晔，译．北京：中国财政经济出版社，2002．
[8] 李跃平，黄子杰．典型相关分析在量表效标效度考核中的作用．福建师范大学学报：自然科学版，2007（7）．
[9] 陈社育，余嘉元．国家公务员公共基础知识考试的信度和效度研究．东南大学学报：哲学社会科学版，2002（1）．
[10] 魏红军．结构化面试在公务员考录中的实证研究[D]．长春：吉林大学，2006．
[11] 李跃平，黄子杰．验证性因子分析在量表结构效度考核中作用．中国公共卫生，2007（10）．